Nāgārjuna

Mūlamadhyamakakārikā

Una traducción zen comentada
de los *Versos sobre los fundamentos del camino medio* de Nāgārjuna

Versión de Gudo Wafu Nishijima

Traducción y edición de Pedro Piquero,
con comentarios de Gudo Wafu Nishijima
y Brad Warner

EDITORIAL
SIRIO

Título original: Fundamental Wisdon of the Middle Way
Traducción y revisión: Pedro Piquero
Diseño de portada: Editorial Sirio, S.A.
Diseño y maquetación de interior: Toñi F. Castellón

www.editorialsirio.com
sirio@editorialsirio.com

I.S.B.N.: 978-84-17030-31-5
Depósito Legal: MA-1557-2018

1ª impresión: enero 2019

Impreso en Imagraf Impresores, S. A.
c/ Nabucco, 14 D - Pol. Alameda
29006 - Málaga

Impreso en España

Puedes seguirnos en Facebook, Twitter, YouTube e Instagram.

Índice

Prólogo de Brad Warner a la edición original

No fui la primera elección de Gudo Nishijima para ayudarlo con la redacción de este libro. Asumí el encargo únicamente después de que hubiera agotado sus mejores opciones. Los otros escritores que trabajaron en él antes que yo abandonaron el proyecto por discrepancias con la interpretación de Nishijima del *Mūlamadhyamakakārikā* (*MMK*) de Nāgārjuna. Decían que estaba equivocada, que era una mala traducción. Ciertamente, difiere en muchos aspectos fundamentales de otras traducciones al inglés de esta obra. Si leen la introducción de Nishijima sabrán las razones. Tal vez estén de acuerdo o tal vez no. Regresaré a ello más tarde.

Cuando me hice cargo del trabajo, resolví que no me importaba realmente si la interpretación de Nishijima concordaba o no con las versiones en inglés anteriores. Aunque Gudo Nishijima era completamente capaz de mantener discusiones filosóficas detalladas en inglés, su escritura en este idioma era algunas veces un poco difícil de seguir. Necesitaba a alguien que corrigiera lo que había escrito. Yo no sé sánscrito. Decidí que mi labor aquí no era volver a traducir este antiguo texto, sino simplemente ayudar a transmitir lo que él había extraído de su lectura.

Al comienzo de mi trabajo en este libro, Nishijima intentó que estudiara sánscrito y me apuntara a un curso, pero yo ya tenía demasiados problemas con el japonés común. Aprender sánscrito, una lengua muerta dificilísima –y que tan solo utilizaría para este único trabajo de reescritura–, simplemente no tenía sentido. En cualquier caso, no parecía necesario para la tarea en cuestión.

Tan solo me importaba si la versión de Nishijima Sensei se valía por sí misma o no. He leído otras cuatro traducciones del *MMK*. Si bien las encontré puntualmente interesantes, y en ocasiones esclarecedoras, he de decir que, por lo general, en su mayor parte eran incomprensibles. Aún peor, algunas de ellas eran terriblemente aburridas –repletas de sinuosas especulaciones intelectuales y carentes de cualquier elemento práctico; nada que pudiera usar en mi vida–. A diferencia de esas traducciones, incluso en su forma original esta era la primera de las que había leído que verdaderamente me decía algo. Creo que esto es muchísimo más importante que el hecho de si coincide o no con las otras versiones existentes.

Uno de los mayores inconvenientes al elaborar este libro ha sido el empeño de Nishijima en proporcionar el texto original en sánscrito, así como las anotaciones gramaticales, para cada uno de los versos. Fue una pesadilla hacerse con la fuente tipográfica para trabajar correctamente. Solo esto retrasó la publicación casi dos años. Pero la inclusión de estas notas gramaticales permite que cualquiera que pueda cuestionar la interpretación de Nishijima vea exactamente cómo llegó a ella. Es muy valiente por su parte, y algo por lo que la mayoría de los otros traductores no se preocupan.

A la hora de transmitir la comprensión de Nishijima del texto, he procurado excluir mi propia voz de este trabajo y dejar que sonara como la suya tanto como fuera posible. De modo que aquellos de ustedes que conocen mis otros libros, *Hardcore Zen*, *Sit Down and Shut Up* y *Zen Wrapped in Karma Dipped in Chocolate*, se decepcionarán (o tal vez estarán encantados) al encontrar que no hay chistes malos, ni referencias a las películas de Godzilla, ni historias farragosas sobre tocar el bajo en una banda de *punk rock*.

Sin embargo, aunque haya intentado no poner mi voz en ella, esta versión es considerablemente distinta de aquella que me presentó Nishijima cuando comenzó el proyecto. Esas diferencias no son solo una cuestión de gramática y estructura de las frases. He revisado completamente la mayoría de los comentarios e incluso reescrito algo de la traducción en sí (basándome, por supuesto, en el original de Nishijima). Las diferencias son tan grandes que él mismo insistió en que me atribuyera el mérito –¿o la culpa quizás?– y me inscribiera como coautor.

Lo que he aportado en su mayoría es clarificación. Al menos, he pretendido que las partes que he añadido ayuden a esclarecer más las cosas. He tomado el, llamémoslo, inglés idiosincrático de Nishijima y lo he convertido en algo más sencillo de leer para los hablantes nativos de esa lengua. También he aportado algunas citas y otros materiales de fuentes distintas de las del Maestro Nāgārjuna, muy especialmente del Maestro Dogen.* Por último, he añadido mucha información para intentar explicar el singular entendimiento de Nishijima de la filosofía budista. Al fin y al cabo creo que, aunque la mayoría de las palabras de los comentarios sean mías, la comprensión en ellas expresada es, en la mayor medida posible, la de Nishijima. Naturalmente, sería imposible que eliminara mi propia perspectiva por completo, pero he intentado minimizarla tanto como me ha sido posible.

Nunca vamos a poder desenterrar al Maestro Nāgārjuna, reconstruir sus huesos descompuestos, enseñarle inglés, educarle en relación con todos los cambios que han ocurrido desde que murió, hacerle leer todas las traducciones de su libro y preguntarle cuál es la correcta. Aunque pueda parecer absurdo, cuando leo las opiniones de los eruditos me resulta como si estuvieran sugiriendo que algo así pudiera suceder. Parecen creer que hay un Nāgārjuna real en alguna parte de ahí fuera cuyas verdaderas intenciones pudieran ser descubiertas. Pero eso nunca será así. Solamente conoceremos lo que sus palabras significan para nosotros. Este libro representa lo que esas palabras significan para Gudo Nishijima.

Cada traducción es una interpretación. Durante quince años tuve un empleo donde una de mis principales tareas era traducir al inglés los diálogos de películas japonesas de monstruos de bajo coste. Incluso al llevar a cabo este aparentemente directo y sencillo trabajo, tuve que cambiar muchos detalles para hacerlos comprensibles para los angloparlantes. El *MMK* de Nāgārjuna es mucho más complejo que cualquier película de monstruos. Para empezar es un poema. Un poema no es como un manual de instrucciones en el cual

* Eihei Dogen es uno de los fundadores de la llamada secta Soto del budismo zen japonés. Su texto esencial, el *Shobogenzo* (*Tesoro del Verdadero Ojo del Dharma*), es una referencia imprescindible para la comprensión de la filosofía no-dual budista. Para más información, véase la edición en cuatro volúmenes publicada por la presente editorial (N. del T.).

hay una sola forma correcta de interpretar su significado. Hay tantas maneras de comprender un poema como gente para leerlo, y todas ellas son válidas por derecho propio.

Algunos de ustedes podrían leer esta traducción y estar de acuerdo con las dos personas que rechazaron continuar trabajando en este libro porque consideraron que estaba equivocada. Sin embargo, antes de llegar a esa conclusión espero que trabajen a su manera las notas de la gramática y la traducción para intentar comprender por qué difiere de las versiones que más conocen. Si incluso después de hacer esto todavía creen que es «incorrecta», les ruego que den un paso atrás y vean si lo que Nishijima ha dicho en esta tiene un valor práctico o no. Para mí, esa es una cuestión mucho más vital. Aquellos que quieran una interpretación más convencional tienen otras muchas sobre las que elegir (aunque, tal y como Nishijima Sensei señala en su introducción, incluso esas versiones discrepan unas de otras en un gran número de cuestiones).

Si, por otro lado, están interesados en descubrir un modo radicalmente distinto de comprender este gran hito de la filosofía budista, este es su libro. Espero que lo disfruten y encuentren algo valioso en él.

Introducción de Gudo Wafu Nishijima

El *Mūlamadhyamakakārikā* fue escrito por el Maestro Nāgārjuna, un filósofo budista que vivió en la India entre aproximadamente el año 150 y el 250 después de Cristo. Se dice que en aquel momento el budismo Mahāyāna había llegado a su época de esplendor y que Nāgārjuna era considerado la máxima autoridad en la sociedad budista. Escribió muchos libros, pero el *Mūlamadhyamakakārikā* probablemente sea el más concluyente. Los contenidos de este son extraordinariamente precisos y simples, lo cual sugiere que fue redactado en la madurez de la práctica y la investigación budista del Maestro Nāgārjuna. Por ello, considero que una de las mejores maneras de entender el budismo Mahāyāna de la India de la época de Nāgārjuna es leyendo el *Mūlamadhyamakakārikā* (a partir de ahora abreviado como *MMK*).

Sin embargo, esta no es la única razón por la que he decidido traducir el *MMK*. He estado estudiando las obras del maestro budista japonés Eihei Dogen durante más de setenta años. El Maestro Dogen era un monje budista y escritor que vivió en Japón en el siglo XIII. Su trabajo más importante fue el *Shobogenzo*, o *Tesoro del Verdadero Ojo del Dharma*, de noventa y cinco capítulos. Creo que las obras del Maestro Dogen son la expresión más precisa y detallada de la filosofía budista de toda la historia. He traducido algunos de sus trabajos al japonés moderno y al inglés, y he impartido conferencias sobre su obra durante muchos años.

Comparando los pensamientos budistas del Maestro Dogen con los de otros numerosos pensadores de la India, China y Japón, me percaté de que, pese a que los escritos del primero eran excelentes y atrayentes, su punto de vista parecía ser único. Es decir, empecé a creer que, aunque ciertamente se piense que el Maestro Dogen es uno de los mejores pensadores budistas, tal vez sus ideas acerca del budismo eran totalmente distintas de las de cualquier otro.

Sin embargo, después de leer el *MMK* muchas veces en un periodo de varios años, descubrí que las ideas del Maestro Dogen sobre el budismo no eran tan idiosincráticas como yo pensaba. De hecho, encontré que la filosofía budista del Maestro Nāgārjuna era en su estructura exactamente la misma que la del Maestro Dogen. Dándome cuenta de ello, comencé a percibir que al menos estos dos excelentes pensadores, uno en la India y otro en Japón, podrían haber llegado al mismo nivel de excelencia en la comprensión del budismo. El motivo por el cual sus ideas parecían ser tan peculiares era que, debido a su extraordinariamente elevada comprensión, muy pocos maestros budistas, desde los tiempos antiguos hasta hoy, habían podido entender sus consideraciones. Empecé a pensar que el budismo del Maestro Dogen, tal y como aparece en el *Shobogenzo*, y el del Maestro Nāgārjuna, según se expresa en el *MMK*, no eran tan particulares después de todo. Soy consciente, sin embargo, de que sugerir que he comprendido lo que otros no han podido puede parecer un signo de arrogancia, y por ello me disculpo humildemente. No obstante, tengo la total certeza de que el verdadero mensaje del *MMK* aún tiene que exponerse a los lectores contemporáneos.

Algunas personas pueden insistir en que al intentar comprender el verdadero budismo deberíamos referirnos únicamente a las palabras del Buddha Gautama tal y como se conservan en los estratos más antiguos del Canon Pali, las primeras crónicas budistas. Sin embargo, yo no puedo estar de acuerdo. Aunque el Buddha Gautama ciertamente fundó y estableció el budismo, de ningún modo es cierto que los textos registrados reflejen lo que él particularmente expresó ni, aún más importante, cómo fue comprendido lo que manifestó por aquellos que aprendieron directamente de él. A decir verdad, he comenzado a dudar de si las propias enseñanzas budistas del Buddha Gautama han sido entendidas apropiadamente alguna vez.

Antes de empezar a trabajar en el *MMK* acababa de terminar de traducir la obra fundamental del Maestro Dogen, el *Shobogenzo*, del japonés moderno al inglés. Al finalizar la traducción de los escritos del Maestro Dogen, creí que era necesario encontrar otro pensador budista que hiciera hincapié en su misma filosofía. Con esto en mente inicié la lectura del *MMK* del Maestro Nāgārjuna.

Había leído anteriormente algunas de las traducciones del *MMK* –por ejemplo, las de Kenneth K. Inada, David Kulupahana y Ramchandra Pandeya y Manju al inglés, y las de Hajime Nakamura y Jushin Saegusa al japonés–. Sin embargo, cuál fue mi sorpresa al comprobar que estas cinco versiones eran completamente distintas entre sí. Y, sobre todo, aunque hice un esfuerzo tremendo por comprender esas traducciones de la mejor manera que pude, fui completamente incapaz de encontrar sentido alguno a ninguna de ellas. Se hizo evidente que si quería conocer sinceramente el verdadero significado del *MMK*, tenía que traducirlo por mí mismo sin basarme en ninguna otra versión.

Método de traducción

He seleccionado los siguientes cuatro principios para utilizarlos en mi traducción del *Mūlamadhyamakakārikā*:

1. Significado exacto de cada palabra

Leyendo las versiones anteriores encontré que una característica común a todas ellas era un acercamiento muy libre al significado de cada término. A pesar de consultar las palabras originales en sánscrito en varios diccionarios, cuando hallaba algo incomprensible en los textos traducidos a menudo era imposible encontrar los significados de los términos utilizados en aquellas versiones. Con el fin de evitar el estilo laxo de estas, decidí usar solamente los significados de los vocablos que pueden encontrarse en los diccionarios enumerados al final de esta parte introductoria al libro. También he añadido algunos comentarios a determinadas palabras, con el fin de indicar los distintos matices de su significado.

2. Respeto por la gramática sánscrita

Al leer las otras versiones del *MMK*, encontré un gran número de casos en los que las reglas de la gramática sánscrita no se cumplían. Evidentemente, cuando esto sucede el significado de la traducción puede ser muy diferente de lo que se expresa en el texto original. Si permitimos esa actitud flexible, es imposible realizar una buena interpretación. Por consiguiente, tomé como mi segundo principio seguir la gramática sánscrita de un modo tan exacto como fuera posible. Por ello, también he añadido algunas breves explicaciones gramaticales.

3. Elusión de referencias a traducciones y comentarios anteriores

Cuando se traduce un texto antiguo es común hacer referencia a tantas traducciones y comentarios anteriores como se pueda. Sin embargo, en el caso del *MMK* la situación es ligeramente distinta. Este fue vertido al chino por un traductor tremendamente influyente llamado Kumārajīva a finales del siglo IV o principios del V. Dicha versión era tan fluida, hermosa y compacta que se aceptó de manera generalizada en China y Japón, pero al compararla con el texto original en sánscrito encontré numerosas cuestiones problemáticas.

En cuanto a los comentarios, algunos están escritos por pensadores budistas de la India, pero los originales se han extraviado. Actualmente, los únicos disponibles son aquellos traducidos al chino que se basan en la versión de Kumārajīva, con lo cual he dudado mucho de ellos.

Consiguientemente, establecí como mi tercer principio no apoyarme en versiones o comentarios anteriores y traducir directamente del texto sánscrito original. Considero que este procedimiento se acerca al método empírico-científico, al haberme basado en mi propia observación directa y no en referencias secundarias de otros.

4. La filosofía básica budista

Sería ideal que al acercarnos a un texto clásico pudiéramos desechar todas nuestras opiniones y prejuicios personales para poder interpretar estrictamente lo que es en verdad, pero en el mundo real no es posible leer ningún libro sin que estos intervengan. Mis propios pensamientos en relación con el budismo se basan únicamente en lo que el Maestro Dogen escribió acerca de esa filosofía. De modo que cuando leo el *MMK* me resulta imposible no estar influenciado por sus ideas.

Afortunadamente, sin embargo, cuando leí el *MMK* en el sánscrito original me sorprendió descubrir que la comprensión de la filosofía budista expresada por el Maestro Nāgārjuna era exactamente la misma que la del Maestro Dogen. Esta opinión puede parecer demasiado atrevida, especialmente dado que estos dos hombres tuvieron vidas muy diferentes, distanciadas por la época, la cultura y la geografía. El Maestro Nāgārjuna no podría haber sido influido por el Maestro Dogen, y aunque el segundo admiraba al primero, nunca mencionó el *MMK* en sus propios escritos –posiblemente porque la única versión que tendría disponible sería la de Kumārajīva–. Incluso a pesar de ello, estoy completamente seguro de que las filosofías de los dos maestros budistas son iguales.

Después de traducir el *MMK*, me percaté de que cada capítulo estaba construido sobre un tipo especial de lógica. Por ejemplo, en el capítulo 1 Nāgārjuna utiliza una aproximación dialéctica que consiste en cuatro ideas: 1) el concepto subjetivo desde el punto de vista idealista, al cual yo llamo «existencia subjetiva»; 2) el concepto concreto desde el punto de vista materialista, o «existencia subjetiva»; 3) el instante presente, cuando los hechos reales se producen, y 4) la realidad en sí misma, o «los hechos fiables». Utilizando estas ideas, explica su entendimiento en función de lo que yo llamo las cuatro filosofías.

Las cuatro filosofías se apoyan en lo que comúnmente se conoce como las Cuatro Nobles Verdades, a las cuales el Buddha Gautama hizo referencia en su primera charla pública y que habitualmente son citadas como: 1) toda vida es sufrimiento, 2) la causa del sufrimiento es el deseo, 3) la vía para cesar el sufrimiento es detener el deseo y 4) el medio por el cual se detiene el deseo es seguir el Óctuple Noble Sendero –la visión correcta, la acción correcta, el modo de vida correcto, el esfuerzo correcto, la conciencia correcta, la concentración correcta, el pensamiento correcto y la comprensión correcta–.

Personalmente, siempre he tenido dificultades para entender esta versión de las Cuatro Nobles Verdades. La idea de detener todo deseo simplemente es absurda. No puede hacerse. Es más, nunca pude ver la conexión entre la cesación del deseo y el Óctuple Noble Sendero. Al leer al Maestro Dogen, empecé a observar que siempre examinaba los conceptos sobre los que escribía desde cuatro puntos de vista: 1) el del idealismo, 2) el del materialismo, 3) el de la acción en el instante presente y 4) el de la realidad inclusiva. Considero que esto es a lo que el Buddha Gautama se estaba refiriendo verdaderamente cuando dio esa primera charla. Cuando nuestra vida se ve desde un punto de vista idealista todo parece ser sufrimiento, ya que la vida real nunca se ajusta a los pensamientos. La segunda de las Cuatro Nobles Verdades se traduce normalmente como «la causa del sufrimiento es el deseo», pero, de hecho, el carácter chino utilizado para «deseo» más específicamente significa «acumulación». A pesar de que obviamente ese ideograma no aparece en los estratos más antiguos de las enseñanzas budistas, al no estar escritas en caracteres chinos, yo aún pienso que es significativo. Ello refleja el modo en que los primeros maestros chinos entendieron las enseñanzas y, por tanto, denota una comprensión más cercana a la época del Buddha. El mundo material es una acumulación de distintos elementos. La tercera verdad, el medio por el cual se detiene el sufrimiento, indica la acción real de finalizar el sufrimiento. Por último, la cuarta verdad expresa la realidad en la forma de la auténtica actividad aquí y ahora. En resumen, estas son las cuatro filosofías. Hablaré sobre ellas más adelante en los comentarios al texto.

El *Mūlamadhyamakakārikā* es una de las obras más importantes de toda la literatura budista. Espero que esta traducción ayude a iluminar una nueva manera de comprender este texto clásico.

Esquema de la estructura del *Mūlamadhyamakakārikā*

Antes de entrar en la traducción en sí, sería útil que explicara primero el esquema básico de mi interpretación. El *Mūlamadhyamakakārikā* consta de veintisiete capítulos, los cuales pueden dividirse en cuatro grupos en función del contenido de cada uno. Estos grupos son:

Grupo 1. Capítulos dedicados a explicaciones de la filosofía budista fundamental

Capítulo 1. Estudio de los hechos fiables
Capítulo 2. Estudio de «ido» y «no ido»

Grupo 2. Capítulos dedicados a explicaciones filosóficas del mundo exterior

Capítulo 3. Estudio de los ojos y otros órganos de los sentidos
Capítulo 4. Estudio de los agregados
Capítulo 5. Estudio de las sustancias físicas
Capítulo 6. Estudio de la fusión de la agitación y lo agitado
Capítulo 7. Estudio del mundo exterior

Grupo 3. Capítulos dedicados a explicaciones de la filosofía de la acción

Capítulo 8. Estudio de la fusión de la acción y la conducta
Capítulo 9. Estudio del instante justo antes del presente
Capítulo 10. Estudio de la fusión del fuego y la combustión
Capítulo 11. Estudio de la terminación del comienzo y el fin
Capítulo 12. Estudio del dolor
Capítulo 13. Estudio de la acción real
Capítulo 14. Estudio de la fusión
Capítulo 15. Estudio de la existencia subjetiva
Capítulo 16. Estudio de la fusión de la restricción y la liberación
Capítulo 17. Estudio de la fusión de la acción y el resultado
Capítulo 18. Estudio del alma
Capítulo 19. Estudio del tiempo
Capítulo 20. Estudio del asimiento inclusivo
Capítulo 21. Estudio de la coexistencia y la existencia universal

Grupo 4. Capítulos dedicados a la explicación filosófica de la realidad

Capítulo 22. Estudio de la realización
Capítulo 23. Estudio de la ilusión
Capítulo 24. Estudio de la verdad suprema
Capítulo 25. Estudio del *nirvāṇa*
Capítulo 26. Estudio de la cadena de los doce eslabones de causa y efecto
Capítulo 27. Estudio de las doctrinas

Puede que algunos lectores duden de la necesidad de distribuir el *MMK* en estos cuatro grupos, pero, habiendo estudiado el texto cuidadosamente, estoy convencido de que dichas divisiones reflejan la verdadera estructura interna de la obra, y que esta forma de agrupar los capítulos hace su propósito más claro y sencillo de comprender. Por otra parte, en el segundo verso del primer capítulo el Maestro Nāgārjuna describe *catvāraḥ pratyayā*, o «los cuatro hechos fiables», de la siguiente manera: *hetu*, o «la razón»; *ālambana*, o «aquello que cuelga» (una expresión para referirse al mundo exterior); *anantaram*, o «el instante presente, cuando se produce la acción real», y *tathā*, o «la realidad» (la totalidad del universo). Siendo así, considero que estos elementos están firmemente relacionados con los cuatro grupos del texto.

En cada verso aparecen los siguientes componentes:

1. Texto original en sánscrito.
2. Significados de los principales términos en sánscrito y explicaciones gramaticales.
3. Traducción.
4. Comentario.

Agradecimientos

Primero, quisiera expresar mi más sincero agradecimiento al señor Hideo Ida, presidente del consejo de Ida Industrial Group; al señor Hitoyuki Ida, presidente de Ida Industrial Group; al señor Takao Ida, presidente de Ida Ryogokudo Corporation, y a todos los miembros de Ida Industrial Group, quienes han estado apoyando mi vida económica durante tantos años.

El Venerable Brad Warner me ayudó enormemente a reescribir mi borrador y añadió sus hermosos comentarios. Sin su ayuda, habría sido imposible llevar a cabo con éxito esta traducción. Precisamente debido a su excelente habilidad para expresar los verdaderos pensamientos budistas en inglés, he acabado finalmente el trabajo.

El señor Shin Kiriki y la señora Yumi Kiriki también me ayudaron muchísimo. Los llamé casi a diario para hacerles complicadas preguntas sobre el uso del ordenador. Sin su amable ayuda habría tenido serios problemas para realizar esta traducción.

El Venerable Gil Alon me obsequió con una copia del *Mūlamadhyamakakārikā* editado por J. W. de Jong y publicado por la Biblioteca y Centro de Investigación de Adyar, en Madrás, que afortunadamente pude utilizar para nuestro texto original. Finalmente, me gustaría expresar un gran agradecimiento a mi difunta esposa, Sumiko Nishijima, y a mi hija, Mieko Baba, quienes me apoyaron durante tantos años.

Prólogo de Brad Warner a la edición española

¡Hola!

Gracias por leer este libro. Creo que es bueno. No sé si Nāgārjuna pensaría que lo es. Algunos de sus seguidores en los Estados Unidos opinan que es un mal libro. Antes de que se publicara, antes incluso de que hubieran tenido la oportunidad de leer una sola palabra, determinaron que era terrible. Así que fueron a Internet y les contaron a todos lo espantoso que era. Me pregunto si lo leyeron después de que estuviera realmente disponible. Dudo que muchos lo hicieran.

Aun así, considero que es un buen libro porque expresa muy bien la comprensión de mi profesor del *Mūlamadhyamakakārikā*. ¿Refleja lo que a Nāgārjuna le hubiera gustado decir a los angloparlantes e hispanohablantes aproximadamente mil ochocientos años después de que lo escribiera? Pienso que nadie puede responder a esa pregunta, pero les diré lo siguiente: si ustedes pudieran expresar perfectamente en inglés o español lo que escribió Nāgārjuna, no creo que eso fuera exactamente lo que él querría decirnos mil ochocientos años después. Veamos por qué.

¿Qué les dirían ustedes a las personas del año 3816, posiblemente de otro planeta, quienes probablemente hablarían un lenguaje que ni siquiera existe hoy y cuya vida sería tan diferente a las suyas que no pueden ni imaginarlo? Quizás sepan qué les dirían. Yo no tengo ni idea. Escribo libros para la gente que vive hoy. Si la gente los leyera en el año 3816, en otro planeta, en un lenguaje que ni siquiera existe hoy, no sé si los comprendería, independientemente de con cuánta exactitud y precisión fueran traducidos. En los tiempos de Nāgārjuna, la lengua inglesa ni siquiera existía, al igual que el español. En aquel momento, los habitantes de la India ni siquiera sabían de la existencia de América del Norte, América Central o Sudamérica.

Si mis libros existen en el 3816, y si la gente todavía está interesada en ellos, espero que alguien que entienda la actitud fundamental del budismo los traduzca al idioma contemporáneo. No me importaría si esa persona cambiara lo que he dicho para adaptarlo al público del año 3816. De hecho, pienso que debería hacerlo. Creo que habría muchas modificaciones absolutamente necesarias. De lo contrario, mis palabras serían las palabras muertas de una persona y una civilización desaparecidas hace mucho tiempo. Tendrían muy poco sentido.

Eso es lo que creo que Gudo Nishijima hizo con el texto de Nāgārjuna. Esta no es una traducción convencional. Pero Nishijima tenía una firme comprensión de la perspectiva budista. Realizó su traducción basándose en esa comprensión y en el entendimiento de la mente de la gente del siglo XXI. Es imposible que Nāgārjuna pudiera haber conocido cómo seríamos en nuestra época. De modo que aunque este libro no exprese lo que él quería transmitirles a los lectores de la India de hace mil ochocientos años, tal vez refleje lo que la gente del siglo XXI necesita escuchar mejor de lo que Nāgārjuna podría hacerlo.

Gudo Nishijima murió poco después de que la versión en inglés de este libro se publicara. Le envié una copia, pero desconozco si la recibió. Ya estaba muy enfermo por aquel entonces, aunque revisó algunos de los primeros borradores antes de morir y quedó muy satisfecho con cómo había corregido sus palabras.

No sé español, pero he estado en contacto con el traductor y creo que es muy competente y meticuloso. Por eso, considero que esta edición española es fiel a lo que a Gudo Nishijima le hubiera gustado decir. En cuanto a Nāgārjuna, no puedo saberlo.

Si alguien quiere traducir de nuevo este libro dentro de mil ochocientos años, espero que haga todos los cambios que considere oportunos.

Brad Warner
4 de septiembre del 2016
Los Ángeles, California

Nota a la traducción española

Como ya habrán supuesto por las explicaciones de Brad Warner y Gudo Wafu Nishijima, la versión del *Mūlamadhyamakakārikā* que están a punto de leer no es nada ortodoxa. En un curioso y caleidoscópico juego hermenéutico, Nishijima Roshi, como si de un relato de Borges se tratara, interpreta manifiestamente el texto partiendo de la perspectiva de un monje, Eihei Dogen, que vivió mil años después de Nāgārjuna, y cuya obra estuvo estudiando y traduciendo durante décadas. Según afirma Nishijima en su introducción, Dogen representaba para él la quintaesencia de la filosofía budista. ¿Deberíamos pensar tal vez que la presente traducción no es válida al postularse que un entendimiento «futuro» (el de Dogen) no puede intervenir en la comprensión de un autor del «pasado» (Nāgārjuna), inversamente a como nos dicta el «sentido común»? Sin interferir lo más mínimo en la ley de la causalidad, opino que esto queda sobradamente explicado y justificado a lo largo del libro. Por ejemplo, cuando el Maestro Nishijima sugiere una y otra vez que la realidad es tal y como es independientemente del tiempo lineal, el cual, dice, simplemente existe como una idea. Por otro lado, ¿deberíamos asumir que una heterodoxia invalida la credibilidad o fiabilidad de un significado? Admitámoslo. No solo en el Canon Pali se nos habla de la necesidad de verificar la realidad por nosotros mismos independientemente del influjo que pueda tener la tradición, sino que, por ejemplo, el propio budismo zen se yergue como uno de los estandartes de la constante disensión (y también aceptación) de «lo dado». Además, ¿acaso no iría un budismo dogmáticamente canónico en contra de sus propios principios de investigación y constante autocuestionamiento?

Por mi parte, al igual que intenté hacer cuando trabajaba en el *Shobogenzo* de Dogen, he pretendido ser lo más fiel posible –hasta el límite de la literalidad– a la versión de Gudo Wafu Nishijima de los versos de Nāgārjuna. En aquel libro, sin cambiar absolutamente nada del contenido, traté de mejorar algo la redacción de los comentarios introductorios de Nishijima Sensei a cada capítulo, y de algunas de las notas, siempre bajo su consentimiento y procurando no perder de vista lo que Brad Warner llama su «inglés idiosincrático». Exactamente con la misma voluntad, le sugerí a Brad realizar ciertos cambios y correcciones en esta edición, como sustituir algunos sustantivos por pronombres para no fatigar innecesariamente al lector de habla hispana.

Aunque pueda parecer contradictorio, he tenido sin embargo especial cuidado en respetar las constantes repeticiones de las ideas de Nishijima Roshi que aparecen en los comentarios, ya que, en mi opinión, obedecen a un empeño exclusivamente pedagógico. Rehusando un vocabulario críptico, considero que sus interpretaciones atraviesan el libro con una frecuencia que el lector agradecerá para clarificarlo, y con las que, espero, estará totalmente familiarizado a su término.

Me gustaría agradecer especialmente a Brad Warner la disposición y amabilidad que mostró desde el principio, así como su apertura a la hora de aceptar mis diversas sugerencias para la traducción. A Peter Rocca le tengo una inmensa deuda de gratitud por su constante presencia a lo largo de tantos años, instruyéndome, ayudándome y apoyándome en un sinfín de cuestiones, así como por ser un referente de serenidad, paciencia y virtud. También quisiera expresar mi más profundo agradecimiento a la Editorial Sirio por el exquisito trato de siempre y, muy especialmente, a mi difunto editor, Antonio López, por permitirme, con su inmensa generosidad, haber tenido el privilegio de trabajar con él en una tarea tan hermosa y gratificante. Por último, agradecer póstumamente al Venerable Maestro Nishijima que me obsequiase con su enseñanza, consideración y afecto, hasta que su condición física se lo permitió, así como su entrega personal a la causa budista de la Verdad.

Pedro Piquero

Abreviaturas usadas

Ā. = *ātmanepada*
Ab. = caso ablativo
Ac. = caso acusativo
adj. = adjetivo (véase mfn.)
adv. = adverbio
ale. = alemán
aor. = aoristo
bud. = literatura budista
(Capp.) = proveniente de *A Sanskrit-English Dictionary*, de Carl Capeller
caus. = causal
cf. = *confer*, véase
clas. = clásico
com. = comentarista o comentario
comp. = compuesto/s
compar. = grado comparativo
conj. = conjugación
D. = caso dativo
desid. = desiderativo
du. = número dual
e.g. = *exempli gratia*, por ejemplo
epc. = en el principio de un compuesto
esp. = especialmente
f. = género femenino
fig. = en sentido figurado
fil. = filosofía
fut. = futuro
G. = caso genitivo
gr. = gramática
gri. = griego
I. = caso instrumental
id. = ídem, lo mismo que la palabra anterior
i.e. = *id est*, es decir
ifc. = *in fine compositi* (al final de un compuesto)
imp. = imperativo
impers. = impersonal o utilizado impersonalmente
impf. = tiempo imperfecto
ind. = indeclinable
indic. = indicativo
inf. = modo infinitivo
ing. = inglés
intens. = intensivo
L. = caso locativo
lat. = latino
l.e. = lectura errónea
lit. = literalmente
m. = género masculino
(Mac.) = proveniente de *A Practical Sanskrit Dictionary* de A. A. Macdonell
m.c. = *metri causa*, por el bien de la métrica
mfn. = masculino, femenino y neutro, o = adjetivo
N. = caso nominativo
n. = género neutro
nom. = verbo denominal
neg. = negativo/a
op. a = opuesto a
opt. = modo optativo
P. = *parasmaipada*
p. = participio (cf. p.p.)

partic. = particular
pas. = voz pasiva
patr. = patronímico
pers. = persona
pf. = tiempo perfecto
pl. = plural
p.p. = participio pasado
p. pres. = participio presente
pr. = propio
prepos. = preposición
pres. = tiempo presente
pri. = primario
prob. = probablemente
pron. = pronombre
pronom. = pronominal
pot. = modo potencial
q.v. = *quod vide*, véase adjunto, referencia cruzada
ret. = retórica
scil. = *scilicet*, a saber
sf. = sufijo
sg. = singular
(*SGFS.*) = cita proveniente de *A Sanskrit Grammar for Students* de A. A. Macdonell
subj. = subjuntivo
sus. = sustantivo
V. = caso vocativo
ved. = védico
vid. = *vide*, véase
v.l. = *varia lectio*, varias lecturas

Diccionarios utilizados

A Practical Sanskrit Dictionary, de Arthur Anthony Macdonell

A Sanskrit-English Dictionary, de Carl Capeller y Meicho Fukyukai

A Sanskrit-English Dictionary, de *Sir* Monier-Williams

Buddhist Hybrid Sanskrit Grammar and Dictionary, de Frankin Edgerton

Japanese-English Buddhist Dictionary, de Daito Shuppansha

Libros de referencia utilizados para el sánscrito

A Sanskrit Grammar for Students, de Arthur Anthony Macdonell

Teach yourself Sanskrit, de Michael Coulson, revisado por Richard Gombrich y James Benson

The roots, Verb Forms, and Primary Derivatives of the Sanskrit Language, de William Swight Whitney y Motilal Banarsidass

Sanskrit Grammar, de Naoshiro Tsuji y Iwanami Shoten

Mūlamadhyamakakārikā

(Versos sobre los fundamentos del camino medio)

NĀGĀRJUNA

Mūla: n. una raíz; base, fundamento. *Madhyamaka*: mf(*ā*)n. colocado en el medio. *Kārikā*: frase concisa en verso (esp. en fil. y gr.) de una doctrina.

Capítulo 1

Pratyaya parīkṣā

(Estudio de los hechos fiables)

Pratyaya: n. creencia, confianza, firme convicción, fe, garantía o certeza de (G. L. o comp.). *Parīkṣā*: f. inspección, investigación, estudio, prueba, juicio por ordalía de varias clases.

La mayoría de las ediciones japonesas del *Mūlamadhyamakakārikā* traducen el término sánscrito *pratyaya* con el significado de *innen* (en japonés), es decir, «causas y circunstancias». Sin embargo, en la mayoría de las versiones en inglés los traductores utilizan para ello la palabra «condiciones». No obstante, *pratyaya* tiene una gran cantidad de significados –incluyendo el de «creencia», «fe» y «confianza»– que no cubren los términos «causas», «circunstancias» y «condiciones». Considero que la utilización del Maestro Nāgārjuna de la palabra *pratyaya* está estrechamente relacionada con el tema fundamental del *MMK*, el cual, a su vez, es uno de los pilares de la filosofía budista: la gran confianza en que este mundo –aquel en el que estamos viviendo ahora mismo– es la realidad; la verdad en sí misma.

He optado por traducir *pratyaya* como «hecho fiable» (o «hechos fiables» cuando sea el caso) en la presente versión del *MMK*, ya que, aunque esta elección pueda resultar extraña, dicho vocablo también se utiliza para referirse a una esencia, base o idea fundamental. En borradores anteriores utilicé el término «fundamento», pero parecía demasiado endeble. Pienso que las palabras «hecho fiable» transmiten el significado sánscrito de una manera más clara que «condición», e incluso que «fundamento». «Hecho fiable» no solo sugiere algo primordial, sino aquello en lo cual podemos depositar una fe y una confianza absolutas. Además de esto, dichas palabras pretenden señalar la idea de que el mundo real que se manifiesta delante de nosotros es el objeto de la confianza budista.

En el presente capítulo, el Maestro Nāgārjuna explica sus principios esenciales sobre la filosofía budista de manera directa y exacta. Dice que el mundo real es distinto de nuestras ideas, las cuales simplemente son pensamientos de nuestro cerebro. En consecuencia, niega la perspectiva idealista o «espiritual». El mundo real, afirma, también es diferente de los estímulos externos que percibimos a través de los órganos de los sentidos y a los cuales llamamos «materia». Por tanto, también rechaza el materialismo. El Maestro Nāgārjuna insiste en que cuando asimos el mundo real simplemente tal y como es se manifiestan cuatro hechos fiables: 1) la razón (*hetu*), que impregna todo el universo; 2) el mundo exterior (*ālambana*), el cual se manifiesta delante de nosotros todo el tiempo; 3) el instante presente (*anantara*), durante el cual nuestras acciones en el mundo real se producen verdaderamente, y 4) la realidad en sí (*tathā*), que puede interpretarse como la totalidad de los hechos fiables anteriores sintetizados en uno. La realidad, indica, es como si fuera algo místico; algo omnipotente como Dios. Finalmente, concluye valientemente esta lista añadiendo que no puede haber ningún quinto hecho fiable adicional. Esto sugiere la enorme confianza que tiene depositada en su filosofía budista.

****

Verso 1

na svato nāpi parato na dvābhyāṃ nāpy ahetutaḥ
utpannā jātu vidyante bhāvaḥ kva cana ke cana

Na: ind. no, ningún, ni, ninguno. *Svata*: *sva+ta*. *Sva*: mf(*ā*)n. propio, de uno mismo, mi propio, vuestro propio, su propio, etcétera. *Ta*: sf. además de formar normalmente participios pasados pasivos, aparece, en un sentido más general, como sufijo de unos pocos adjetivos y sustantivos. *Parata*: *para+ta*. *Para*: mf(*ā*)n. lejano, distante, remoto (en el espacio), contrario, ulterior, más lejos que, más allá, en el otro lado o el más lejano de, extremo. *Dvābhyāṃ*: Ab. de *dva*. *Dva*: dos. *Api*: un término de énfasis. *Hetu*: m. motivo, causa, razón. *Utpannā*: *Utpannāḥ*: m. n. pl. de *utpanna*. *Utpanna*: mfn. ascendido, subido; surgido, nacido. *Jātu*: ind. en absoluto, nunca. *Vidyante*: 3.ª pers. pl. de *vid*. *Vid*: saber, comprender, percibir, aprender. *Bhāva*: m. devenir, ser. *Kva*: ind. dónde, en qué lugar, adónde. *Cana*: ind. y no, tampoco (en sánscrito clas. solamente se utiliza después de los interrogativos *ka*, *katama*, *kva*, etcétera, haciéndolos indefinidos).

Los hechos fiables no son ni aquello que son [pensamientos] subjetivos, ni aquello que son [estímulos sensoriales] objetivos, ni una mezcla de los dos; pero nunca son irrazonables en absoluto.
Los fenómenos simplemente son reconocidos tal y como son, y la existencia como la concebimos nunca existe en ninguna parte; es justamente la inexistencia.

Aunque a menudo no nos percatemos de que así lo hagamos, tendemos a creer que los pensamientos de nuestro cerebro son entidades que verdaderamente existen en el mundo, lo cual es falso. Esto parece ser relativamente fácil de comprender para las personas contemporáneas (al menos intelectualmente, aunque no tan a menudo en la práctica). Al mismo tiempo, llamamos «materia» a lo que percibimos a través de nuestros sentidos, y solemos entender que esta es innegablemente real. Sin embargo, al igual que nuestros pensamientos, la materia sólida también es un concepto. Algo existe –el Maestro Nāgārjuna no lo niega– pero aquello a lo que llamamos materia no son nada más que estímulos dentro de los órganos de los sentidos interpretados por nuestro cerebro. De este modo, la idea de que la materia existe realmente de la forma que imaginamos también puede ponerse en cuestión.

Lo que pensamos simplemente es el funcionamiento de nuestras células cerebrales. Lo que percibimos son estímulos en los órganos de los sentidos. Así que tanto el idealismo –la filosofía de que aquello que pensamos es la realidad– como el materialismo –la filosofía de que lo que percibimos a través de los órganos de los sentidos es la realidad– se equivocan. Las diversas cosas y los fenómenos que existen delante de nosotros son tal y como son, pero todos los conceptos que tenemos sobre la existencia son erróneos. Son, según dice el Maestro Nāgārjuna, como nada en absoluto.

Verso 2

catvāraḥ pratyayā hetur ālambanam anantaram
tathaivādhipateyaṃ ca pratyayo nāsti pañcamaḥ

Catvāraḥ: *catvāras*: *catur*: m. cuatro. *Pratyaya*: m. confianza, convicción, creencia, fe, noción o idea fundamental. *Hetu*: m. «impulso», motivo, causa, causa de, razón para (L., raramente D. o G.). *Ālambaṇa*: *-am*: n. que depende de o descansa sobre; (para los budistas) los cinco atributos de las cosas (vid. forma, sonido, olor, sabor y tacto). [Aunque el texto de Jong da *ārambaṇam* en lugar de *ālambaṇam*, el cual aparece en este mismo lugar en la edición de Poussin, al considerar el significado completo del *MMK* utilizamos aquí *ālambaṇam*, ya que el contexto sugiere simplemente «el mundo exterior» (algo distinto del sentido de «comienzo»)]. *Anantara*: mf(*ā*)n. que no tiene interior; que no tiene intersticio o lapso o pausa; ininterrumpido, inquebrantable; continuo; inmediatamente adyacente, contiguo; (*am*) n. contigüidad; (*am*) ind. inmediatamente después. *Tathaiva*: *tathā+eva*. *Tathā*: ind. de esa manera. *Eva*: ind. así, justamente así, exactamente así; justamente, muy, de la misma forma; en efecto, verdaderamente, realmente. *Adhipa*: un gobernante, comandante, rey. *-Teyam*: *-ta+iyam*. *Iyam*: f. esta (aquí), esta tierra. *Ca*: ind. y, también. *As*. existir. *Pañcama*: mf(*ī*)n. el quinto.

Los cuatro hechos fiables son la razón, el mundo exterior, el instante presente
y la realidad –este mundo–, la cual parece ser similar a Dios. Un quinto hecho fiable nunca existe en absoluto.

El budismo no es una filosofía nihilista del vacío o la nada. El Maestro Nāgārjuna señala aquí los cuatro hechos de la realidad, los cuales los budistas aceptamos como los objetos de nuestra confianza. El primero es la razón, que impregna todo el universo. No se trata simplemente de la razón en el sentido habitual, el cual solo hace referencia a las funciones mentales. La clase de razón a la que aquí se refiere el Maestro Nāgārjuna es un principio que rige el universo. Por ello, puede decirse que esta, en el sentido que él le da, se corresponde de algún modo con la filosofía occidental del idealismo. El segundo hecho fiable es el mundo exterior, o el mundo tal y como lo perciben nuestros sentidos en el instante presente. Esto puede compararse con la filosofía occidental del materialismo o con la perspectiva clásica de la ciencia. El tercer hecho fiable es aquello que es inmediato y no tiene separación o pausa –en otras palabras, el instante presente en sí–. Este instante presente es el único momento en el que podemos realmente actuar. A esto es a lo que podríamos llamar la filosofía de la acción, en la cual la propia acción se ve como una clase de filosofía. El último de los cuatro hechos fiables es la realidad, la cual incluye todas las cosas y los fenómenos y es, en palabras del Maestro Nāgārjuna, «similar a Dios». Por ello, proclama valientemente que ningún quinto hecho fiable distinto de estos cuatro puede existir en el mundo real.

Verso 3

na hi svabhāvo bhāvānāṃ pratyayādiṣu vidyate
avidyamāne svabhāve parabhāvo na vidyate

Svabhāva: m. (ifc. f, *ā*) lugar nativo; la condición propia o estado de ser, el estado o constitución natural, disposición inherente o innata, por naturaleza, impulso, espontaneidad. *Pratyayādiṣu*: *pratyaya+adiṣu*. *Adiṣu*: mfn. pl. L. de *adi*. *Adi*: ifc. empezando por, etcétera, y demás. *Paravāva*: 1) mf(*ā*) n. que ama a otro; 2) m. el ser miembro subsecuente o segundo de un compuesto.

La existencia subjetiva nunca puede ser reconocida en diferentes existencias o en los hechos fiables.
Si la existencia subjetiva no puede reconocerse, también es completamente imposible reconocer la existencia objetiva.

Los seres humanos tendemos a creer que lo que pensamos –nuestra experiencia subjetiva o, como señala el Maestro Nāgārjuna, la existencia subjetiva– es la realidad. En esto se basan todas las filosofías idealistas, pero dicha interpretación simplemente es una manifestación del funcionamiento de nuestras células cerebrales. La realidad es algo completamente distinto. Si la experiencia subjetiva no es la realidad, es imposible que reconozcamos la existencia objetiva –la cual simplemente consiste en estímulos del mundo exterior dentro de nuestros órganos de los sentidos– como tal. Tanto la visión subjetiva como la objetiva son útiles, pero parciales.

Verso 4

kriyā na pratyayavatī nāpratyayavatī kriyā
pratyayā nākriyāvantaḥ krivayāvantaś ca santy uta

Kriyā: f. acción. *Vat*: un afijo (técnicamente denominado *vati*) que se añade a palabras para insinuar semejanza o parecido y generalmente es traducido como «parecido», «como». *Ī*: ind. una interjección de dolor o ira; una partícula que implica conciencia o percepción, consideración, compasión. *Apratyaya*: m. desconfianza, incredulidad, duda; no un afijo; (mfn.) desconfiado (con L.); que causa desconfianza; sin afijo. *Kriyāvantaḥ*: *kriyā+van+taḥ*. *Santi*: 3.ª pers. pl. de *as*. *As*: ser, vivir, existir. *Uta*: ind. (énfasis) incluso, también.

La acción real en el instante presente nunca es una imitación de los hechos fiables, de modo que no hay ninguna posibilidad de que una imitación de un hecho fiable sea la acción real.
Los hechos fiables no son distintos de la acción real, y existe algo verdadero, lo cual es muy similar a la acción real en sí misma.

Por «imitación de los hechos fiables» el Maestro Nāgārjuna se refiere al modo por el cual creamos imágenes de la realidad en el interior de nuestra mente y tendemos a creer nuestras propias construcciones mentales, aun cuando la realidad sea totalmente diferente. La acción real, por tanto, no es simplemente la imitación de los hechos fiables. La acción real y los hechos fiables son como la cara y la cruz de una realidad indivisible. Las imitaciones de los hechos fiables que creamos nunca pueden identificarse con la acción real, aunque tendamos a pasar por la vida confundiendo ambas constantemente.

En la línea siguiente, el Maestro Nāgārjuna destaca que los hechos fiables y la acción real son muy parecidos entre sí, de manera que su filosofía no es la del nihilismo ni la del solipsismo. Hay algo que, claramente, existe en verdad. Este algo no es nada más que los hechos fiables. En otras palabras, lo que verdaderamente existe es justo la acción real en el instante presente.

Verso 5

utpadyate pratītyemān itīme pratyayāḥ kila
yāvan notpadyata ime tāvan nāpratyayāḥ katham

Utpadyate: *utpad*: Ā. surgir, alzarse, nacer, originarse, hacerse visible, aparecer. *Pratītya*: n. confirmación, experimento; alivio, consuelo (otros «mfn. por reconocerse o admitirse»). *Imān*: m. pl. Ac. de *ayam* (este). *Iti*: de este modo, así. *Ime*: m. pl. N. de *ayam* (este). *Kila*: ind. (una partícula de aseveración o énfasis) en verdad, verdaderamente, ciertamente; (o de explicación) a saber; «así dicho», «así comunicado», pretendidamente; (*kila* viene precedido por la palabra que refuerza, y aparece en muy pocas ocasiones al comienzo de una frase o verso; según los lexicógrafos nativos, *kila* puede utilizarse para comunicar inteligencia y puede implicar «posibilidad», «probabilidad», «acuerdo», «aversión», «falsedad», «imprecisión» y «razón»). *Yāvanna*: *yāvat+na*. *Yāvat*: mf(*atī*)n. (proveniente de *ya;* correlativo de *tavat*) tan amplio, tan grande, tanto como, tantos como, tan a menudo, tan frecuente, tan lejos, tan largo, tan viejo, etcétera (o cómo de grande, etcétera = *quantus*, *quot* o *qualis*). *Apratyaya*: *as*, m. desconfianza, incredulidad, duda; no un afijo; (mfn.) desconfiado (con L.); que causa desconfianza; que no tiene confianza; sin afijo.

Las cosas y los fenómenos evidentes se manifiestan como este mundo, y aquello a lo que se llama «las cosas y los fenómenos» son justamente los hechos fiables.
Puesto que aquello que se manifiesta se muestra como las cosas y los fenómenos, lo que es diferente de los hechos fiables nunca puede existir realmente en absoluto.

Por «las cosas y los fenómenos evidentes» el Maestro Nāgārjuna simplemente hace referencia a aquello que se manifiesta delante de nosotros. Esas cosas y fenómenos son en sí mismos los hechos fiables de los cuales habla. De manera que estos hechos fiables no son nada místico o abstracto, sino algo muy concreto, muy real. Tomando prestada la frase del Maestro Dogen, las cosas que vemos alrededor de nosotros cada día son «las vallas, los muros, las tejas y los guijarros». «Lo que es diferente de los hechos fiables» se refiere a aquello que es irreal, por ejemplo las ideas que tenemos en nuestra mente sobre la realidad. Estas cosas irreales, dice, no existen en verdad.

Verso 6

naivāsato naiva sataḥ pratyayo 'rthasya yujyate
asataḥ pratyayaḥ kasya sataś ca pratyayena kiṃ

Asataḥ: Ab. G. de *asat*. *Asat*: mf(*a-satī*)n. que no es, que no existe, irreal; incierto, equivocado. *Sataḥ*: Ab. G. de *sat*. *Sat*: n. aquello que realmente es. *Yuj*: uncir, unir, atar o aparejar.

Tanto en el caso de algo abstracto como en el caso de algo concreto, un hecho fiable nunca se ata a ningún objetivo que no sea él mismo.

Es imposible que un hecho fiable abstracto pertenezca a algo, y también es imposible que una cosa concreta produzca algo en función de un hecho fiable.

Entre los hechos fiables hay hechos abstractos como la razón, y hechos concretos como las cosas y los fenómenos del mundo exterior. Tanto si son abstractos como concretos, no hay ninguna posibilidad de que estos hechos reales estén unidos o dependan de nada más que de ellos mismos. En otras palabras, es imposible que las cosas reales y los fenómenos del mundo real –tanto si son abstractos como concretos– tengan otro «objetivo» que el de ser exactamente lo que son. El significado de la existencia del universo y el de nosotros mismos es el universo y somos nosotros mismos, respectivamente. Cualquier sentido que busquemos fuera de eso simplemente será una explicación abstracta de la realidad y no la realidad en sí. Al mismo tiempo, cuando el Maestro Nāgārjuna manifiesta que un hecho fiable abstracto (por ejemplo, la razón) no puede pertenecer a algo, quiere decir que es imposible que sea atrapado por ninguna restricción concreta en absoluto. Solamente se pertenece a sí mismo. Además, los hechos fiables concretos no pueden producir otros hechos fiables. Esto puede sonar muy complejo y difícil de entender, pero lo que simplemente está expresando es que este mundo es justamente este mundo; nada más y nada menos.

Verso 7

na sannāsanna sadasan dharmo nirvartate yadā
kathaṃ nirvartako hetur evaṃ sati hi yujyate

Sannāsanna sadasan: en el texto de Jong esta palabra compuesta se divide en «*san nāsan na sad asan*», pero yo interpreto que todos esos adjetivos modifican la palabra «Dharma», que es la unicidad entre lo concreto y lo abstracto. Por ello, sostengo que el compuesto debería ser dividido como «*sannāsanna sadasan*». *Sanna*: mfn. establecido, asentado en. *Asanna*: mfn. incansable. *Sadasan*: *sad+asan*. *Sad*: por *sat* en comp. *Asan*: por *asat* en comp. *Dharma* m. aquello establecido o firme. *Nirvartate*: *nirvṛt*: Ā. (P. solamente en fut. *-vartsyāmi*, hacer rodar o echar [como en los dados]), originar, producir, desarrollar, hacerse; realizarse, efectuarse o finalizarse, acabarse, tener lugar. *Yadā*: ind. cuando, cuandoquiera. *Katham*: ind. cómo, de qué manera. *Nirvartaka*: mfn. (proveniente de caus.) que se provoca, que se lleva a cabo, que se realiza, que se finaliza. *Hetu*: *hetuḥ*: m. sg. N. de *hetu*. *Evam*: ind. así, de tal manera. *Sati*: L. de *sat*. *Sat*: mf(*satī*)n. que es, que existe. *Hi*: ind. realmente, seguramente, sin duda, por supuesto, ciertamente.

Cuando el universo real, [el cual es] la fusión entre lo estable y lo inestable, o la fusión entre lo real y lo irreal, no se ha clarificado,
el universo, que debería estar claro, nunca se clarificará en absoluto, puesto que [en ese caso] incluso la razón, la cual debería ser perfectamente libre, ha sido fijada de manera concreta.

El universo real puede pensarse como una fusión entre lo estable y lo inestable, o entre lo real y lo irreal. Otra manera de decir esto puede encontrarse en el Sutra del Corazón, donde se señala que «la forma es vacuidad y la vacuidad es forma». La realidad es una fusión de mente y materia, y estas son, en última instancia, lo mismo. La materia nos parece estable y real, mientras que la mente nos resulta inestable e irreal. Sin embargo, ambas son manifestaciones de algo real.

El universo real debería manifestarse claramente. Si no fuera así, no podría clarificarse en absoluto. El motivo por el cual el universo real no parece manifestarse claramente proviene del desequilibrio de nuestro sistema nervioso autónomo.

La ciencia nos dice que el sistema nervioso autónomo consta de dos partes: el sistema nervioso simpático y el parasimpático. Según los científicos, funcionan de forma opuesta. Considero que el funcionamiento del sistema nervioso simpático es la verdadera base para la filosofía a la cual llamamos materialismo, mientras que el del sistema nervioso parasimpático lo es para aquella que denominamos idealismo o espiritualidad. Cuando predomina el sistema nervioso simpático tendemos a sentirnos materialistas, y cuando lo hace el parasimpático, espirituales. Nuestra mente se hace más clara, pero perdemos el contacto con nuestro cuerpo.

La práctica de zazen* equilibra ambos sistemas nerviosos, permitiendo que cada uno funcione con la misma intensidad. Cuando esto sucede, se produce lo que el Maestro Dogen llamaba «dejar caer cuerpo-y-mente».

Regresaremos a esta idea constantemente a lo largo de los comentarios, y espero que se vaya clarificando según avancemos. Por ahora, utilizando nuestra terminología contemporánea, podemos simplemente señalar que, según el Maestro Nāgārjuna, hasta que el sistema nervioso autónomo se equilibre es imposible que el universo real se clarifique.

Verso 8

anālambana evāyaṃ san dharma upadiśyate
athānālambane dharme kuta ālambanaṃ punaḥ

Anālambana: mfn. sin apoyo, desanimado. *Eva*: ind. así, justamente así, exactamente así. *Ayam*: m., *idam*: n., *iyam*: f. esta, esta de aquí. *San*: por *sat* en comp. *Upadiś*: señalar a, indicar, mostrar. *Atha*: ind. ahora, entonces. *Kuta*: *kutaḥ*: desde dónde, dónde, cómo. *Punaḥ*: por *punar* en comp. *Punar*: ind. de nuevo, una vez más.

Cuando el mundo real sea distinto del mundo exterior [el cual se ve superficialmente desde el punto de vista materialista], la verdadera ley del universo se manifestará.
Si seguimos la verdadera ley del universo, ¿cómo es posible realmente que el mundo exterior se manifieste de nuevo en cualquier lugar?

Podemos reconocer el mundo exterior a través de las percepciones de nuestros sentidos, pero dicho reconocimiento es muy superficial. De modo que el mundo material tal y como es concebido por la mayoría de los

* Zazen es el nombre dado a la práctica en el budismo zen. *Za* significa «sentarse». *Zen* procede de la palabra china *chan*, que proviene a su vez del término sánscrito *dhyāna*, comúnmente traducido como «absorción» o «meditación» (N. del T.).

filósofos y los científicos es muy distinto del mundo exterior al que se refiere el Maestro Nāgārjuna como uno de los cuatro hechos fiables básicos. Él expresa esta distinción cuando dice «cuando el mundo real sea distinto del mundo exterior». Cuando el mundo real se manifiesta claramente, el universo material que anteriormente creíamos que era el mundo real queda tan absolutamente transformado que podemos asegurar que ha desaparecido. Es importante ser cautelosos aquí. El Maestro Nāgārjuna no se está refiriendo a alguna clase de estado alterado de conciencia en el cual el sol, la luna, la tierra, etcétera, desaparezcan de repente de la vista. Está diciendo que cuando seguimos la ley del universo completamente, el entendimiento que antes teníamos del mundo en el que vivimos pierde toda la relevancia.

Verso 9

anutpanneṣu dharmeṣu nirodho nopapadyate
nānantaramato yuktaṃ niruddhe pratyayaśca kaḥ

Ānutpanneṣu: m. n. pl L. de *anutpanna*. *Anutpanna*: mfn. no nacido, no producido; no efectuado, no realizado. *Dharma*: m. (raramente n.) aquello establecido o firme, orden inalterable, decreto, ley, norma; uso, práctica, práctica habitual o conducta prescrita, deber; derecho, justicia (a menudo como sinónimo de castigo); virtud, moralidad, religión, virtud religiosa, buenas obras; la ley o doctrina del budismo. *Nirodha*: m. restricción, verificación, control. *Upapad*: tener lugar, surgir, producirse, aparecer, suceder, ocurrir. *Anantara*: mf(*ā*)n. que no tiene intersticio o lapso o pausa; inmediatamente. *Mata*: mfn. pensado, imaginado. *Yukta*: mfn. uncido o unido, puesto a trabajar, listo para. *Niruddha*: mfn. retrasado, retenido, refrenado, frenado; relleno de, lleno de. *Ka*: pron. interrogativo, quién, cuál, qué.

Cuando la ley del universo todavía no se ha manifestado, la habilidad de la autorregulación todavía no ha aparecido.
Cuando nuestras incesantes funciones mentales todavía no han sido reguladas, los hechos fiables también son muy ambiguos.

El Maestro Nāgārjuna formula esta frase en el orden opuesto a lo que normalmente diríamos. Expresándolo de una manera más común, podríamos afirmar que si no tenemos ninguna habilidad para regularnos a nosotros mismos, no podemos comprender la realidad. Cuando nuestro sistema nervioso autónomo está desequilibrado, el mundo real, el cual está gobernado por la ley del universo, no puede manifestarse. Cuando nuestro siempre cambiante estado mental no está regulado, los hechos fiables básicos nos parecen ambiguos y poco claros.

Verso 10

bhāvānaṃ niḥsvabhāvānāṃ na sattā vidyate yataḥ
satīdam asmin bhavatīty etan naivopapadyate

Bhāvānaṃ: m. pl. G. de *bhāva*. *Niḥsvabhā*: mfn. vacío de peculiaridades. *Sattā*: f. existencia, ser. *Yata*: mfn. restringido, contenido, presentado, reducido o limitado, sometido, controlado, etcétera. *Asmin*: L. de *ayam* o *idam*. *Etan*: *etat*: por *etad* en comp. *Etad*: mfn. esto, esta, este. *Naiva*: ind. *na+eva*.

En existencias abstractas o en la supresión de las características, la realidad no se reconoce, y así
el simple hecho de que este mundo real existe nunca se manifiesta.

Es imposible que la realidad sea reconocida como ella misma dentro de los conceptos abstractos que tenemos de la existencia. No podemos crear ninguna abstracción mental que pueda coincidir con la realidad. Por definición, las abstracciones que creamos sobre la realidad no son la realidad en sí en absoluto. Incluso aunque podamos comprender este hecho intelectualmente, en la verdadera práctica tendemos a olvidarlo rápidamente. El Maestro Nāgārjuna también nos advierte de que la realidad no es reconocida por la «supresión de las características». Recordemos que este estaba escribiendo para un público de practicantes de zazen experimentados. Yo utilizo aquí la palabra japonesa *zazen*, y volveré a hacerlo a lo largo del libro, pero, evidentemente, este término no existía en los tiempos del Maestro Nāgārjuna. Sin embargo, la práctica era la misma. Hay otras numerosas técnicas meditativas distintas de zazen que permiten a los practicantes entrar en lo que, al menos superficialmente, parecen ser estados extraordinariamente silenciosos mediante la «supresión de las características» o haciendo al meditador inconsciente del entorno. No obstante, puede suceder que, al hacerlo, estos practicantes eludan el simple hecho de la existencia del mundo real tal y como es. En dichas situaciones, puede ser que ni siquiera se manifieste la idea de que el mundo real existe en verdad.

Verso 11

na ca vyastasamasteṣu pratyayeṣv asti tat phalam
pratyayebhyaḥ kathaṃ tac ca bhaven na pratyayeṣu yat

Vyasta: mfn. cortado en pedazos; desmembrado; separado, dividido. *Samasteṣu*: m. n. pl. L. de *samasta*. *Samasta*: mfn. amontonado o juntado, combinado, unido. *Pratyayeṣv*: *pratyayeṣu*: m. n. sg. L. de *pratyaya*. *Tat*: por *tad* en comp. *Tad*: m. él, f. ella, n. ello, eso, esto. *Phala*: n. fruto (metafóricamente), consecuencia, efecto, resultado, retribución. *Pratyayebhyaḥ*: m. n. pl. D. Ab. de *pratyaya*. *Katham*: ind. cómo, de qué manera. *Tac*: *tat*. *Bhavet*: opt. *Yat*: por *yad* en comp. *Yad*: quien, el cual, que, cualquier, cualquiera (con los relativos *tad*, *tyad*, *etad*, *idam*, *idas*, etcétera, por los cuales es más a menudo seguido que precedido).

Un resultado concreto nunca existe realmente en la acumulación de cosas separadas o en los hechos fiables.
¿Cómo puede haber la más mínima posibilidad de que exista el hecho concreto de un resultado entre diversos hechos fiables?

Estamos muy acostumbrados a considerar el mundo real en términos de resultados. Pensamos que lo que llamamos resultado es algo real, pero en verdad solo es una interpretación de los hechos disponibles. Vemos una vela derretida a la mitad y nos recuerda que hace una hora era más larga. Entonces decimos que su reducción de tamaño es el resultado de que la mecha y la cera se hayan quemado. Aunque nuestra suposición concuerde con la regla de causa y efecto, sigue siendo una creación mental. Como tal, no puede decirse que sea una entidad real. Por tanto, es imposible que nada a lo que podamos llamar resultado exista como algo real en el mundo real. Si no se puede encontrar la existencia real de algo concreto a lo que podamos llamar resultado en el mundo real, dicho resultado concreto nunca puede existir entre los hechos fiables. Esta negación de la realidad de los resultados es una faceta importante de la perspectiva filosófica expresada en el *MMK*, y el Maestro Nāgārjuna hizo referencia a ello una y otra vez.

Verso 12

athāsad api tat tebhyaḥ pratyayebhyaḥ pravartate
apratyayebhyo 'pi kasmān nābhipravartate phalam

Athā: *atha*: (o en ved. *éthā*) ind. (probablemente proveniente de la base pronom. *a*) una partícula favorable e inicial (difícil de expresar), ahora; entonces; además; más bien; ciertamente; pero; de otro modo; ¿qué?, ¿cómo?, etcétera. *Sad*: por *sat* en comp. *Sat*: mf(*a-satī*)n. (p. pres. de *as*) que es, que existe, que sucede, que ocurre, que está presente. *Api*: se utiliza a menudo para expresar énfasis, en el sentido de incluso, también, muy. *Tebhyaḥ*: m. n. pl. D. de *ta*. *Pravartate*: *pravaṛt*: rodar o ir hacia delante (como un carro); salir, partir; avanzar, surgir, ser producido, ocurrir, suceder, tener lugar. *Apratyaya*: m. desconfianza, incredulidad, duda; no un afijo. *Kasmān*: *kasmāt*: m. sg. Ab. de *ka*. *Abhipravartate*: *abhipravṛt*: avanzar hacia (Ac.); ir adelante, avanzar.

En dicha situación, algo real o algo concreto avanza siguiendo cosas concretas o siguiendo los hechos fiables.
Incluso en aquello que no tiene relación alguna con los hechos fiables, es imposible que un resultado comience alguna clase de acción real.

El mundo en el que vivimos es un mundo de cosas reales y fenómenos concretos. Estas cosas y fenómenos son lo que son, nada más y nada menos. Aunque podamos pensar de otra manera, es completamente imposible que aquello a lo cual podamos llamar resultado comience su actividad real en el mundo real. En otras palabras, como algo irreal, lo que llamamos resultado no tiene ningún poder para realizar la acción real.

Verso 13

phalaṃ ca pratyayamayaṃ pratyayāś cāsvayaṃmayāḥ
phalam asvamayebhyo yat tat pratyayamayaṃ katham

Ca: ind. y, ambos, también, además, así como; conecta frases completas y partes de estas. *Maya*: m. herir, dañar. *Asva*: mfn. que no tiene propiedades. *Mayebhyo*: *mayebhyaḥ*: m. n. pl. D. Ab. de *maya*.

Un resultado no tiene ningún poder para destruir los hechos fiables, y tampoco tiene poder alguno para destruir los hechos poco fiables. Cuando negamos la idea de que [lo que llamamos] resultado en verdad existe, ¿dónde es posible que encontremos el mundo real, el cual es la fusión de los hechos fiables y los hechos poco fiables?

Lo que se llama resultado simplemente es un tipo de interpretación, y no algo que exista verdaderamente en el mundo real. Por tanto, un resultado no tiene ningún poder para destruir los hechos fiables ni los poco fiables. Un «hecho poco fiable» es una imitación irreal de un hecho, la cual creamos en nuestra mente. El Maestro Nāgārjuna se remite al concepto que presentó en el verso 7, donde expresó que el mundo real era una combinación de lo estable y lo inestable, o una fusión entre lo real y lo irreal. Decir que el mundo real es la fusión de los hechos fiables y los poco fiables significa que en el mundo real, aunque los hechos fiables sean lo verdadero, nosotros, los seres humanos, continuamos actuando basándonos en los hechos poco fiables creados en nuestra mente. Estos hechos poco fiables, nuestras construcciones y conceptos mentales, solo son auténticamente problemáticos cuando los confundimos con lo que es verdaderamente real. Desafortunadamente, muchos de nosotros pasamos la mayoría de nuestra vida en este estado de confusión.

Verso 14

tasmān na pratyayamayaṃ nāpratyayamayaṃ phalam
saṃvidyate phalābhavāt pratyayāpratyayāḥ kutaḥ

Tasmāt: ind. (Ab. de *ta*) a partir de eso, en vista de ello, por tanto (correlativo de *yad*, *yasmāt*). *Apratyaya*: m. desconfianza, incredulidad, duda; no un afijo; (mfn.) desconfiado (con L.); que causa desconfianza; sin afijo. *Saṃvid*: encontrar, obtener, adquirir; ser encontrado u obtenido, estar presente, existir. *Abhāva*: m. inexistencia, nulidad, ausencia. *Kutaḥ*: *kutas*: ind. (proveniente de *ku*) ¿de quién?; de dónde, adónde, en qué dirección; ¿dónde?, ¿cómo?, ¿de qué manera?

> **Por tanto, un resultado nunca daña a los hechos fiables, y nunca posee ningún poder en absoluto ni siquiera para destruir un hecho poco fiable.**
> **Si negamos la idea de que los resultados no existen realmente, ¿cómo es posible que encontremos que el mundo real donde hallamos la fusión de los hechos fiables y los hechos poco fiables existe tal y como lo hace en este mundo?**

Siendo solamente un concepto, los resultados no tienen ningún poder para destruir ni siquiera los hechos poco fiables. Esto significa que nuestras ideas sobre los resultados ni siquiera pueden destruir las otras ideas erróneas que conservamos en nuestra mente. Si negamos que los resultados son irreales y pensamos que existen verdaderamente en este mundo, puede ser imposible que encontremos el mundo real, el cual es la fusión de los hechos fiables y los poco fiables.

Capítulo 2

Gatāgata parīkṣā

(Estudio de «ido» y «no ido»)

Gatāgata: *gata+agata*. *Gata*: mfn. ido, desaparecido, apartado del mundo, fallecido, muerto. *Agata*: mfn. no ido.

En el presente capítulo, se explica uno de los criterios más importantes del budismo utilizando el símil del simple acto real de «ir». Lo que se trata es la existencia de dos filosofías dimensionalmente distintas. En sánscrito estas se denominan *saṃvṛti satya* y *pramārtha satya*. *Saṃvṛti satya* es la filosofía intelectual, la cual se basa en la consideración o en la percepción sensorial humana. Dentro de esta, se encuentran las dos filosofías intelectuales principales: el idealismo y el materialismo. En los términos en los que se debate este capítulo, estas últimas, que parecen estar en conflicto entre sí, se consideran como una sola, puesto que ambas se fundamentan en el intelecto humano. La otra filosofía es *pramārtha satya*. Esta es la filosofía de la acción del Buddha Gautama, la cual no se basa en el intelecto, sino en la acción real en el mundo real. Aquí el Maestro Nāgārjuna explica la diferencia fundamental entre ambas.

Saṃvṛti satya es una filosofía muy común que todos nosotros utilizamos cada día. Incluye aquellas filosofías que en Occidente se conocen como idealista y materialista, basadas en nuestras consideraciones mentales y en nuestra percepción sensorial tal y como es interpretada por el intelecto, respectivamente. Dichas filosofías intelectuales han sido extremadamente desarrolladas en las civilizaciones europea y americana, y toda la humanidad les tiene una enorme deuda de gratitud por ello. Sin embargo, hace unos dos mil quinientos años el Buddha Gautama descubrió una filosofía profundamente distinta del idealismo y del materialismo, a la que podríamos llamar la filosofía de la acción, la filosofía de la práctica o la filosofía budista. No se trata de una filosofía «sobre» la acción, sino de una en donde la acción en sí es la expresión concreta del sistema filosófico. Esto puede sonar muy extraño, pero recordemos que la filosofía budista no se parece a ninguna otra.

El término sánscrito *gata*, el cual aparece frecuentemente en el presente capítulo, se traduce habitualmente como «ido». La palabra «ido» sugiere realmente el recuerdo de haber ido en el pasado, o la memoria de la acción que ha sido realizada. *Agata* normalmente se traduce como «no ido». Esto sugiere el pensamiento de ir en un futuro, o la idea de la acción que todavía no ha sido realizada. Por otra parte, *gamyamāna*, que habitualmente se traduce como «yendo», sugiere el reconocimiento de ir en el instante presente. Puesto que es vital tener en mente que estos tres conceptos simplemente son funciones mentales de la consideración o de la percepción sensorial, he enfatizado esto traduciendo *gata* como «la memoria de haber ido», *agata* como «el pensamiento de ir en el futuro» y *gamyamāna* como «el reconocimiento de ir en el instante presente». Esto hace la traducción algo extraña, pero el Maestro Nāgārjuna insiste firmemente en la diferencia radical entre estas tres expresiones conceptuales de la acción por un lado y la acción real en el instante presente por otro. Por ello, considero que es importante enfatizarlo.

La absoluta diferencia entre las filosofías intelectuales de las civilizaciones europea y americana y la filosofía realista expresada en el budismo es un punto crítico que debe tenerse en cuenta. De hecho, el método lógico del budismo, el cual busca explicar todas las cosas y los fenómenos sobre la base del realismo, se extiende a lo largo de casi todos los capítulos del *MMK*. Ello aparece especialmente indicado en el verso 3 de este capítulo, en el 14 del capítulo 7, en el 13 del capítulo 10 y en el 16 del capítulo 17.

Como referencia rápida, a continuación aparecen las traducciones de las palabras relacionadas con el concepto de «ir» que he utilizado para el presente capítulo:

Gata: «la memoria de ir en el pasado».
Agata: «el pensamiento de ir en el futuro».
Gamyamāna: «el estado de ir en el instante presente».
Gamana: «el acto real de ir».
Gati: «el movimiento de ir».
Gantṛ: «el concepto abstracto de ir» o «la persona que va».
Gantum: «la acción de ir».

****

Verso 1

gataṃ na gamyate tāvad agataṃ naiva gamyate
gatāgatavinirmuktaṃ gamyamānaṃ na gamyate

Gata: mfn. ido, desaparecido; pasado (como tiempo), transcurrido. *Gamyate*: caus. de *gam*: hacer ir o venir, llevar o conducir hacia, enviar a (D.), llevar a un lugar (Ac. o L.); hacer llegar a cualquier condición, hacer que se convierta. *Tāvad*: *tāvat*: ind. tanto, tan grande, de tal manera. *Agata*: mfn. no ido. *Vinirmukta*: mfn. liberado, escapado, libre o exento de (I. o comp.). *Gamyamāna*: mfn. (p. pas.) que está yendo o se va a; que es comprendido.

La memoria de haber ido en el pasado no va realmente, tanto como el pensamiento de ir en el futuro nunca va realmente.
La memoria de haber ido en el pasado, el pensamiento de ir en el futuro e incluso el hecho de ir en el instante presente no van realmente.

En nuestras vidas diarias a menudo utilizamos frases como «haber ido» y «no haber ido». Damos estas ideas por hechos, ya que muchas veces olvidamos que simplemente son conceptos. Sin embargo, las palabras «haber ido» sugieren nuestra memoria de haber ido en el pasado, y «no haber ido», nuestro pensamiento de ir en el futuro. Por tanto, no hay ninguna posibilidad de que la memoria de «haber ido» vaya realmente a ninguna parte, ni se puede decir que el pensamiento de «no haber ido» vaya realmente en el futuro. Ni siquiera el concepto de «el hecho de ir en el instante presente» va realmente. Dicho concepto es simplemente el reconocimiento de «el hecho de ir en el instante presente» y no la acción de ir en sí misma. Esto puede parecer obvio, trivial y difícil de tomar en consideración, pero si el pensamiento ni siquiera puede captar un hecho tan simple como moverse de un lugar a otro, ¿qué sucederá con los otros conceptos que creamos, más globales y elaborados?

Verso 2

ceṣṭā yatra gatis tatra gamyamāne ca sā yataḥ
na gate nāgate ceṣṭā gamyamāne gatis tataḥ

Ceṣṭā: *ceṣṭa*: m. «movedizo», una clase de pez; n. mover las extremidades, gesto, comportamiento, modo de vida; (*ā*) f. mover cualquier extremidad, gesto; acción, actividad, esfuerzo, empeño, ejercicio; ejecución, realización; comportamiento, modo de vida. *Gati*: *is*, f. ida, andadura, comportamiento, desplazamiento en general; manera o poder de ir; irse; procesión, marcha, paso, procedimiento, progreso, movimiento. *Yatra*: (correlativo de *tatra*) en o hacia qué lugar, dónde, dondequiera. *Tatra*: ind. (correlativo de *yatra*) utilizado para el L. de *tad*, en ese lugar, allí. *Sā*: f. la base real de la 3.ª pers. del pron. *tad*. *Yataḥ*: Ab. G. sg. de *yat*. *Tataḥ*: Ab. G. sg. de *tat*.

Cuando el movimiento físico concreto de las manos y las piernas está yendo, el movimiento de las manos y las piernas siempre existe en el hecho concreto de «ir» [en el instante presente].
Cuando el movimiento de las manos y las piernas se ha apartado de [la memoria de] «haber ido» o [del pensamiento de] «no haber ido», el movimiento de ir siempre es igual que el hecho de «ir» [justo en el instante presente].

Cuando movemos nuestras manos y piernas en la vida cotidiana, puede decirse que el movimiento concreto de las manos y las piernas «está yendo».

Es algo que está ocurriendo ahora y lo describimos con palabras. Este movimiento concreto de las manos y las piernas siempre es inevitablemente el hecho del movimiento concreto de «ir» en el instante presente. Al mismo tiempo, cuando eliminamos del movimiento concreto de las manos y las piernas la memoria de «haber ido» y el pensamiento de «no haber ido» –es decir, cuando en verdad nos movemos y simplemente no pensamos sobre el movimiento–, y cuando la conciencia de la mente está concentrada en el movimiento de «ir», ese movimiento concreto de «ir» siempre es el hecho concreto de «ir» en el instante presente.

Verso 3

gamyamānasya gamanaṃ kathaṃ nāmopapatsyate
gamyamānaṃ vigamanaṃ yadā naivopapadyate

Gamana: n. ir, moverse, manera de ir. *Katham nāma*: entonces, ¿qué?, ruega, qué. *Nāma*: ind. por nombre, i.e., denominado, llamado; de hecho, ciertamente, realmente, por supuesto. *Upapad*: Ā. (raramente P.) ir hacia o contra, atacar; acercarse, ir a, llegar a, entrar; tener lugar, surgir, producirse, aparecer, suceder, ocurrir; estar presente, existir. *Vi*: ind. (prob. por un *dvi* original que significa «en dos partes», y op. a *sam*) aparte, separado, en distintas direcciones, de un lado a otro, sobre, lejos de, apartado, sin. *Yadā*: ind. cuando, en qué momento, cuandoquiera (generalmente seguido por los correlativos *tadā*, *tatas* y *tarhi*).

Cuando justamente dentro del hecho de «ir» un acto real de «ir» se produce verdaderamente como un acto real de «ir», aunque podamos expresar tal situación con palabras es imposible que el hecho sea descrito con palabras.
Cuando uno de los dos –el hecho de ir, o la acción real en sí misma– está yendo realmente, es imposible que describamos completamente el hecho real con palabras.

Cuando verdaderamente hacemos algo –o, parafraseando al Maestro Nāgārjuna, cuando estamos dentro del hecho real de ir– estamos justamente concentrándonos en esa acción real. De modo que es imposible que reconozcamos la situación de nuestra acción conscientemente o la expresemos completamente con palabras. Podemos tener el pensamiento «estoy yendo», pero este y la acción real de ir son completamente distintos. Decir que el pensamiento «estoy yendo» es el reconocimiento consciente completo del hecho de ir no es correcto. El hecho real de ir, o por ende cualquier acción real, es justamente un simple hecho en el instante presente. La acción real nunca puede describirse completamente con palabras. Por ejemplo, el hecho real de que ustedes estén leyendo este libro es totalmente distinto de que digan «estoy leyendo un libro».

Verso 4

gamyamānasya gamanaṃ yasya tasya prasajyate
ṛte gater gamyamānaṃ gamyamānaṃ hi gamyate

Yasya: G. de *ya*. *Tasya*: G. de *ta*. *Prasajyate*: *prasañj*: apegarse, aferrarse a, dedicarse a, tener la intención de o estar ocupado con (L.). *Ṛ*: ir, moverse, alzarse, tender al alza. *Gater*: *gateḥ*: Ab. G. de *gati*.

La idea de que el acto real de ir se incluye en el hecho de ir está apegada a la idea parcial relacionada tanto con el acto real de ir como con el simple hecho de ir.
[Esto] se debe a que el hecho real de ir comienza a moverse cuando hemos olvidado la conciencia de ir, y por tanto el hecho real de ir comienza a realizarse.

Si pensamos que el acto real de ir está incluido en lo que llamamos el estado de ir, nuestra interpretación es demasiado rígida. Nuestras ideas sobre la acción nunca pueden abarcar la totalidad de lo que es la acción real. El hecho real de ir solo puede realizarse cuando comenzamos a actuar verdaderamente, apartando todas las ideas sobre el movimiento de ir.

Verso 5

gamyamānasya gamane prasaktaṃ gamanadvayaṃ
yena tad gamyamānaṃ ca yac catrā gamanaṃ punaḥ

Prasakta: mfn. vinculado, aferrado, adherido o dedicado a, comprometido con, ocupado con (L. o en comp.). *Dvaya*: mf(*ā*)n. dos veces, doble, de dos tipos o clases. *Yena*: ind. mediante quien o mediante el cual, por medio del cual; de qué manera; porque, desde que. *Yoccātra*: *yat+ca+atra*. *Atra*: ind. (proveniente de la base pronom. *a*; a menudo utilizado en sentido del L. *asmin*) de este modo, a este respecto; en este lugar, aquí; en este momento; ahí; en ese momento.

Es un problema doble que normalmente vinculemos el hecho de ir al acto real de ir.
Sin embargo, el hecho de ir está incluido en el acto real de ir, y el acto real de ir está incluido en el hecho de ir.

Algunos de nosotros le damos más importancia al acto real de ir que al hecho de ir. Esta es la visión materialista en la cual se le da más importancia a lo concreto y material que a factores abstractos tales como los sentimientos, las impresiones, la conciencia, etcétera. Otros colocan el hecho de ir por delante del acto de ir. Este es el punto de vista idealista, el cual prefiere lo abstracto frente a lo concreto. Sin embargo, la realidad es que el hecho de ir está incluido en el acto real de ir, y el acto real de ir está incluido en el hecho de ir. Lo que llamamos abstracto y lo que llamamos concreto son las dos caras del mismo fenómeno. El problema no está en la acción en sí, sino en la costumbre de dividir en nuestra mente una simple acción en dos partes.

Verso 6

dvau gantārau prasajyete prasakte gamanadvaye
gantāraṃ hi tiraskritya gamanam nopapadyate

Dvau: m. du. de *dva*: dos. *Gantārau*: du. de *gantṛ*. *Gantṛ*: mfn. uno o algo que va o se mueve, ir, venir, aproximarse, llegar a (Ac. o L. o D.). *Prasajyete*: *prasañj*: aferrarse, apegarse a (L.); agarrarse (L.). *Prasakte*: m. n. sg. L. de *prasakta*. *Dvaya*: mf(ī)n. dos veces, doble, de dos tipos o clases; f. pareja, par; n. id.; dos cosas, ambos. *Gantāram*: m. f. sg. Ac. de *gantṛ*. *Tiraskriti*: f. reproche, falta de respeto.

Eso es el apego a dividir el movimiento de ir en dos partes, y también es el apego a dividir el acto real de ir en dos partes.
Porque cuando no consideramos el movimiento de ir, el acto real de ir no puede manifestarse en este mundo verdaderamente.

En el mundo real, el movimiento de ir y el acto real de ir están fundidos en uno. Por ello se dice que una actitud apegada es cuando uno intenta dividir esta unidad en dos. El término «apego» sugiere que nos aferramos a un lado o al otro y perdemos la visión global. De este modo, si omitimos el movimiento de ir –es decir, si no nos movemos verdaderamente– es imposible que el acto real de ir se manifieste en el mundo real en absoluto. Aunque de nuevo esto pueda parecer tan obvio como trivial, a menudo tomamos como real la imitación del movimiento que hemos creado en nuestra mente, y actuamos no basándonos en la acción real en sí misma, sino en las acciones que imaginamos.

Verso 7

gantāraṃ cet tiraskṛtya gamanaṃ nopapadyate
gamane 'sati gantātha kuta eva bhaviṣyati

Cet: *ced*: ind. (nunca encontrado al comienzo de una frase o verso) = *ca*, «y»; «cuando» (estando el verbo acentuado); «si» (estando el verbo acentuado). *Asati*: *as*: *ni* (también *asati*) deponer o dejar, dejar a un lado, depositar o verter (L.), aplicar a (L.), girar (los ojos) hacia (L.), depositar, comprometerse con (L.), abandonar, renunciar a; presentar, mencionar: *vini* (también *asati*) poner por separado, extender; poner, colocar, volver contra o presentar, aplicar a (L.), depositar, cometer, confiar a (L.): *saṃni* (también *asati*) poner (juntos), quitar; poner o colocar en (L.), comprometerse a o confiar en (L. o G.); abandonar, renunciar a, renunciar a, esp. el mundo, i.e., convertirse en un asceta (Capp.). *Gantā*: sg. N. de *gantṛ*. *Atha*: ind. una partícula favorable e inicial (difícil de expresar), ahora; entonces; además; más bien; ciertamente; pero.

Cuando una persona que va no se ha manifestado, es imposible que el acto real de ir se manifieste en el mundo real verdaderamente.
Si el concepto abstracto «ir» no es ahora el acto real de ir, ¿dónde puede existir eso en absoluto?

Si el acto de ir no es efectuado verdaderamente por una persona real, es absolutamente imposible que el acto real de ir se manifieste en este mundo. El concepto abstracto «ir» no es el acto real de ir, por lo cual el Maestro Nāgārjuna pregunta: ¿cómo puede decirse que realmente exista esa abstracción? Esto expresa su profunda convicción de que la acción real en sí es el aspecto más importante del universo, y que las abstracciones no son la realidad.

Verso 8

gantā na gacchati tāvad agantā naiva gacchati
anyo gantur agantuś ca kas tṛtīyo 'tha gacchati

Gacchati: *gam*: ir, moverse, irse. *Anyo*: *anya*: otro, distinto; aparte de, diferente de, opuesto a (Ab. o en comp.). *Gantur*: mfn. sg. Ab. G. de *gantṛ*. *Gantu*: *-us*, m. un camino, trayecto; un viajero, caminante. *Tṛitīya*: el tercero.

Cuando el movimiento de ir en sí no va en absoluto, el acto de no ir tampoco va en absoluto.
Un movimiento que sea diferente del movimiento de ir simplemente es el movimiento de no ir; por tanto, un tercero [un tipo de movimiento que sea distinto tanto de ir como de no ir] nunca va en absoluto.

Habitualmente no nos damos cuenta de que lo que llamamos el movimiento de «ir» y lo que llamamos el movimiento de «no ir» nunca van realmente. Esto quiere decir que olvidamos fácilmente que estos dos conceptos son completamente distintos del ir real, o la acción real. Además, según afirma el Maestro Nāgārjuna, no hay un tercer tipo de movimiento que sea diferente de ir y de no ir, y, evidentemente, esta clase inexistente de movimiento tampoco va. Por tanto, deberíamos experimentar claramente que los dos conceptos de movimiento –el de ir y el de no ir– son completamente distintos del hecho real de ir.

Verso 9

gantā tāvad gacchatīti katham evopapatsyate
gamanena vinā gantā yadā naivopapadyate

Tāvad: *tāvat*: solo un poco. *Iti*: ind. de esta manera, así (en su significado original *iti* se refiere a algo que ha sido dicho o pensado). *Gamanena*: I. de *gamana*. *Vinā*: ind. sin, excepto, escaso de o que no incluye algo (precedido o seguido por Ac., I., raramente Ab.). *Yadā*: ind. cuando, en qué momento, cuandoquiera.

> **¿Cómo es posible realmente que aparezca el concepto abstracto «ir»? Sin el acto real de ir, el movimiento de ir nunca puede manifestarse en el universo en absoluto.**

Lo que los seres humanos llamamos el movimiento de ir simplemente es el reconocimiento de nuestra experiencia real de ir. De modo que el concepto abstracto «ir» nunca aparece en el mundo real.

Verso 10

pakṣo gantā gacchatīti yasya tasya prasajyate
gamanena vinā gantā gantur gamanam icchataḥ

Pakṣa: m. uno de dos casos o un lado de una discusión, una alternativa. *Yasya*: sg. G. de *ya*. *Tasya*: sg. G. de *ta*. *Gantur*: Ab. G. sg. de *gantṛ*. *Icchata*: mfn. deseoso, ansioso.

> **La idea de que uno de los dos, una persona que va o [la idea de] el movimiento de ir, realmente va está completamente apegada a una convicción errónea.**
> **Si nos basamos completamente en el acto real de ir, es imposible tanto que una persona que vaya como el movimiento de ir existan, y es imposible que separemos el acto real de ir de una persona que va o del movimiento de ir.**

Si sostenemos la interpretación de que una o la otra de las dos alternativas que el Maestro Nāgārjuna aquí plantea –una persona que va o el movimiento de ir– van, ambas interpretaciones están apegadas a una convicción errónea. Pero si asimos su idea de que la realidad central en el mundo real es justamente la acción real, podemos comprender que tanto la idea de una persona que va como el movimiento de ir son interpretaciones basadas en los estímulos sensoriales. Para el Maestro Nāgārjuna, la acción de ir, o de hecho cualquier acción, es más crucial que la persona que la realiza. En otras palabras, en su filosofía no es que el mundo esté conformado por personas y cosas que actúen, sino por acciones que se manifiestan como personas y cosas. Sin embargo, la acción real solamente ocurre cuando alguien realiza verdaderamente esa acción (o esa acción se manifiesta como alguien que la realiza). Tomando esto como base, podemos entender asimismo que tanto una persona que va como el movimiento de ir son ideas basadas en el acto real de ir.

Verso 11

gamane dve prasajyate gantā yady uta gacchati
ganteti cājyate yena gantā san yac ca gacchati

Prasajyate: pas. de *prasañj*: apegarse, aferrarse a, dedicarse a, tener la intención de o estar ocupado con (L.). *Yady*: *yadi*: ind. si, en el caso de que. *Uta*: ind. y, incluso, también, o; utilizado a menudo para enfatizar, especialmente al final de una línea después de *iti* o de un verbo. *Gacchati*: conj. pas. de *gam*. *Ganteti*: *gantā+iti*. *Cocyate*: *ca+ucyate*. *Ucyate*: *uc*: encontrar placer en, deleitarse con, tener cariño a; estar acostumbrado; ser adecuado, ajustarse, encajar. *Aj*: P. empujar, impulsar, arrojar, lanzar. *Yena*: ind. mediante quien o mediante el cual, por medio del cual; de qué manera. *Sanyat*: pasivo, impf. de *san*. *San*: *sat* (texto de Jong). *Sanyat*: *san yat*.

Aunque el acto real de ir se aferre como sus dos componentes tanto a una persona que va como al movimiento de ir, el acto real de ir verdaderamente existe tal y como es.
Cuando el concepto abstracto de una persona que va y el movimiento de ir [como una interpretación abstracta] no han nacido, una persona concreta simplemente va.

Aunque una persona que vaya y el movimiento de ir sean dos componentes del hecho real de ir, no podemos dudar que el hecho real de ir existe ciertamente en el mundo real tal y como es. Antes de que la acción real se haya dividido en nuestra mente en 1) una persona que va y 2) el movimiento de ir, aquello que es real, y que existe antes de que lo dividamos conceptualmente, verdaderamente se da como el hecho de ir en el mundo real.

Verso 12

gate nārabhyate gantuṃ gantuṃ nārabyate 'gate
nārabyate gamyamāne gantum ārabyate kuha

Ārabh: colocar o agarrar, apresurarse; emprender, comenzar, empezar. *Gantum*: inf. de *gam*. *Kuha*: ind. dónde.

El acto real de ir nunca se realiza en la memoria de haber ido, y el acto real de ir nunca se realiza en el pensamiento de aún no haber ido. Puesto que el acto real de ir nunca se realiza en la memoria de ir, es imposible que determinemos cuándo comienza el acto real de ir.

Es imposible que el acto real de ir comience tanto en la memoria de haber ido como en el pensamiento de aún no haber ido. Tampoco es posible que la conciencia de ir vaya. Por ello, no podemos conocer intelectualmente cuándo comienza el acto real de ir. Esta afirmación tiene muchas implicaciones. Puesto que el Maestro Nāgārjuna ve la acción como el componente fundamental del universo, también está diciendo aquí que es imposible conocer intelectualmente dónde, cuándo ni cómo se ha producido el universo en sí. Sin embargo, podemos tener un profundo sentido intuitivo de su origen.

Verso 13

na pūrvaṃ gamanārambhād gamyamānaṃ na vā gatam

yatrārabhyeta gamanam agate gamanaṃ kutaḥ

Pūrva: mf(*ā*)n. que está ante o delante de; anterior, previo, precedente; ind. antes, anteriormente. *Ārambha*: m. realización, comienzo; premura, rapidez; esfuerzo, empeño. *Vā*: ind. o; justamente, incluso, de hecho; sin embargo, no obstante; *vā* a veces se intercambia con *ca* y *api*. *Yatra*: ind. (proveniente de *ya*, correlativo de *tatra* y a menudo utilizado para el L. del pron. relativo) en o hacia qué lugar, dónde, en dónde, dondequiera que, adónde; en qué ocasión, en qué caso, si, cuando, como; con el fin de que; que. *Ārabhyeta*: *ārabhya+ita*. *Ārabhya*: mfn. = *ā+rabdhavya*. *Ārabdhavya*: mfn. ser comenzado o realizado. *Ita*: mfn. ifc. ido; regresado; obtenido; recordado. *Kutaḥ*: *kutas*: ind. ¿de quién? (para el Ab. de *ka*); ¿desde dónde?, ¿de dónde?; ¿adónde?, ¿en qué dirección?; ¿por qué?, ¿por qué causa o motivo?, porque; ¿cómo?, ¿de qué manera?

Antes del momento en el que un acto real ha comenzado, es decir, cuando no hay nada aún, el reconocimiento de ir en el instante presente no existe, y la memoria de haber ido en el pasado tampoco existe. En tal situación, el acto real de ir puede comenzar, pero el acto real de ir nunca existe en el pensamiento de aún no haber ido.

Cuando el acto real de ir aún no ha comenzado, no hay ninguna posibilidad de que el reconocimiento de «estar yendo» o la memoria de haber ido existan. En dicha situación, el acto real de ir empieza por primera vez. Además, no hay ninguna posibilidad de que un acto real comience en el pensamiento de aún no haber ido. Una vez más, el Maestro Nāgārjuna destaca la irrealidad de nuestros pensamientos y recuerdos.

Verso 14

gataṃ kiṃ gamyamānaṃ kim agataṃ kiṃ vikalpyate
adṛśyamāna ārambhe gamanasyaiva sarvathā

Kim: ind. ¿qué?, ¿cómo?, ¿de dónde?, ¿por qué? *Vikalpa*: *Viklṛp*: Ā. cambiar o alternar, cambiar con (I.); estar sin decidir o ser cuestionable; elegir una de dos alternativas. *Adṛśya*: mfn. invisible, latente; que no está en condiciones de ser visto. *Māna*: m. opinión, noción, concepción, idea; objetivo, deseo; consideración, atención, respeto. *Ārambha*: m. realización, comienzo; una cosa comenzada; comienzo, origen, inicio; premura, rapidez; esfuerzo, empeño; vanidad; homicidio, matanza. *Sarvathā*: ind. en todos los casos, en todos los aspectos; por todos los medios, sin embargo; completamente, totalmente.

[La memoria de] haber ido, [la conciencia de] ir y [el pensamiento de] no haber ido son casos individuales concretos, así que es imposible que un caso sustituya a otro.
Cuando tales situaciones [de memoria, reconocimiento o pensamiento] han comenzado a detenerse, es posible que todo exista en el acto real de ir.

Puesto que la memoria de haber ido en el pasado, el reconocimiento de ir en el presente y el pensamiento de no haber ido en el futuro son situaciones individuales, es imposible que ninguno de ellos sea sustituido por los otros. Sin embargo, cuando la función intuitiva –la cual es mucho más poderosa que nuestra habilidad visual– funciona con claridad, los recuerdos, los reconocimientos y los pensamientos se sustituyen por hechos reales dentro de nuestra conciencia, y todo existe en el acto real de ir en el instante presente.

Verso 15

gantā na tiṣṭhati tāvad agantā naiva tiṣṭhati
anyo gantur agantuś ca kas tṛtīyo 'tha tiṣṭhati

Tiṣṭhat: *sthā*: mantenerse, mantenerse firme; quedarse, permanecer. *Gantur*: Ab. G. sg. de *gantṛ*. *Agantu*: *a+gantu*. *Gantu*: m. un camino, trayecto; un viajero, caminante. *Tṛtīya*: mf(*ā*)n. el tercero. *Atha*: ind. una partícula favorable e inicial (difícil de expresar), ahora; entonces; además; más bien; ciertamente; pero.

El movimiento de ir no está fijo y el movimiento de no ir tampoco está fijo. Aparte del movimiento de ir y del movimiento de no ir, un tercer [tipo de movimiento] que sea completamente distinto de estos dos tampoco está fijo en absoluto.

Tanto el movimiento de ir como el de no ir simplemente son sucesos en el instante presente. De modo que aunque parezcan estar fijos, nunca pueden estarlo. Al mismo tiempo, si hubiera un tercer tipo de movimiento, uno que fuera completamente distinto de «ir» y «no ir», también sería un hecho real en el instante presente. Así, podemos decir que todo en el mundo es justamente un hecho en el instante presente y que nunca nada puede estar fijo en absoluto. Esto significa que la acción real es contraria a las imitaciones de la acción que inventamos en nuestros cerebros, las cuales tienen un carácter muy estable y fijo.

Verso 16

gantā tāvat tiṣṭhatīti katham evopapatsyate
gamanena vinā gantā yadā naivopapadyate

Tāvat: ind. (correlativo de *yāvat*) tanto, tan grande, hasta tal punto, en un número tal, hasta el momento, tanto tiempo, en ese momento; solo un poco.

Yadā: ind. cuando, en qué momento, cuandoquiera (generalmente seguido por el correlativo *tadā*, *tatas*, *tarhi*).

¿Cómo es posible que el concepto abstracto «ir» esté fijo aunque sea ligeramente?
Cuando no hay un acto real de ir, es completamente imposible que el movimiento de ir se manifieste en este mundo en absoluto.

El movimiento de ir siempre es un acto real en el vigoroso instante presente. De manera que es imposible que dicho movimiento sea ni siquiera un poco estable o esté fijo. Al mismo tiempo, si no hubiera ningún acto real de ir, sería imposible que el movimiento de ir se manifestase en este mundo. Aquí, la expresión «movimiento de ir» se refiere al movimiento como componente separado del acto real de ir, el cual no solo incluye el movimiento, sino también a la persona que lo realiza y al universo en el cual sucede la acción.

Verso 17

na tiṣṭhati gamyamānān na gatān nāgatād api
gamanaṃ saṃpravṛttiś ca nivṛttiś ca gateḥ samā

Gamyamānān: *gamyamānāt*: Ab. de *gamyamāna*. *Saṃpravṛtti*: f. (solamente pl.) que sale a la luz, aparición, acontecimiento. *Nivṛtti*: f. regreso, retorno; suspensión, cesación, desaparición, renuncia, que se abstiene o desiste de (Ab.); que escapa de (Ab.); cesación de los actos mundanos, inactividad, descanso, reposo. *Gateḥ*: G. Ab. de *gati*. *Gati*: *is*, f. ida, andadura, comportamiento, desplazamiento en general, procesión, marcha, paso, procedimiento, progreso, movimiento. *Samā*: *sama*: mf(*ā*)n. uniforme, liso, plano; mismo, igual, similar, semejante; siempre igual, constante.

Cuando nos hemos vuelto completamente libres del reconocimiento de ir, de la memoria de haber ido o del pensamiento de no haber ido, es absolutamente imposible que exista ningún tipo de situación fija.

En cualquier caso, el hecho de ir se manifiesta instantáneamente justo en el instante presente, y también se oculta instantáneamente en el instante presente. En función de este hecho, el acto real de ir se produce realmente.

Cuando nos encontramos vinculados al reconocimiento, la memoria o el pensamiento, podemos imaginar que hay cosas en este mundo que son fijas. Pero si dejamos de imaginar cómo son las cosas y miramos directamente a la realidad, es completamente imposible que pensemos que ninguna de las cosas y los fenómenos de este mundo son fijos. En cualquier caso, el acto real de ir siempre se produce en función de la situación en la cual el hecho de ir se manifiesta en el instante presente. Además, el Maestro Nāgārjuna dice que el hecho de ir se manifiesta y se oculta en el instante presente. Esto se refiere a la instantaneidad del universo. En términos budistas, el universo aparece y desaparece a cada momento.

Verso 18

yad eva gamanaṃ gantā sa eveti na yujyate
anya eva punar gantā gater iti na yujyate

Sa: la base real para el N. de la 3.ª pers. del pron. *tad*. *Eveti*: *eva+iti*. *Iti*: ind. de este modo, así (en su significado original *iti* se refiere a algo que se ha dicho o pensado, o destaca lo que sigue; en los Brāhmaṇas a menudo equivale a «como sabes», recordando al oyente o al lector ciertas costumbres, condiciones, etcétera, supuestamente conocidas por él). *Eva*: ind. así, justamente así, exactamente así; justamente, muy, de la misma forma; en efecto, verdaderamente. *Yuj*: uncir, unir, atar o aparejar (caballos o un carro). *Anya*: *as*, ā, *at*, otro, distinto; aparte de, diferente de, opuesto a (Ab. o en comp.). *Punar*: ind. de nuevo, de vuelta, en dirección contraria; nuevamente, una vez más. *Gateḥ*: m. sg. Ab. G. de *gati*.

No está tan apegada una idea [de creer] que el movimiento de ir realiza el acto real de ir.
En otras palabras, esto quiere decir que el movimiento de ir está incluido en la conducta de ir, y esta idea tampoco es una idea apegada en absoluto.

No es equivocado decir que el movimiento concreto de ir realiza el acto real de ir –el cual sucede en el mundo en el instante presente–. Expresándolo de otra manera, el movimiento de ir está incluido en la conducta de ir.

Verso 19

yad eva gamanaṃ gantā sa eva hi bhaved yadi
ekībhāvaḥ prasajyeta kartuḥ karmaṇa eva ca

Bhavet: P. 3.ª pers. sg. opt. 1.ª conj. de *bhū*. *Yadi*: ind. si, en el caso de que. *Ekībhāva*: m. el que se convierte, coalición. *Prasajyeta*: Ā. 3.ª pers. sg. opt. 1.ª conj. de *prasñj*. *Prasñj*: P. Ā. aferrarse, apegarse a (L.); rodearse de, i.e., proveerse de o suministrarse con (I.); agarrarse a (L.); engancharse con alguien (L.) en una pelea o disputa. *Kartu*: (por *kartum* inf. de *kṛ*) hacer, fabricar, realizar, ejecutar. *Karmaṇa*: *karmaṇaḥ*: pl. Ac. de *karman*. *Karman*: n. acto, acción, desempeño, empresa.

Así, el movimiento de ir verdaderamente produce el acto real de ir, y un hecho tal puede suceder como un hecho real.
Por tanto, el movimiento de ir y el acto real de ir están fundidos en uno, y la acción de realizar algo y practicarlo se han fundido en uno.

Como manifiesta el Maestro Nāgārjuna en el verso 18, puesto que es posible pensar que el movimiento de ir puede realizar el acto real de ir, podemos decir que el movimiento de ir y el acto real de ir están completamente fundidos en uno. La realización de practicar y la práctica real en sí son absolutamente el mismo hecho. La idea de que la práctica produce resultados simplemente es una ilusión. Aquí el Maestro Nāgārjuna equipara *kartu*, o realización, con *karman*, o acción. Esto parece adelantarse a la muy posterior aseveración del Maestro Dogen de que la iluminación y la práctica de zazen son una y la misma. Tal vez, la afirmación del Maestro Nāgārjuna sea más radical: no solo en términos de zazen, sino que, en general, la acción y los frutos de esta no pueden separarse de manera significativa en ningún caso.

Verso 20

anya eva punar gantā gater yadi vikalpyate
gamanaṃ syād ṛte gantur gantā syād gamanād ṛte

Gater: *gateḥ*: Ab. G. de *gati*. *Vikalpyate*: *vikalpa*: *viklṛip*: Ā. cambiar o alternar, cambiar por (I.); estar sin decidir o ser cuestionable u opcional; suponer, conjeturar, imaginar, presumir. *Gati*: f. ida, andadura, comportamiento, movimiento en general; conducta de ir. *Syāt*: ind. puede ser, quizás, acaso. *Ṛ*: ir, moverse, alzarse, tender al alza. *Gantur*: Ab. G. de *gantṛ*.

Otra [manera de] comprender[lo] es si imaginamos que el hecho de ir y el movimiento de ir se intercambian.
El acto real de ir podría moverse sin reconocer el hecho de ir, y el acto de ir podría moverse sin reconocer el acto real de ir.

El Maestro Nāgārjuna ofrece ahora un acercamiento distinto para entender el verso 19. Si el hecho de ir y el movimiento de ir pueden intercambiarse, el acto real de ir podría moverse sin conciencia del hecho de ir, y el movimiento de ir también podría moverse sin reconocer el acto real de ir.

Verso 21

ekībhāvena vā siddhir nānābhāvena vā yayoḥ
na vidyate tayoḥ siddhiḥ kathaṃ na khalu vidyate

Ekibhāva: m. que se convierte en uno, coalición. *Vā*: ind. o (excluido, como el lat. *ve*, del primer lugar de una frase, y generalmente siguiendo de inmediato, rara y solamente precediendo m.c., al término al que se refiere), (a menudo utilizado en frases disyuntivas; *vā*... *vā*, «ya sea»... «o», «por un lado»... «por otro»). *Siddhir*: *siddhiḥ*: m. f. sg. N. de *siddhi*. *Siddhi*: f. alcanzar o dar en el objetivo; logro de un propósito. *Nānābhāva*: mf(*ā*)n. varios, múltiple. *Yayoḥ*: du. Ab. G. L. de *yat*. *Yat*: la base real del pronombre relativo declinado. *Vid*: saber, comprender, percibir, aprender, ser consciente de, tener una noción correcta de. *Tayoḥ*: du. Ab. G. L. de *tat*. *Tat*: base pronom., véase *tad*. *Tad*: m. él, f. ella, n. ello, eso, esto (a menudo correlativo de *ya*, generalmente situado en la cláusula anterior). *Khalu*: ind. (como una partícula de aseveración) en verdad, verdaderamente, en efecto, ciertamente; (como una partícula de continuación) ahora, ahora bien.

Una entidad concreta real unas veces solo existe como una totalidad, y otras veces su expansión existe con la forma de diversas cosas individuales. Si es imposible que reconozcamos que la entidad real no se reconoce como la expansión de sí misma y que existe como todas las cosas y los fenómenos, los cuales están dispersos tal y como son, podemos estar dubitativos de si existen realmente o no.

El mundo, o el universo, puede reconocerse como un tipo de totalidad, pero, como expansión de esta, muchas cosas y fenómenos individuales existen realmente tal y como son. Podemos decir que el universo es solo uno, pero también debemos admitir que está formado por muchas partes individuales. Si no somos capaces de ver ambos aspectos de la realidad, es imposible que reconozcamos la verdadera existencia de las cosas y los fenómenos de este mundo.

Verso 22

gatyā yayājyate gantā gatiṃ tāṃ sa na gacchati
yasmān na gatipūrvo 'sti kaścit kiṃcid dhi gacchati

Gatyā: *gatyāḥ*: f. sg. Ab. G. de *gati*. *Yayā*: f. I. de *ya*. *Aj*: P. empujar, impulsar, arrojar, lanzar. *Gatim*: m. f. sg. Ac. de *gati*. *Tām*: f. sg. Ac. de *ta*. *Sa*: la base real para el N. de la 3.ª pers. del pron. *tad* (se encuentra solamente en el N. sg. m. f. [*sa* o *sas*, *sā*], y en ved.; algunas veces [y frecuentemente en los Brāhmaṇas] constituye la primera palabra de una frase que antecede a un pronombre relativo o adv. tal como *ya*, *yad*, *yadi*, *yathā* o *ced*; en este lugar *sa* puede utilizarse pleonásticamente o como una clase de ind., incluso donde se requiere otro género o número). *Gacchati*: ir, moverse, irse, partir, ir a; irse o pasar (como el tiempo); ir contra las intenciones hostiles, atacar. *Yasmāt*: Ab. de *ya*. *Pūrvo*: *pūrvaḥ*: *pūrva*: mf(*ā*)n. que está ante o delante de; anterior, previo, precedente. *Asti*: *as*: ser, vivir, existir; tener lugar, suceder. *Kaścit*: *kaḥ+cit*. *Kim-cid*: un tanto, un poco. *Ciddhi*: *cid+dhi*. *Cid*: por *cit* en comp. *Dhi*: m. receptáculo (solo ifc.).

En función del movimiento de ir en sí, el movimiento de ir promueve el movimiento de ir, y no es un hecho que el ir en sí mismo haga que el ir vaya adelante.
Por tanto, antes de que el movimiento de ir en sí exista realmente, no hay un hecho de que algo como un receptáculo [por ejemplo, un concepto] realmente vaya.

En el mundo real, el hecho de ir en sí sucede de una forma sencilla. Es una acción simple, pero algo llamado «ir» no hace ir al ir. En otras palabras, en un movimiento no hay dos componentes. Esta misma idea se expresa dentro del budismo en relación con el pensamiento. Decimos «yo pienso» y postulamos que existe alguna entidad llamada «yo» que piensa en verdad. En la filosofía budista tanto este «yo» como el pensamiento en sí son lo mismo. Además, insiste el Maestro Nāgārjuna, no hay ninguna posibilidad en absoluto de que algo como el concepto abstracto de ir realice ninguna acción real. Ampliando la comparación con la comprensión budista del «yo», en este verso el Maestro Nāgārjuna puede también estar negando la existencia real del sí mismo.

Verso 23

gatyā yayājyate gantā tato 'nyāṃ sa na gacchati
gatī dve nopapadyete yasmād eke tu gantari

Tato: *tataḥ*: *tata*: mfn. extendido, alargado, esparcido, difuminado, expandido. *Gatī*: du. m. f. N. Ac. V. de *gati*. *Eke*: L. de *eka*. *Gantari*: sg. L. de *gantṛ*. *Gantṛ*: mfn. uno o algo que va o se mueve, ir, venir, aproximarse, llegar a (Ac. o L. o D.).

En función del movimiento de ir, en primer lugar el movimiento concreto de ir existe y posteriormente el movimiento de ir se promueve; de modo que no hay ninguna posibilidad de que la expansión de otros [factores] verdaderamente vaya adelante.
No hay ninguna posibilidad de que el movimiento de ir se divida en dos partes [el hecho de ir y la persona que va] y que ambos se manifiesten como dos factores; por tanto, solamente hay un hecho de ir, el cual va adelante como uno.

En el mundo real, primero está el movimiento real de ir. En función de esa acción real, aquello a lo que llamamos el movimiento de ir se promueve. Aunque haya una diferencia dimensional entre nuestras ideas acerca del movimiento y el movimiento real, raras veces la vemos. El Maestro Nāgārjuna dice que no hay ninguna posibilidad de que la expansión de otros factores suceda realmente. En otras palabras, toda acción dentro del universo simplemente es una sola acción. La idea de una acción individual es una ilusión. Además, no es que el movimiento de ir se divida en dos partes –el hecho de ir y la persona que va–, manifestándose estos factores de manera separada: únicamente se da un solo hecho de ir. De nuevo vemos que la acción en sí se considera más crucial que la persona que la realiza.

Verso 24

sadbhūto gamanaṃ gantā triprakāraṃ na gacchati
nāsadbhūto 'pi gamanaṃ triprakāraṃ na gacchati

Sadbhūta: mfn. quien es o lo que es realmente bueno o verdadero. *Tri*: mfn. tres. *Prakāra*: m. suerte, tipo, índole, clase. *Gacchati*: *gam*: P. tocar en suerte (Ac.). *Asadbhūta*: no *sadbhūta*.

No es un hecho real que tres entidades –el mundo real, el acto real de ir y la persona que va– vayan adelante.
Es completamente imposible que un mundo irreal y el acto real de ir sean identificados como uno, de modo que también es completamente imposible que las tres clases de entidades [el mundo real, el acto real de ir y la persona que va] vayan adelante juntas en absoluto.

Cuando una persona piensa sobre algún problema relacionado con una acción real, tres conceptos –el mundo real donde la acción se produce, la acción real en sí y la persona que actúa– aparecen en su mente. Sin embargo, esos conceptos solo existen como pensamientos o como una percepción sensorial. Son completamente distintos de la acción real en el mundo real justo en el instante presente. Por tanto, estos tres factores –el mundo real, la acción real y la persona que actúa– son meros conceptos completamente incapaces de actuar en verdad. Se dice que dichos conceptos son un «mundo irreal». Es absolutamente imposible que un mundo irreal pertenezca a la misma dimensión que la acción real. Además, no es cierto que haya ahí tres factores que actúen juntos. Para empezar, esos factores nunca estuvieron separados.

Verso 25

gamanaṃ sadasadbhūtaḥ triprakāraṃ na gacchati
tasmād gatiśca gantā ca gantavyaṃ ca na vidyate

Gantavya: mfn. ser finalizado; ser realizado; ser acabado o logrado.

Los tres tipos de hechos reales –un acto real de ir, el mundo real y un mundo irreal– pertenecen a la realidad, de modo que es completamente imposible que estos tres factores vayan adelante nuevamente en absoluto.
Por tanto, es completamente imposible que el movimiento de ir, el hecho de ir y el estado de la realización de ir se reconozcan intelectualmente en absoluto.

Las tres clases de realidad –un acto real de ir, el mundo real y el mundo irreal– son hechos reales en el instante presente. El mundo irreal existe como un hecho en el sentido de que nuestros pensamientos son hechos. Pueden no ser la realidad, pero existen verdaderamente como pensamientos reales y, como tales, tienen el poder de influir en nuestras acciones. Puesto que son hechos reales en el instante presente, es imposible, según el Maestro Nāgārjuna, que ninguno de estos tres vaya adelante nuevamente. Al utilizar «nuevamente» está indicando una condición en la cual se piensa que algo ha aparecido en el mundo sin causa alguna. Cada cosa y cada acción en el universo tienen una causa.

Aquello que existe, se da tal y como es y luego desaparece. Por tanto, el movimiento de ir, el hecho de ir y el estado de la realización de ir son interpretaciones del intelecto, y no pueden llegar a ser objetos del reconocimiento de ningún modo. En este caso, el reconocimiento se refiere a algo más omniabarcante que apenas considerar mentalmente algo. Ello quiere decir que no podemos contener estas cosas dentro de los límites de nuestra habilidad intelectual.

Capítulo 3

Cakṣurādīndriya parīkṣā

(Estudio de los ojos y otros órganos de los sentidos)

Cakṣur: *cakṣuḥ*: m. sg. N. de *cakṣu*. *Cakṣu*: m. el ojo. *Ādi*: m. comienzo, empiece; primogénito, primer fruto; ifc. empezando por, etcétera, y demás. *Indriya*: mfn. n. facultad de los sentidos, sentido, órgano de los sentidos.

En el grupo que conforman los capítulos del 3 al 7, el Maestro Nāgārjuna describe su comprensión del mundo en el que vivimos. En términos de la filosofía occidental, el idealismo postula que la única realidad verdadera es el mundo espiritual, o de la mente. Niega la existencia real del mundo material exterior, o al menos la relega a un nivel secundario. Las religiones occidentales y la mayoría de las orientales siguen este modelo. Por otro lado, la filosofía del materialismo sostiene que este mundo es una acumulación de átomos o moléculas. Rechaza la existencia del mundo espiritual o mental, o al menos, en los casos en los que dicho mundo no es categóricamente rechazado, piensa que podemos llevar a cabo una descripción acertada de la realidad sin hacer referencia a ella. Este es el punto de vista de la ciencia clásica. Sin embargo, según la filosofía budista, el mundo en el que vivimos no es ni puramente espiritual ni exclusivamente material. Vivimos en el mundo de la realidad, el cual incluye y trasciende ambas facetas al mismo tiempo.

Aquí el Maestro Nāgārjuna se centra en el problema de la concepción materialista de la realidad. El budismo no niega la realidad del mundo exterior, el cual existe en el contexto de los estímulos sensoriales que son percibidos por nuestros órganos de los sentidos. Además, el Maestro Nāgārjuna comprende claramente que estos últimos son la ventana directa por la que aceptamos el mundo exterior. Por ello, utiliza los órganos de los sentidos como punto de partida para explicar su entendimiento acerca del mundo exterior.

Algunas ediciones del *MMK* incluyen nueve versos en el capítulo 3. Sin embargo, la edición de La Vallée Poussin contiene tan solo ocho. Según Poussin, el verso 7 de la edición que contiene nueve versos en el capítulo 3 es realmente «una cita del Ratanavali, y no aparece en el resto de los comentarios sobre los *karikas* de Nāgārjuna». Por este motivo, he optado por eliminarlo de la presente traducción.

****

Verso 1

darśanaṃ śravaṇaṃ ghrāṇaṃ rasanaṃ sparśanaṃ manaḥ
indriyāṇi ṣaḍeteṣāṃ draṣṭavyādīni gocaraḥ

Darśana: n. visión, captación, miramiento, reconocimiento, observación, percepción; percepción ocular; la visión. *Śravaṇa*: n. acto de oír (también aquello que es oído). *Ghrāṇa*: m. n. oler, percepción del olor. *Rasana*: n. degustar, gusto, sabor; la lengua como órgano del gusto. *Sparśana*: n. acto de tocar, tacto; sensación, sentido del tacto. *Manaḥ*: *manas*: n. mente (en su sentido más amplio aplicado a todos los poderes mentales), intelecto, inteligencia, percepción, sensación. *Indriyāṇi*: pl. de *indriya*. *Indriya*: n. facultad de los sentidos, sentido, órgano de los sentidos. *Ṣaḍeteśam*: *śaḍ+eteśām*. *Ṣaḍ*: *ṣat*: por *ṣaṣ* en comp. *Ṣaṣ*: mfn. pl. seis. *Eteṣām*: m. n. pl. Ab. G. de *eta*. *Eta*: mfn. aproximado, acercado. *Draṣṭavya*: mfn. ser visto, visible, evidente. *Ādi*: m. empiece, comienzo; ifc. empezando por, etcétera, y demás. *Gocara*: m. el campo de los órganos de los sentidos, objeto de los sentidos, cualquier cosa perceptible por los sentidos.

El sentido de la vista, el sentido del oído, el sentido del olfato, el sentido del gusto, el sentido del tacto y el sentido central.
Estos seis sentidos son conocidos por nosotros, y lo que es visto y demás son los objetos de estas funciones sensoriales.

Los antiguos habitantes de la India consideraban que había seis sentidos, mientras que en el pensamiento contemporáneo occidental solamente se reconocen cinco. No obstante, el sexto sentido no es nada místico, sino simplemente el lugar en el que todos los demás se unen –el cerebro como órgano de los sentidos–. Aquí el Maestro Nāgārjuna declara que la vista, el oído, el olfato, el gusto, el tacto y el sentido central son los seis sentidos que reconocemos en la vida diaria. Aquello que es visto, oído, olido, degustado y tocado, y las percepciones como un todo tal y como las experimenta nuestro cerebro, son los objetos de esos sentidos.

Verso 2

svam ātmānaṃ darśanam hi tat tam eva na paśyati
na paśyati yad ātmānaṃ kathaṃ drakṣyati tat parān

Sva: mf(*ā*)n. propio, de uno mismo, mi propio, vuestro propio, su propio, etcétera. *Ātmānaṃ*: sg. Ac. de *ātman*. *Ātman*: m. el aliento; el alma, principio de la vida y la sensación; el alma individual, el sí mismo, sustrato individual. *Eva*: ind. así, justamente así, exactamente así; en efecto, verdaderamente, realmente (a menudo al comienzo de un verso en conjunción con otras partículas, como *id* o *hi*); (en su uso más frecuente como refuerzo de una idea expresada por alguna palabra, *eva* debe ser traducido de diversas maneras por adverbios [o locuciones adverbiales] tales como) justamente, exactamente, muy, de la misma forma, solamente, incluso, solo, meramente, inmediatamente después de, todavía, ya, etcétera. *Paśyati*: *paś*: ver (con *na*, «estar ciego»), advertir, mirar, observar, percibir, darse cuenta. *Drakṣyati*: fut. de *dṛś*. *Dṛś*: ver, advertir, mirar, observar, considerar. *Para*: mf(*ā*)n.

lejano, distante, remoto (en el espacio), contrario, ulterior, más lejos que, más allá, en el otro lado o el más lejano de.

> **La función de ver produce la mente propia de uno, y por eso la función de ver nunca mira a la mente propia de uno.**
> **Como la función de ver nunca mira a la mente propia de uno, la función de ver en sí no mira a otras cosas en absoluto.**

Tendemos a cometer el error de dividir la función de ver en dos partes e imaginar que hay un observador que ve cosas. Pero aquello a lo que llamamos observador realmente es solo el funcionamiento del sentido central como un órgano de los sentidos. El Maestro Nāgārjuna expresa esto diciendo que la función de ver produce la mente propia de uno. En la filosofía budista la conciencia no es una entidad de por sí. La conciencia se produce cuando los mundos externo e interno interactúan. Por tanto, la función de ver es justamente un simple hecho en el instante presente, y no la evidencia de la existencia de algo llamado «sí mismo» que ve. Es imposible, dice el Maestro Nāgārjuna, que la función de ver mire a la mente propia de uno. Nunca podemos ver nuestros propios ojos; lo más cerca que podemos estar de ello es contemplar su reflejo en un espejo. Del mismo modo, nuestra mente no puede percibirse a sí misma. Este es uno de los motivos por los que decimos que un estudiante budista debe tener un maestro. En última instancia, el funcionamiento de nuestros sentidos simplemente es tal y como es. No hay una entidad separada detrás de nuestras funciones sensoriales que las realice.

Verso 3

na paryāpto 'gnidṛṣṭānto darśanasya prasiddhaye
sadarśanaḥ sa pratyukto gamyamānagatāgataiḥ

Paryāpta: mfn. obtenido, adquirido; extenso, espacioso; abundante, copioso; suficiente; adecuado. *Agni*: m. fuego. *Dṛṣṭānta*: m. «el fin o la meta de lo que es visto», ejemplo, modelo, norma, tipo; caso, ejemplificación.

Prasiddha: mfn. producido, realizado; organizado, ornamentado (como el cabello); muy conocido, notorio. *-Ya*: adj.; m. n. sus.: forma adjetivos con el sentido de «referente a» (*SGFS.*). *Sa*: la base real para el N. de la 3.ª pers. del pron. *tad*. *Praty*: por *prati* en comp. antes de vocales. *Prati*: ind. hacia, cerca de; contra, opuesto a, de nuevo, otra vez. *Ukta*: mfn. pronunciado, declarado, hablado. *-Agataiḥ*: pl. I. de *-agata*.

Las imágenes que asimos directamente al ver, como el fuego, no son la experiencia perfecta de la realidad en la función de ver.
Las expresiones de aquello que es visto simplemente son explicaciones. La diferencia [entre las expresiones verbales y los hechos reales] es como la diferencia entre los conceptos «estar yendo», «ido» y «no ido» y los hechos reales en el instante presente [descritos en el capítulo 2].

Cuando miramos cualquier cosa particular – el Maestro Nāgārjuna utiliza como ejemplo el fuego– lo que vemos realmente no es la cosa en sí, sino la imagen de aquella, la cual ha aparecido en nuestra retina. Sin embargo, habitualmente no reconocemos esto como una mera imagen. Las imágenes que vemos –aunque sean cosas reales como el fuego– no son la realidad en sí misma. La diferencia entre una imagen en la retina, la cual podemos describir con palabras, y la explicación verbal y subjetiva de dicha imagen puede ilustrarse haciendo referencia a la diferencia dimensional entre las expresiones subjetivas «yendo», «ido» y «no ido» y el acto real de ir en el instante presente. El hecho de que el Maestro Nāgārjuna realice este nivel de estudio muestra la enorme profundidad de la filosofía de la antigua India.

Verso 4

nāpaśyamānaṃ bhavati yadā kim cana darśanaṃ
darśanam paśyatīty evaṃ katham etat tu yujyate

Apaśya: mfn. no ver. *Māna*: m. opinión, noción, concepción, idea; objetivo, deseo, proyecto; engreimiento, arrogancia, orgullo; (también n.) consideración, atención, respeto, honor. *Paśatīti*: *paśati+iti*. *Etat*: por *etad* en comp. *Etad*: mfn. esto, esta, este, aquí (especialmente señalando lo que está más cerca del hablante). *Tu*: ¡ruega!, suplico, haz, ahora, entonces; pero. *Yujyate*: ser uncido o atado o unido, etcétera.

Si no hay ninguna consideración, la cual es distinta de la habilidad de ver las cosas y los fenómenos, es completamente imposible que la habilidad de ver las cosas y los fenómenos exista en absoluto.
Cuando consideramos si la habilidad de ver las cosas puede ser vista por los otros, es completamente imposible que suceda tal cosa en absoluto.

Si no fuera por nuestra habilidad de considerar las cosas, no podríamos hablar de ninguna habilidad de ver o, por ende, de ninguna otra habilidad sensorial. Las habilidades sensoriales que nos atribuimos solamente son cuestiones de la consideración. Imaginamos ser algo que de alguna manera posee dichas habilidades, pero esa idea puede ser una ilusión. Además, nuestras propias percepciones no pueden ser percibidas por otros. Somos engañados por nuestra excelente habilidad para comunicarnos entre nosotros al creer que estamos transmitiendo en verdad dichas experiencias. Esto nunca es así realmente.

Verso 5

paśyati darśanaṃ naiva naiva paśyaty adarśanaṃ
vyākyāto darśanenaiva draṣṭā cāpy avagamyatāṃ

Adarśana: n. no visión, que no ve; menosprecio, abandono; no aparición, condición latente, desaparición. *Vyākyāta*: mf(ī)n. explicado, pormenorizado, relatado, contado. *Draṣṭā*: N. de *draṣṭṛ*. *Draṣṭṛ*: m. uno que ve; uno que ve bien. *Avagamya*: mfn. ser abordable, accesible, obtenible; o ind. p. haberse acercado, que se acerca, etcétera.

Es completamente imposible que la habilidad de ver sea vista por algo, y también es completamente imposible que el estado de no ver sea visto en absoluto.
Basándonos en ver las cosas y los fenómenos, es posible que expliquemos las cosas y los fenómenos detalladamente, pero la función de ver las cosas y los fenómenos simplemente es enfrentarse a esas cosas y fenómenos, y es difícil que [esa función] en sí asa la realidad de las cosas y los fenómenos.

Nadie puede ver exactamente lo que vemos, incluso aunque esté justo al lado de nosotros. Destacando que también es imposible que el estado de «no ver» sea visto por otros, el Maestro Nāgārjuna hace referencia a que la faceta no material de nuestra experiencia –nuestros pensamientos e ideas– no puede ser experimentada por nadie más que por nosotros mismos. Aunque podamos explicar las cosas y los fenómenos detalladamente con palabras, nuestra función de verlos simplemente es un acercamiento. No podemos asirlos verdaderamente en absoluto. Esta es una cuestión muy importante que todos tendemos a olvidar. Por tanto, no es posible experimentar realmente las cosas y los fenómenos simplemente viéndolos. Por extensión, todos nuestros sentidos son igualmente incompletos, y los pensamientos basados en esa información sensorial tampoco son fiables. Las explicaciones verbales de nuestras experiencias son una reducción más de la ya poco fiable información sensorial y del pensamiento.

Verso 6

tiraskṛti draṣṭā nāsty atiraskṛtya tiraskṛtya ca darśanaṃ
draṣṭavyaṃ darśanaṃ caiva draṣṭary asati te kutaḥ

Tiraskṛti: f. recriminación, falta de respeto. *Draṣṭavya*: mfn. ser visto, visible, evidente; ser examinado o investigado; ser apreciado o considerado como. *Draṣṭary*: *draṣṭari*: m. sg. L. de *draṣṭṛ*. *Draṣṭṛ*: m. uno que ve, examina, intenta o decide; m. juez (Capp.). *Asati*: sg. L. de *asat*. *Asat*: mf(*a-satī*)n. que no es, que no existe, irreal; incierto, equivocado; malo. *Te*: m. pl. N. de *ta*.

La habilidad de ver nunca debería tenerse en baja estima, puesto que la baja consideración de algo también es una interpretación.
El hecho de que las cosas y los fenómenos son vistos de manera concreta y la función de ver las cosas simplemente es una realidad, y como no hay nada más que eso, el hecho real de ver es justamente lo real.

Aunque la función de ver tenga limitaciones, nunca deberíamos tenerla en baja estima. Esto se debe a que valorar las cosas más o menos es un tipo de interpretación. Por ello, que alguien considere algo como inferior podría sugerir que esa persona se aferra a alguna opinión personal. El Maestro Nāgārjuna señala esto porque muchos filósofos idealistas de su tiempo menospreciaban las funciones sensoriales, al igual que todavía lo hacen hoy muchos filósofos idealistas de la India. El hecho de que veamos algo y el hecho de que algo sea visto es la fusión de 1) ver algo y 2) algo siendo visto. En la filosofía budista no se acepta la división entre el observador y lo observado. La combinación de ambos es la cara y la cruz de un solo hecho indivisible en el instante presente. Aun así, la acción de ver es real. Aquí observamos que la filosofía del Maestro Nāgārjuna no niega la realidad que experimentamos. No es nihilismo.

Verso 7

Véase la introducción a este capítulo.

Verso 8

draṣṭavyadarśanābhāvād vijñānādicatuṣṭayam
nāstīty upādānādīni bhaviṣyanti punaḥ katham

Draṣṭavya: mfn. ser visto, visible, evidente; ser examinado o investigado; ser apreciado o considerado como (N.). *Vijñāna*: n. (ifc. f. *ā*) el acto de distinguir o discernir, entender, comprender, reconocer, inteligencia, conocimiento;

habilidad, dominio, arte, ciencia, doctrina, conocimiento mundano o profano (op. a *vijñāna*, «conocimiento de la verdadera naturaleza de Dios»); la facultad del discernimiento o del buen juicio; el órgano del conocimiento (= *manas*); (ifc.) la comprensión de (un significado particular), consideración; (budistas) conciencia o facultad del pensamiento (uno de los cinco elementos constituyentes o *skandhas*, también considerado como uno de los seis elementos o *dhātus* y uno de los doce eslabones de la cadena de la causalidad). *Catuṣṭaya*: mfn. cuádruple, que consiste en cuatro; cuatro; n. un grupo de cuatro, cuaternio; un cuadrado. *Upādāna*: n. el acto de tomar para uno mismo, apropiación para uno mismo; percepción, reconocimiento, aprendizaje, adquisición (de conocimiento); aceptación, concesión, inclusión; empleo, utilización.

Apartándose de la idea equivocada de que no hay unidad entre ver y aquello que es visto, las cuatro clases de entidades [el entendimiento, la percepción, la acción y la realidad] pueden existir realmente.
Si pensamos que las cosas y los fenómenos de este mundo no existen en absoluto, ¿cómo es posible creer que algo realmente exista incluso en el futuro?

Los hechos reales de este mundo son la perfecta fusión entre la función del sujeto y el objeto o, en términos del Maestro Nāgārjuna, la unión de ver y aquello que es visto. Esta es una idea muy difícil de aceptar para la mayoría de nosotros, ya que hemos sido profundamente condicionados para ver las cosas en términos de sujeto y objeto. Pero si apartamos la idea equivocada de que hay una separación entre los dos, queda claro que las cuatro clases de entidades reales –el entendimiento, la percepción, la acción y la realidad– existen verdaderamente en este mundo. De hecho, dichas entidades son aspectos más importantes en este mundo que las cosas que habitualmente aceptamos que lo son.

Tendemos a vernos como gente que comprende, que percibe y que actúa en un lugar llamado «realidad», pero el Maestro Nāgārjuna lo ve de un modo distinto. Para él, la acción en sí es la verdadera realidad, y la gente que actúa es secundaria.

En la segunda línea de este verso pregunta: si nada existe ahora en verdad (como muchos de la época del Maestro Nāgārjuna y de la actualidad aseveraban y aseveran), ¿cómo es posible que algo exista en el mundo? La cuestión no es tan extraña como podría parecer. Los mismos que afirman que no existe nada parecen existir. Por ello, puede ser útil señalar este absurdo lógico.

Verso 9

vyākhyātaṃ śravaṇaṃ ghrāṇaṃ rasanaṃ sparśanaṃ manaḥ
darśanenaiva jānīyāc chrotṛśrotavyakādi ca

Vyākhyā: explicación, exposición, comentario, crítica, paráfrasis. *Jānīyāc*: *jānī+yāc*: *jānī+yāt*. *Yāt*: Ab. de *-ya*. *Jānī*: f. una madre. *Śrotṛ*: mfn. uno que oye, audición, un oyente. *Śrotavya*: mfn. ser oído o escuchado, audible, que merece la pena escuchar.

Al explicar el oído, el olfato, el gusto, el tacto y el sentido central podemos utilizar la misma exposición que aquella utilizada para explicar la vista. Una persona que oye y demás, y el objeto que es escuchado y demás, también pueden explicarse utilizando el ejemplo de la vista.

La explicación anterior de la vista puede utilizarse para el resto de los sentidos, incluyendo el sentido central, o el «sí mismo» en términos modernos occidentales. El Maestro Nāgārjuna lleva esto aún más lejos asegurando que incluso aquello que decimos ser una persona que percibe cosas puede explicarse del mismo modo. Esta es una ruptura radical respecto a nuestro punto de vista del «sentido común».

Capítulo 4

Skandha parīkṣā

(Estudio de los agregados)

Skandha: (de *skandh* en el sentido de «ascendente») el hombro, parte superior de la espalda o región desde el cuello hasta la articulación del hombro; parte, división; (en fil.) los cinco objetos de los sentidos; (para los budistas) las cinco sustancias constituyentes del ser (viz., *rūpa*, «forma corporal»; *vedanā*, «sensación»; *saṃjñā*, «pensar en»; *saṃskāra*, «hacer perfecto»; *vijñāna*, «conciencia o facultad del pensamiento»).

En la filosofía budista dividimos el mundo en el que vivimos en lo que se conoce como los cinco *skandhas* o agregados: la materia, la percepción, la consideración, la acción real y la conciencia. La materia sugiere el lado material del mundo exterior. La percepción sensorial consiste en nuestra habilidad para recibir estímulos del mundo exterior a través de los órganos de los sentidos. La consideración es el contenido de aquello que pensamos los seres humanos, y se basa en los estímulos que recibimos del mundo exterior. La acción se refiere a la acción real en el instante presente, que es la cuestión esencial de la vida humana. La conciencia es la estructura del cerebro, la cual ha sido construida mediante la percepción de los sentidos y el pensamiento. Por tanto, el concepto de los cinco *skandhas* sugiere que el universo no es solamente material en su contenido, sino la fusión de la materia y su significado, los cuales se consideran una sola cosa. El mundo en el que vivimos, se dice, es solamente uno. La distinción que hacemos entre materia y significado, o cuerpo y mente, o sustancia y espíritu –utilizamos incontables palabras para ello–, es una ilusión. Esta es la enseñanza del camino medio. En el presente capítulo, el Maestro Nāgārjuna explica el mundo exterior sobre la base de la filosofía budista, utilizando *rūpa* –la materia o forma– como un ejemplo de los cinco *skandhas*.

****

Verso 1

rūpakāraṇanirmuktaṃ na rūpam upalabhyate
rūpeṇāpi na nirmuktaṃ dṛśyate rūpakāraṇam

Rūpa: n. (tal vez conectado con *varpa*, *varpas*; ifc. f. *ā*) cualquier experiencia o fenómeno o color exterior (a menudo pl.), forma, aspecto, figura (*rūpeṇa*, ifc. con la forma de; *rūpaṃ*, *kṛ* o *bhū*, adoptar una forma; a menudo ifc. = «tener la forma, la apariencia o el color de», «formado o compuesto por», «que consiste en», «parecido a»). *Kāraṇa*: n. causa, razón, la causa de algo; instrumento, medio; motivo; origen; un elemento, una materia elemental. *Nirmukta*: mfn. suelto, separado, cercenado, liberado, salvado, evadido o libre de, desprovisto de (I. Ab. o comp.). *Upalabh*: incautar, tomar posesión de, adquirir, recibir; percibir, contemplar, escuchar; comprender, aprender o saber. *Rūpeṇa*: m. n. sg. I. de *rūpa*. *Dṛś*: ver, contemplar, mirar.

Cuando forma y contenido están separados, ni siquiera la forma en sí puede manifestarse.
No es que el contenido se manifieste debido a la forma; por el contrario, forma y contenido siempre son una fusión.

Este verso puede relacionarse con el funcionamiento del sistema nervioso autónomo humano, al cual nos referimos anteriormente. Cuando el sistema nervioso parasimpático es más intenso, solemos prestar más atención a nuestros sentidos físicos y percepciones –o a la «forma», utilizando el término que el Maestro Nāgārjuna emplea en este verso–. Por tanto, nos inclinamos a reconocer las cosas y los fenómenos concretos como reales y a desechar el aspecto no físico de la realidad –su «contenido»–. Pero cuando nuestro sistema nervioso simpático es más acusado, tendemos a hacernos más contemplativos. En este estado nuestra mente es más propensa a estar ocupada con conceptos abstractos (contenido) y a rechazar el lado físico de la realidad (forma). Por ello, cuando predomina una de las partes del sistema nervioso autónomo solemos tratar los dos aspectos de la realidad –forma y contenido– como cosas separadas. Sin embargo, si este se equilibra, podemos ser conscientes de una realidad unificada en la cual forma y contenido están perfectamente fundidos.

Verso 2

rūpakāraṇanirmukte rūpe rūpaṃ prasajyate
āhetukaṃ na cāsty arthaḥ kaścid āhetukaḥ kva cit

Prasajyate: pas. de *prasañj*: apegarse, aferrarse, dedicarse a o pretender o estar ocupado con (L.). *Ā*: antepuesto a un adj. [raramente a un sus.] implica disminución. *Hetuka*: mf(*ī*)n. (solamente ifc.) que causa, que efectúa; causado, efectuado condicionado por. *Artha*: m. n. objetivo, propósito; causa, motivo, razón.

Cuando forma y contenido existen de manera separada, la forma solamente puede verse como forma.
[En el mundo real] no existe nada irrazonable en absoluto, pero si hubiera aunque fuera un poco de un objetivo, sería posible que existiera lo irrazonable.

Cuando hay una separación entre forma y contenido, y solamente se manifiesta la forma, nos aferramos solo a esta última. Dicha condición da lugar a la perspectiva materialista. En el mundo real, lo irrazonable no existe. Pero, si hubiera alguna idea, objetivo o propósito en nuestro cerebro, podría decirse que se ha producido lo irrazonable. Sin embargo, aquello que es irrazonable no es verdaderamente real. Permanece solo como una noción equivocada en nuestro cerebro y únicamente existe como idea. No obstante, las ideas equivocadas llevan a la acción equivocada, por lo que podemos decir que tienen algún tipo de existencia.

Verso 3

rūpeṇa tu vinirmuktaṃ yadi syād rūpakāraṇam
akāryakaṃ kāraṇaṃ syād nāsty akāryaṃ ca kāraṇam

Tu: (nunca encontrado al comienzo de una frase o verso; métricamente también *tū*) ¡ruega!, suplico, haz, ahora, entonces; pero (también con *eva* o *vai* a continuación). *Vinirmukta*: mfn. liberado, escapado, libre o exento de (I. o comp.); descargado, disparado, lanzado. *Syād*: *syāt*: ind. puede ser, quizás, acaso. *Akārya*: mfn. que no debe hacerse, impropio; n. una acción criminal.

> **Basándose en el pensamiento de forma y contenido, aunque sean vistos por separado, los dos, forma y contenido, solo pueden estar fundidos en uno. Cuando algo es ilógico, nunca puede existir en este mundo, y tanto ese algo ilógico como el contenido podrían ser distintos de lo que realmente existe en este mundo.**

Basarse solamente «en el pensamiento de forma y contenido» significa creer que el universo consiste en dos aspectos fundamentalmente separados. Aunque asumamos ese punto de vista, la situación real de este mundo no está separada en dos partes. Forma (materia) y contenido (significado) simplemente son la cara y la cruz de la misma realidad. A veces encontramos cosas que nos resultan ilógicas y, sin embargo, parecen reales. Muchas de nuestras filosofías y religiones aceptan creer en aspectos de la realidad que son ilógicos. Por ejemplo, numerosas religiones admiten la idea de los milagros, los cuales son sucesos que supuestamente suceden fuera de la ley de causa y efecto. Sin embargo, el Maestro Nāgārjuna rechaza tales ideas. Al afirmar que lo que «es ilógico» y el contenido pueden ser distintos de lo que existe realmente, básicamente quiere decir que cuando la realidad parece ilógica se debe a nuestra confusión mental. «El contenido» aquí se refiere a la faceta mental de la realidad. La realidad en sí nunca es ilógica.

Verso 4

rūpe saty eva rūpasya kāraṇaṃ nopapadyate
rūpe 'saty eva rūpasya kāraṇaṃ nopapadyate

Saty: *sati*: sg. L. de *sat*. *Sat*: mf(*satī*)n. que es, que existe, que sucede, que ocurre, que está presente. *Asaty*: *asati*: sg. L. de *asat*. *Asat*: mf(*a-satī*)n. que no es, que no existe, irreal.

> **El contenido nunca puede manifestarse en una situación que sea vista fácilmente o que sea incluida por la forma.**
> **Y el contenido nunca puede manifestarse en una situación que no sea vista fácilmente o que no sea incluida por la forma.**

Habitualmente pensamos que el contenido (el espíritu, el significado, la mente, etcétera) no aparece como forma (el cuerpo, la sustancia, la materia, etcétera). En otras palabras, no podemos ver o percibir la mente. De modo que la primera parte de este verso suena razonable. El contenido no puede ser visto fácilmente, ni se incluye entre las cosas que llamamos forma o materia. Pero en la segunda línea, el Maestro Nāgārjuna invierte lo que acaba de expresar. Esto puede resultar confuso. Sin embargo, si aceptamos que contenido y forma son una sola cosa, es imposible asegurar que el contenido no esté incluido o que no pueda verse en la forma. En términos del modo en el que interactuamos con la realidad podemos decir que forma y contenido están separados –el contenido es un asunto de la consideración y la forma, de la percepción–, pero en realidad están completamente fundidos en uno. De este modo, aunque pueda resultar difícil de aceptar, vemos que estas dos frases completamente contradictorias son ciertas.

Verso 5

niṣkāraṇaṃ punā rūpaṃ naiva naivopapadyate
tasmād rūpagatān kāṃścin na vikalpān vikalpayet

Niṣkāraṇa: mf(*ā*)n. sin causa, innecesario; desinteresado; infundado, que no procede de ninguna causa; ind. sin causa, sin una causa o motivo especial. *Punā*: por *punar* en comp. *Punar*: ind. de nuevo, de vuelta, en dirección contraria; nuevamente, una vez más. *Tasmāt*: Ab. de *ta*. *Gatān*: m. pl. Ac. de *gata*. *Kāṃś*: *kān*: m. pl. Ac. de *ka*. *Vikalpa*: mf(*ā*)n. practicable, factible, posible; apropiado, cualificado, adecuado. *Vikalpa*: *viklṛp*: cambiar, alternar, cambiar con (I.); preparar, organizar; elegir una de dos alternativas.

Aquello que no tiene ninguna causa o forma jamás se manifiesta en este mundo.
Por tanto, la forma [de algo sin causa] nunca puede manifestarse, y el cambio real no sucede en el mundo real.

Es imposible que lo que no tiene una causa se manifieste en el mundo real. De manera que la forma de ese algo imposible tampoco puede aparecer. Una de estas cosas imposibles sin causa es aquello a lo que llamamos «cambio». El cambio no es algo real en absoluto, mantiene el Maestro Nāgārjuna. Esto es así porque lo que denominamos cambio sucede en una serie de instantes. Decimos que algo cambia cuando comparamos su estado actual con nuestros recuerdos de cómo era en un momento anterior. Incluso aunque ese momento anterior se haya producido tan recientemente como hace un segundo o medio segundo, no es el instante presente. En el fugaz instante presente no podemos encontrar el cambio. Aquello que llamamos cambio, por tanto, es un tipo de interpretación de los hechos, pero no un hecho en sí mismo.

Verso 6

na kāraṇasya sadṛśaṃ kāryam ity upapadyate
na kāraṇasyāsadṛśaṃ kāryam ity upapadyate

Sadṛśa: mf(ī)n. semejante, parecido, similar a (G., I., L., o comp.) o en (I., L., o comp.); agradable, adecuado, conveniente, propio, correcto. *Kārya*: mfn. ser fabricado o hecho o practicado o realizado, practicable; n. trabajo o asunto por hacer, deber.

Un estado agradable no existe en la acción que está sucediendo verdaderamente en el instante presente, pero la labor que ya se ha realizado se manifiesta en el mundo real como un hecho concreto.
Un estado desagradable no existe en la acción que está sucediendo verdaderamente en el instante presente, pero la labor que ya se ha realizado se manifiesta en el mundo real como un hecho concreto.

Cuando nos encontramos en el proceso de hacer algo es difícil clasificar esa experiencia e indicar si es agradable o desagradable. Esto se debe a que dichas clasificaciones se refieren a cosas que han sucedido en el pasado y ahora tan solo existen en nuestra mente. Únicamente podemos decir que nuestra situación actual es agradable o desagradable cuando la comparamos con los recuerdos del pasado. En el instante presente solo se encuentra lo que es, y esos intentos de clasificación fallan.

Sin embargo, la labor que ya se haya llevado a cabo se mantiene como aquello que ha sido realizado. Tal acción realizada inevitablemente se clasifica de alguna manera en nuestra mente, y se produce como un hecho en el mundo real. En otras palabras, las cosas que hagamos en el instante presente durarán para siempre. Cada acción que efectuamos, sea grande o pequeña, tiene consecuencias que resuenan eternamente. Siempre que hacemos algo, esa acción se convierte instantáneamente en un hecho concreto.

Verso 7

vedanācittasaṃjñānāṃ saṃskārāṇāṃ ca sarvaśaḥ

sarveṣām eva bhāvānāṃ rūpṇaiva samaḥ kramaḥ

Vedana: mfn. que encuentra, que adquiere; n. acto de encontrar, caer en (G.). *Citta*: n. asistencia, cumplimiento; el pensar, pensamiento; el corazón, mente; inteligencia, razón. *Saṃjñānām*: m. n. pl. G. de *saṃjña*. *Saṃjñā*: f. acuerdo, comprensión mutua, armonía; conciencia, conocimiento o comprensión o noción o concepción claros. *Saṃskārāṇāṃ*: m. pl. G. de *saṃskara*. *Saṃskāra*: m. que junta, que forma bien, que hace perfecto, logro, adorno. *Sarvaśaḥ*: *sarvaśas*: ind. totalmente, completamente, por completo, exhaustivamente, colectivamente, enteramente, en general, universalmente (a veces utilizado para denotar que un sustantivo colectivo en sg. o pl. puede utilizarse en algún caso); en alguno o todos los casos; universalmente, siempre, por todas partes; por todos lados. *Sarveṣām*: *sarva+iṣām*. *Iṣām*: f. sg. Ac. de *iṣa*. *Iṣa*: mfn. búsqueda. *Sama*: mfn. todo, cada. *Krama*: m. un paso; marcha, proceder, transcurso; la vía.

La intención de adquirir conocimiento siempre existe en la totalidad inclusiva y en el claro entendimiento.
Toda adquisición de conocimiento se hace en diversas existencias, y en función de los hechos visibles sucede el progreso.

Cuando queremos adquirir conocimiento sobre algo, la intención de ese estudio está siempre incluida dentro del estudio en sí. De este modo, nuestra intención siempre teñirá el resultado de dicho estudio, sin importar con cuánto empeño intentemos evitar que ello ocurra. Actualmente, la ciencia está asumiendo este hecho, pero es especialmente importante para la gente que realiza la práctica de zazen. De manera ideal, zazen es un estado sin ninguna intención en absoluto. Por otra parte, cualquier acción está estrechamente relacionada con la totalidad inclusiva, o el universo al completo. Ninguna acción se produce sin afectar a todo el universo de algún modo, y ningún objeto existe por sí mismo sin que esté relacionado con el resto del universo. Así, cuando observamos más de cerca e investigamos algún fenómeno dado –incluyendo la investigación de nosotros mismos como hacemos en zazen– puede decirse que estamos examinando el universo entero. Toda investigación es realizada dentro de los verdaderos hechos concretos del mundo real. Todo progreso sucede dentro de criterios visibles o concretos. Es decir, no hay nada místico u oculto de ninguna manera.

Verso 8

vigrahe yaḥ parīhāraṃ kṛte sūnyatayā vadet
sarvaṃ tasyāparihṛtaṃ samaṃ sādhyena jāyate

Vigraha: m. mantener separado o aparte, aislamiento; división; independencia. *Parīhāra*: m. evasión, elusión, precaución; falta de respeto. *Kṛ*: hacer, fabricar, realizar, lograr, causar, efectuar, preparar. *Śūnyatayā*: I. de *śūnyatā*. *Śūnyatā*: f. vacuidad, soledad, desolación; falta de atención, distracción. *Vadet*: 3.ª pers. opt. 1.ª conj. de *vad*. *Vad*: P. Ā. hablar, decir, emitir. *Parihṛta*: mfn. eludido, evitado; abandonado, dejado; tomado, incautado; n. lo que ha sido envuelto o puesto en. *Sama*: mfn. (conectado con *sa* y con *sama* y *samāna*) todo, cada. *Sādhya*: mfn. ser sometido o dominado o ganado o manejado. *Jāyate*: *jan*: generar, engendrar, producir, crear, causar.

Cuando uno existe independientemente, puede conservar la actitud atenta y puede hablar desde el estado equilibrado.
En las situaciones reales, aunque nada se evita, todas las cosas y los fenómenos pueden manifestarse en el estado de regulación.

Si alguien puede vivir en el estado de la verdadera independencia, esa persona de manera natural prefiere conservar una actitud atenta y puede hablar de cualquier cosa de un modo estable. Es imposible que evitemos nada. Estamos obligados a aceptar todo lo que sucede en nuestras vidas, tanto si nos gusta como si no. Sin embargo, si mantenemos esta actitud verdaderamente independiente, es posible que aceptemos nuestras circunstancias de una manera equilibrada y regulada.

Verso 9

vyākhyāne ya upālambhaṃ kṛte śūnyatayā vadet
sarvaṃ tasyānupālabdhaṃ samaṃ sādhyena jāyate

Vyākhyāna: mf(ī)n. explicar, exponer, comentar. *Upālambha*: mfn. recriminación, censura, abuso, reproche. *Anupālabdha*: *an+upālabdha*. *Upālabdha*: mfn. reprochado, denostado.

Aun cuando uno deba abordar el fallo de otro, si lo explica en el estado equilibrado puede expresar bien la opinión.
Si la persona que aborda el fallo de otro no tiene ningún fallo en absoluto, todas las cosas y los fenómenos se manifiestan en la condición regulada.

Aquellos que practican el budismo deben tener cuidado en las situaciones en las cuales deben abordar las faltas de otra persona. Dos de los preceptos budistas –los votos que los budistas tomamos al entrar en la orden de monjes y monjas– tratan esto. Prometemos no hablar mal de los demás ni culparlos mientras nos vanagloriamos de nosotros mismos. No obstante, hay veces en las que es necesario señalar los fallos de alguien. Cuando hagamos esto, antes que nada debemos establecer el estado equilibrado en nosotros. Solamente de esta manera podemos expresar nuestras opiniones claramente. Ese estado equilibrado es a lo que se refiere el Maestro Nāgārjuna como no tener ningún fallo. Por supuesto, todo el mundo tiene fallos cuando nos miramos como un todo, pero en el estado equilibrado real estos dejan de ser un problema. Cuando dicho estado se establece, incluso la crítica hacia los demás se manifiesta en el estado regulado. Sin embargo, naturalmente debemos ser muy cuidadosos a la hora de poner en práctica este consejo. Por ello, los preceptos budistas se dan como una guía para ser estrictamente cumplida y respetada.

Capítulo 5

Dhāthu parīkṣā

(Estudio de las sustancias físicas)

Dhātu: capa, estrato; parte constituyente, ingrediente; elemento, materia primitiva (habitualmente contados como cinco, viz., *kha* o *ākāśa*, *anila*, *teija*, *jala* y *bhū*).

Aunque la filosofía budista sea distinta del materialismo, afirma la existencia del mundo material. El budismo posee el concepto de lo que yo llamo «el mundo exterior», el cual es ligeramente distinto de la idea común del mundo material. Sin embargo, es posible utilizar esta última noción para explicar lo que queremos decir por el mundo exterior. Así, en el budismo podemos encontrar una explicación de este mundo desde el punto de vista materialista en función de los cinco *dhātus*, o elementos materiales. En la antigua India, normalmente se pensaba que estos eran *bhū* (tierra), *jala* (agua), *tejas* (fuego), *anila* (aire) y *ākāśa* (vacío).

Mi interpretación es que la tierra sugiere la materia sólida; el agua, los fluidos; el fuego, la combustión; el aire, los gases, y el vacío representa al propio vacío. Evidentemente, nuestra comprensión del mundo material en términos de los elementos y demás ha progresado considerablemente desde los tiempos del Maestro Nāgārjuna, de modo que no es necesario que aceptemos esa clasificación. En cualquier caso, el contenido de este capítulo no es una explicación de dichas cosas materiales. Es mejor, creo, ver esto en términos del funcionamiento de nuestro sistema nervioso autónomo, al cual he hecho referencia anteriormente. Cuando nuestro sistema nervioso simpático es más intenso, tendemos a vivir en el mundo idealista. Es decir, somos propensos a valorar más el lado subjetivo de nuestra experiencia. Cuando nuestro sistema nervioso parasimpático es más acusado, nos inclinamos a vivir en el mundo materialista. En otras palabras, le damos más valor al punto de vista objetivo. Ambas condiciones están desequilibradas, y en cualquiera de ellas es difícil realizar la existencia verdadera del mundo real. Sin embargo, cuando nuestro sistema nervioso autónomo se encuentra estabilizado, podemos experimentar en verdad el mundo apoyándonos en nuestra función intuitiva. Nuestra intuición siempre nos dice que este mundo existe realmente. En el presente capítulo, Nāgārjuna se centra en expresar este punto de vista especial del budismo.

****

Verso 1

nākāśam vidyate kiṃcit pūrvaṃ ākāśalakṣaṇāt
alakṣaṇaṃ prasajyeta syāt pūrvaṃ yadi lakṣaṇāt

Ākāśa: m. n. un espacio libre o abierto, vacuidad; el éter, cielo o atmósfera. *Lakṣaṇā*: mfn. que indica, que expresa directamente; (*ā*) f. tener por objetivo, meta, objetivo, visión; indicación, expresión elíptica, uso de una palabra por otra con un significado más afín (como «intelecto» por «cabeza»), sentido indirecto o figurativo de una palabra; n. (ifc. f, *ā*) una calificación, signo, símbolo, señal, característica, atributo, cualidad (ifc. = «señalado con o caracterizado por», «poseedor de»). *Alakṣaṇa*: n. un signo malo o desfavorable; mf(*ā*)n. que no tiene signo o calificación, sin característica; que no tiene buenas características, desfavorable, desgraciado. *Prasajyeta*: Ac. sg. 3.ª pers. opt. de *prasañj*. *Prasañj*: P. Ac. aferrarse, apegarse a (L.); mfn. estar aferrado a o conectado con, aplicable. *Yadi*: ind. si, en caso de que.

Antes de que el vacío y sus características se hayan identificado, lo que se llama vacío nunca puede convertirse en el objeto de la experiencia real en absoluto.
El hecho de que algo sin características aparezca puede sugerir que hay algo real antes de que [lo identifiquemos que] no ha salido de su condición original.

En el mundo real, cuando el concepto subjetivo de vacío y sus características objetivas están perfectamente combinados en uno, podemos experimentar el vacío real tal y como es. Esto se aplica a cualquier otro objeto que podamos considerar, pero el Maestro Nāgārjuna elige aquí primero el vacío. Sin embargo, antes de que la verdadera situación se haya realizado –cuando aún estamos dividiendo en nuestra mente el vacío real (y otras cosas reales) en estos dos aspectos– no podemos experimentar verdaderamente el vacío real. Con todo, puede ser que a veces, cuando nos resulte imposible encontrar ninguna característica en este mundo, ya hayamos entrado en el mundo real. La situación en la cual no podemos encontrar ninguna característica en el mundo real puede ser nuestra condición original; la condición en la cual no hemos salido de la realidad. Experimentamos esto cuando permitimos que nuestras habilidades intuitivas funcionen con claridad. Los atletas pueden experimentar dicho estado al practicar su deporte, y los músicos y demás artistas, cuando realizan su arte. Zazen puede ser la manera más fácil de permitir que eso suceda. Todos tenemos de vez en cuando esta experiencia, pero nuestra cultura tiende a no apreciar su verdadero valor.

Verso 2

alakṣaṇo na kaścic ca bhāvaḥ saṃvidyate kva cit
asaty alakṣaṇe bhāve kramatāṃ kuha lakṣaṇam

Alakṣaṇa: n. malo, desfavorable; mf(*ā*)n. que no tiene signo o calificación, sin característica; que no tiene buenas características, desfavorable, desgraciado. *Saṃvid*: conocer juntos, saber meticulosamente, conocer, reconocer.

Kva: ind. dónde, en qué lugar. *Krama*: m. un paso; marcha, proceder, transcurso; la vía. *Tā*: f. forma sustantivos abstractos con el sentido del sufijo inglés *-ness* [«condición o estado de» en español] (*SGFS*.). *Kuha*: ind. dónde.

¿Cómo es posible que aquello que no tiene características exista en alguna parte?
Cuando lo que sucede delante de nosotros no tiene características y no existe, aquello que es llamado característica nunca puede estar en ningún sitio en absoluto.

No hay cosas, en ninguna parte, que no tengan características. Sin embargo, las características de las cosas son distintas del simple hecho del instante presente. Utilizamos las características para describir aspectos más bien arbitrarios de aquellas cosas que percibimos, y eso nos ayuda a diferenciar unas de otras. De modo que las características no son las cosas reales en sí mismas, aunque tendamos a actuar como si lo fueran.

Verso 3

nālakṣaṇe lakṣaṇasya pravṛtir na salakṣaṇe
salakṣaṇālakṣaṇābhyāṃ nāpy anyatra pravartate

Pravṛtti: f. movimiento hacia delante, avance, progreso; que sale a la luz, aparición, manifestación; actividad, esfuerzo. *Salakṣaṇa*: mfn. que tiene las mismas marcas o características, homogéneo, similar. *Salakṣaṇālakṣaṇābhyām*: mfn. du. I. D. Ab. de *salakṣaṇālakṣaṇa*. *Anyatra*: ind. en otra parte, en otro lugar; en otra ocasión. *Pravṛt*: rodar o ir hacia delante, ser puesto en movimiento o ir; partir, salir; avanzar; aparecer, surgir, ser producido.

La manifestación de las características no existe en las no-características y, al mismo tiempo, la manifestación de las características no sucede en aquello que no es una característica.

La manifestación de las características no sucede en un lugar distinto de la unicidad entre las características concretas y aquello que no es una característica.

Este es un verso complicado, pero su mensaje no es difícil de entender. Primero dice que una característica real nunca sucede en un estado distinto del de la unicidad entre dicha característica y aquello que es diferente de ella. En otras palabras, creamos en nuestra mente aquellas cosas que llamamos características, y después las utilizamos para dividir una cosa de otra. Decimos, por ejemplo, que un remolino es una corriente de agua en espiral de un río. De este modo, cuando nos comunicamos entre nosotros podemos usar la palabra «remolino» para referirnos a algo que todos entendemos. Sin embargo, el remolino realmente no es distinto del río. No puede existir nada más que como parte de él. Del mismo modo, las cosas y los fenómenos del universo no existen más que como parte del universo. Son manifestaciones temporales de la actividad del universo como una totalidad, precisamente de la misma manera que el remolino es una manifestación temporal de la actividad del río. Perdemos de vista este hecho muy fácilmente. Para empezar, algunos de nosotros tal vez nunca lleguemos a verlo. Las definiciones de las cosas y los fenómenos individuales se basan en las características que les asignamos arbitrariamente. De esta manera, somos capaces de crear representaciones mentales de esas cosas y de manipular tales representaciones en nuestra mente. Es un error pensar que las divisiones arbitrarias del universo real que construimos en nuestra mente se corresponden con clasificaciones del universo real en sí. Por «no-características» el Maestro Nāgārjuna se refiere al mundo como es realmente más allá de las características que le asignamos en nuestra mente. En el mundo real, lo que llamamos característica y lo que llamamos no-característica están combinados en uno.

Verso 4

lakṣaṇāsaṃpravṛttau ca na lakṣyam upapadyate
lakṣyasyānupapattau ca lakṣaṇasyāpy asaṃbhavaḥ

Lakṣaṇāsaṃpravṛttau: m. sg. L. de *lakṣaṇāsaṃpravṛtti*. *Saṃpravṛtti*: f. (solamente pl.) que sale a la luz, aparición, acontecimiento. *Lakśya*: mfn. ser calificado o caracterizado o definido; ser indicado, indirectamente indicado o expresado; (estar) a la vista o (ser) observado; ser considerado como o tomado por (N.); ser reconocido o conocido, reconocible por (I. o comp.); observable, perceptible, visible. *Lakṣyasyānupapattau*: *lakṣya+sya+anupapattau*. *Sya*: base pronom. de la 3.ª pers. *Anupapattau*: m. sg. L. de *anupapatti*. *Anupapatti*: f. incumplimiento; falta de pruebas; argumentación no concluyente; irrelevancia, inaplicabilidad; insuficiencia de medios, adversidad. *Asaṃbhava*: m. inexistencia, destrucción; no suceso, cesación, interrupción, ausencia de, falta; incorrección, inconsistencia, imposibilidad.

Cuando una característica aún no ha aparecido, esa característica nunca se reconoce en absoluto.
Cuando la imagen de una característica aún no se ha reconocido, la característica en sí nunca existe en este mundo en absoluto.

Cuando una característica aún no ha sido reconocida, todavía no puede decirse que exista. Las características no tienen existencia por sí mismas. Decimos que una manzana es roja, pero su rojez y su «cualidad de manzana» no pueden separarse nada más que en nuestra imaginación. Todas nuestras características son esencialmente imágenes, de modo que el Maestro Nāgārjuna enfatiza ese hecho en la segunda línea de este verso.

Verso 5

tasmān na vidyate lakṣyaṃ lakṣaṇaṃ naiva vidyate
lakṣyalakṣaṇanirmukto naivo bhāvo 'pi vidyate

Tasmāt: ind. a partir de eso, en vista de ello, por tanto (correlativo de *yad*, *yasmāt*). *Nirmukta*: mfn. suelto, separado, cercenado, liberado, salvado, evadido o libre de, desprovisto de (I. Ab. o comp.). *Bhāva*: m. devenir, ser, existencia, acontecimiento, aparición.

Por tanto, cuando el reconocimiento de una característica no ha aparecido en nuestra conciencia, no hay ninguna posibilidad de que la existencia de la característica sea reconocida en absoluto.
Cuando el reconocimiento de una característica y el reconocimiento en sí están claramente separados el uno del otro, la existencia de las características nunca se realiza en absoluto.

Cuando no reconocemos la imagen de una característica realmente, es imposible reconocer la existencia de esa característica. Esto se debe a que, según vimos en verso anterior, la característica en sí es una imagen. Podemos intentar imaginar que nuestro propio poder de reconocimiento esté separado de alguna manera del reconocimiento real de alguna característica. Si lo hiciéramos, la característica que creemos que hemos reconocido podría dejar de existir absolutamente. Esto es así porque el reconocimiento de una característica es esa característica en sí.

Verso 6

avidyamāne bhāve ca kasyābhāvo bhaviṣyati
bhāvābhāvavidharmā ca bhāvābhāvāv avaiti kaḥ

Avidyamāna: mfn. no presente o existente, ausente. *Abhāva*: m. inexistencia, nulidad, ausencia; no-entidad, negación. *Vidharmā*: I. de *vidharman*. *Vidharman*: mfn. actuar mal o ilícitamente. *Ava*: m. favor.

Si la ignorancia realmente existe, ¿cómo será posible que no exista en absoluto?
La discusión de si la existencia es real o no se opone al Dharma, y ¿cómo es posible que la discusión de si la existencia es real o no sea útil incluso en el futuro?

La ignorancia es un estado en el instante presente, pero, al mismo tiempo, puede decirse que aquello que se da ahora existe eternamente, ya que sus efectos se experimentarán para siempre. Mucha gente ha cuestionado si este mundo existe o no realmente, pero la solución solo puede encontrarse mediante nuestro sentido intuitivo. Esto se debe a que cuando pensamos sobre ello basándonos en el intelecto o en las percepciones de los estímulos que recibimos del mundo exterior a través de los órganos de los sentidos, es imposible llegar a ninguna conclusión útil. Los filósofos han estado discutiendo dicha cuestión apoyándose en estas dos perspectivas desde los albores de la historia. No obstante, nadie ha llegado a ninguna conclusión satisfactoria, y no hay motivo para creer que alguien lo haga. Esto sucede porque la actitud de creer que podemos ver si este mundo existe realmente o no sobre la base de la razón o la percepción sensorial va contra la ley del universo. Sin embargo, nuestra intuición siempre nos dice claramente que el universo existe. Las historias zen a menudo ilustran este problema de una manera exagerada e incluso cómica. Por ejemplo, un monje intenta pensar profundamente acerca del problema de la existencia, y al final lo entiende cuando se golpea un dedo del pie contra una roca. O un profesor resuelve las dudas sobre la existencia de su alumno retorciéndole la nariz. En estos casos, el intelecto deja de ser una consideración y se hace completamente evidente que el universo existe realmente.

Verso 7

tasmān na bhāvo nābhāvo na lakṣyaṃ nāpi lakṣaṇam
ākāṣaṃ ākāṣasamā dhātavaḥ pañca ye pare

Sama: mf(*ā*)n. uniforme, llano, liso, plano, nivelado, paralelo; el mismo, igual, similar, equivalente, parecido o idéntico u homogéneo con (I. o G., inusualmente Ab.). *Dhātavaḥ*: m. f. pl. N. de *dhātu*. *Pañca*: por *pañcan* en comp. *Pañcan*: pl. cinco. *Ye*: m. pl. N. de *ya*. *Para*: mf(*ā*)n. lejano, distante, remoto (en el espacio), contrario, en el otro lado o el más lejano de.

Por tanto, ni la existencia, ni la inexistencia, ni la imagen de una característica, ni la característica en sí,
sino que el espacio vacío y los otros elementos materiales son las cinco clases de materia, las cuales están separadas y son independientes entre sí.

El mundo real no es simplemente el concepto abstracto de existencia. Sin embargo, negar su existencia también es un error. No es ni una característica en sí ni el contenido de ninguna. En la época del Maestro Nāgārjuna se pensaba que había cinco tipos de materia –tierra, agua, fuego, aire y vacío–. Estas clasificaciones, sin embargo, no son lo mismo que las cosas que describen. El concepto de tierra no es la tierra en sí. El concepto de agua nunca sofocará la sed de nadie.

Verso 8

astitvaṃ ye tu paśyanti nāstitvaṃ cālpabuddhayaḥ
bhāvānāṃ te na paśyanti draṣṭavyopaśamaṃ śivam

Astitva: n. existencia, realidad. *Alpabuddhayaḥ*: m. f. pl. N. V. de *alpabuddhi*. *Alpabhuddhi*: mfn. mentecato, insensato, tonto. *Draṣṭavyopaśamam*: *draṣṭavya+upaśamam*. *Upaśama*: m. tranquilización, apaciguamiento, alivio, detención, cesación, relajación, descanso; tranquilidad de la mente, calma, paciencia.

La realidad puede verse como las cosas y los fenómenos [que se manifiestan] ante nosotros, y la negación de este mundo solo es el hábito de la gente insensata.
Esas personas no quieren contemplar las diversas cosas y fenómenos como algo silencioso y benevolente.

Las diversas cosas y fenómenos que pueden verse ante nosotros son verdaderamente la realidad en sí. La negación de la existencia de esta realidad, dice el Maestro Nāgārjuna, es la conducta de los insensatos. Esas cosas y fenómenos no solo pueden ser vistos, sino que también son silenciosos y benevolentes. Este punto de vista puede parecer hoy absurdo para muchos de nosotros que vivimos en grandes ciudades nada silenciosas, entre gente que parece ser poco benevolente. Sin embargo, el punto de vista del Maestro Nāgārjuna es el del budismo, el cual considera a los humanos uno con el entorno en el que viven. En este aspecto, cuando nos volvemos silenciosos y aprendemos a actuar de un modo autorregulado y benevolente, incluso el mundo en el que vivimos puede cambiar su carácter.

Capítulo 6

Rāgarakta parīkṣā

(Estudio de la fusión de la agitación y lo agitado)

Rāga: m. el acto de colorear o teñir; inflamación; cualquier sentimiento o pasión, (esp.) amor, afecto o simpatía por, deseo vehemente por. *Rakta*: mf(*ā*)n. coloreado, teñido, pintado; agitado, afectado por la pasión o el amor, apegado o entregado a.

Cuando aceptamos algún tipo de información sensorial del mundo exterior –visiones, sonidos, olores, sabores, etcétera– podemos definir esto como una agitación dentro de nuestros órganos sensoriales. Aunque utilizaré el término *agitación* para representar este concepto, no pretendo referirme a él en el sentido de la agitación que uno experimenta cuando, por ejemplo, se divierte montándose en una montaña rusa o ve un acontecimiento deportivo. Más bien me refiero a aquellos estados más sutiles de agitación que aparecen dentro de los órganos de los sentidos cuando interactuamos con el mundo exterior. Ciertamente, los estados más evidentes de agitación están relacionados con los más sutiles. Por tanto, mucho de lo tratado en el presente capítulo también puede referirse a los primeros.

Pensamos que las visiones, sonidos, etcétera, que experimentamos son reales, pero, en última instancia, todos sabemos que en verdad son nuestros órganos de los sentidos los que han sido estimulados de alguna manera. Sin embargo, recordemos que en el capítulo anterior el Maestro Nāgārjuna tuvo mucho cuidado de resaltar que no deberíamos menospreciar el valor de dicha información sensorial. Tan solo quiere recordarnos que la realidad puede ser algo distinto de la información que recibimos de los órganos de los sentidos y de la manera que la mente la interpreta.

Según he mencionado antes, tengo una gran confianza en que el camino medio, al cual nos remiten incluso los más antiguos textos budistas, se refiere a lo que ahora llamamos el sistema nervioso autónomo. De nuevo, creo que este punto de vista es muy importante, ya que elimina mucho del aura de misticismo que a menudo rodea a la filosofía budista.

Bajo este punto de vista, podemos decir que cuando el sistema nervioso simpático de una persona es más acusado que su sistema nervioso parasimpático, esta se inclina a ser más idealista o espiritual. Alguien en dicho estado es más propenso a comprender sus percepciones sensoriales reales casi como conceptos abstractos. Cuando el sistema nervioso parasimpático es más intenso, tiende a inclinarse hacia el materialismo. Una persona en este estado es más proclive a entender sus percepciones sensoriales reales solamente como hechos objetivos. Sin embargo, cuando las dos vertientes del sistema nervioso autónomo están en equilibrio, los hechos reales que percibimos no se ven como simples conceptos abstractos ni como hechos físicos. En esa condición, queda claro que la realidad es una síntesis, una fusión de ambos aspectos. El Maestro Nāgārjuna explica esto abordando la idea del concepto abstracto de agitación o estimulación y el hecho físico de aquello que es agitado o estimulado.

El término sánscrito *rāgarakta* sugiere el estado de fusión entre *raga*, que se refiere al concepto abstracto de agitación, y *rakta*, el contenido concreto de dicha agitación.

El asunto central de este capítulo es que incluso en una explicación filosófica de la agitación, la realidad solamente puede describirse como la fusión entre el concepto abstracto de agitación y el estado concreto de la agitación en sí.

****

Verso 1

rāgād yadi bhavet pūrvaṃ rakto rāgatiraskṛtaḥ
taṃ pratītya bhaved rāgo rakte rāgo bhavet sati

Bhū: P. convertirse, ser, surgir, nacer, existir, hallarse, vivir, quedarse, permanecer, suceder, ocurrir. *Pūrva*: mf(*ā*)n. que está ante o delante de, delantero, primero; anterior, previo, precedente. *Tiraskṛta*: mfn. oculto; eclipsado; aventajado; censurado, denostado, despreciado.

Antes de partir del concepto abstracto de agitación, el estado concreto de la agitación existe omitiendo el concepto abstracto de agitación. Es posible que el estado concreto de la agitación exista claramente y que la agitación en sí exista realmente en el propio estado agitado.

Tal y como señalé en la introducción a este capítulo, agitación, en este caso, simplemente se refiere a cualquier estímulo de los sentidos. Cuando el Maestro Nāgārjuna señala «antes de partir del concepto abstracto de agitación», está refiriéndose a la condición anterior a nuestra conceptualización de la información que recibimos de nuestros sentidos. Según él, en ese estado la verdadera agitación sensorial existe tal y como es. Al hacerlo «omite» nuestros conceptos o, en otras palabras, existe totalmente independiente de ellos. Es posible, afirma, que el estado concreto de la agitación exista claramente. En otras palabras, nuestra agitación o estimulación sensorial tiene su propia realidad. Existe «en el propio estado agitado», o, dicho de otro modo, el estado de agitación o estimulación sensorial es exactamente lo que es. Es distinto de cualquier concepto que podamos tener sobre él.

Verso 2

rakte 'sati punā rāgaḥ kuta eva bhaviṣyati
sati vāsati vā rāge rakte 'py eṣa samaḥ kramaḥ

Asati: sg. L. de *asat*. *Asat*: mf(*a-satī*)n. que no es, que no existe, irreal. *Punā*: por *punar* en comp. *Punar*: ind. de nuevo, de vuelta; nuevamente, una vez más; sin embargo, todavía, a pesar de ello. *Kuta*: *kutas*: ind. de quién, de dónde; dónde, de qué causa o motivo. *Sati*: sg. L. de *sat*. *Sat*: mf(*satī*)n. que es, que existe, que sucede, que ocurre, que está presente. *Vā*: ind. o; *vā*... *vā*...: «o»... «o». *Eṣa*: m. N. de *etad*. *Etad*: mfn. esto, esta, este, aquí (especialmente señalando lo que está más cerca del hablante).

> **Al mismo tiempo, ¿cómo es en absoluto posible que la agitación no sea la existencia real en el estado de la agitación?**
> **En casos concretos o en casos abstractos, todas las situaciones reales que suceden en circunstancias reales están equilibradas y estables, y siempre son un proceso [que sucede] en el instante presente.**

Es absurdo empeñarnos en pensar que la agitación o estimulación sensorial sea algo abstracto. En uno de los relatos zen que he puesto como ejemplo en el capítulo anterior, un maestro utiliza la agitación sensorial de retorcer la nariz para mostrar a su estudiante la realidad de este universo. Eso, ciertamente, ¡no es un concepto abstracto! Además, la agitación sensorial siempre es real en el estado de la agitación. Ello quiere decir que no hay ninguna diferencia entre la estimulación que recibimos de nuestros sentidos y el estado de ser estimulados. Esto no es un simple juego de palabras. A menudo separamos los dos en nuestra mente y los tratamos como si fueran distintos. Podemos hablar de la agitación sensorial en términos de casos concretos (como un retorcimiento de nariz) o podemos pensar sobre ella de forma abstracta (tal y como hacemos en este escrito), pero, independientemente de cómo la concibamos, las situaciones reales que suceden en circunstancias reales siempre son procesos reales que ocurren en el instante presente. Como tales, puede decirse que están equilibradas y estables en el sentido de que todo el universo siempre está equilibrado y estable.

Verso 3

sahaiva punar udbhūtir na yuktā rāgaraktayoḥ
bhavet ām rāgaraktau hi nirapekṣau parasparam

Saha: ind. junto a, junto con, con. *Punar*: ind. de nuevo, de vuelta, en dirección contraria; nuevamente, una vez más; una y otra vez, repetidamente; más, por otra parte, además. *Udbhūti*: f. salir a la luz, existencia, aparición; elevación, aumento. *Yuktā*: *yuktāḥ*: Ab. G. de *yukti*. *Yukti*: f. unión, junta, conexión, combinación. *Rāgaraktayoḥ*: mfn. du. G. L. de *rāgarakta*. *Ām*: ind. una interjección de aprobación o recuerdo. *Nirapekṣa*: mf(*ā*)n. independientemente de, indiferente a, independiente de (L. o comp.); sin deseo, despreocupado, desinteresado. *Paraspara*: mf(*ā*)n. mutuo, entre sí.

> **Al mismo tiempo, puesto que estar juntos es justamente lo que se ha interpretado que así es, eso no es una combinación de la sensación conceptual y el estado de la sensación.**
> **Puesto que –¡ajá!– la sensación conceptual y el estado de la sensación pueden existir omitiéndose mutuamente entre sí.**

Aunque insistamos en la unicidad de las cosas, esta también es una clase de interpretación humana, y no el hecho real en sí. De este modo, el Maestro Nāgārjuna nos advierte que no aceptemos ni siquiera esta comprensión por sí misma. Utiliza una interjección similar a «ajá» para enfatizar que puede haber algún valor en la idea de que el concepto de sensación y el estado real de la sensación son cosas separadas. Si parece que está contradiciendo su aseveración anterior es porque lo hace. En la filosofía budista habitualmente vemos las cosas desde puntos de vista mutuamente contradictorios. Esto se debe a que a menudo la misma situación real puede ser ilustrada apropiadamente de más de una manera, incluso aunque las distintas explicaciones puedan contradecirse entre sí. Este es el problema de la naturaleza misma de las explicaciones, y no de aquello que describen.

Verso 4

naikatve sahabhāvo 'sti na tenaiva hi tat saha
pṛthaktve sahabhāvo 'tha kuta eva bhaviṣyati

Naikatva: *na+ekatva*. *Ekatva*: n. unicidad, unidad, unión, coincidencia, identidad; soltería, soledad. *Sahabhāva*: m. estar juntos, compañerismo, comunidad; conexión conjunta, concomitancia, inseparabilidad. *Asti*: *as*: ser, vivir, existir, estar presente. *Tena*: m. n. sg. I. de *ta*. *Pṛthaktva*: n. estado separado, propiedad individual, soltería, individualidad. *Atha*: ind. una partícula favorable e inicial (difícil de expresar), ahora; entonces; además; más bien; ciertamente; pero.

> **La inseparabilidad no existe realmente en la unicidad, puesto que lo que existe como inseparable justamente se basa en la inseparabilidad. Además, si la inseparabilidad existe en separaciones individuales, ¿cómo será posible realmente que exista la unicidad?**

La palabra *sahabhāva* tiene varios significados, incluyendo el de «estar juntos» e «inseparabilidad». Puede ser que la primera acepción sea aquí más apropiada, pero gramaticalmente es menos manejable, con lo cual he optado por la segunda. En cualquier caso, lo que aquí se dice es que la unicidad no es la condición en la cual dos cosas existen juntas en un lugar. Además, la situación en la que diversas cosas existen juntas de forma separada tampoco es la unicidad.

Ustedes pueden pensar que el Maestro Nāgārjuna de nuevo se está contradiciendo. En los escritos del Maestro Dogen vemos lo mismo. A este último le gustaba examinar los problemas desde cuatro puntos de vista distintos: el del idealismo, el del materialismo, el de la filosofía de la acción y el de la filosofía del realismo budista, el cual combina los tres anteriores. Los dos primeros son mutuamente opuestos, de manera que los escritos del Maestro Dogen están plagados de contradicciones. Aquí vemos cómo el Maestro Nāgārjuna hace lo mismo.

Verso 5

ekatve sahabhāvaś cet syāt sahāyaṃ vināpi saḥ
pṛthaktve sahabhāvaṣcet syātsahāyaṃ vināpi saḥ

Cet: *ced*: *ca*: ind. «y»; cuando; si. *Sahāya*: m. (ifc. f. *ā*; prob. proveniente de *saha+aya)* «uno que está de acuerdo con (otro)», un acompañante, seguidor, adepto, aliado, asistente, ayudante (L. o comp.). *Sa*: la base real para el N. de la 3.ª pers. del pron. *tad* (se encuentra solamente en el N. sg. m. f. [*sa* o *sas*, *sā*]; la *s* final del N. m. se pierde antes de casi todas las consonantes y aparece solamente al final de una frase en la forma de *visarga*). *Vinā*: ind. sin, excepto, escaso de o que no incluye algo (precedido o seguido por Ac., I., raramente Ab.).

Cuando la inseparabilidad está en la unicidad, la situación puede ser que algo real exista sin ninguna compañía.
Incluso en el caso de que la inseparabilidad exista en existencias separadas, la situación puede ser también que algo real exista sin ninguna compañía.

Cuando el sistema nervioso autónomo está en equilibrio, la faceta conceptual de una sensación y el estado de dicha sensación en sí existen en la unicidad. En tal condición no volvemos a ver ninguna separación entre los dos porque, para empezar, esta nunca fue real. En ese caso, puede ser que haya algo real en este mundo en el instante presente «sin ninguna compañía», o sin nada añadido. Incluso cuando el lado conceptual de una sensación y el estado de la sensación en sí estén separados, la situación puede ser la misma. En otras palabras, aunque parezca que experimentamos tal separación, todavía hay algo que es real en este mundo en el instante presente sin nada añadido.

Verso 6

pṛthaktve sahabhāvaś ca yadi kiṃ rāgaraktayoḥ
siddhaḥ pṛthakpṛthagbhāvaḥ sahabhāvo yatas tayoḥ

Siddha: mfn. realizado, cumplido, efectuado, ganado, adquirido; perfeccionado, hecho perfecto. *Pṛthak*: ind. muy separado, separadamente, de manera diferente, uno por uno. *Yatas*: ind. (de *ya*, correlativo de *tatas*, y a menudo utilizado como Ab. o I. del pron. relativo) del cual o del que, de dónde, de lo cual, de donde; dónde, en qué lugar; adónde; por qué, por qué motivo, a consecuencia de lo cual; ya que, porque, debido a, puesto que. *Tayoḥ*: mfn. du. G. L. de *ta*.

> **Si la inseparabilidad de la faceta conceptual de una sensación y el estado de la sensación está separada, ¿cómo es posible que algo pertenezca a la fusión de la faceta conceptual de una sensación y el estado de la sensación?**
> **Cuando una situación real existe en la separación, ni siquiera la inseparabilidad de la faceta conceptual de una sensación y el estado de la sensación es distinta de lo que es.**

Este es otro verso muy complejo, aunque, una vez más, podemos simplificarlo. El Maestro Nāgārjuna hace referencia a la inseparabilidad que existe en la separación. Esto simplemente quiere decir que el mundo real, el cual es una sola entidad, se da en nuestra experiencia mental como una miríada de cosas y fenómenos separados. Esta es nuestra manera convencional de concebir el mundo. En ese estado, dice, nada puede pertenecer a la fusión entre la faceta conceptual de una sensación y su estado. Ello significa que en nuestro estado habitual de desequilibrio no hay ninguna posibilidad en absoluto de experimentar la inseparabilidad de las cosas. En ese estado las diversas cosas y los fenómenos siempre existen separados entre sí. Por tanto, la verdadera inseparabilidad del universo es diferente de lo que experimentamos en nuestro estado habitual de desequilibrio. Esto significa que aunque dicho sentido de separación pueda existir, no es la verdadera naturaleza de lo que está sucediendo en realidad. El sentido de separación solamente es real en que es un sentido real de separación. No es la verdadera naturaleza de las cosas.

Verso 7

siddhaḥ pṛthakpṛthagbhāvo yadi vā rāgaraktayoḥ
sahabhāvaṃ kimartham tu parikalpayase tayoḥ

Siddha: mfn. realizado, cumplido, efectuado, ganado, adquirido; uno que ha logrado su objetivo, exitoso; perfeccionado, hecho perfecto, beatificado, dotado con facultades sobrenaturales. *Pṛthak*: ind. muy separado, separadamente, de manera diferente, individualmente, diversamente, uno por uno (a menudo repetido); excepto, salvo. *Vā*: ind. o; *vā* a veces es intercambiable con *ca* y *api*. *Tu*: (nunca encontrado al comienzo de una frase o verso) ¡ruega!, suplico, haz, ahora, entonces; pero. *Parikalpa*: *pariklṛp*: arreglar, establecer, determinar, destinar a (con Ac.); elegir; realizar, ejecutar, lograr; distribuir; suponer.

Incluso si la situación real existe en existencias separadas, la situación real también puede pertenecer a la fusión de la faceta conceptual de una sensación y el estado de la sensación.
De hecho, ¿con qué propósito ponéis juntos la faceta conceptual de una sensación y el estado de la sensación?

Aquí el Maestro Nāgārjuna considera la idea de que la situación real pueda ser aquella en la cual las cosas y los fenómenos estén separados. Incluso aunque esto fuera así, podríamos estar seguros de que los hechos reales –las diversas cosas y fenómenos– son verdaderamente la fusión entre la faceta conceptual de una sensación y su estado.

La segunda línea se refiere al hecho de que las personas tienden a creer que el mundo existe con un propósito distinto del de su propia existencia –el cual se da de alguna manera fuera de los límites de este universo–. Quizás dicho propósito se vea como posible en un futuro distante, en el pasado lejano o en la mente de Dios. En cualquier caso, este propósito siempre se encuentra en algún lugar que no es el aquí y ahora. Sin embargo, si miramos cuidadosamente, es imposible que encontremos un propósito exterior tal en el mundo real.

Verso 8

pṛthag na sidhyatīty evaṃ sahabhāvaṃ vikāṅkṣasi
sahabhāvaprasiddhyarthaṃ pṛthaktvaṃ bhūya icchasi

Sidhyati: *sidh*: ser realizado o completado o efectuado o establecido, tener éxito, triunfar; alcanzar una marca; lograr el objetivo de uno. *Evam*: ind. así, de este modo, de tal manera. *Vikāṅkṣ*: tener cualquier cosa a la vista, tener por objetivo (Ac.); tardar, perdurar, dudar. *Prasiddhi*: f. realización, éxito, logro; demostración, argumento; opinión general, fama, rumor. *Bhūya*: n. sg. V. de *bhūya*. *Bhūya*: *bhū+ya*. *Icchasi*: para la 2.ª pers. de *iṣ*. *Iṣ*: intentar obtener, esforzarse, buscar; intentar hacer favorable; querer, desear, añorar.

> **Aunque la realidad no esté separada, esperáis que la faceta conceptual de la sensación y el estado de la sensación se junten desde un estado de separación.**
> **Pensando que el objetivo es lograr este juntamiento, añoráis la condición separada.**

Cuando escuchamos que la realidad no está separada, tendemos a pensar que esta ausencia de separación existe en algún lugar distinto de donde estamos ahora mismo. O tal vez oímos hablar de algo llamado iluminación y pensamos que esta existe en algún lugar distinto de donde nos encontramos ahora mismo, y que deberíamos esforzarnos por ir allí. Puesto que creemos que es necesario intentar identificar la faceta conceptual de una sensación con el estado concreto de esa sensación, deseamos tener una condición en la cual los dos estén separados. Pensamos que el objetivo de la práctica budista es algo diferente de lo que está realmente aquí y ahora. Al tratarlo de este modo, comenzamos a añorar en verdad un estado distinto de la realidad en sí. Esto es exactamente lo opuesto a la verdadera práctica budista.

Verso 9

pṛthagbhāvāprasiddheś ca sahabhāvo na sidhyati
katamasmin pṛthagbhāve sahabhāvaṃ satīcchasi

Aprasiddheś: *a+prasiddheḥ*. *Prasiddheḥ*: m. sg. Ab. G. de *prasiddhi* (aunque *prasiddhi* es f.). *Prasiddhi*: f. realización, éxito, logro. *Sidhyati*: *sidh*: P. ser realizado o completado o efectuado o establecido, tener éxito, triunfar; ser probado o demostrado o establecido, resultar de. *Katamasmin*: L. de *katama*. *Katama*: *as*, *ā*, *at*, mfn. (superlativo de *ka*; declinado como un pron.) ¿quién o cuál de los muchos?; a menudo es un mero sustituto de refuerzo de *ka*, el superlativo afijo que proporciona énfasis; por consiguiente, ocasionalmente puede utilizarse por «¿quién o cuál de los dos?».

Cuando no se ha establecido un estado de estar separados, el estado de la inseparabilidad no está realizado.
¿Por qué motivo queréis tener el estado de verdaderamente estar unidos dentro del estado de estar separados?

Si buscamos una realización que sea la unión en el futuro de las cosas ahora separadas, esto se basa en una idea falsa. Sin embargo, de algún modo esperamos tener el estado de estar unificados dentro del estado de separación. Puesto que no podemos entender la situación real de la fusión de los dos, consideramos el problema con el intelecto y acabamos perdidos en la confusión.

Verso 10

evaṃ raktena rāgasya siddhir na saha nāsaha
rāgavat sarvadharmāṇāṃ siddhir na saha nāsaha

Evam: ind. así, de este modo, de tal manera, tal. *Saha*: ind. junto a, junto con, con. *Asaha*: mfn. incapaz de tener (o producir crías); no soportar o aguantar (ifc. o con G.); que no puede, incapaz de (inf. o comp.); intolerante, impaciente. *Vat*: un afijo (técnicamente denominado *vati*) añadido a las palabras para insinuar semejanza o parecido, y generalmente traducido como «parecido», «como». *Sarvadharmānām*: m. n. pl. G. de *sarvadharma*: por *sarvadharman* en comp. *Sarvadharman*: m. nombre de un rey.

> **De este modo, puesto que es una sensación, la realización de la sensación en sí no es la unión de los dos ni la separación de los dos.**
> **Siendo igual que la sensación, la realidad de todo el Dharma no es la unión de los dos ni la separación de los dos.**

Sin separación no hay unión. La verdadera condición de la sensación no es la unión de la faceta conceptual de la sensación y el estado concreto de la sensación, ni la separación de ambos. Tanto la separación como la unión son ilusiones basadas en malas interpretaciones de la situación real. El Maestro Nāgārjuna amplía esta idea para incluir no solo lo que concierne a las sensaciones, sino a todo el Dharma, a todo el universo. Así, la iluminación no es algo que le suceda a una persona que anteriormente no estaba iluminada. Más bien consiste en asir la situación real tal y como es.

Capítulo 7

Saṃskṛta parīkṣā

(Estudio del mundo exterior)

Saṃskṛta: mfn. elaborado, construido, bien o completamente formado, perfeccionado; confeccionado, preparado, completado, acabado.

Tal y como hemos explicado anteriormente, las filosofías idealistas niegan por lo general el mundo material, o al menos rechazan su importancia, mientras que las materialistas generalmente se oponen a la existencia de lo que podríamos llamar el mundo espiritual. Sin embargo, aquello que se considera el mundo material simplemente es lo que concebimos cuando solo nos basamos en las percepciones sensoriales humanas. Nuestras percepciones pueden ser muy precisas y verificables a través de diversas máquinas, pruebas, cálculos, etcétera. Pero cuando hablamos del mundo material nos referimos a una representación interior de nuestro cerebro basada en estas percepciones, cálculos, mediciones, etcétera. Lo que llamamos el mundo espiritual es esa parte de la vida humana cuya existencia no puede calcularse o cuantificarse de ningún modo. Aun así, la mayoría de nosotros sentimos que ese lado espiritual de nuestra experiencia también es real.

La filosofía budista insiste en la existencia de un mundo real, el cual es la fusión de mente y materia. Por ello, no es necesario que neguemos el valor de la filosofía idealista como una interpretación del mundo real desde el punto de vista de la consideración intelectual, ni que rechacemos la importancia de la filosofía materialista como una explicación del mundo real desde la perspectiva de la percepción sensorial. En el presente capítulo, el Maestro Nāgārjuna examina una faceta del mundo real –el mundo exterior, o mundo objetivo– y la interpreta desde el punto de vista de la filosofía budista.

****

Verso 1

yadi saṃskṛta utpādas tatra yuktā trilakṣaṇī
athāsaṃskṛta utpādaḥ kathaṃ saṃskṛtalakṣaṇaṃ

Utpāda: *as*, m. que aparece, nacimiento, producción. *Tatra*: ind. utilizado para el L. (sg., du. y pl.) de *tad*; en ese lugar, allí (en comp.); allá, a ese lugar; en eso, en esto, en ese caso, en esa ocasión, bajo esas circunstancias, entonces, por tanto. *Yukta*: mfn. uncido o atado o unido o fijado a (L. o I.); puesto a trabajar, utilizado como, empleado, ocupado con, comprometido con, decidido a (I., L. o comp.); listo para, preparado para (D.); amueblado o dotado o llenado o suministrado con o provisto de, logrado por, poseído por (I. o comp.). *Tri*: m. *trayas*, f. N. Ac. *tisras*, n. *trīṇi*; tres. *Lakṣaṇī*: m. sg. N. de *lakṣaṇin*. *Lakṣṇin*: mfn. que posee características, etcétera. *Atha*: (o en ved. *athā*) ind. (probablemente proveniente de la base pronom. *a*) una partícula favorable e inicial (difícil de expresar), ahora; entonces; además; más bien; ciertamente; pero; de otro modo; ¿qué?, ¿cómo?, etcétera.

> **Si suponemos que el mundo exterior ha aparecido en el pasado, debe estar unido por las tres características –la aparición, la continuidad y la destrucción–.**
> **Pero si el mundo exterior es lo que ha aparecido, ¿cómo puede mostrar las características que el mundo exterior muestra ahora delante de nosotros?**

El Maestro Nāgārjuna dice que si el mundo exterior, el cual percibimos delante de nosotros ahora mismo, apareciera en algún momento en el pasado lejano, esperaríamos que mostrara las tres características de la aparición, la continuidad y la destrucción. Viviendo como lo hacemos en un momento en el que la filosofía materialista es muy poderosa, la mayoría de nosotros podríamos reconocer que, en efecto, muestra dichas características. Nació hace miles de millones de años, continúa existiendo ahora y la ciencia predice que será destruido en algún momento del futuro lejano. Sin embargo, para aceptar dicho punto de vista debemos ver el tiempo como una línea que avanza del pasado al presente y del presente al futuro. La filosofía budista, por otro lado, dice que el único tiempo real es el ahora; justo este instante. En el instante presente no podemos encontrar la creación o la destrucción del mundo material, ni ver siquiera su continuidad, ya que incluso esta última idea supone un tiempo lineal, el cual los budistas consideran simplemente un concepto, y no algo real. Pero, al mismo tiempo, si imaginamos que el mundo es distinto de lo que realmente es, ¿cómo puede ser que el mundo exterior se manifieste tal y como lo hace?

Verso 2

utpādādyās trayo vyastā nālaṃ lakṣaṇakarmaṇi
saṃskṛtasya samastāḥ syur ekatra katham ekadā

Utupādādyās: *utpāda+adyās*. *Ādyās*: *ādyāḥ*: f. sg. Ab. G. de *ādi*. *Ādi*: m. comienzo, empiece; un primogénito, primeros frutos; ifc. empezando por, etcétera, y demás. *Trayo*: *trayaḥ*: *trayas*: pl. de *tri*: tres. *Vyasta*: mfn. cortado en pedazos; desmembrado; separado, dividido. *Alam*: ind. bastante, suficiente, adecuado para, igual que, competente, capaz. *Lakṣaṇakarmaṇi*: L. de *lakṣaṇakarman*. *Lakṣaṇakarman*: n. informe de características o cualidades, descripción precisa, definición. *Samasta*: mfn. amontonado o juntado, combinado, unido, completo, todo. *Syur*: opt. de la 3.ª pers. de *si*. *Si*: enlazar. *Ekatra*: ind. en un sitio, en el mismo lugar, en un solo punto. *Ekadā*: ind. al mismo tiempo, a la vez.

Las tres características [la aparición, la continuidad y la destrucción] nunca están muy claras.
Todo el mundo exterior, el cual incluye muchas y diversas cosas y fenómenos, podría estar en un lugar, pero nunca solo en un momento.

Esto es muy difícil de expresar con claridad, aunque no es tan extraño. La idea del Maestro Nāgārjuna aquí es que la posición de cada cosa en el universo en un momento dado está muy definida. Sin embargo, en términos de tiempo esas mismas cosas parecen estar moviéndose siempre de un instante a otro. En la física contemporánea el principio de indeterminación de Heisenberg indica que nunca podemos predecir la posición exacta de una partícula elemental, aunque al medirla esta ocupe un lugar muy preciso. Las cosas y los fenómenos no se obstaculizan entre sí: dos cosas no pueden ocupar el mismo espacio al mismo tiempo ni todo sucede a la vez. Sin embargo, el universo es uno solo. Unas veces lo concebimos como si fuera infinitamente extenso, y otras parece estar concentrado en un solo punto desde el cual ve su propia extensión e inmensidad como algo distinto de él.

Verso 3

utpādasthitibhaṅgānām anyat samskṛtalakṣaṇam
asti ced anavasthaivaṃ nāsti cet te na saṃskṛtāḥ

Sthiti: f. que permanece de pie o firmemente, que no se cae; que está de pie, que se queda, que mora. *Bhaṅgānām*: mfn. pl. G. de *bhaṅga*: mfn. rotura, estallido; m. rotura, separación, división, rompimiento. *Anyat*: *anya*: otro, distinto; aparte de, diferente de, opuesto a (Ab. o en comp.). *Anavastha*: mfn. variable, inestable; f. carácter o condición inestable; inestabilidad, conducta inestable o relajada.

Lo que es distinto del tiempo lineal [la aparición, la continuidad y la destrucción] es la característica del mundo exterior.

Cuando realmente hay situaciones inestables [como la aparición, la continuidad y la destrucción], las características del mundo exterior no existen realmente, y [además] el mundo exterior nunca es plural.

Las verdaderas características del mundo exterior son distintas del tiempo lineal, el cual incluye la aparición, la continuidad y la destrucción. El mundo exterior es una entidad real, la cual existe justo en el instante presente. La existencia de condiciones inestables como la aparición, la continuidad y la destrucción depende del tiempo lineal. Sin embargo, el universo exterior o material no depende de él. Además, el mundo exterior simplemente es uno.

En el capítulo «Genjo-koan» («El universo realizado») del *Shobogenzo*, el Maestro Dogen expresa esta misma idea diciendo: «La leña se hace cenizas; nunca puede volver a ser leña. Sin embargo, no deberíamos tener la visión de que la ceniza es el futuro y la leña el pasado. Recuerda, la leña tiene el lugar de la leña en el Dharma. Tiene un pasado y tiene un futuro. Aunque tiene un pasado y un futuro, el pasado y el futuro están separados. Las cenizas existen en el lugar de las cenizas en el Dharma. Tienen un pasado y un futuro. La leña, después de hacerse cenizas, no vuelve a ser leña. Igualmente, los seres humanos, después de morir, no vuelven a vivir». De modo que, desde el punto de vista del Maestro Dogen, «la leña tiene el lugar de la leña en el Dharma». Aquí mismo y ahora mismo un trozo de leña es un trozo de leña. No es un árbol (su pasado) ni son cenizas (su futuro). Es solamente leña. Luego añade: «Las cenizas existen en el lugar de las cenizas en el Dharma». Aquí mismo y ahora mismo las cenizas no son leña. Son solamente cenizas. Aunque podamos decir que las cenizas una vez fueron leña, ahora son cenizas. El Maestro Dogen y el Maestro Nāgārjuna comparten la convicción de que el tiempo lineal simplemente es un modo de interpretar el mundo real, y no algo real en sí mismo.

Verso 4

utpādotpāda utpādo mūlotpādasya kevalaṃ
utpādotpādam utpādo maulo janayate punaḥ

Mūla: n. «fijado firmemente», una raíz; base, cimiento, causa, origen. *Kevala*: m. exclusivamente uno mismo (no común a otros); solamente, solo, mero, único. *Maula*: mf(*ā*)n. derivado de raíces (como un veneno); transmitido desde la antigüedad, antiguo (como una costumbre); autóctono, nativo. *Jan*: generar, engendrar, producir, crear, causar; haber nacido o ser producido; creado.

Un fenómeno, un fenómeno y un fenómeno son independientes del llamado fenómeno fundamental.
Un fenómeno manifiesta un fenómeno en sí como fenómeno, y el [fenómeno] fundamental también es nuevamente producido.

En el mundo exterior –aquel en el que vivimos ahora mismo– los fenómenos individuales se encuentran acumulados de uno en uno. Mucha gente cree en la existencia de lo que podríamos llamar el fenómeno fundamental. Algunos lo llaman Dios, otros Brahma, «la primera causa», el *Big Bang*, etcétera. Tanto si concebimos este fenómeno fundamental en un sentido religioso o espiritual como en uno más materialista, tenemos una fuerte tendencia a creer que los diversos fenómenos que vemos alrededor de nosotros deben de haber surgido de un antiguo estado prístino, completo e indiviso. Si consideramos esta idea, debemos aceptar que esos fenómenos individuales entre los cuales vivimos –y de los cuales nosotros mismos somos un ejemplo– son independientes del fenómeno fundamental. Cada fenómeno individual es producido por otro fenómeno individual. Sin embargo, el Maestro Nāgārjuna no acepta la idea de un fenómeno fundamental distinto de sus manifestaciones. De manera que incluso el fenómeno fundamental es producido nuevamente a cada instante.

Verso 5

utpādotpāda utpādo mūlotpādasya te yadi
maulenājanitas taṃ te sa kathaṃ janayiṣyati

Janita: mfn. nacido; engendrado, procreado; generado, ocasionado.

Un fenómeno, un fenómeno y un fenómeno, si pertenecen al llamado fenómeno fundamental,
¿cómo es posible que produzcan el llamado fenómeno fundamental?

Si aceptamos dicha idea de un fenómeno fundamental, podemos creer que cada fenómeno individual está incluido en él. Si eso fuera así, ¿cómo podrían estos fenómenos individuales producir el fenómeno fundamental? El Maestro Nāgārjuna continuará esta línea de investigación en el verso siguiente.

Verso 6

sa te maulena janito maulaṃ janayate yadi
maulaḥ sa tenājanitas tam utpādayate kathaṃ

Véanse las notas gramaticales de los versos 4 y 5.

Si asumimos que los diversos fenómenos reales han sido producidos por el fenómeno fundamental, y además que dichos diversos fenómenos reales producen el fenómeno fundamental,
tenemos que creer que el fenómeno fundamental no ha sido producido por el mundo real, y de este modo es imposible que creamos que el fenómeno fundamental produce algo relacionado con el mundo real.

Podemos asumir que las diversas cosas y fenómenos han sido producidos por el fenómeno fundamental y, si así lo hacemos, dar por hecho que este es en sí una acumulación de varios fenómenos individuales –o, en otras palabras, que los fenómenos individuales producen el fenómeno fundamental–. Pero, si seguimos esta lógica, tenemos que creer que el fenómeno fundamental no ha sido producido por el mundo concreto. De modo que es imposible pensar que el fenómeno fundamental puede producir algo real que esté relacionado con el mundo exterior concreto. Aquí el Maestro Nāgārjuna refuta la idea de un Dios que exista fuera de su creación.

Verso 7

ayam utpādyamānas te kāmam utpādayed imaṃ
yadīmam utpādayitum ajātaḥ śaknuyād ayam

Ayam: este. *Utpādyamānaste*: *utpādyamānas+te*: *utpādyamānaḥ+te*. *Utpādyamāna*: mfn. que es producido o generado. *Kāmam*: ind. según la voluntad o el deseo, según la tendencia, agradable al deseo, a voluntad. *Utpādayet*: opt. 3.ª pers. sg. de *utpad*. *Imam*: m. sg. Ac. de *ayam*. *Utpādayitum*: caus. inf. de *utpad*. *Utpad*: surgir, alzarse, originarse, nacer o ser producido; ir adelante, hacerse visible, aparecer; estar preparado; tener lugar, comenzar. *Ajāta*: mfn. no nacido, todavía no nacido, todavía no desarrollado. *Śaknu*: mfn. amable o agradable en el habla.

Justamente este mundo se manifiesta como diversas cosas y fenómenos, y por ello esas cosas y fenómenos se manifiestan en perfecta libertad.
Si asumimos que el mundo es producido por alguien, tenemos que aceptar que lo que no ha nacido [es decir, Dios] produce cosas y fenómenos desfavorables partiendo de situaciones favorables.

El mundo en el que vivimos en este momento no está restringido por nada. Realmente existe tal y como es. Si asumimos que este fue producido por algo distinto de sí mismo, tenemos que creer que algo que no ha nacido –es decir, Dios– creó este mundo y sus diversas condiciones favorables. Esto se asemeja al controvertido debate que ha irritado a los teólogos cristianos durante siglos: si Dios es todopoderoso y todo bondad, ¿cómo puede haber producido el mal? Si no lo hizo no puede ser todopoderoso, y si lo hizo no puede ser todo bondad. En el budismo tal debate es irrelevante, ya que no se acepta la idea de un dios que exista independientemente de su creación. El Maestro Nāgārjuna comenta aquí lo absurdo de creer en un dios que, aunque no está sujeto a nacimiento ni muerte, crea un mundo que sí lo está.

Verso 8

pradīpaḥ svaparātmānau saṃprakāśayate yathā
utpādaḥ svaparātmānāv ubhāv utpādayet tathā

Pradīpa: m. una candela, lámpara, linterna. *Svaparātmānau*: *sva+para+ātmānau*. *Ātmāna*: n. la consideración de uno mismo como (e.g., culto, etcétera). *Saṃprakāśayitā*: aor. de *saṃprakāś*. *Saṃprakāś*: hacerse manifiesto, ser visible, aparecer; brillar, resplandecer; iluminar, hacer manifiesto, descubrir. *Yathā*: ind. de qué forma o manera, conforme a, como, según. *Av*: *au*: ind. una interjección; una partícula para dirigirse; llamada; prohibición; comprobación. *Ubhāv*: *ubha+au*. *Ubha*: mfn. du. ambos. *Utpādayet*: P. 3.ª pers. sg. opt. 1.ª conj. de *utpad*. *Utpad*: P. producir, engendrar, generar; causar, efectuar; hacer generar o aparecer, presentar; mencionar, citar. *Tathā*: ind. de esa manera, así, de este modo (estando el correlativo en la cláusula anterior o posterior).

La luminosidad se manifiesta como una entidad real, la cual es una fusión entre lo subjetivo y lo objetivo.
En dichos casos, los fenómenos individuales se manifiestan como fenómenos reales, los cuales son una fusión entre lo subjetivo y lo objetivo.

La luminosidad nunca es únicamente subjetiva u objetiva. En su faceta subjetiva, es una sensación que tenemos cuando miramos algo brillante. En la objetiva, la luminosidad de un objeto como el sol o una bombilla eléctrica puede medirse y cuantificarse. Sin embargo, la luminosidad real no es en sí ninguna de estas dos cosas. Aparece delante de nosotros como una sola entidad real, la cual es la fusión de sus cualidades objetivas y subjetivas. Del mismo modo, cada fenómeno individual se manifiesta como una fusión de lo subjetivo y lo objetivo. Entre los versos 8 y 12, el Maestro Nāgārjuna toma como ejemplo la luminosidad y la oscuridad, ya que la comprensión de la manifestación del mundo exterior está estrechamente relacionada con la existencia real de ambas.

Verso 9

pradīpe nāndhakāro 'sti yatra cāsau pratiṣṭhitaḥ
kiṃ prakāśayate dīpaḥ prakāśo hi tamovadhaḥ

Pradīpa: m. una candela, lámpara, linterna. *Andhakāra*: m. n. oscuridad. *Yatra*: ind. en o hacia qué lugar, en dónde, dónde, dondequiera, adónde. *Asau*: m. f. N. de *adas*. *Adas*: n. aquel, un cierto. *Pratiṣṭhita*: mfn. colocado, estacionado, situado; que permanece o está contenido en. *Prakāśayati*: caus. hacer visible, hacer que aparezca o brille, iluminar, irradiar, enseñar, mostrar, manifestar, revelar, impartir, proclamar. *Prakāśa*: mfn. visible, luminoso, brillante; claro, manifiesto, abierto, público. *Tamaḥ*: *tamas*: n. oscuridad, penumbra. *Vadha*: m. uno que mata; el acto de golpear o matar, sacrificio, muerte, destrucción; golpe, herida.

La oscuridad no existe realmente en la luminosidad, y de este modo las cosas y los fenómenos del mundo se están manifestando ante nosotros realmente tal y como son.
Por tanto, nunca es cierto que la luminosidad haga que algo se vea, sino que la luminosidad es justamente la destructora de la oscuridad.

Se puede decir que la luminosidad y la oscuridad, o la realización y la ilusión, como estados contrastantes siempre están en conflicto, pero no tienen ninguna relación directa con el mundo real. Esto significa que no hay una sustancia inmutable a la que podamos llamar «luminosidad» u «oscuridad» (o «realización» o «ilusión»). Estas son solo palabras que utilizamos para describir el contraste de una cosa con otra. Decir que siempre están en conflicto simplemente significa que el choque entre estas dos ideas es la base misma para las ideas en sí. El Maestro Nāgārjuna proclama entonces que ni la luminosidad ni la oscuridad tienen poder alguno para hacer que las cosas se hagan visibles o invisibles. En otras palabras, la luminosidad elimina la oscuridad y la oscuridad, la luminosidad, pero las cosas y los fenómenos existen tal y como son, sean visibles o invisibles. Encontramos, muchos siglos después, la misma opinión en el Maestro Dogen cuando advierte en el capítulo «Genjo-koan» («El universo realizado») del *Shobogenzo*: «No asumas que lo que se realiza inevitablemente se volverá autoconsciente y reconocido por el intelecto». Puede que no seamos conscientes de nuestra realización (luminosidad), pero aun así siempre es parte de nuestra realidad.

Verso 10

katham utpadyamānena pradīpena tamo hataṃ
notpadyamāno hi tamaḥ pradīpaḥ prāpnute yadā

Utpādyamāna: mfn. que es producido o generado. *Hata*: mfn. atacado, golpeado, herido, matado, asesinado; lesionado, dañado, herido. *Prāpnute*: *prāp*: alcanzar, lograr, llegar a, encontrarse con, encontrar; recibir, obtener. *Yadā*: ind. cuando, en qué momento, cuandoquiera.

> **¿Cómo es posible que la oscuridad sea destruida por la aparición de las cosas o por la oscuridad misma?**
> **La aparición de las cosas y los fenómenos es distinta de la oscuridad en sí, y de este modo la luminosidad puede ser efectiva porque la aparición de las cosas y los fenómenos es distinta de la oscuridad en sí.**

Es imposible que la oscuridad sea destruida por las cosas y los fenómenos o por la oscuridad misma. No hay ninguna cosa o sustancia, un fármaco tal, por ejemplo, que pueda disolver la ilusión (oscuridad), y los procesos o ideas nacidos de la ilusión tampoco pueden destruir la propia ilusión. Pero la luminosidad tiene el poder de influir sobre las cosas y los fenómenos. Esto es en cierto modo misterioso. No podemos decir realmente cómo sucede, pero lo que es correcto y verdadero tiene el poder que la falsedad y la ilusión no tienen. A veces ese poder actúa de manera sutil. La luminosidad es en esto ligeramente distinta de la oscuridad.

Verso 11

aprāpyaiva pradīpena yadi vā nihataṃ tamaḥ
ihasthaḥ sarvalokasthaṃ sa tamo nihaniṣyati

Aprāpyaiva: *aprāpya+eva*. *Aprāpya*: mfn. inalcanzable. *Nihata*: mfn. tirado, arrojado; golpeado, tocado; abatido, herido, asesinado, matado, destruido. *Ihastha*: mfn. que está aquí. *Sarvaloka*: m. todo el mundo; pl. todos los seres. *Stha*: mf(*ā*)n. que está de pie, que se queda, que mora, que está situado en, que existe o está en o sobre o entre. *Sa*: la base real para el N. de la 3.ª pers. del pron. *tad*. *Nihaniṣyati*: fut. de *nihan*. *Nihan*: Ā. aferrarse a; soltar, rebajar, dejar hundirse (las manos, los brazos, etcétera).

> **Ni siquiera cuando nada puede verse debido a la luminosidad, puede decirse que la oscuridad haya producido una situación en la cual haya dificultad para ver [las cosas y los fenómenos].**
> **El hecho de que algo exista aquí exactamente quiere decir que algo existe realmente en el universo, e incluso en tal caso podemos decir que la oscuridad real tiene la habilidad de eliminar el escenario de las cosas y los fenómenos.**

Si es imposible que veamos debido a que la luz no es adecuada, podemos decir que la oscuridad es la causante de nuestra dificultad para ver. Igualmente, aunque podamos sentir que no tenemos ninguna realización, este sentir en sí es un tipo de realización. Cuando algo real existe delante de nosotros, quiere decir que eso se da verdaderamente como parte del universo. En ese sentido podemos asegurar que la oscuridad es algo real. En otras palabras, se dice que la «ilusión» es la incapacidad para comprender nuestra propia realización (cuando «el escenario de las cosas y los fenómenos» parece haber sido «eliminado», utilizando los términos del Maestro Nāgārjuna en la segunda parte de este verso). La ilusión es real en este sentido, como una explicación de la falta de habilidad para asir nuestra propia realización.

Verso 12

pradīpaḥ svaparātmānau saṃprakāśyayate yadi
tamo 'pi svaparātmānau chādayiṣyaty asaṃśayam

Svaparātmānau: *sva+para+ātmānau*. *Ātmāna*: n. la consideración de uno mismo como (e.g., culto, etcétera). *Saṃprakāśayayati*: caus. iluminar, hacer manifiesto, descubrir. *Chādayiṣyati*: caus. desid. de *chad*. *Chad*: cubrir, recubrir, vestir, velar; esconder, ocultar, mantener en secreto; proteger. *Asaṃśaya*: *a+saṃśaya*. *Saṃśaya*: m. acostarse para recuperarse, sueño; incertidumbre, indecisión, vacilación, duda de.

Cuando la luminosidad está alumbrando la realidad, la cual es la fusión de lo subjetivo y lo objetivo,
la oscuridad también puede ser la fusión de lo subjetivo y lo objetivo, y se confirma como algo absolutamente distinto de cualquier hecho poco fiable.

La luminosidad nos permite percibir el mundo real, el cual es la fusión de lo subjetivo y lo objetivo. Al mismo tiempo, la oscuridad también nos manifiesta la entidad real, que es la fusión de lo subjetivo y lo objetivo. Por tanto, la realidad no es nada oculto. En el capítulo 43 del *Shobogenzo*, titulado «Kuge» («Flores en el vacío»), el Maestro Dogen dice algo parecido: «Volver la espalda a la verdad es erróneo, y acercarse a la verdad también es erróneo. La verdad es el acercamiento y el rechazo». Incluso aunque la oscuridad o la ignorancia oscurezca la verdad de nuestro punto de vista, esa misma oscuridad o ignorancia también es la verdad. De hecho, la realidad nunca puede ocultarse. El Maestro Dogen pregunta: «¿Hay alguien que sepa que este error también es la verdad?». Como recordaremos, un hecho poco fiable es una idea o suposición no fundamentada en la realidad. Aquí el Maestro Nāgārjuna expone que la oscuridad no es un hecho poco fiable.

Verso 13

anutpanno 'yam utpādaḥ svātmānaṃ janayet kathaṃ
athotpanno janayate jāte kiṃ janyate punaḥ

Anutpanna: mfn. no nacido, no originado; no efectuado, no realizado. *Svātmānam*: sg. Ac. de *svātman*. *Svātman*: m. uno mismo, sí mismo, naturaleza propia. *Jāta*: mfn. nacido, originado por (L.).

Lo que no ha aparecido es este mundo, el cual [se] manifiesta ya delante de nosotros; por tanto, ¿cómo es posible que el mundo produzca alguna vez el alma subjetiva?
En tal caso, lo que se ha manifestado está funcionando vigorosamente delante de nosotros, y es completamente imposible que nada nazca nuevamente.

Aquello que nos parece estar oculto debido a la oscuridad o la ignorancia es el mundo real. Independientemente de nuestro desconocimiento de ella, la realidad se manifiesta exactamente como es en verdad. El Maestro Nāgārjuna nos pregunta cómo podría ser que esta realidad pudiera producir el sí mismo subjetivo. La realidad siempre es la fusión de lo subjetivo y lo objetivo, de manera que la idea de la existencia de solamente una entidad subjetiva, tal y como concebimos que es el alma o el sí mismo, es absurda. El Maestro Nāgārjuna expresa que lo que se ha manifestado ya está funcionando vigorosamente. En otras palabras, la realidad siempre se muestra claramente, incluso en los casos en los que parece estar más allá de nuestro entendimiento. Es completamente imposible, dice, que nada nazca nuevamente. En otras palabras, el universo es completo en sí mismo. Nada puede añadirse o quitarse ni siquiera aunque imaginemos que esto sea posible.

Verso 14

notpadyamānaṃ notpannaṃ nānutpannaṃ kathaṃ cana
utpadyate tad ākhyātaṃ gamyamānagatāgataiḥ

Cana: ind. y no, tampoco, ni siquiera (esta partícula se sitúa después de la palabra a la que refuerza; en el lenguaje védico generalmente, pero no siempre, se encuentra sin otra partícula neg., mientras que en el lenguaje posterior se añade otra neg. habitualmente). *Tathā*: ind. de esa manera, así, de este modo (estando el correlativo en la cláusula anterior o posterior). *Khyāta*: mfn. nombrado, llamado, denominado; conocido, muy conocido, notorio; anunciado. *Gamyamānagatāgataiḥ*: m. n. pl. I. de *gamyamānagatāgata*.

> **Lo que no se manifiesta nunca puede ser un fenómeno, y lo que todavía no se ha manifestado nunca puede ser nada en absoluto.**
> **Este mundo se manifiesta como aquello que no puede ser expresado con palabras, y su situación concreta puede ser explicada por el mismo método [utilizado en el capítulo 2] como la diferencia entre [la memoria de] «haber ido», [la conciencia de] «ir» y [la suposición de] «aún no haber ido», y el acto real de ir en el mundo real.**

Puede que no nos demos cuenta, pero tendemos a imaginar que el mundo es distinto de aquello que se manifiesta ante nosotros ahora mismo. Si examinamos la mayoría de las filosofías humanas en profundidad, encontraremos esta hipótesis subyacente. Las filosofías religiosas e idealistas habitualmente se empeñan en que la verdadera realidad es diferente de lo que nos encontramos cada día, al igual que lo hacen las filosofías materialistas negando la existencia –o, al menos, el significado– del lado subjetivo o espiritual del mundo. El Maestro Nāgārjuna insiste en que esas suposiciones son completamente erróneas. Para él, el mundo real es aquello que se manifiesta simplemente como lo que estamos experimentando ahora. La diferencia entre la verdadera realidad y lo que pensamos que esta podría ser puede explicarse utilizando el método descrito en el capítulo 2, donde se compara la memoria de haber ido, la conciencia de ir y la suposición de aún no haber ido con la verdadera realidad de la acción real.

Verso 15

utpadyamānam utpattā vidaṃ na kramate yadā
katham utpadyamānaṃ tu pratītyotpattim ucyate

Utpādyamāna: mfn. que es originado o generado. *Utpattā vidam*: en el texto de Jong esto aparece como «*utpattāv idaṃ*» en lugar de «*utpattā vidam*», pero puesto que dicha expresión no es comprensible, prefiero la del texto de Poussin. *Utpattā*: f. sg. I. de *utpatti*. *Utpatti*: *Utpatti*: f. surgimiento, nacimiento, producción, origen; resurrección; producción en general, beneficio, productividad; que es producido como un efecto o resultado, que da pie a, que genera como una consecuencia; acontecimiento, el ser mencionado o citado (como un pasaje védico). *Vida*: mfn. conocimiento, comprensión; m. saber, descubrimiento. *Kram*: P. Ā. pisar, caminar, ir, ir hacia, aproximarse (Ac. o L.). *Yadā*: ind. cuando, en qué momento, cuandoquiera. *Tu*: (nunca encontrado al comienzo de una frase o verso) ¡ruega!, suplico, haz, ahora, entonces; pero; y. *Pratītya*: n. confirmación, experimento; alivio, consuelo (otros «mfn. por reconocerse o admitirse»). *Utpattim*: f. sg. Ac. de *utpatti*. *Uc*: P. encontrar placer en, deleitarse con, tener cariño a; estar acostumbrado; ser adecuado, ajustarse, encajar.

Lo que se ha manifestado delante de nosotros es justamente el fenómeno en sí mismo, y por eso el mundo no es algo que siempre se esté aproximando a nosotros [sobre la base del tiempo lineal].

Por tanto, es completamente imposible que el hecho que se manifieste ante nosotros tenga una relación cercana con el claro y concreto nacimiento.

Cuando el Maestro Nāgārjuna caracteriza el mundo real diciendo que no se aproxima a nosotros, se refiere a algo que muchos damos por hecho: la idea de que puede que no sepamos qué es la realidad, pero que algún día en el futuro la experimentaremos. Sin embargo, siempre estamos experimentando la realidad tal y como es. Si no hemos llegado al conocimiento de que los fenómenos que se manifiestan delante de nosotros ya son simplemente tal y como son, es imposible comprender la relación entre esos fenómenos reales y el claro y concreto nacimiento. El nacimiento es un fenómeno que podemos ver y experimentar. No obstante, tenemos varias ideas sobre este –y sobre la muerte– que no se basan en la realidad concreta, sino en especulaciones mentales. De nuevo, el Maestro Dogen muestra una idea similar en el capítulo «Genjo-koan» («El universo realizado») del *Shobogenzo* cuando observa: «Es la enseñanza del Buddha que la muerte no lleva a la vida. Por esto es por lo que hablamos de no desaparecer. La vida es una situación momentánea, y la muerte es también una situación momentánea».

Verso 16

pratītya yad yad bhavati tat tac chāntaṃ svabhāvataḥ
tasmād utpadyamānaṃ ca śāntam utpattir eva ca

Yadyad: *yad+yad*. *Yad*: quien, el cual, que, cualquier, cualquiera. *Yad* es con frecuencia repetido para expresar «quienquiera», «cualesquiera», «cualquier cosa», e.g., *yad yad vadati tad tad bhavati*, «cualquier cosa que diga es cierta». *Chānta*: *śānta*: mfn. aplacado, tranquilizado, tranquilo, calmado, libre de pasión, impertérrito. *Svabhāva*: m. (ifc. f., *ā*) localidad natal; condición propia o estado de ser, estado o constitución natural, disposición innata o inherente, naturaleza, impulso, espontaneidad.

Las cosas y los fenómenos que existen claramente uno por uno son el mundo, y de este mundo se piensa subjetivamente que es una existencia muy estable.
Por tanto, las situaciones que pueden verse delante de nosotros como muy estables son justamente la existencia real, la cual se ve verdaderamente delante de nosotros.

Está claro que las diversas cosas y fenómenos concretos se manifiestan simplemente tal y como son. Todas estas cosas y fenómenos que nos encontramos diariamente son muy estables: por ejemplo, un caballo no se transforma de repente en un gato; cuando dejamos nuestra casa para ir a trabajar, esta todavía está allí cuando regresamos, etcétera. Claramente hay una diferencia entre el mundo real y aquel de la imaginación y las imágenes manipuladas como las del cine o la televisión. Por ello, también se piensa que las cosas y los fenómenos reales existen incluso en el campo subjetivo. De este modo, podemos confiar en que estas cosas reales y estables son la existencia real.

Verso 17

yadi kaścid anutpanno bhāvaḥ saṃvidyate kva cit
utpadyeta sa kim tasmin bhāva utpadyate 'sati

Cid: ind. incluso, de hecho, también (a menudo enfatizando una palabra anterior; requiere de un verbo simple anterior para ser acentuado, así como de un verbo si *cid* es precedido de un pron. interrogativo; en clas. solamente se utiliza después de pronombres interrogativos y adverbios para hacerlos indefinidos, y después de *jātu*). *Anutpanna*: mfn. no nacido, no originado; no efectuado, no realizado. *Saṃvid*: conocer juntos, saber meticulosamente, conocer, reconocer. *Utpadyeta*: Ā. 3.ª pers. opt. pas. de *utpad*. *Tasmin*: m. n. L. de *ta*.

Lo que nunca puede existir en este mundo nunca puede pensarse que exista en absoluto.
Aun cuando la existencia no está clara en situaciones concretas, tales situaciones son aceptadas como lo que no es real, e incluso la palabra «existencia» puede manifestarse como no real.

Hay muchos casos donde se supone que puede haber excepciones a la regla de causa y efecto, la cual vemos funcionando cada instante de todos los días de nuestra vida. Creemos, en otras palabras, que cosas completamente imposibles pueden existir alguna vez. Muchas de las más fuertemente enraizadas creencias de la sociedad humana se basan en asumir que lo imposible puede suceder. Las religiones, por ejemplo, se apoyan la mayoría de las veces en la infundada creencia de que ciertas personas de la historia han realizado hazañas imposibles. A esto se lo llama «fe». Así, muchos de nosotros tenemos fe en sucesos milagrosos de siglos pasados, y basamos nuestras vidas en dichas creencias. Si mantenemos dichas creencias poco realistas sobre la existencia de lo imposible, dice el Maestro Nāgārjuna, incluso la palabra «existencia» se convierte en un término abstracto y poco realista.

Verso 18

utpadyamānam utpādo yadi cotpādayaty ayaṃ
utpādayet tam utpādam utpādaḥ katamaḥ punaḥ

Utpādayati: caus. P. producir, engendrar, generar; causar, efectuar; hacer generar o aparecer, presentar. *Utpādayet*: opt. 1.ª conj. de la 3.ª pers. sg. de *utpādayati*. *Utpāda*: m. que aparece, nacimiento, producción. *Utpādayet*: P. sg. de la 3.ª pers. opt. 1.ª conj. caus. de *utpāda*. *Katama*: *as*, *ā*, *at*, mfn. (superlativo de *ka*; declinado como un pron.) ¿quién o cuál de los muchos?; a menudo es un mero sustituto de refuerzo de *ka*, el superlativo afijo que proporciona énfasis; por consiguiente, ocasionalmente puede utilizarse por «¿quién o cuál de los dos?».

Cuando hemos comenzado a percatarnos de que los hechos que se manifiestan delante de nosotros deben ser justamente los fenómenos [reales], el mundo exterior se manifiesta tal y como es.
Cuando el mundo se manifiesta como fenómenos, preferimos asir los fenómenos en sí [antes que nuestro concepto de mundo exterior].

Cuando comenzamos a entender que los hechos que están ante nuestros ojos son la realidad en sí misma, se puede decir que el mundo exterior se manifiesta. Por supuesto, la realidad nunca ha sido otra que simplemente la que es, pero si nuestra confusión es profunda, puede parecernos que esta ni siquiera existe. Sin embargo, una vez que comencemos a verla como realmente es, siempre preferiremos la verdadera realidad a los conceptos distorsionados a los que anteriormente nos aferrábamos.

Verso 19

anya utpādayaty enaṃ yady utpādo 'navasthitiḥ
athānutpāda utpannaḥ sarvam utpadyatāṃ tathā

Anya: *as*, *ā*, *at*, otro, distinto; aparte de, diferente de, opuesto a (Ab. o en comp.); otra persona; uno de varios. *Ena*: una base pronom. (utilizada para ciertos casos del tercer pronombre personal, por tanto, en el Ac. sg. du. pl. [*enam*, *enām*, *enad*, etcétera]; los otros casos están formados desde la base pronom. *a*) él, ella, ello; esto, eso. *Anavasthiti*: f. inseparabilidad; inestabilidad; flojedad de carácter. *Athā*: (o en ved. *athā*) ind. (probablemente proveniente de la base pronom. *a*) una partícula favorable e inicial (difícil de expresar), ahora; entonces; además; más bien; ciertamente; pero; de otro modo; ¿qué?, ¿de qué otra forma?, etcétera. *Anutpāda*: m. no-producción, que no llega a existir; que no tiene efecto. *Utpanna*: mfn. ascendido, subido; surgido, nacido, producido; aparecido, mostrado, dispuesto; mencionado, citado (esp. proveniente de los Vedas). *Tathā*: ind. (*ta-thā*, correlativo de *ya-thā*) de esa manera, así, de este modo.

Si el mundo se manifestase como distinto [de lo descrito en el verso anterior], el mundo de los fenómenos verdaderamente se volvería muy inestable.
En dicha situación lo que no se ha manifestado parece ya haberse manifestado, y entonces es necesario tomar el punto de vista de que todas las cosas y los fenómenos ya se han manifestado desde el principio.

Si creyéramos que este mundo no es el mundo real, sería necesario asumir que su situación es muy inestable. La aseveración de que este mundo no es el mundo real es bastante común. Por ejemplo, cuando las personas consideran que hay casos especiales en los que la ley de causa y efecto puede no cumplirse, como hacen la mayoría de aquellas que profesan una fe en las religiones espirituales, podemos decir que creen que este no es el mundo real. En tal situación, lo que no se ha manifestado parece ya haberse manifestado desde el principio. En otras palabras, aunque nunca experimentemos tales sucesos milagrosos, tenemos que creer que en algún tiempo y lugar remotos ya han sucedido. Sin embargo, como budistas, no podemos aceptar nada como cierto simplemente porque un supuesto libro o persona sagrada lo haya relatado. Un budista solamente puede aceptar lo que es manifiestamente verdadero.

Verso 20

sataś ca tāvad utpattir asataś ca na yujyate
na sataś cāsataś ceti pūrvam evopapāditaṃ

Sataś: *sataḥ*: Ab. G. de *sat*. *Sat*: mf(*satī*)n. que es, que existe, que sucede, que ocurre, que está presente. *Utpattir*: *utpattiḥ*: m. f. sg. N. de *utpatti*. *Utpatti*: f. surgimiento, nacimiento, producción, origen; resurrección; producción en general, beneficio, productividad; que es producido como un efecto o resultado, que da pie a, que genera como una consecuencia; acontecimiento, el ser mencionado o citado. *Asat*: mf(*asatī*)n. que no es, que no existe, irreal; incierto, equivocado; malo. *Yuj*: P. Ā. unir, sujetar, acoplar, uncir, atar, abrochar. *Pūrva*: mf(*ā*)n. (conectado con *purā*, *puras*, *pra*, y con el conjunto de declinados como un pron. cuando se implica la posición relativa en el tiempo o el espacio, pero no necesariamente en Ab. L. sg. m. n. y N. pl. m.) que está ante o delante de; delantero, primero; previo, anterior, precedente, anterior a, previo a, antes que (Ab. o comp.). *Upapādita*: mfn. efectuado, logrado, realizado, hecho; dado, entregado, presentado; probado, demostrado.

En la misma medida que los fenómenos reales se manifiestan en el mundo real, todo lo que es abstracto nunca está restringido por nada en el mundo en absoluto.
Antes de que algo subjetivo o algo objetivo haya aparecido en este mundo, lo que se ha realizado ya se manifiesta delante de nosotros como el mundo real.

Así como lo verdaderamente real es real, lo que es abstracto no tiene límites. Podemos imaginar cualquier cosa. Podemos pensar lo que queramos. Pero la realidad tiene reglas y límites. Esta puede ser la definición misma de la línea entre la fantasía y la realidad. El Maestro Nāgārjuna dice entonces que incluso antes de que dividamos el mundo en las facetas subjetiva y objetiva, la realidad ya ha manifestado su verdadera naturaleza, y lo ha hecho así desde el principio.

Verso 21

nirudyamānasyotpattir na bhāvasyopapadyate
yaś cānirudyamānas tu sa bhāvo nopapadyate

Nirudyamāna: que se comprueba o controla.

Las circunstancias reales del mundo, las cuales se manifiestan en la condición de autorregulación, nunca pueden manifestarse en [el concepto abstracto de] existencia en absoluto.

Al mismo tiempo, cuando las circunstancias reales no son reguladas por las circunstancias reales en sí, es imposible que el concepto de existencia se manifieste en absoluto.

Cuando el sistema nervioso autónomo está equilibrado, los conceptos abstractos de existencia a los cuales solemos aferrarnos se vuelven completamente innecesarios. Podemos entonces vivir de una manera sencilla y honesta sin ninguna referencia a estos conceptos, los cuales anteriormente apreciábamos como la vida misma. El concepto de existencia al que aquí se refiere el Maestro Nāgārjuna no es simplemente una idea de la manera común en la que solemos concebir ideas, sino nuestro sentido completo del sí mismo. Por el contrario, cuando el sistema nervioso autónomo está desequilibrado –tal y como lo está para la mayoría de nosotros casi todo el tiempo–, puede decirse que el mundo exterior no se encuentra en el estado de autorregulación. En esta condición, ni siquiera el concepto de existencia puede manifestarse. Este verso es paradójico de algún modo. Por un lado, cuando tenemos equilibrio, no necesitamos ningún concepto de existencia. Sin embargo, cuando no lo tenemos, esos conceptos no pueden ni siquiera manifestarse. Esta situación paradójica es la verdad de nuestra existencia.

Verso 22

nāsthitas tiṣṭhate bhāvaḥ sthito bhāvo na tiṣṭhati
na tiṣṭhate tiṣṭhamānaḥ ko 'nutpannaś ca tiṣṭhati

Sthita: mfn. que está de pie (como op. a «que va», «sentado», «tumbado»); que se queda, situado, que descansa o mora o permanece en (L. o comp.). *Tiṣṭha*: *sthā*: mantenerse, mantenerse firme, colocarse, reposar, sostenerse. *Tiṣṭhamānaḥ*: n. pl. N. de *tiṣṭhaman*. *Tiṣṭhaman*: *sthāman*: n. puesto, sitio, lugar; fuerza, poder. *Ko*: ind. ¡oh no!

Es completamente imposible que aquello que es inestable exista en el estado de la estabilidad, y es imposible que aquello que ya ha sido realizado vuelva de nuevo a ser estable.
Puesto que aquello que ya es realmente estable nunca puede volver a ser de nuevo estable, es completamente imposible que aquello que todavía no ha aparecido se vuelva estable en absoluto.

La estabilidad aquí representa lo real y la inestabilidad, lo irreal. Aunque el mundo real cambia a lo largo del tiempo, decimos que es estable porque los cambios que ocurren tienen lugar según las leyes de causa y efecto. Las cosas no suceden abruptamente sin causa o motivo, y toda acción produce algún tipo de reacción que concuerda perfectamente con su causa. De esta manera, es estable no porque funcione arbitrariamente, sino porque lo hace según las reglas establecidas. En el mundo inestable de nuestros pensamientos, podemos construir situaciones que trasciendan la ley de causa y efecto y vayan contra la ley del universo. Esto es a lo que el Maestro Nāgārjuna llama «aquello que es inestable». Que lo que ya ha sido realizado no puede de nuevo volverse estable simplemente quiere decir que la realidad es tal y como es. Las ideas abstractas que tenemos de la estabilidad –o la realidad– no afectan a lo que es verdaderamente real. «Aquello que todavía no ha aparecido» se refiere al futuro, el cual solamente existe como un concepto abstracto en nuestra mente. La realidad siempre es el ahora, y no el pasado ni el futuro. Tales conceptos abstractos nunca pueden volverse estables, sin importar cuánto nos esforcemos en darles la apariencia de estabilidad.

Verso 23

sthitir nirudyamānasya na bhāvasyopapadyate
yaś cānirudhyamānas tu sa bhāvo nopapadyate

Sthiti: f. que permanece de pie o firmemente, que no se cae; que está de pie, que se queda, que permanece, que mora, estancia, residencia, residencia en. *Upapad*: Ā. (raramente P.) ir hacia o contra, atacar; acercarse, ir a, llegar a, entrar; alcanzar, obtener, participar de; entrar en algún estado; tener lugar, surgir, producirse, aparecer, suceder, ocurrir; estar presente, existir. *Tu*: ¡ruega!, suplico, haz, ahora, entonces; pero; a veces utilizado como un mero expletivo.

> **El estado estable [siempre] existe en la condición autorregulada y nunca se manifiesta en la existencia.**
> **Si el estado estable [algún otro hipotético tipo de estado, el cual no estuviera autorregulado] existiera en una situación desequilibrada, sería completamente imposible que dicho estado estable se manifestara en la existencia.**

Una vez más, considero que la condición autorregulada a la cual aquí se refiere es lo que hoy en día llamaríamos el equilibrio del sistema nervioso autónomo. El estado estable se manifiesta solamente en una condición equilibrada semejante. Si así lo quisiéramos, podríamos imaginar la existencia de otra clase de estado equilibrado sin autorregulación, pero el Maestro Nāgārjuna niega claramente que tal cosa sea posible, proclamando que dicho estado no puede manifestarse como equilibrio real o estabilidad real. Hay prácticas de meditación que pueden llevar rápidamente a estados que parecen ser muy profundos. Sin embargo, sin autorregulación, esos estados son totalmente inútiles. Cuando uno experimenta dichos estados sin un verdadero equilibrio, lo que se manifiesta no es la iluminación real en absoluto, sino simplemente el afianzamiento del ego personal. El estado estable y equilibrado solo es uno. Es muy parecido al equilibrio físico. Tan solo hay un punto sobre el que una perla permanece equilibrada en el filo de una cuchilla, aunque ese punto cambia según el tamaño de la perla y lo afilada que esté la cuchilla.

Verso 24

jarāmaraṇadharmeṣu sarvabhāveṣu sarvadā
tiṣṭhanti katame bhāvā ye jarāmaraṇaṃ vinā

Jarā: f. vejez. *Maraṇa*: n. el acto de morir, muerte. *Sarvabhāveṣu*: m. n. sg. L. de *sarvabhāva*. *Sarvabhāva*: m. (ifc. f. *ā*) todo el ser o la naturaleza; todo el corazón o la mente; satisfacción completa. *Sarvadā*: ind. siempre, todo el tiempo (a menudo unido a *sarvatra* y *sarvathā*; con *na*, «nunca»). *Katame*: m. n. sg. L. de *katama*. *Katama*: *as*, *ā*, *at*, mfn. (superlativo de *ka*; declinado como un pron.) ¿quién o cuál de los muchos?; a menudo es un mero sustituto de refuerzo de *ka*, el superlativo afijo que proporciona énfasis. *Bhāvā*: *bhāvāḥ*: m. pl. N. de *bhāva*. *Ye*: n. du. N. Ac. de *ya*.

Las cosas y los fenómenos del universo, incluyendo el envejecimiento y la muerte, suceden en todas las existencias y en todo momento.
Si no tienen envejecimiento o muerte, es completamente imposible que mantengan su estabilidad.

Es imposible que las cosas y los fenómenos del universo sean estables sin experimentar el envejecimiento y la muerte. Estos últimos son partes importantes de todo el orden universal. Si no hubiera envejecimiento ni muerte, nada en el universo podría continuar ni mantener su orden armonioso. En tal caso, incluso la ley del universo perdería su equilibrio.

Verso 25

sthityānyayā sthiteḥ sthānaṃ tayaiva ca na yujyate
utpādasya yathotpādo nātmanā na parātmanā

Sthityā: f. sg. I. de *sthiti*. *Sthiti*: f. que permanece de pie o firmemente, que no se cae; que está de pie, que se queda, que permanece, que mora, estancia, residencia, residencia en (L. o comp.). *Anyayā*: f. sg. I. de *anya*. *Sthiteḥ*: f.

sg. Ab. G. de *sthiti*. *Sthāna*: n. (también se dice que es m.) el acto de estar de pie, permanecer de pie firmemente, que es fijo o estático. *Tayaiva*: *tayā+eva*. *Tayā*: f. sg. I. de *ta*. *Yuj*: uncido o atado o unido o fijado a; poner en posesión de, proveer o dotar con (I.); ser dotado con o provisto de (I. con o sin *saha*), corresponder a, tocar en suerte (G.); ser apto o propio o adecuado o correcto, encajar en alguna cosa (I.); (con *na*) no ser apto o apropiado, etcétera, por (I.) o para (inf., también con el sentido de pas. = «no debe ser»). *Yathā*: ind. de qué forma o manera, conforme a, como, según; por ejemplo, a saber. *Ātmanā*: I. de *ātman*, en comp. *Parātman*: m. el espíritu supremo; mfn. uno que considera el cuerpo como el alma.

Al basarse en el estado estable o al basarse en un estado inestable, la estabilidad establecida del mundo nunca puede ser regulada por nada más que el mundo real en sí mismo.
Ni siquiera en dicha situación, el fenómeno real se basa en el alma subjetiva ni en el espíritu objetivo en absoluto.

Tanto si nos basamos en el estado estable como en un estado inestable, la estabilidad concreta del mundo real es tal y como es. Aunque podamos intentar evitarlo, no hay ninguna posibilidad de basarse en ningún otro estado que no sea el estado estable en sí. Este es el verdadero sentido de la estabilidad. Los fenómenos reales del mundo nunca son regulados por ninguna otra condición que no sean las condiciones verdaderamente reales del mundo en sí. De modo que estos nunca pueden ser regulados por ningún prejuicio individual poco fiable ni por una creencia mística en el espíritu o el alma.

Verso 26

nirudhyate nāniruddhaṃ na niruddhaṃ nirudhyate
tathā nirudhyamānam ca kim ajātaṃ nirudhyate

Nirudh: detener, parar, obstaculizar, callar, limitar, controlar. *Aniruddha*: mfn. no obstruido, ingobernable, obstinado. *Niruddha*: mfn. detenido, retenido, sujetado, mantenido al margen; rechazado. *Nirudhyamāna*: que se comprueba o controla. *Ajāta*: mfn. no nacido, todavía no nacido, todavía no desarrollado.

Lo que no está regulado nunca puede ser regulado en absoluto, e incluso lo que ya está regulado nunca puede regularse de nuevo.
En una situación real semejante existe el simple hecho de que algo ya ha sido regulado verdaderamente, y, al mismo tiempo, es completamente imposible que aquello que no haya nacido ya se haya regulado.

La regulación o disciplina es una parte vital de la práctica budista. Hoy en día, hay una tendencia a creer que uno puede establecer algo llamado iluminación sin necesidad de la autorregulación. Eso es absolutamente imposible. Es fácil comprender la primera parte de este verso, en la cual el Maestro Nāgārjuna dice que lo que no ha sido regulado no ha sido regulado. Pero, al mismo tiempo, señala que lo que ya ha sido regulado no puede regularse otra vez. Esto significa que la situación estable de la realidad tal y como es no puede de ningún modo estabilizarse aún más. Intentamos hacer eso cuando utilizamos palabras tales como *iluminación* para describir una condición inestable e indisciplinada. Solamente existe el simple hecho de que las condiciones reguladas concretas ya existen. Incluso puede decirse que nuestro estado indisciplinado está «regulado» en el sentido de que también obedece las leyes de causa y efecto. El resultado de una vida indisciplinada es la desdicha. Comprender en verdad nuestra vida indisciplinada como es realmente y hacer esfuerzos para regularla puede decirse que es la iluminación. El Maestro Nāgārjuna continúa preguntando cómo es posible que lo que no haya nacido sea regulado. Con ello hace referencia de nuevo a nuestros conceptos sobre el futuro. Estos nunca encajan con el mundo real en absoluto, y por eso no se puede aseverar que sean estables o estén regulados de ningún modo. Así, la iluminación no es ningún estado en el futuro. Es el ahora.

Verso 27

sthitasya tāvad bhāvasya nirodho nopapadyate
nāsthitasyāpi bhāvasya nirodha upapadyate

Sthita: mfn. que está de pie (como op. a «que va», «sentado», «tumbado»); que se queda, situado, que descansa o mora o permanece en (L. o comp.). *Nirodha*: m. confinamiento, encerramiento, encarcelamiento; restricción, verificación, control. *Asthita*: mfn. no duradero.

Cuanto más se fija el estado real de existencia, más difícil es que exista el estado de autorregulación.
Cuando el estado de existencia no está fijo, el estado de autorregulación puede realizarse mucho más fácilmente que en cualquier otra condición.

Cuando intentamos fijar las cosas y los fenómenos del mundo real para hacerlos encajar en patrones rígidos que se adhieran a definiciones establecidas, es difícil manifestar el estado de autorregulación. De modo que la autorregulación a la que aquí se refiere el Maestro Nāgārjuna no es una disciplina o un sistema rígido. Cuando el estado de existencia no está fijo, cuando nos liberamos de los patrones que le hemos impuesto al mundo real, el estado de autorregulación sucede de manera natural. Este es un concepto complicado. Al comienzo de nuestra práctica budista puede que necesitemos imponernos disciplina de un modo que resulte incómodo, pero según vamos creciendo en la práctica, la vida disciplinada se va haciendo mucho más confortable y fácil que aquella que llevábamos antes.

Verso 28

tayaivāvasthayāvasthā na hi saiva nirudhyate
anyayāvasthayāvasthā na cānyaiva nirudhyate

Tayaiva: *tayā+eva*. *Avasthayā*: f. sg. I. de *avastha*. *Avasthā*: f. sg. N. de *avastha*. *Avastha*: f. comparecencia (en una corte de justicia); «estabilidad, consistencia»; estado, condición, situación (se distinguen cinco en los dramas), circunstancias de la edad o la posición, estadio, grado. *Saiva*: *sā+eva*. *Nirudh*: P. Ac. detener, parar, obstaculizar, callar, refrenar, limitar, controlar, suprimir, destruir.

Al basarse en los hechos concretos o al basarse en las circunstancias, las cosas y los fenómenos no entran en el estado autorregulado de nuevo.
Incluso al basarse en conceptos abstractos, los cuales son diferentes de los hechos concretos, o al basarse en las circunstancias, es completamente imposible que los conceptos abstractos entren de nuevo en el estado autorregulado.

El estado equilibrado es justamente un simple hecho en el instante presente. Este estado equilibrado nunca se manifiesta repentinamente como el resultado de los hechos concretos o las circunstancias que nos rodean en el instante presente. En otras palabras, el estado equilibrado no puede transmitirse repentinamente de una persona a otra, ni obtenerse mediante ninguna sustancia o técnica especial. Además, puesto que generalmente no conocemos el estado de autorregulación, podemos asumir que es una idea abstracta o un estado especial de la mente. Sin embargo, el Maestro Nāgārjuna clarifica aquí que dichas ideas, las cuales son distintas de los hechos concretos, nunca pueden convertirse en el estado de autorregulación.

Verso 29

yadaiva sarvadharmāṇāṃ utpādo nopapadyate
tadaivaṃ sarvadharmāṇāṃ nirodho nopapadyate

Yadaiva: *yadā+eva*. *Yadā*: ind. cuando, en qué momento, cuandoquiera (generalmente seguido por los correlativos *tadā*, *tatas* y *tarhi*). *Sarvadharman*: m. nombre de un *samādhi* partic., bud.

Cuando el estado más elevado de todos los estados equilibrados todavía no ha aparecido,
la más alta autorregulación de todos los estados equilibrados jamás se manifiesta en absoluto.

De nuevo se nos recuerda que el estado de autorregulación es un prerrequisito para obtener el estado equilibrado. Es más, los dos son realmente lo mismo. En este verso podemos ver otro paralelismo con la idea del Maestro Dogen de que zazen es la iluminación en sí. Zazen es la práctica real de la autorregulación. Por tanto, al realizar la práctica de zazen realmente practicamos la iluminación, tanto si somos conscientes de ello como si no.

Verso 30

sataś ca tāvad bhāvasya nirodho nopapadyate
ekatve na hi bhāvaś ca nābhāvaś copapadyate

Sataśca: *sataḥ+ca*. *Sataḥ*: Ab. G. de *sat*. *Sat*: mf(*satī*) que es, que existe, que sucede, que ocurre, que está presente. *Nirodha*: m. confinamiento, encerramiento, encarcelamiento; restricción, verificación, control, supresión, destrucción. *Upapad*: Ā. ir hacia o contra, atacar; acercarse, ir a, llegar a, entrar; acercarse o ir a un profesor (como alumno); acercarse para [proveer] socorro o protección; unirse o acercarse a un discurso; alcanzar, obtener, participar de; entrar en algún estado; tener lugar, surgir, producirse, aparecer, suceder, ocurrir; estar presente, existir; ser posible, adaptarse o adecuarse a (con L.); ser regular o estar según las normas; volverse, ser adecuado. *Ekatva*: n. unicidad, unidad, unión, coincidencia, identidad.

Cuanto más nos apartamos de la realidad, menos autorregulación se manifiesta.
Es completamente imposible que la existencia exista solo en un lugar, de modo que la inexistencia nunca puede manifestarse en ningún lugar en absoluto.

Nuestro estado de autorregulación está estrechamente relacionado con el estado real que tenemos en el instante presente. De modo que cuanto más intentamos escapar del mundo real, más difícil se hace que aparezca el estado de autorregulación. La existencia nunca está limitada a manifestarse solamente en un lugar. Por ello, es un hecho concreto que el universo está repleto de cosas y fenómenos. Por el contrario, la idea de que la inexistencia existe en alguna parte del universo es un sinsentido. Aquellos que intentan interpretar las palabras del Maestro Nāgārjuna como una referencia a dicho concepto absurdo de la inexistencia están completamente equivocados.

Verso 31

asato 'pi na bhāvasya nirodha upapadyate
na dvitīyasya śirasaś chedanaṃ vidyate yathā

Asato: *asataḥ*: Ab. G. de *asat*. *Asat*: mf(*a-sati*)n. que no es, que no existe, irreal, incierto, equivocado; n. inexistencia, nulidad. *Dvitīya*: mf(*ā*)n. segundo; ind. por segunda vez; m. compañero, miembro. *Śirasaḥ*: Ab. G. de *śiras*. *Śiras*: n. la cabeza, cráneo; la parte alta o más elevada de algo, parte superior, cumbre, cima, cúspide, apogeo. *Chedana*: mfn. que está cortado, que está separado; que está destruido, que es eliminado. *Yathā*: de qué forma o manera, conforme a, como, según; por ejemplo, a saber.

Aquello que es abstracto nunca puede manifestarse como existencia, la cual se autorregula [en el mundo real], en absoluto.
Aquello que es abstracto claramente es una consideración intelectual, y nunca puede asir que las cosas y los fenómenos individualmente independientes son justamente el mundo real en sí.

Nunca puede decirse que las abstracciones que inventamos en nuestros cerebros existan realmente. De modo que es completamente imposible que este contenido abstracto se manifieste como el estado de autorregulación en el mundo real. Cuando las funciones de la consideración mental y la percepción sensorial funcionan bien, podemos percibir y comprender que las cosas y los fenómenos realmente existen individualmente. Sin embargo, de algún modo nos resulta difícil reconocer que estas cosas y fenómenos que se manifiestan de manera directa ante nosotros son el mundo real en sí mismo. En su lugar, nos perdemos fácilmente en nuestras propias abstracciones.

Verso 32

na svātmanā nirodho 'sti nirodho na parātmanā
utpādasya yathotpādo nātmanā na parātmanā

Yathotpādo: *yathā+utpādaḥ*. *Yathā*: ind. de qué forma o manera, conforme a, como, según.

La autorregulación nunca puede realizarse en función del alma personal, y la autorregulación nunca es lo mismo que la función del espíritu objetivo.
Los verdaderos fenómenos en su puro significado no se basan en el alma [o la mente] subjetiva humana. Del mismo modo, los fenómenos en su verdadero significado tampoco se basan en el espíritu objetivo.

«El alma subjetiva» y «el espíritu objetivo» aquí se utilizan para transmitir alguna de las diversas ideas sostenidas por los antiguos filósofos de la

India en relación con lo que podemos llamar alma, mente o incluso psique hoy en día. No necesitamos preocuparnos por cuál es cuál, pero diría que el alma subjetiva podría referirse a nuestro sentido de un sí mismo personal y limitado. El espíritu objetivo podría ser la noción contemporánea de que cada persona tiene una mente única o psique, la cual está separada de la de los demás. El estado de autorregulación simplemente es algo real que existe en el mundo en el instante presente, de manera que no es realizado por la función del alma, el espíritu, la mente o cualquier otro término que podamos utilizar para describir nuestro funcionamiento mental o sentido subjetivo del sí mismo, ni se basa tampoco en el sentido objetivo. En su significado puro, los fenómenos que se presentan ante nosotros simplemente se manifiestan como el mundo real.

Verso 33

utpādasthitibhaṅgānām asiddher nāsti saṃskṛtaṃ
saṃskṛtasyāprasiddhau ca kathaṃ setsyaty asaṃskṛtaṃ

Utpāda: m. que aparece, nacimiento, producción. *Sthiti*: f. que permanece de pie o firmemente, que no se cae; que está de pie, que se queda, que permanece, que mora, estancia, residencia, residencia en (L. o comp.). *Bhaṅga*: mfn. rotura, estallido; m. rotura, separación, división, rompimiento, descompostura o disgregación. *Asiddheḥ*: Ab. G. de *asiddhi*. *Asiddhi*: f. realización imperfecta, fracaso; estado incompleto. *Saṃskṛta*: mfn. elaborado, construido, bien o completamente formado, perfeccionado. *Aprasiddhau*: *a+prsiddhau*. *Prasiddhau*: L. de *prasiddhi*. *Prasiddhi*: f. realización, éxito, logro. *Setsyati*: fut. de *sidh*. *Sidh*: ser realizado o completado o efectuado o establecido, tener éxito, triunfar. *Asamskṛta*: mfn. no preparado; no consagrado; sin adornos; sin pulir, rudo (de habla).

El mundo exterior nunca puede existir realmente en la aparición, la continuidad y la destrucción, y, al mismo tiempo, nunca puede existir en lo que no es real.

Si el mundo exterior no se ha vuelto lo suficientemente real, también es imposible que cualquier otro mundo que no sea el mundo exterior se manifieste verdaderamente.

«El mundo exterior» aquí se refiere al mundo material o el mundo de los sentidos –el cual, según la forma de pensar budista, incluye nuestro funcionamiento mental como un sentido–. Es completamente imposible que el mundo exterior se manifieste en el tiempo lineal, en el cual podemos reconocer la aparición, la continuidad y la destrucción. Esto se debe a que, según hemos observado antes, el único tiempo real es el instante presente. Tampoco es posible que el mundo exterior exista en la irrealidad. El mundo exterior no es una invención de nuestra imaginación. Se puede demostrar que es real. Además, si el mundo exterior no fuera completamente real –si apostáramos porque solo ciertas partes del mundo exterior fueran verdaderamente reales y otras falsas de algún modo–, tendríamos que suponer que existe algún otro mundo independiente de aquel en el que estamos viviendo. El Maestro Nāgārjuna niega rotundamente esta idea.

Verso 34

yathā māyā yathā svapno gandharvanagaraṃ yathā
tathotpādas tathā sthānaṃ tathā bhaṅga udāhṛtaṃ

Yathā: ind. como, por ejemplo, a saber. *Māyā*: f. arte, sabiduría, poder extraordinario o sobrenatural (solo en la lengua antigua); ilusión, irrealidad, engaño, fraude, truco, brujería, hechicería, magia. *Svapna*: m. sueño, durmiente; somnolencia, adormecimiento; que sueña, un sueño. *Gandharvanagara*: n. «ciudad de Gandharva», una ciudad imaginaria del cielo. *Tathā*: ind. de esa manera, así, de este modo (estando el correlativo en la cláusula anterior o posterior, e. g., *yathā priyam tathāstu*, «es agradable, así que déjalo»). *Sthāna*: n. (también se dice que es m.) el acto de estar de pie, permanecer de pie firmemente, que es fijo o estático. *Udāhṛtam*: mfn. dicho, declarado, ilustrado; llamado, nombrado, titulado.

Por ejemplo, las ilusiones, los sueños o la ciudad fantástica de Gandharva
simplemente son expresiones abstractas de palabras, las cuales son absolutamente iguales que las expresiones verbales de la aparición, la continuidad y la destrucción.

A menudo tratamos ciertas cuestiones utilizando el concepto abstracto del tiempo lineal, pero aquí el Maestro Nāgārjuna expone claramente que tales abstracciones no son más reales que los sueños o ilusiones, los cuales compara con la ciudad mítica de Gandharva. Dichos asuntos abstractos solamente son palabras e imágenes que no se corresponden con la realidad.

Capítulo 8

Karmakākara parīkṣā

(Estudio de la fusión de la acción y la conducta)

Karma: n. sg. N. Ā. V. de *karman*. *Karman*: n. acto, acción, desempeño, empresa. *Kāraka*: mf(*ikā*)n. (generalmente ifc.) hecho, acto, actuación, quien o lo que hace o produce o crea.

El Maestro Nāgārjuna dedica catorce capítulos (del 8 al 21) a lo que podríamos llamar «la filosofía de la acción». Esta idea es esencial en toda la filosofía budista. El budismo trata sobre la acción en el mundo real. Cuando observamos el problema de la acción basándonos en el idealismo, tendemos a interesarnos en ella como si fuera un concepto abstracto. Nuestras religiones son propensas a formular ideas sobre la acción que no tienen en cuenta las leyes básicas de causa y efecto tal y como han sido descubiertas y probadas por la ciencia. Se nos enseña, por ejemplo, que Dios puede detener dichas leyes arbitrariamente para que los milagros puedan ocurrir. Cuando miramos la acción desde el punto de vista materialista, solemos interesarnos únicamente en la forma exterior de la conducta. La ciencia tradicionalmente solo ha considerado como relevantes los aspectos físicos de la acción, aunque esta idea ha ido cambiando en los últimos tiempos. Sin embargo, el Maestro Nāgārjuna contempla el problema de la acción desde un punto de vista completamente distinto, tan ajeno al de los filósofos del idealismo y el materialismo que parece inconcebible. El Maestro Nāgārjuna solamente se basa en el factor central de la acción real. El hecho innegable es que la acción real nunca puede existir exclusivamente en el mundo del intelecto o en el de la percepción sensorial. En nuestras vidas reales, las acciones que efectuamos siempre tienen tanto componentes mentales como físicos, pero nuestros filósofos parecen insistir en que debemos examinar los dos aspectos de forma separada y elegir cuál es el verdadero. Dicha separación, en verdad, es imposible.

****

Verso 1

sadbhūtaḥ kārakaḥ karma sadbhūtaṃ na karoty ayaṃ
kārako nāpy asadbhūtaḥ karmāsadbhūtam īhate

Sadbhūta: mfn. quien es o lo que es realmente bueno o verdadero. *Kāraka*: mf(*ikā*)n. (generalmente ifc.) hecho, acto, actuación, quien o lo que hace o produce o crea; que pretende actuar o hacer. *Karoti*: *kṛ*: hacer, fabricar, realizar, lograr, causar, efectuar, preparar, ejecutar. *Asadbhūta*: *a+sadbhūta*. *Īhate*: *īh*: intentar obtener; aspirar a, intentar; añorar, desear; cuidar de; tener en mente, pensar sobre (con Ac.).

Lo que realmente existe es llamado conducta o acción, pero no es cierto que lo que exista en el mundo real produzca el mundo.
La conducta nunca puede ser algo abstracto, y el concepto abstracto de acción tiene su tendencia natural a seguir su carácter, el cual es abstracto.

La acción real en el mundo real es llamada «conducta» cuando se refiere a las cosas que los seres humanos hacen intencionalmente, y «acción» cuando concierne a las actuaciones humanas no intencionadas, a los actos de seres no humanos tales como animales o a fenómenos naturales como el tiempo atmosférico, los volcanes, las reacciones químicas, etcétera. En la primera línea, el Maestro Nāgārjuna señala también que no es cierto que aquello que exista en el mundo produzca el mundo de por sí. Con esto quiere decir que las cosas y los fenómenos del mundo –incluyéndonos nosotros mismos– no son objetos estáticos que tengan la habilidad de actuar. Nosotros, y todo aquello con lo que nos encontramos, estamos completamente identificados con la acción en sí misma.

Lo que normalmente llamamos conducta o acción es la faceta exterior de la acción en el mundo real. Tendemos a ver la acción (o la conducta, pero para ser más conciso utilizaré el término *acción* para ambos casos) solo en el sentido materialista. La acción real nunca puede ser abstracta. Sin embargo, el concepto de acción se expresa con palabras, las cuales indican su significado abstracto en el mundo real. Este aspecto abstracto de la acción también es parte de la acción real, y nunca puede estar separado del lado material.

Habitualmente pensamos que el mundo es diferente de nuestra acción en el instante presente, pero la filosofía budista considera todo sobre la base de la acción real en dicho instante. Si miramos las cosas de esta forma, comprobaremos que nuestra acción real, la cual se produce en el instante presente, nunca puede ser distinta del mundo real, el cual existe justamente en este momento real. Esa unicidad en el instante presente es la realidad en sí. Si queremos asir la totalidad del budismo como un sistema filosófico inclusivo, nunca debemos menospreciar esta cuestión.

René Descartes declaró «pienso, luego existo», expresando así claramente el punto de vista idealista. Si tuviéramos que reformular a Karl Marx –cuya filosofía aspiraba a ser puramente materialista– en términos cartesianos, podríamos decir «percibo, luego la materia existe». La base filosófica budista podría expresarse como «actúo, luego el universo existe». Aunque la naturaleza de la gramática nos obliga a utilizar el «yo»,* en términos puramente budistas no es necesario. De modo que podríamos reescribir la frase como «la acción ocurre, luego el universo existe».

Para la filosofía budista, nuestra acción real en el instante presente y el universo real nunca pueden separarse. Nuestra acción real en el instante presente y la existencia real del universo son justamente los contenidos de la realidad en sí en el instante presente. Este verso describe la base fundamental del budismo: que la realidad es la fusión de la acción real en el instante

* Elíptico en las frases entrecomilladas anteriores (N. del T.).

presente y el mundo real en sí. La realidad, por tanto, es completamente distinta del concepto abstracto de acción o de la forma externa de la conducta.

Verso 2

sadbhūtasya kriyā nāsti karma ca syād akartṛkaṃ
sadbhūtasya kriyā nāsti kartā ca syād akarmakaḥ

Kriyā: f. actuación, desempeño, realización, asunto, acto, acción, tarea, actividad, trabajo. *Akartṛ*: m. no agente, aplicado al *puruṣa*; no activo. *Ka*: un afijo *taddhita* (muy utilizado para formar adjetivos; también puede añadirse a sustantivos para expresar disminución, deterioro, o similitud, e.g., *putraka*, un hijo pequeño; *aśvaka*, un mal caballo o como un caballo). *Kartā*: N. de *kartṛ*. *Kartṛ*: mfn. uno que hace o realiza actos o efectos. *Akarmaka*: mfn. (en gr.) intransitivo.

Sin la práctica real de la conducta verdadera, el concepto abstracto de acción no podría tener relación alguna con la acción de un acto real. Sin la acción real en el mundo real, una persona que actuase no podría tener ninguna relación con el acto real de actuar.

Cuando la acción real en el mundo real no existe, «la acción» no tiene relación alguna con ningún acto concreto. Este caso es a menudo producido cuando se nos presentan situaciones hipotéticas sobre las que pensar. Aunque esto pueda resultar útil algunas veces, muchos de nosotros parecemos habitar más en las situaciones hipotéticas que creamos en nuestra propia cabeza que en el mundo real. Además, según el Maestro Nāgārjuna, sin acción en el mundo real la idea de que hay una persona que actúa sería una abstracción absurda sin relación con la acción real. En otras palabras, no podemos separar la realidad en la acción y la persona que la efectúa. Ambas son realmente una. Somos nuestras acciones.

Verso 3

karoti yady asadbhūto 'sadbhūtaṃ karma kārakaḥ
ahetukaṃ bhavet karma kartā cāhetuko bhavet

Karoti: *kṛ*: P. Ac. hacer, fabricar, realizar, lograr, causar, efectuar, preparar, ejecutar; manufacturar, preparar, trabajar en, elaborar, construir; formar o construir una cosa partiendo de otra (Ab. o I.); redactar, describir. *Kāraka*: mf(*ikā*)n. (generalmente ifc.) hecho, acto, actuación, quien o lo que hace o produce o crea; que pretende actuar o hacer. *Kartā*: m. sg. N. de *kartṛ*. *Kartṛ*: mfn. uno que fabrica o hace o actúa o efectúa, un hacedor, fabricante, agente, autor (con G. o Ac.). *Ahetuka*: mf(*ā*)n. infundado.

Cuando el mundo abstracto es reconocido claramente como el mundo abstracto, la acción y la práctica de la acción se identifican como una. Es posible que la acción pueda existir como algo no comprensible, y una persona que actúa también podría existir como algo no comprensible.

Cuando el mundo abstracto es reconocido como tal, la idea abstracta de la acción y la práctica concreta de alguna acción específica real pueden identificarse como una sola cosa. En función de este punto de vista realista, es posible que el concepto abstracto de acción pueda verse como algo difícil de comprender. La idea de una persona que actúa –como una entidad distinta de la acción en sí– también podría ser difícil de entender. En otras palabras, esta división de la acción en dos partes, el hacedor y lo que es hecho, no es real.

Verso 4

hetāv asati kāryaṃ ca kāraṇaṃ ca na vidyate
tadabhāve kriyā kartā kāraṇaṃ ca na vidyate

Hetāv: *hetā+av*. *Hetā*: N. de *hetṛ*. *Hetṛ*: mfn. que exhorta a, que incita, un incitador. *Av*: *au*: ind. una interjección; una partícula para dirigirse; llamada;

prohibición; comprobación. *Kārya*: mfn. ser fabricado o hecho o practicado o realizado, practicable, factible. *Kāraṇa*: n. causa, razón, la causa de algo (G. también a menudo L.); instrumento, medio; motivo; origen; un elemento, una materia elemental. *Kriyā*: f. actuación, desempeño, realización, ocupación en (en comp.), asunto, acto, acción, actividad.

Cuando no tenemos una actitud sincera, es imposible que reconozcamos la realización de un acto ni la causa de la acción en absoluto. Cuando no tenemos una actitud sincera, es imposible que reconozcamos que el acto real de hacer y la práctica de la acción pueden estar completamente identificados.

Cuando no tenemos la actitud de practicar nuestra acción sinceramente, es imposible que reconozcamos la realización o la causa de la acción. En esta situación, no podemos comprobar que la acción física concreta y la realización de esa acción son justamente la cara y la cruz de una sola acción. Decir que un acto y la realización de ese acto son lo mismo puede parecer una obviedad. Sin embargo, hacemos una distinción en nuestra mente –tendemos a creer en esa distinción más de lo que confiamos en la existencia de la situación real–. Al mismo tiempo, si no somos sinceros es imposible que reconozcamos la verdadera causa de la acción en absoluto.

Verso 5

dharmādharmau na vidyete kriyādīnām asaṃbhave
dharme cāsaty adharme ca phalaṃ tajjaṃ na vidyate

Vidyete: du. pres. de *vid*. *Kriyādīnām*: *kriyā+adīnām*. *Adīnām*: mfn. pl. G. de *adi*. *Asaṃbhava*: m. inexistencia, destrucción; no suceso, cesación, interrupción, ausencia de, falta; incorrección, inconsistencia, imposibilidad; (mfn.) «no suceso», inconsistente, imposible. *Tajja*: mfn. producido.

El mundo real, el cual es justamente la fusión de la ley universal y la ley no-universal, nunca puede ser reconocido realmente cuando el acto real y demás no existen en absoluto.
Cuando el mundo del sistema universal no es real y el mundo del sistema no-universal no es real, es imposible que ningún resultado, el cual haya sido producido de manera concreta, sea reconocido en absoluto.

La palabra budista *Dharma* aquí se traduce como «sistema universal», y *adharmau*, como «sistema no-universal», que aproximadamente quiere decir «no-Dharma». *Dharma* tiene muchos significados, incluyendo el de todo el universo como una sola entidad indivisa. El término *no-Dharma* hace referencia a aquello que no se adhiere a esta ley universal. Evidentemente, todo está relacionado con la ley universal, pero nosotros, los seres humanos, creemos firmemente que puede haber condiciones que no cumplan esta regla, y por ello el Maestro Nāgārjuna hace referencia al no-Dharma. Este universo omniabarcante, dice, existe sobre la base de la acción real. Si el sistema universal y el sistema no-universal no son reales, es imposible que se reconozca ningún resultado. Trataremos las ideas del Maestro Nāgārjuna sobre el concepto de resultado según vayamos avanzando.

Verso 6

phale 'sati na mokṣāya na svargāyopapadyate
mārgaḥ sarvakriyāṇāṃ ca nairarthakyaṃ prasajyate

Asati: sg. L. de *asat*. *Asat*: mf(*a-satī*)n. que no es, que no existe, irreal; n. inexistencia, nulidad. *Mokṣāya*: *mokṣa+āya*. *Mokṣa*: m. (ifc. f. *ā*) emancipación, liberación, liberación de (Ab., raramente G. o en comp.); liberación de la existencia mundana o transmigración, emancipación final o eterna; muerte. *Āya*: m. llegada, aproximación; beneficio, provecho. *Svarga*: mfn. que lleva a o dirige hacia o está en la luz o cielo, divino, celestial (con *loka*, m. o pl. = «el mundo de la luz, el cielo»); m. cielo, la morada de la luz y de los dioses, dicha celestial. *Mārga*: m. búsqueda, inspección, seguimiento, cacería;

un paseo, viaje; un camino, pasaje. *Kriyāṇām*: f. pl. G. de *kriyā*. *Nair*: forma *vṛddhi* de *nir* (para *nis*) en comp. *Nis*: ind. fuera, adelante, aparte, etcétera (raramente usado como palabra independiente, aunque principalmente utilizado como prefijo para verbos y sus derivados, o para nombres no conectados inmediatamente con verbos, en cuyo caso tiene el sentido de «fuera de», «lejos de» o el de un adverbio privativo o negativo). *Kya*: n. cualquier cosa agradable para Prajā-pati. Prajā-pati: m. «señor de las criaturas», nombre de Savitṛ, Soma, Agni, Indra, etcétera; una divinidad que preside la procreación, protector de la vida; señor de las criaturas, creador. *Prasajyate*: pas. de *prasañj*: apegarse, aferrarse, dedicarse a o pretender o estar ocupado con (L.).

En relación con los efectos, cuando nuestras actitudes no son realistas,
y no somos totalmente libres,
la suprema felicidad no se manifiesta.

Cuando nuestras actitudes en relación con los efectos de nuestras acciones no son realistas, y no vivimos en la perfecta libertad, la más alta felicidad no se manifiesta. En otras palabras, cuando un sentido de moralidad no impregna completamente nuestras acciones, incluso la idea de que deberíamos estar siempre liberados de todo apego hacia cualquier objetivo también puede estar equivocada. No basta con decir que estamos liberados de todo apego a los resultados de nuestras acciones y luego comportarnos como queramos. La verdadera libertad incluye un fuerte sentido de la responsabilidad.

Verso 7

kārakaḥ sadasadbhūtaḥ sadasat kurute na tat
parasparaviruddhaṃ hi sac cāsac caikataḥ kutaḥ

Sad: por *sat* en comp. *Sat*: mf(*satī*)n. que es, que existe, que sucede, que ocurre, que está presente; real, verdadero, como cualquiera o cualquier cosa debería ser, cierto, bueno. *Asad*: por *asat* en comp. *Asat*: que no es, que no existe, irreal; incierto, equivocado. *Kurute*: *kṛ*: hacer, fabricar, realizar, lograr, causar, efectuar, preparar, ejecutar. *Paraspara*: (proveniente de N. sg. m. de *para+para*) mf(*ā*)n. mutuo, entre sí. *Viruddha*: mfn. opuesto, oculto, restringido, detenido, retenido. *Kutaḥ*: *kutas*: ind. (proveniente de *ku*) ¿de quién? (para el Ab. de *ka*); ¿de dónde?, ¿adónde?, ¿en qué dirección?; ¿dónde?, ¿cómo?; ¿por qué?, ¿por qué causa o motivo?, porque; ¿cómo?, ¿de qué manera?

La práctica de la acción real es justamente el mundo real como la fusión del mundo concreto y el mundo abstracto, pero no es cierto que la fusión de lo concreto y lo abstracto verdaderamente produzca la práctica de la acción.
La oposición mutua entre lo concreto y lo abstracto es justamente la realidad, y por ello no hay lugar alguno donde lo abstracto exista solo por sí mismo.

La práctica de la acción real, las diversas cosas que hacemos cada día, es la fusión de las facetas concreta y abstracta de la realidad. De modo que es imposible que la realidad, la cual es la fusión de lo concreto y lo abstracto, produzca de nuevo la práctica de la acción. En otras palabras, el Maestro Nāgārjuna rechaza la idea común de que la realidad es el escenario sobre el que las acciones se realizan. Son nuestras acciones las que producen la realidad. También niega la noción idealista de que el lado abstracto –o lo que podríamos llamar «espiritual»– de la realidad pueda existir por sí mismo sin el aspecto material concreto.

Verso 8

satā ca kriyate nāsan nāsatā kriyate ca sat
kartrā sarve prasajyante doṣās tatra ta eva hi

Satā: I. de *sat*. *Sat*: mf(*satī*)n. que es, que existe, que sucede, que ocurre, que está presente. *Asan*: *asat*. *Kartrā*: I. de *kartṛ*. *Doṣās*: *doṣāḥ*: m. pl. N. de *doṣa*. *Prasajyante*: Ā. 3.ª pers. pl. pas. de *prasañj*. *Prasañj*: Ā. pas. apegarse, aferrarse, dedicarse a o pretender o estar ocupado con (L.). *Doṣa*: m. (raramente n.) falta, vicio, deficiencia, carencia, inconveniencia, desventaja; maldad, perversidad, pecaminosidad. *Ta*: base pronom.: m. él, f. ella, n. ello, eso, esto.

Es completamente imposible que lo abstracto sea producido por lo concreto, y también es completamente imposible que lo concreto sea producido por lo abstracto en absoluto.
[Esto es así] porque incluso los diversos vicios también se basan en una persona, la cual actúa realmente para realizarlos de manera concreta.

En el verso 7 el Maestro Nāgārjuna negaba la idea de que la faceta abstracta o espiritual de la realidad existiera por sí misma. Aquí rechaza el punto de vista contrario: que el lado abstracto sea simplemente el producto de la faceta material, y al revés. Si dividimos el mundo en lo abstracto y lo concreto, hemos de decir que las ideas abstractas por un lado y las cosas y los fenómenos concretos por otro existen en dimensiones totalmente diferentes. De manera que es completamente imposible que algo concreto sea producido por algo abstracto y que algo abstracto sea producido por algo concreto. Esto se debe a que en el mundo real, incluso los diversos vicios, por ejemplo, son realizados inevitablemente por una persona que los lleva a cabo. En otras palabras, nuestros pecados –por utilizar un término judeocristiano ajeno al budismo– no existen en algún lugar esperando a que los realicemos. Nuestro ser concreto físico no produce algo llamado vicio o pecado, ni los vicios abstractos crean personas concretas para que los realicen. Incluso nuestras acciones erróneas son la fusión de lo abstracto y lo concreto.

Verso 9

nāsadbūtam na sadbūtaḥ sadasadbhūtam eva vā
karoti kārakaḥ karma pūrvoktair eva hetubhiḥ

Bhūta: mf(*ā*)n. convertido, sido, ido, pasado (n. el pasado); que realmente ha sucedido, verdadero, real (n. una ocurrencia real, hecho, hecho real, realidad); existente, presente. *Sadbhūta*: mfn. quien es o lo que es realmente bueno o verdadero. *Vā*: ind. o (*vā* a veces es utilizado como un expletivo); justamente, igual, de hecho, muy (como *eva*, enfatizando la palabra anterior). *Karoti*: P. sg. 3.ª pers. de *kṛ*. *Kṛ*: hacer, fabricar, realizar, lograr, causar, efectuar, preparar, ejecutar. *Karma*: sg. N. Ac. de *karman*. *Uktair*: *uktaiḥ*: m. n. pl. I. de *ukta*. *Ukta*: mfn. (p.p. de *vac*) pronunciado, declarado, hablado. *Hetubhiḥ*: m. pl. I. de *hetu*.

Es absolutamente imposible que el mundo abstracto o el mundo concreto produzcan el mundo real, el cual es la fusión del mundo abstracto y el mundo concreto.
Antes de que podamos explicar la conducta con palabras o considerarla con el cerebro, la conducta ya se ha efectuado verdaderamente.

El mundo real es la fusión de la materia y la mente, de modo que no podemos decir que la realidad sea producida por el lado abstracto, mental o espiritual, ni que la faceta material sea la verdadera base de esta. Lo que llamamos materia y mente simplemente son los resultados de la estimulación sensorial y mental, respectivamente. La realidad incluye las dos, pero nunca está restringida por una o por la otra. Aquello a lo que llamamos conducta o acción ya está inevitablemente completado antes de que podamos explicarlo con palabras, y antes de que pueda ser considerado por el cerebro. La acción que ahora mismo realizan ustedes se acaba antes de que puedan siquiera crear una imagen mental de ella.

Verso 10

nāsadbhūto 'pi sadbhūtaṃ sadasadbhūtam eva vā
karoti kārakaḥ karma pūrvoktair eva hetubhiḥ

Véanse las notas gramaticales del verso 9.

También es completamente imposible que el mundo abstracto produzca el mundo concreto o la fusión del mundo concreto y el mundo abstracto en absoluto.
Antes de que sea comentada con palabras o considerada en el cerebro, la práctica real de la acción ya se ha completado.

Los filósofos idealistas, los cuales se encuentran en la mayoría de nuestras religiones, tienden a suponer que el mundo material es una manifestación del reino espiritual. Esta era una idea muy común en tiempos del Maestro Nāgārjuna y sigue siendo muy popular hoy en la India. Sin embargo, el Maestro Nāgārjuna se esfuerza en negarla completamente, repitiendo de nuevo su rechazo y añadiendo aquí que la fusión de lo abstracto y lo concreto, a lo cual llama realidad, no es producida por la faceta espiritual o abstracta. Después reformula ligeramente la segunda línea del verso anterior, esta vez refiriéndose específicamente a las imágenes mentales y a los pensamientos. Ni siquiera estos pueden existir en el fugaz instante de la actividad real.

Verso 11

karoti sadasadbhūto na san nāsac ca kārakaḥ
karma tat tu vijānīyāt pūrvoktair eva hetubhiḥ

Vijānīya: *vijñānīya*: mfn. (ifc.) tratamiento de la ciencia o doctrina de.

El mundo real, el cual es justamente la fusión de lo concreto y lo abstracto, únicamente se está moviendo tal y como lo hace, y ni lo concreto ni lo abstracto pueden ser lo mismo que la práctica de la acción en sí. Antes de que sea discutido con palabras o considerado en el cerebro, el acto real como un hecho ya ha desaparecido del ámbito de la discusión.

Cuando observamos la situación real de nuestras vidas cotidianas, podemos percatarnos claramente de que el mundo real –el cual es la fusión de materia y mente– existe antes que cualquier comentario verbal e incluso que cualquier consideración en el cerebro sobre él. De modo que previamente a que se pueda recabar cualquier tipo de conocimiento científico sobre la acción, dicha acción ya ha desaparecido de este mundo real. Solamente podemos discutir las impresiones de esa acción que quedan dentro de la mente humana y no la acción en sí.

Verso 12

pratītya kārakaḥ karma taṃ pratītya ca kārakaṃ
karma pravartate nānyat paśyāmaḥ siddhikāraṇaṃ

Pratītya: n. confirmación, experimento; alivio, consuelo (otros «mfn. por reconocerse o admitirse»). *Pravartate*: *pravṛt*: rodar o ir hacia delante (como un carro), ser puesto en movimiento o ir; salir, partir, dirigirse; seguir; emerger, aparecer, originarse, surgir, ser producido, resultar, suceder, ocurrir, tener lugar. *Anyat*: *anya*: otro, distinto; aparte de, diferente de, opuesto a (Ab. o en comp.). *Paśya*: mf(*ā*)n. visión, contemplación, comprensión correcta. *Ama*: mfn. (pron.) este. *Siddhikāraṇa*: n. una causa de beatitud, medio para obtener la felicidad.

Está muy claro que la conducta es una clase de acción, y también está claro que una acción es una conducta.

Es completamente imposible que una acción comience a moverse como si fuera distinta de la acción, y la causa de la felicidad es la habilidad de contemplar cualquier cosa sin ningún prejuicio.

Aunque tendemos a categorizarlos como diferentes, nuestra acción real en el instante presente y nuestra conducta general son lo mismo. Nuestra conducta general simplemente es la suma total de todas nuestras acciones reales individuales. La acción es siempre ella misma, de manera que no puede moverse como si fuera algo distinto. La verdadera causa de la felicidad se produce cuando soltamos todos nuestros diversos prejuicios. El poema budista chino *Shin Jin Mei* («Afirmación de la confianza en la mente») del Maestro Sosan dice: «La vía budista no es difícil. Simplemente evita escoger y elegir».

Verso 13

evaṃ vidyād upādānaṃ vyutsargād iti karmaṇaḥ
kartuś ca karmakartṛbhyāṃ śeṣān bhāvān vibhāvayet

Evaṃ: ind. (proveniente de la base pronom. *e*, probablemente conectado con *eva*) así, de este modo, de tal manera, tal. *Vidya*: n. hallazgo, adquisición, ganancia. *Upādāna*: n. el acto de tomar para uno mismo, apropiación para uno mismo; percepción, reconocimiento, aprendizaje, adquisición (de conocimiento). *Vyutsarga*: m. renuncia, resignación. *Karmaṇaḥ*: pl. N. de *karman*. *Kartuś*: *kartuḥ*: N. de *kartu*: (por *kartum* inf. de *kṛ*). *Karmakartṛbhyām*: I. D. Ab. du. de *karmakartṛ*. *Karmakartṛ*: m. (en gr.) «un objeto-agente» u «objeto-contenedor agente», i.e., un agente que es al mismo tiempo el objeto de la acción (esta es la idea expresada mediante la pasiva refleja, como en *odanaḥ pacyate*, «se cocina el puré de grano»); (*ārau*), m. du. la tarea y la persona que la realiza. *Śeṣa*: m. n. resto, aquello que queda o se deja, despojo, residuo, excedente, remanente, el sobrante. *Bhāvān*: m. pl. Ac. de *bhāva*. *Vibhāvayet*: caus. 1.ª conj. opt. de *vibhū*. *Vibhū*: P. surgir, ser desarrollado o manifestado, expandir, aparecer; satisfacer, ser adecuado o igual o adaptado para; impregnar, rellenar.

> **Aunque pueda haber momentos en los que no nos demos cuenta de nuestra acción, el estado en el cual la acción no se ha detenido es justamente la situación real de la acción.**
> **El hecho de que la práctica real de la acción se realice verdaderamente siempre existe en la situación real de la fusión entre la acción y una persona que actúa, y dicha acción mantiene y desarrolla todas las otras cosas y fenómenos.**

A veces actuamos sin conciencia de nuestra acción, pero, por ejemplo, incluso en la quietud del más profundo sueño sin sueños esta nunca se detiene. En función de esta continuidad, la acción real existe en la situación real, la cual es justamente la fusión de la acción y una persona que actúa. En este estado de fusión, todas las cosas y los fenómenos se mantienen y desarrollan.

Capítulo 9

Pūrva parīkṣā

(Estudio del instante justo antes del presente)

> *Pūrva*: mf(*ā*)n. (conectado con *purā*, *puras*, *pra*, y declinado como un pron. cuando implica una posición relativa tanto en el espacio como en el tiempo, pero no necesariamente en Ab. L. sg. m. n. y N. pl. m.) que está ante o delante de, anterior, primero.

Es posible entender que el término sánscrito *pūrva* tiene el mismo significado que el de la palabra japonesa *kisen*, utilizada en el *Shobogenzo* por el Maestro Dogen. *Ki* quiere decir «cambio» o «el instante presente», y *sen*, «antes». Por tanto, *kisen* significa «el instante justo antes del presente». Un aspecto muy importante de la filosofía budista es su énfasis en la acción real. Esta es dimensionalmente distinta de la consideración intelectual y de la percepción sensorial, ya que siempre se realiza en el instante presente sin excepción. Por otro lado, el intelecto solamente puede considerar las cosas que han ocurrido en el pasado, y nuestras percepciones sensoriales, aunque puedan parecer inmediatas, siempre van un poco después de los sucesos reales que las desencadenan. Por ello, es necesario que pensemos en la filosofía budista sobre la base del instante presente. Además, cuando seguimos la filosofía budista de manera exacta, podemos comprender que dicho instante presente siempre está separado tanto del justamente anterior como del posterior a él. De manera que si queremos asir exactamente el instante presente tanto como sea posible, es necesario que tratemos el asunto del instante justo antes del presente.

****

Verso 1

darśanaśravaṇādīni vedanādīni cāpy atha

bhavanti yasya prāgebhyaḥ so 'stīty eke vadantyuta

Darśana: n. visión, captación, miramiento, reconocimiento, observación, percepción. *Śravaṇa*: n. acto de oír. *Vedana*: mfn. que anuncia, que proclama; n. percepción, conocimiento (raramente ā, ifc.); que hace conocido, proclamación; (*ā*) f. dolor, tortura, agonía. *Atha*: ind. ahora, entonces, además; ciertamente; pero. *Prāgebhyaḥ*: m. n. pl. D. Ab. de *praga*. En el texto de Jong, *prāgebhyaḥ* es dividido como *prāg ebhyaḥ*, pero esto podría ser incorrecto (el mismo error aparece en el verso 2). *Praga*: mfn. que va antes, anterior. *Eke*: L. de *eka*. *Eka*: mfn. uno; solo, solitario, único, que solamente sucede una vez. *Uta*: ind. y, incluso, también, o; utilizado a menudo para enfatizar, especialmente al final de una línea después de *iti* o de un verbo.

El ver, el oír y las otras percepciones sensoriales se manifiestan justo en el instante presente.
Y antes de que esas percepciones sensoriales sucedan, se dice que algo real existe en la situación identificada.

Nuestras percepciones sensoriales claramente existen en el instante presente. Al mismo tiempo, el Maestro Nāgārjuna insiste en que justo antes del instante presente, algo real se da verdaderamente en la situación que identificamos mediante nuestras percepciones sensoriales. En otras palabras, aunque nuestras percepciones sensoriales sucedan en el instante presente, la realidad que las desencadenó puede ser un asunto del pasado. Evidentemente, hablamos de un pasado que ocurrió solo unos milisegundos atrás, pero aunque sucediera solo uno antes ya sería parte del pasado.

Verso 2

kathaṃ hy avidyamānasya darśanādi bhaviṣyati
bhāvasya tasmāt prāgebhyaḥ so 'sti bhāvo vyavasthitaḥ

Avidyamāna: mfn. no presente o existente, ausente. *Vyavasthita*: mfn. realizado, preparado (para la batalla); ubicado, colocado, puesto, estacionado, situado.

Cuando las percepciones sensoriales tales como ver y demás no son percibidas, es imposible que nada exista en absoluto; por tanto, incluso en las existencias, o incluso justo antes del instante presente, la realidad verdaderamente permanece como la existencia regulada y estable [que se manifiesta] delante de nosotros.

Tal y como hemos expresado antes, en la filosofía budista los sentidos y sus objetos no se consideran dos cosas distintas. Por ello, el Maestro Nāgārjuna insiste en que cuando las percepciones, como ver y demás, no funcionan, es imposible que nada se manifieste en el mundo real. Evidentemente, si cerramos los ojos, el libro que ahora estamos leyendo sigue existiendo. El Maestro Nāgārjuna no negaba esto, ya que el resto de nuestras percepciones del libro continúan aunque nuestros ojos estén cerrados. Además, incluso con los ojos cerrados todavía vemos la oscuridad. Sin embargo, el budismo hace una distinción entre la realidad y la percepción sensorial. Nuestras percepciones sensoriales son un tipo de interpretación, casi como una traducción de la verdadera realidad en algo que los sentidos puedan comprender. Sin embargo, tanto si nuestras percepciones sensoriales son acertadas como si no, la realidad existe como la situación regulada y estable que se manifiesta delante de nosotros.

Verso 3

darśanaśravaṇādibhyo vedanādibhya eva ca

yaḥ prāg vyavasthito bhāvaḥ kena prajñapyate 'tha saḥ

Adibhyaḥ: mfn. pl. D. Ab. de *adi*. *Prāg*: por *prāñc* en comp. *Prāñc*: mfn. hacia o dirigido hacia delante, que está enfrente, que está de cara a, frente a. *Kena*: I. ind. ¿mediante qué?; de dónde; ¿cómo?, ¿por qué? *Prājñapyate*: *prājñā*: P. conocer, comprender (esp. una forma o modo de acción), discernir, distinguir, saber sobre, estar familiarizado con (Ac.); averiguar, descubrir, percibir, aprender.

Justamente en el ver, el oír, etcétera, por tanto, justamente en las percepciones sensoriales,

las cosas y los fenómenos han existido antes de que las situaciones ordenadas hayan comenzado, y la realidad en sí ha sido encontrada allí sin basarse en nada más que en la realidad.

En las percepciones sensoriales de ver, oír, etcétera, la realidad se encuentra sin basarse en nada más que en la propia realidad. Tanto si nuestras percepciones sensoriales son perfectas como si no lo son, podemos decir que lo que sentimos es la realidad. Este sentir la realidad sucede, según el Maestro Nāgārjuna, antes de que «las situaciones ordenadas» hayan comenzado a existir. Con las situaciones ordenadas se refiere a los estados mentales que cada uno de nosotros creamos para organizar aquello que percibimos, con el fin de poderlo comprender mejor y manipularlo dentro de nuestra mente.

Verso 4

vināpi darśanādīni yadi cāsau vyavasthitaḥ
amūny api bhaviṣyanti vinā tena na saṃśayaḥ

Asau: N. de *adas*. *Adas*: N. m. f. *asaú* (V. *ásau*), n. *adás*, aquel; un cierto. *Amūni*: n. pl. N. V. Ac. de *amu*. *Amu*: una base pronom. utilizada en la declinación del pron. *adás*, aquel. *Saṃśaya*: m. (ifc. f. *ā*) que se acuesta para descansar o dormir; incertidumbre, indecisión, vacilación, duda de (L. Ac. con *prati*, o comp.).

Aun cuando las percepciones sensoriales tales como ver y demás no existan en absoluto, las cosas y los fenómenos existen en situaciones estables tal y como son.
Esas cosas y fenómenos continuarán existiendo en el futuro, puesto que si no existieran no habría lugar donde pudiéramos descansar plácidamente.

Si no tenemos ninguna percepción, nuestra condición emocional no está despierta de ninguna manera. De modo que las diversas cosas y los fenómenos del mundo existen en una situación estable, y puede esperarse que dicha estabilidad continúe. Si las diversas cosas y los fenómenos del universo no siguieran existiendo en el futuro, su estabilidad tampoco perduraría. Esta situación estable a la que se refiere el Maestro Nāgārjuna es el estrato subyacente de todo el universo. La filosofía budista proclama que todo el universo, inestable como a menudo parece ser, existe como la manifestación de una condición subyacente que es la estabilidad en sí misma. La analogía que se utiliza a menudo es el océano, el cual puede parecer turbio en la superficie, pero cuyo fondo es un estado mucho más abarcante y estable.

Verso 5

ajyate kenacit kaścit kiṃcit kena cit ajyate

kutaḥ kiṃcid vinā kaścit kiṃcit kiṃcid vinā kutaḥ

Aj: empujar, impulsar, arrojar, lanzar. *Kena*: I. ind. (proveniente de *ka*) mediante qué; de dónde; cómo, por qué. *Ka*: *kas*, *kā*, *kim*, pron. interrogativo, quién, cuál, qué. Sin embargo, generalmente *ka* solo se hace indefinido cuando está conectado con las partículas *ca*, *cana*, *cid*, *vā* y *api*. *Kim*: ind. qué, cómo, de dónde, por qué. *Kim* se utiliza mucho como una partícula de interrogación como el lat. *num*, *an*, a veces traducible para realizar una pregunta. En este sentido puede hacerse referencia a *kim* expresando inferioridad, deficiencia, etcétera, al comienzo de compuestos, e.g., *kiṃ rājan*, «¿qué clase de rey?». *Cit*: mfn. ifc. «id.». La adición de una partícula indefinida, normalmente *cit* o *api*, transforma el pron. interrogativo («¿quién?», «¿qué?») en uno indefinido («alguien», «alguno», «unos», «cualquiera», «algunos»). La adición de *na* («no cualquiera», etcétera) da el sánscrito «nadie», «nada», etcétera (Coulson).

Las cosas suceden en función de las cosas y son obligadas a seguir adelante en función de las cosas.
Incluso aunque no haya nada que ver, algo sigue adelante, algo es obligado por algo [más] a seguir adelante a su debido tiempo y algo es producido en alguna parte incluso aunque no haya nada que ver.

Cuando pensamos sobre la situación de este mundo, podemos entender claramente que las cosas y los fenómenos siguen adelante en función de otras cosas y fenómenos. La ley de causa y efecto no tiene excepciones.

Aunque la segunda línea de este verso parezca enrevesada, lo que manifiesta simplemente es que incluso allí donde no podemos percibir directamente, se encuentra dicha ley de causa y efecto.

Verso 6

sarvebhyo darśanādibhyaḥ kaścit pūrvo na vidyate
ajyate darśanādīnām anyena punar anyadā

Sarvebhyaḥ: m. n. pl. D. Ab. de *sarva*. *Ādibhyaḥ*: mfn. pl. D. Ab. de *ādi*. *Ādi*: m. comienzo, empiece; un primogénito, primeros frutos. *Pūrva*: mf(*ā*) n. que está ante o delante de, delantero, primero; oriental, al este de (Ab.); anterior, previo, precedente, previo a, antes de (Ab. o comp.). *Ādīnām*: m. pl. G. de *ādi*. *Punar*: ind. de nuevo, de vuelta, en dirección contraria; nuevamente, una vez más. *Anyadā*: ind. en otro momento; a veces; un día, una vez; en otro caso.

En relación con todo, y en relación con las percepciones sensoriales tales como la vista y demás, es completamente imposible que el instante justo antes sea reconocido en absoluto.
En el caso de su estar en las percepciones sensoriales, tales como ver y demás, o incluso en el caso de su basarse en algo diferente, o en un tiempo distinto, el instante justo antes ya ha seguido adelante.

El instante justo antes de este nunca puede reconocerse o asirse porque es parte del pasado. El pasado, independientemente de cómo sea de inmediato, se ha ido para siempre del universo real. Esta es una noción vital en la filosofía budista. A menudo tendemos a asumir que el pasado y el futuro existen en algún lugar, incluso aunque comprendamos que no podemos ir allí. Sin embargo, la filosofía budista niega esta idea categóricamente.

Verso 7

sarvebhyo darśanādibhyo yadi pūrvo na vidyate
ekaikasmāt kathaṃ pūrvo darśanādeḥ sa vidyate

Ekaikasmāt: Ab. de *ekaika*. *Ekaika*: mfn. uno por uno, individual, todos y cada uno; ind. individualmente, uno por uno. *Ādeḥ*: m. sg. Ab. G. de *ādi*.

En relación con todas las cosas y los fenómenos, el instante justo antes nunca se vuelve el objeto del reconocimiento de las percepciones sensoriales tales como ver y demás.
Apartándose de las cosas y los fenómenos concretos e individuales, ¿cómo es posible que el instante justo antes sea reconocido como algo real en función de las percepciones sensoriales tales como ver y demás?

El instante justo antes del presente nunca puede volverse el objeto del reconocimiento de las diversas percepciones sensoriales. Solo puede ser reconocido por la intuición, de manera que debería asirse relacionándolo con las cosas y los fenómenos concretos e individuales. Esas cosas y fenómenos concretos son los efectos por los cuales podemos reconocer el instante justo antes del presente como causa subyacente.

Verso 8

draṣṭā sa eva sa śrotā sa eva yadi vedakaḥ
ekaikasmād bhavet pūrvaṃ evaṃ caitan na yujyate

Draṣṭā: m. sg. N. de *draṣṭṛ*. *Draṣṭṛ*: m. uno que ve; uno que ve bien. *Śrotā*: mfn. sg. N. de *śrotṛ*. *Śrotṛ*: uno que oye, audición, un oyente. *Vedaka*: mf(*ikā*) n. que hace conocido, anuncio, proclamación; restablecimiento de la conciencia. *Caitan*: *ca+etat*.

La acción, la cual es ver, es justamente la realidad, y la realidad es justamente la acción, la cual es escuchar. En ese caso, la realidad es justo la acción, la cual realiza verdaderamente tal acción.
El instante justo antes puede existir apartándose de cada cosa concreta, y nunca está unido a ningún hecho concreto en absoluto.

La acción humana, que incluye contemplar las cosas y escucharlas, así como las otras percepciones sensoriales, es real. El instante justo antes del presente puede existir independientemente de los hechos concretos porque está separado de estas cosas individuales. Nunca es atrapado por ningún hecho concreto en absoluto. Se ha ido para siempre del universo real, aunque sus efectos permanecerán eternamente.

Verso 9

draṣṭānya eva śrotānyo vedako 'nyaḥ punar yadi
sati syād draṣṭari śrotā bahutvaṃ cātmanāṃ bhavet

Draṣṭānya: *draṣṭā+anya*. *Draṣṭā*: m. sg. N. de *draṣṭṛ*. *Draṣṭṛ*: m. uno que ve; uno que ve bien; uno que examina o decide en una corte de justicia, un juez. *Draṣṭari*: L. de *draṣṭṛ*. *Śrotā*: N. de *śrotṛ*: *śrotṛ*: mfn. uno que oye, audición, un oyente. *Bahutva*: n. riqueza, abundancia, multitud. *Ātmanām*: pl. G. de *ātman*.

Si el ver ha cambiado, el escuchar ha cambiado e incluso lo que ha sido memorizado ha cambiado,
dichos cambios podrían haber ocurrido a partir de los cambios entre el ver y el oír o a partir de la existencia de demasiadas mentes humanas.

Podría ser difícil aceptar la idea del Maestro Nāgārjuna de que el cambio es irreal. Podemos empeñarnos en que sabemos que los cambios son reales porque podemos verlos y percibir que han sucedido, pero aquí dice que estos son el resultado de las diferencias que aparecen dentro de la mente humana entre el instante presente y lo que ha sucedido en el pasado. A pesar de ello, en este momento, en el mismo breve instante en el que realmente vivimos, no hay ningún cambio. «Demasiadas mentes humanas» se refiere a la manera en la que nuestra sociedad refuerza su propio entendimiento común, el cual puede ser incierto.

Verso 10

darśanaśravaṇādīni vedanādīni cāpy atha

bhavanti yebhyas teṣv eṣa bhūteṣv api na vidyate

Ādīni: n. pl. N. V. Ac. de *ādi*. *Yebhyas*: *yebhyaḥ*: m. n. pl. D. de *ya*. *Teṣv*: *teṣu*: m. n. pl. L. de *ta*. *Eṣa*: mfn. ifc. búsqueda; m. acto de buscar o perseguir; deseo, opción; f. deseo. *Bhūteṣu*: pl. L. de *bhūta*. *Bhūta*: mf(*ā*)n. convertido, sido, ido, pasado (n. el pasado); que realmente ha sucedido, verdadero, real (n. una ocurrencia real, hecho, hecho real, realidad); existente, presente.

[Sin embargo,] las percepciones, tales como ver, oír, etcétera, existen justo en el instante presente.
Las cosas y los fenómenos concretos existen en las percepciones sensoriales, y esas cosas y fenómenos nunca pueden encontrarse en el pasado en absoluto.

Las diversas percepciones sensoriales existen solamente en el instante presente. Dentro de estas, se dan las distintas cosas y fenómenos. Como hemos expuesto anteriormente, el budismo no separa los sentidos y sus objetos del modo que lo hacen la mayoría de los filósofos del «sentido común». Dichas cosas y fenómenos nunca pueden existir en el pasado en absoluto porque este no es la realidad. El pasado únicamente existe en la mente.

Verso 11

darśanaśravaṇādīni vedanādīni cāpy atha
na vidyate ced yasya sa na vidyanta imāny api

Ced: ind. (nunca encontrado al comienzo de una frase o verso) = *ca*, «y». *Vidyanta*: m. el fin de un aprendizaje; el fin del conocimiento; mfn. uno que ha dominado completamente su profesión. *Imāni*: n. pl. N. Ac. de *ima*. *Ima*: la base de algunos casos del pron. demostrativo *idam*. *Idam*: (un tipo de neutro de la base pronom. *i* con *am*) esto, esto de aquí, referente a algo cerca del hablante; conocido, presente.

Las percepciones sensoriales, tales como ver, oír, etcétera, existen justo en el instante presente.
Si es imposible que reconozcamos situaciones reales como estas, también es imposible que las cosas y los fenómenos del mundo sean percibidos en absoluto.

Las percepciones sensoriales siempre existen justo en el instante presente. Si no se puede reconocer esta situación real, es completamente imposible que las diversas cosas y fenómenos del mundo sean percibidos.

Verso 12

prāk ca yo darśanādibhyaḥ sāṃprataṃ cordhvam eva ca
na vidyate 'sti nāstīti nivṛttās tatra kalpanāḥ

Prāk: ind. antes (en el lugar u orden o tiempo) mfn. hacia o dirigido hacia delante, que está enfrente, que está de cara a, frente a; que recorre del oeste al este, tomado longitudinalmente; duradero, largo (como la vida); previo, anterior, antiguo. *Ādibhyaḥ*: mfn. pl. D. Ab. de *ādi*. *Sāṃprata*: mfn. razonable, adecuado, propio, correcto; que pertenece al momento presente, presente (no pasado ni futuro); ind. adecuadamente, apropiadamente; actualmente, ahora. *Cordhva*: *ca+urdhva*. *Urdhva*: *ūrdhva*: mf(*ā*)n. que sube o tiende a subir, alzado, elevado, erigido, erecto, erguido, izado, arriba; n. altura, elevación; algo colocado arriba o más alto; ind. hacia arriba, hacia la parte superior. *Nirvṛttāḥ*: f. sg. Ab. G. de *nirvṛtti*. *Nirvṛtti*: mfn. que no tiene ocupación, indigente. *Kalpanāḥ*: m. n. pl. N. V. de *kalpna*. *Kalpana*: mfn. formación, configuración, elaboración, realización; «que se forma en la imaginación, invento», composición de un poema.

Antes de que las cosas y los fenómenos sean percibidos por las funciones sensoriales tales como ver, oír, etcétera, algún tipo de condiciones muy estables ya se ha establecido.
No está claro si tales condiciones son la realidad o no son la realidad, pero algo que todavía no está exactamente claro ya se ha establecido.

Las cosas y los fenómenos que se manifiestan delante de nosotros pueden ser claramente reconocidos por la vista, el oído, etcétera, pero justo antes del instante presente, ya se han establecido condiciones muy estables. Se establecieron como el instante presente que realmente sucedió justo antes de este. Puede que no conozcamos si esas situaciones son la realidad en sí o no, pero podemos darnos cuenta claramente de que algo que de alguna manera está poco claro ya se ha establecido. De este modo, podemos basarnos en el hecho de que hubo un instante justo antes de este, incluso aunque nunca podamos comprender qué era verdaderamente.

Capítulo 10

Agnīndhana parīkṣā

(Estudio de la fusión del fuego y la combustión)

Agni: m. fuego. *Indhana*: n. leña, iluminación; combustible; madera, hierba, etcétera, utilizado con este propósito.

En este capítulo, el Maestro Nāgārjuna utiliza el fuego como una metáfora y un ejemplo concreto para examinar el método budista de la consideración lógica. En su época, al igual que para nosotros ahora, el fuego era algo importante y cotidiano. La intención del Maestro Nāgārjuna siempre es ser tan concreto, directo y accesible como le sea posible. Aquí explica la existencia de dos ideas en relación con el fuego. Una es el concepto abstracto del fuego –el fuego como pensamiento o imagen– y la otra, el concepto científico de la combustión –el fuego como oxidación química en el mundo material–. Propone que en el mundo real esos conceptos no existen verdaderamente. Lo que se produce en realidad es el hecho concreto de la llama, la cual es diferente de cada uno de dichos conceptos. En el presente capítulo, utilizaré estos términos para indicar las tres fases: el fuego representará la fase abstracta; la combustión, la concreta, y la llama, la real.

En el budismo confiamos en la existencia real del mundo. La realidad que experimentamos es difícil de explicar con palabras, de modo que los pensadores budistas a menudo expresan su visión de la realidad como «algo inefable». Esta inefabilidad no se limita a nuestra consideración intelectual: interviene aun cuando examinamos algo tan básico como el fuego.

En el capítulo 6 abordamos las cuatro fases de la filosofía budista del Maestro Dogen. En este, podemos ver incluso más claramente cómo el Maestro Nāgārjuna le precedió en el uso de un método similar para examinar la naturaleza de la realidad.

Pienso que la intención principal del capítulo 10 del *MMK* es la de sintetizar la idea de «resultado» (la cual simboliza los conceptos abstractos de la filosofía intelectual) con la acción en el instante presente (que representa el concepto de lo real). Es muy raro, tal vez incluso imposible, encontrar en las filosofías europea y americana esta comprensión de la brecha entre la filosofía intelectual y la filosofía práctica. De hecho, esta puede ser una idea particular del budismo incluso dentro de la filosofía oriental.

****

Verso 1

yad indhanaṃ sa ced agnir ekatvaṃ kartṛkarmaṇoḥ
anyaś ced indhanād agnir indhanād apy ṛte bhavet

Ced: ind. (nunca encontrado al comienzo de una frase o verso) = *ca*, «y»; «cuando» (estando el verbo acentuado); «si» (estando el verbo acentuado). *Kartṛkarmaṇoḥ*: du. G. L. de *kartṛkarmaṇi*. *Kartṛ*: mfn. que lleva a cabo cualquier acción o asunto particular, que se aplica a cualquier ocupación (el asunto u ocupación anterior en el comp.). *Karmaṇi*: mfn. que está en la acción o conectado con ella. *Ṛte*: m. n. sg. L. de *ṛta*. *Ṛta*: mf(*ā*)n. reunido con, afectado por (con I.); propio, correcto, adecuado, apto, apropiado, capaz, valiente, honesto; venerado, respectado, iluminado, luminoso.

Cuando lo que se ha llamado combustión es justamente el fuego, la unicidad entre estos dos es lo mismo que la fusión de conducta y acción. Y si fuera posible que el fuego saliera de la combustión, el fuego podría existir separadamente en verdad.

Nosotros, los seres humanos, tenemos la habilidad de distinguir la idea del fuego como una cosa abstracta de la idea de la combustión como una explicación científica para el hecho del fuego. Sin embargo, la realidad de la llama real es algo completamente distinta de tales distinciones. Lo que llamamos una llama real es cuando la combustión y el fuego están fundidos en uno ante nuestros ojos. El Maestro Nāgārjuna equipara esto con la fusión de la conducta y la acción, la cual mencionó anteriormente. Si creyéramos que el fuego podría estar separado de la combustión, estaríamos imaginando una situación absurda. Sin embargo, si examinamos cómo funciona nuestra mente, a menudo encontramos dichas absurdidades.

Verso 2

nityapradīpta eva syād apradīpanahetukaḥ
punarārambhavaiyarthyam evaṃ cākarmakaḥ sati

Nitya: mf(*ā*)n. innato, nativo; uno mismo (op. a *araṇa*); continuo, perpetuo, eterno; ordinario, común, invariable. *Pradīpta*: mfn. encendido, inflamado, quemado, brillante; agitado, estimulado; claro, agudo. *Apradīpana*: *a+pradīpana*. *Pradīpana*: mfn. inflamable, estimulante; n. el acto de quemar o inflamar. *Hetuka*: mf(*ī*)n. (solamente ifc.) que causa, que efectúa; causado o efectuado o condicionado por; destinado a; m. una causa, instrumento, agente; un lógico; nombre de un asistente de; de Buddha; de un poeta. *Ārambha*: m. realización, comienzo; una cosa comenzada, comienzo, origen, inicio. *Vaiyarthya*: n. inutilidad. *Akarmaka*: mfn. (en gr.) intransitivo; sin objetivo (Mac.).

Un concepto abstracto como una luz eterna podría ser muy diferente de la situación real de una luz que arde concretamente.
Puede ser mucho más realista que veamos dicho discurso abstracto como impropio, [y] puede ser algo vergonzoso para nosotros comenzar [ese discurso].

Muchos de los que creemos que son conceptos fundamentales, tales como la idea de una luz eterna o cualquier otra abstracción que tomemos por cierta, pueden ser muy distintos de la realidad concreta que se halla ahora delante de nosotros. Por tanto, no es tan valioso desarrollar este tipo de pensamientos fantásticos como si fueran algo fundamental. Si nos esforzáramos en buscar la llamada luz eterna o cualquier otra abstracción, podría ser la búsqueda de algo completamente inútil. Sería como no hacer nada.

Verso 3

paratra nirapekṣatvād apradīpanahetukaḥ
punarārambhavaiyarthyaṃ nityadīptaḥ prasajyate

Paratra: ind. en otra parte, en otro lugar, en un estado o mundo futuro, en otra vida. *Nirapekṣa*: mf(*ā*)n. independientemente de, indiferente a, independiente de (L. o comp.); sin deseo, despreocupado, indiferente, desinteresado. *Apradīpana*: *a+pradīpa+na*. *Pradīpa*: m. una candela, lámpara, linterna. *-Na*: m. n., *nā* f.: además de formar normalmente participios pasados pasivos, también forma adjetivos y sustantivos. *Dīpta*: mfn. ardiente, en llamas, caliente, luminoso, resplandeciente, brillante, esplendoroso. *Prasajyate*: pas. de *prasañj*: apegarse, aferrarse, dedicarse a o pretender o estar ocupado con (L.).

En otro caso, si desecháramos nuestra mente de la indiferencia, podría ser razonable que pensáramos que la luz [real] no es existencia.
En este caso, también comenzaríamos lo que no es útil: la idea de una luz eterna está demasiado apegada a una idea abstracta.

Tomando una actitud completamente diferente de la del verso 2, si desecháramos nuestra actitud indiferente sobre el problema, podría ser tan razonable para nosotros pensar que la luz real no existe como buscar una abstracción tal como la luz eterna. La idea de que el mundo que experimentamos cada día es irreal aparece a menudo en las filosofías nihilistas y en los pensamientos idealistas. Estos proponen que el mundo en el que vivimos es menos real que abstracciones tales como el concepto de cielo. Sin embargo, según el Maestro Nāgārjuna, la inclinación que tenemos hacia esos problemas filosóficos es como nuestro interés por el concepto abstracto de la combustión separado de la llama real. En última instancia, estas ideas son inútiles si queremos asir la verdadera naturaleza de la realidad. También es una actitud apegada en nosotros el tener anhelos de ensueño de la luz eterna. Una actitud apegada es aquella muy querida para nuestro sentido del sí mismo, pero no muy útil en la realidad.

Verso 4

tatraitat syād idhyamānaṃ indhanaṃ bhavatīti cet
kenedhyatām indhanaṃ tat tāvanmātram idaṃ yadā

Tatraitasmāt: *tatra+etat*. *Tatra*: ind. utilizado para el L.; en ese lugar, allí (en comp.); cuando, en eso, en ese caso, en esa ocasión, bajo esas circunstancias, entonces, por tanto. *Etat*: *eta+t*. *Eta*: mf(*ā* y *enī*)n. «que se precipita», «que corre»; multicolor, que varía el color, luminoso, brillante. *Idhyamānaṃ*: p. pres. pas. de *idh*. *Idh*: *inddhe*, Ā. encender; pas. *indhyate*: ser encendido, llama (Mac.). *Cet*: *ced*: ind. (nunca encontrado al comienzo de una frase o verso) = *ca*, «y»; «cuando»; «si» (estando el verbo acentuado); «si» (estando el verbo acentuado). *Kenedhyatām*: *kena+idhya+tām*. *Kena*: I. de *ka*, ind. mediante qué; de dónde; cómo, por qué. *Idhyatām*: *idh+ya+tām*. *Tāvanmātra*: mf(*ī*)n. tanto, tantos; (*e*) L. ind. en esa distancia. *Yadā*: ind. (proveniente de *ya*) cuando, en qué momento, cuandoquiera.

Incluso en función de cualquier método, es completamente imposible que la combustión cree combustión, y en dicha situación las muchas cosas y fenómenos pueden ser el mundo en sí mismo.
El mundo puede estar quemándose continuamente, y puede ser posible que exista la quema.

Sería posible decir que alguna forma de quema real sucede y continúa, por ejemplo, al encender un fuego o una lámpara. Este hecho real sugiere que algún tipo de combustión existe verdaderamente. Esa sería una explicación adecuada del fenómeno real. Sin embargo, el Maestro Nāgārjuna insiste en que no hay ningún método o situación en el cual la combustión cree combustión. Esta aparentemente absurda frase simplemente quiere decir que nuestra idea de combustión y la combustión real son cosas absolutamente distintas. Cuando asimos esto, podemos reconocer las diversas cosas y fenómenos que encontramos en cada momento como el mundo real en sí mismo.

Verso 5

anyo na prāpsyate 'prapto na dhakṣyaty adahan punaḥ
na nirvāsyaty anirvāṇaḥ sthāsyate vā svaliṅgavān

Anya: otro, distinto; aparte de, diferente de, opuesto a (Ab. o en comp.). *Prāp*: lograr, alcanzar, llegar a, encontrarse con, encontrar; obtener, recibir, padecer; sufrir. *Aprapta*: *a+prapta*. *Prapta*: *prāpta*: mfn. alcanzado, logrado, llegado a, encontrado con, encontrado, padecido, obtenido, adquirido, ganado. *Dhakṣyati*: fut. de *dah*. *Dah*: P. quemar, consumir por el fuego, chamuscar, asar; cauterizar; consumir, destrozar por completo. *Adahan*: *a+dah+an*. *-An*: sustantivos agentes masculinos y unas pocas bases neutras poco comunes. *Nirvāsyati*: fut. de *nirvā*. *Nirvā*: P. soplar (como el viento); dejar de soplar, ser apagado o extinguido; estar despejado o refrescado o emocionado. *Anirvāṇa*: mfn. no extinguido. *Sthā*: P. Ā. mantenerse, mantenerse firme, colocarse, reposar, sostenerse sobre. *Svaliṅga*: mfn. que preserva (su) propio género gramatical. *Vān*: m. pl. Ac. de *va*. *-Va*: sf. pri. adj.; m. sus. (*SGFS*.).

Puede ser imposible que lo que aún no haya sido realizado sea estimado como que ya ha sido realizado, y puede ser imposible que aquello que no puede ser realizado tenga la posibilidad de ser realizado.

Aquello que no puede extinguirse nunca puede ser extinguido en absoluto, y un género gramatical se mantendrá tal y como es para siempre.

Las cosas que no han sido realizadas nunca pueden considerarse como si lo estuvieran. Esto puede parecer muy simple, pero a menudo nos perdemos en las situaciones hipotéticas que creamos en nuestros cerebros, y las tomamos por reales. El Maestro Nāgārjuna señala que cuando aquello que es diferente de nuestro objetivo original se ha realizado, nunca puede decirse que el objetivo original se haya producido. Cuando examinamos honestamente nuestras vidas, podemos ver que nunca realizamos de manera exacta lo que pretendíamos porque no somos capaces de anticiparnos con una precisión real a la situación real que se encuentra en el futuro. Al mismo tiempo, el Maestro Nāgārjuna insiste en que no hay ninguna posibilidad de que aquello que no puede ser destruido se destruya en el futuro. Esto es una referencia al instante presente, la única realidad verdadera. El instante presente continúa durante toda la eternidad. El verso finaliza con una referencia a la manera que en sánscrito, al igual que en otras lenguas, cada nombre tiene un género específico invariable. La frase sugiere que ninguno de estos conceptos –el fuego, la combustión y la llama– puede cambiar su significado original. «El fuego» es el fuego; «la combustión», la combustión, y «la llama», la llama. Por tanto, decir que estas palabras no pueden cambiar sus géneros gramaticales originales significa que los conceptos permanecen constantes. El Maestro Nāgārjuna continuará con esta referencia en el siguiente verso.

Verso 6

anya evendhanād agnir indhanaṃ prāpnuyād yadi
strī saṃprāpnoti puruṣaṃ purṣaś ca striyaṃ yathā

Prāpnuyāt: 3.ª pers. sg. opt. 2.ª conj. de *prāp*. *Prāp*: alcanzar, lograr, llegar a, encontrarse con, encontrar; recibir, obtener. *Strī*: f. una mujer, hembra, esposa. *Saṃprapnoti*: *saṃprāp*: P. alcanzar o lograr plenamente, llegar a, llevar a cabo, realizar; conseguir, obtener, adquirir. *Puruṣa*: m. un hombre, varón, ser humano (pl. gente, humanidad); una persona. *Striyam*: sg. Ac. de *strī*.

Sin embargo, cuando el fuego se aísla de la combustión, incluso la combustión se ha apartado de su perfecta condición original.
El género femenino [la combustión] puede incluir al género masculino [el fuego], y el género masculino [el fuego] puede incluir al género femenino [la combustión] dentro.

Aquí, el Maestro Nāgārjuna amplía la referencia a las palabras de género específico en sánscrito, utilizando el género femenino para representar el término *combustión* (que es femenino en sánscrito) y el género masculino para representar el vocablo masculino *fuego*. Podemos separar cognitivamente el concepto abstracto del fuego de la reacción química de la combustión, pero al hacerlo, la combustión también quedará separada de la realidad de la fusión de la combustión y el fuego. En la situación real, la combustión incluye al fuego y el fuego incluye a la combustión.

Verso 7

anya evendhanād agnir indhanaṃ kāmam āpnuyāt
agnīndhane yadi syātām anyonyena tiraskṛte

Kāmam: ind. (Ac. de *kāman*) según la voluntad o el deseo, según la tendencia, agradable al deseo, a voluntad, libremente, voluntariamente. *Āpnuyāt*: 3.ª pers. sg. opt. 2.ª conj. de *āp*. *Āp*: lograr, alcanzar, encontrarse con, sentirse; obtener, ganar, tomar posesión de. *Ām*: ind. una interjección de aprobación o recuerdo. *Anyonya*: uno a otro, mutuo. *Tiraskṛta*: mfn. oculto; eclipsado; excedido; censurado, denostado, despreciado.

En otro caso, si el fuego se ha apartado de la combustión, puede ser posible que la combustión tome la posición que prefiera.

Sin embargo, cuando el fuego y la combustión se han fundido en uno –¡ajá!–, podrían ocultarse el uno dentro del otro como una fusión perfecta sin percatarse de esta fusión.

Si el fuego fuera separado de la combustión, la combustión también podría separarse del fuego. En tal caso, como señala el Maestro Nāgārjuna, sería posible que tomaran cualquier posición que quisieran. En otras palabras, siempre podemos imaginar lo que queramos, pero la realidad es solo una. Expresando su relación de una manera poética podría decirse que en el mundo real donde el fuego y la combustión existen completamente dentro de una fusión mutua, nunca pueden percatarse el uno del otro.

Verso 8

yadīndhanam apekṣyāgnir apekṣyāgniṃ yadīndhanam
katarat pūrvaniṣpannaṃ yad apekṣyāgnir indhanaṃ

Apekṣya: *apekṣaṇīya*: mfn. ser considerado o apreciado; ser buscado o esperado; ser deseado o requerido; deseable. *Apekṣya*: ind. p. respecto o en referencia a. *Katarat*: *katara+t*. *Katara*: mfn. qué o cuál de los dos, ya sean los dos. *Katara* puede utilizarse ocasionalmente para expresar «qué o cuál de muchos». -*T*: sf. determinativo. *Niṣpanna*: mfn. salido o brotado, surgido, descendiente de (Ab., raramente I.); llevado a cabo, efectuado, ocurrido, completado, finalizado, listo.

La existencia de la combustión es el reconocimiento de la llama, y el reconocimiento de la llama crea la combustión.
Antes de que tanto la combustión como el fuego se manifiesten, está el hecho de nuestra habilidad para reconocer la llama concreta, y, por tanto, la creación de la combustión simplemente es para que reconozcamos el fuego tal y como es.

Solamente nuestra verdadera habilidad para reconocer la existencia de la llama real nos permite elaborar distintas teorías sobre la combustión o diversas ideas sobre el fuego como concepto. Así, podemos decir que este darse cuenta de la existencia de la llama real crea la combustión, puesto que, de lo contrario, nuestra explicación teórica no podría haber existido. La creación de nuestras teorías en relación con la combustión es meramente secundaria para nuestro reconocimiento de la llama. Por supuesto, lo mismo es cierto para cualquier otra cosa sobre la que hayamos construido explicaciones teóricas. Cuando se expone así parece bastante obvio, pero si prestamos atención a nuestro propio proceso mental, veremos que a menudo desconocemos este simple hecho. La parte final del verso sugiere que la creación de la combustión nos permite reconocer la llama. En otras palabras, debido a nuestras teorías acerca de la combustión tenemos alguna idea de lo que es el fuego y podemos conceptualizarlo de manera realista. Sin embargo, ni siquiera dicha conceptualización realista es lo mismo que la llama real. Idéntica idea se aplica a cualquier ámbito de nuestra experiencia.

Verso 9

yadīndhanam apekṣyāgnir agneḥ siddhasya sādhanam
evaṃ satīndhanaṃ cāpi bhaviṣyati niragnikam

Agneḥ: m. sg. Ab. G. de *agni*. *Siddha*: mfn. realizado, cumplido, efectuado, ganado, adquirido; perfeccionado, hecho perfecto. *Sādhana*: mf(*ī* o *ā*)n. que conduce directamente a un objetivo, que guía bien, que fomenta; efectivo, eficiente, productivo (comp.); f. logro, realización. *Niragnika*: mfn. que no tiene fuego (consagrado).

Si es cierto que la combustión es justamente el reconocimiento de la existencia del fuego, podemos decir que la sustancia real podría existir en el fuego mismo.

Aunque la combustión real exista realmente aquí y ahora, puede darse el simple hecho de que el fuego no exista verdaderamente en algún lugar concreto o en algún tiempo concreto del futuro.

Nos percatamos de la existencia de la combustión contemplando la llama. El hecho real de la existencia del fuego se da en el hecho concreto de que estamos verdaderamente contemplando la llama en sí. Solamente podemos hablar del concepto abstracto del fuego debido a nuestra experiencia real de la llama. Incluso en el caso en el que una combustión real exista verdaderamente delante de nosotros, podemos suponer la posibilidad de un lugar o un tiempo concreto donde no haya combustión. Esto, también, puede parecer tan obvio como para creer que no merece la pena indicarlo. Sin embargo, el Maestro Nāgārjuna quiere que nos demos cuenta de que nuestros cerebros trabajan de este modo, sin percatarnos en absoluto del proceso la mayoría del tiempo. Que estemos constantemente perdidos en dichos procesos mentales puede llevarnos a una gran confusión y a la incapacidad de darnos cuenta de los hechos reales concretos de nuestras vidas tal y como son realmente.

Verso 10

yo 'pekṣya sidhyate bhāvas tam evāpekṣya sidhyati
yadi yo 'pekṣitavyaḥ sa sidhyatāṃ kam apekṣya kaḥ

Sidh: ser realizado o completado o efectuado o establecido, tener éxito, triunfar. *Apekṣitavya*: *apekṣaṇīya*: mfn. ser considerado o apreciado; ser buscado o esperado; ser deseado o requerido; deseable. *sidhyatām*: 3.ª pers. du. impf. pas. de *sidh*.

Lo que es verdaderamente considerado como sustancia real es la existencia, y dicha existencia es realizada justamente en función de lo que es realizado.

Si aquello que es considerado es justamente la existencia real, ¿qué es de hecho lo que realmente está delante de nosotros?

El Maestro Nāgārjuna solamente considera como auténticamente real la existencia verdadera, pero lo que comúnmente se llama «existencia» es algo completamente distinto. En nuestros cerebros se han producido diversos conceptos de existencia, pero estos se hallan solo como una idea. ¿Qué es –pregunta en la segunda línea del verso– esta realidad que existe delante de nosotros? Esta actitud cuestionadora pretende destacar la inefabilidad incluso de las cosas reales que sabemos que existen. Aunque sean parte de nuestra experiencia inmediata, no podemos expresarlas adecuadamente con palabras o ideas.

Verso 11

yo 'pekṣya sidhyate bhāvaḥ so 'siddho 'pekṣate kathaṃ
athāpy apekṣate siddhas tv apekṣāsya na yujyate

Asiddha: mfn. imperfecto, incompleto; no logrado, no efectuado; no probado. *Apekṣ*: mirar a otro lado, mirar alrededor; tener algún plan; tener en cuenta, respetar; buscar, esperar; aguardar, tener fe; requerir, echarle un ojo a. *Athāpi*: ind. tanto más; además; por tanto; por consiguiente. *Tv*: *tu* (nunca encontrado al comienzo de una frase o verso) ¡ruega!, suplico, haz, ahora, entonces; pero (también con *eva* o *vai* a continuación). *Apekṣā*: f. miramiento, consideración de, referencia, consideración hacia (en comp. raramente L.); dependencia de, conexión de causa y efecto o de un individuo con la especie; búsqueda, expectación, esperanza.

Basándonos en el hecho de que tenemos interés por algo, a lo que se hace concreto se lo llama «existencia», y por eso puede ser imposible que lo que no se haya creado se vuelva algo interesante.
En dicha situación, incluso lo que ya se ha realizado no es considerado como aquello que se acepta como interesante.

Basándonos en el hecho de que tengamos algún tipo de interés por algo, eso se volverá una existencia para nosotros. Esta línea pretende destacar que no nos percatamos realmente de la mayoría del mundo que nos rodea. Sin embargo, no hay ninguna posibilidad de que aquello que no se haya llevado a cabo como real se vuelva el objeto de nuestro interés en absoluto. No podemos percatarnos de lo que no es real, incluso aunque su realidad consista solamente en su existencia como una idea o concepto. En dicha situación, solo se produce el simple hecho de reconocer las cosas y los fenómenos, los cuales no dependen de ninguna clase de apego en absoluto. En otras palabras, tanto si nos gusta la realidad como si no, ella es nuestra verdadera existencia y experiencia.

Verso 12

apekṣyendhnam agnir na nānapekṣyāgnir indhanaṃ
apekṣyendhanam agniṃ na nānapekṣyāgnim indhanaṃ

Anapekṣa: mfn. insensible, despreocupado; indiferente; imparcial; sin tener en cuenta a; irrelevante; f. indiferencia, despreocupación; ind. independientemente, sin cuidado.

El hecho de que la combustión se haya reconocido es el significado del fuego, y el significado de la combustión no es su indiferencia hacia el fuego.
No tener consideración por la combustión no quiere decir el fuego, y ser indiferente hacia el fuego no quiere decir la combustión.

Reconocer el hecho de la combustión es reconocer el hecho de la llama. Todas las cosas y los fenómenos del universo tienen un aspecto material y otro de significado. Podemos decir que nuestras diversas teorías sobre la combustión son lo que podríamos llamar el aspecto del «significado» del fuego. Este aspecto del significado dentro del universo es distinto de nuestras diversas ideas y construcciones mentales. La indiferencia hacia el fuego no quiere decir la combustión. En otras palabras, la combustión –el aspecto del significado del fuego– no existe como algo separado del fuego, y al revés –la indiferencia hacia la combustión no quiere decir el fuego–. Es decir, el fuego en su aspecto material nunca existe sin su aspecto como significado, el cual el Maestro Nāgārjuna representa aquí con la palabra *combustión*. Todo esto ilustra que nunca podemos separar lo que se experimenta –en otras palabras, el universo– de aquello que experimenta –esto es, nosotros–.

Verso 13

āgacchaty anyato nāgnir indhane 'gnir na vidyate
atrendhane śeṣam uktaṃ gamyamānagatāgataiḥ

Āgacchati: *āgama*: llegar, hacer la aparición de uno, ponerse cerca de (Ab.), llegar a, lograr, alcanzar. *Anyato*: *anyatas*: f. diferencia. *Atra*: ind. de esta manera, a este respecto; en este lugar, aquí; en este momento; por tanto; entonces. *Śeṣa*: m. n. resto, aquello que queda o se deja, despojo, residuo (pl. «todos los otros»). *Ukta*: mfn. pronunciado, declarado, hablado.

> **Lo que es distinto de lo de arriba no llega como el fuego, y no es cierto que el fuego se encuentre dentro de la combustión.**
> **En ese campo, podemos comprender incluso las explicaciones de los problemas relacionados con la combustión basándonos en la misma teoría que explicaba el problema sobre la base de [el reconocimiento de] «ir», [la memoria de] «haber ido» y [la suposición de] «no haber ido».**

Las condiciones que son distintas de los ejemplos expuestos anteriormente no se manifiestan como una llama concreta. Esto quiere decir que la llama siempre tiene el aspecto del significado y el de su existencia material. Al mismo tiempo, la forma concreta de la llama no se manifiesta dentro de la explicación científica de la combustión. La diferencia entre la explicación científica de la combustión y la llama concreta puede expresarse usando la teoría de las diferencias dimensionales entre el reconocimiento de ir, la memoria de haber ido y la suposición de no haber ido, y la acción real en el mundo real, la cual fue explicada en el capítulo 2.

Verso 14

indhanaṃ punar agnir na nāgnir anyatra cendhanāt
nāgnir indhanavān nāgnāv indhanāni na teṣu saḥ

Anyatra: ind. en otra parte, en otro lugar (con Ac.); en otra ocasión; (ifc.) en otro momento distinto de; de otra manera, de otro modo; a otro lugar; excepto, sin. *Indhanavān*: *indhana+vān*. *Vān*: f. pl. Ac. de *va*. *Va*: (solamente L.) m. aire, viento, brazo; el océano, agua; dirigirse; una morada. *Agnāv*: *agnā+au*. *Agnā*: m. sg. I. de *agni*. *Au*: ind. una interjección; una partícula para dirigirse; llamada; prohibición; comprobación. *Teṣu*: m. n. pl. L. de *ta*.

> **La combustión no es lo mismo que la llama; sin embargo, no es cierto que la llama exista en un lugar distinto apartándose de la combustión. Una llama no es la imitación de la combustión, y tampoco es cierto que la combustión sea lo mismo que las cosas individuales concretas.**

La reacción química llamada combustión no es lo mismo que la llama real. Simplemente es una explicación teórica de un fenómeno, y no el fenómeno en sí. Sin embargo, la llama no existe separadamente de la combustión. En otras palabras, nuestras teorías en relación con la combustión son ciertas, aunque debamos admitir sus limitaciones. La llama no es la imitación de la combustión. La llama real existe, y las teorías sobre la combustión apenas explican este fenómeno –no lo crean–. La combustión no es lo mismo que las cosas individuales. Como una explicación teórica, se mantiene al margen de aquello que explica.

Verso 15

agnīndhanābhyāṃ vyākhyāta ātmopādānayoḥ kramaḥ
sarvo niravaśeṣeṇa sārdhaṃ ghaṭapaṭādibhiḥ

Agnīndhanābhyām: mfn. du. I. D. Ab. de *agnīndhana*. *Vyākhyāta*: mfn. explicado, completamente detallado, relatado, dicho. *Ātma*: por *ātman* en comp. *Ātmoupādānayoḥ*: n. du. de G. L. de *ātmoupādāna*. *Upādāna*: n. el acto de tomar para uno mismo, apropiación para uno mismo; percepción, reconocimiento, aprendizaje, adquisición (de conocimiento). *Krama*: m. un paso; marcha, proceder, recorrido; método, manera. *Niravaśeṣa*: mfn. sin un residuo, completo, todo; ind. completamente, totalmente, plenamente. *Sārdha*: mf(*ā*)n. unido a una mitad, la mitad más, aumentado en la mitad, que tiene la mitad más. *Ghaṭa*: mfn. altamente ocupado con (L.); m. una jarra, jarrón, tinaja. *Paṭādibhiḥ*: m. pl. I. de *paṭādi*. *Paṭa*: m. paño tejido, tela, una manta; un trozo de tela pintado, una pintura.

La verdadera llama, la cual es la fusión del fuego y la combustión, puede explicarse como la continuidad de la fusión real entre la consideración conceptual y la percepción sensorial.
Todas las cosas y los fenómenos incluyen mucho más contenido real de lo que puede ser visto, y se basan en sustancias mucho más complejas, las cuales son similares a la textura de un paño tejido.

La llama concreta real es la fusión del aspecto del significado del fuego, el cual puede comprenderse ligeramente mediante la consideración mental del cerebro, y la reacción química llamada combustión. Por ello puede decirse que es una entidad real perfectamente fusionada. Todas las diversas cosas y fenómenos se manifiestan en sus formas perfectamente fusionadas, de manera que nos muestran más del cien por cien de la existencia real. En otras palabras, todo lo que encontramos en nuestra vida tiene una complicada estructura insondable similar a la compleja textura de un paño sutilmente tejido. La ciencia ya ha comenzado a descubrir esto. Por ejemplo, ahora se sabe que la luz contiene colores tales como el ultravioleta y el infrarrojo, invisibles para los ojos humanos. El budismo acepta esta idea, pero la lleva mucho más lejos.

Verso 16

ātmanaś ca satattvaṃ ye bhāvānāṃ ca pṛthak pṛthak
nirdiśanti na tān manye śāsanasyārthakovidān

Ātmanaśca: *ātmanaḥ+ca*. *Ātmanaḥ*: m. pl. Ac. de *ātman*. *Ātman*: m. (de diversas formas derivado de *an*, respirar; *at*, moverse; *vā*, soplar) el aliento; el alma, principio de la vida y la sensación; el alma individual, el sí mismo, individuo abstracto. *Pṛthak*: ind. muy separado, separadamente, de manera diferente, individualmente, diversamente, uno por uno (a menudo repetido). *Nirdiś*: señalar a (Ac.), mostrar; asignar algo a, destinar a (D. o G.); indicar, declarar, nombrar. *Tān*: m. pl. Ac. de *ta*. *Manye*: D. de *manya*. *Manya*: mfn. (ifc.) pensar que uno mismo es, pasar por, aparecer como. *Śāsana*: mf(*ī*)n. que castiga, un castigador, penalizador; enseñanza, educación, una instrucción; n. castigo, penalización, corrección. *Artha*: *as*, *am*, m. n. objetivo, propósito; causa, motivo, razón. *Kovida*: mf(*ā*)n. experimentado, cualificado, docto en (L. G.).

> **Los pensamientos y la realidad concreta existen en las cosas y los fenómenos y, al mismo tiempo, también son cosas concretas individuales. Los pensamientos y las cosas concretas no siempre muestran su propia realidad como cosas y fenómenos exactamente como son, pero vosotros [que no confiáis en el budismo] hacéis esfuerzos continuamente por destruir por completo el significado y el valor de esas cosas y fenómenos.**

Hay numerosas sustancias y cosas reales y fenómenos en el mundo real. Desde el punto de vista budista, la totalidad de la existencia reside en todas y cada una de las cosas y los fenómenos individuales, los cuales, sin embargo, también existen independientemente como cosas y fenómenos concretos. Puede que a menudo no nos demos cuenta de la verdadera naturaleza de estos. Al negar que la verdadera naturaleza de aquello con lo que nos encontramos pueda estar más allá de nuestra comprensión consciente, estamos haciendo realmente un enérgico esfuerzo por destruir el verdadero significado de nuestras propias vidas.

Capítulo 11

Pūrvāparakoṭi parīkṣā

(Estudio de la terminación del comienzo y el fin)

Pūrva: mf(*ā*)n. que está ante o delante de, delantero, primero; oriental, al este de (Ab. o comp.); anterior, previo, precedente, previo a, antes de (Ab. o comp.). *Apara*: mfn. que no tiene nada más allá o después, que no tiene rival o superior. *Koṭi*: f. el final curvo de un arco o de unas garras, etcétera, final o parte superior de algo, filo o punta (de una espada), cuernos o cúspide (de la luna).

El nacimiento es el comienzo de la vida, y la muerte, su final. Normalmente celebramos el nacimiento como una ocasión jubilosa y lloramos la muerte como algo trágico, pero si queremos estar equilibrados en cuerpo y mente, es necesario pensar tanto en la vida como en la muerte desde la perspectiva de la filosofía budista. Según esta, no es apropiado ser muy optimista ni muy pesimista, puesto que ambas actitudes se basan en puntos de vista demasiado idealistas o excesivamente materialistas. En el presente capítulo, se tratan el momento del comienzo y el momento del fin –nacimiento y muerte– desde el punto de vista budista.

****

Verso 1

pūrvā prajñāyate koṭir nety uvāca mahāmuniḥ
saṃsāro 'navarāgro hi nāsyādir nāpi paścimam

Pūrvā: f. que está antes o enfrente, anterior, primero; ind. delante, antes. *Prajñā*: saber, comprender (esp. una forma o modo de acción), discernir, distinguir, saber sobre, estar familiarizado con (Ac.); averiguar, descubrir, percibir, aprender. *Neti*: *na+iti*. *Uvāca*: pf. de *vac*. *Vac*: hablar, contar, decir, pronunciar, anunciar, declarar, mencionar, proclamar, recitar, describir. *Mahāmuni*: m. un gran *muni* o sabio, nombre de un *buddha* o *jina*. *Saṃsāra*: m. ir o vagar por, experimentar la transmigración; trayecto, pasaje, paso por una sucesión de estados, recorrido de la existencia mundana, transmigración, metempsicosis, el mundo, vida secular, ilusión mundana. *Anavara*: mfn. no inferior; excelente. *Agra*: mfn. principal, anterior, primero, destacado, prominente, mayor, mejor. *Nāsya*: n. el cordón de la nariz (de un buey de tiro, etcétera). *Paścima*: mf(*ā*)n. que está detrás, oculto, subsiguiente, último, final.

Antes de que el Gran Sabio se diera cuenta del fin de la vida, dijo lo siguiente:
Los altibajos de nuestras vidas cotidianas son mucho más excelentes que la mejor condición de nuestras vidas; nunca son en absoluto [una restricción] como un anillo de la nariz, y nunca pertenecen a una condición inferior.

Antes de que el Gran Sabio Buddha Gautama muriera, proclamó que los altibajos de nuestra vida diaria tenían el más alto valor. Por eso, esta nunca puede considerarse como si estuviera limitada por un anillo de la nariz. Dichos altibajos son las más grandes alegrías reales de nuestras vidas. Este es un punto de vista bastante diferente de aquel expuesto por las religiones espirituales, las cuales creen que el bien más alto es escapar de esta vida hacia otro reino supuestamente más elevado.

Verso 2

naivāgraṃ nāvaraṃ yasya tasya madhyaṃ kuto bhavet,
tasmān nātropapadyante pūrvāparasahakramāḥ

Agra: mfn. principal, anterior, primero, destacado, prominente, mayor, mejor. *Avara*: mf(*ā*)n. debajo, inferior; bajo, malo, no importante, de poco valor. *Madhya*: mf(*ā*)n. medio; cercano al centro, intermedio, central; que está entre dos, imparcial, neutral; medio, i.e., que tiene una clase o tamaño o calidad media, regular, moderado. *Kuto*: *kutaḥ*: *kutas*. *Ḥ*: (*visarga*) la respiración fuerte, correspondiente a la segunda mitad de las aspiraciones fuertes *k-h*, etcétera, normalmente se utiliza al final de una palabra acabada en *s* o *r* en *pausā*, y antes de las guturales fuertes y labiales. *Kutas*: ind. ¿de quién?; ¿desde dónde?, ¿de dónde?; ¿adónde?, ¿en qué dirección?; ¿por qué?, ¿por qué causa o motivo?, porque. *Atra*: ind. (proveniente de la base pronom. *a*; a menudo utilizado en sentido del L. *asmin*) de este modo, a este respecto; en este lugar, aquí; en este momento; ahí; en ese momento. *Pūrva*: mf(*ā*) n. que está ante o delante de, delantero, primero; oriental, al este de (Ab.); anterior, previo, precedente, previo a, antes de (Ab. o comp.). *Apara*: mf(*ā*) n. posterior, subsiguiente, último (op. a *pūrva*); siguiente, occidental; inferior, más bajo (op. a *sva*); diferente (con Ab.); que está al oeste de; distante, opuesto. *Saha*: mf(*ā*)n. potente, poderoso; que aguanta, duradero, resistente, desafiante, igual a, a la altura de (G. o comp.). *Krama*: m un paso; marcha, proceder, transcurso; la vía.

Lo más elevado no existe sobre la tierra y lo más bajo no existe sobre la tierra, de modo que ¿cómo es posible que el medio de los dos exista en la tierra?
Por tanto, el momento antes de un hecho, el momento después de un hecho y el momento del medio nunca pueden existir verdaderamente como un hecho real en absoluto.

Las personas idealistas y las materialistas tienden a creer en la existencia de situaciones óptimas y sus opuestos. Los idealistas crean en sus mentes imágenes de situaciones excelentes o terribles, las cuales anhelan o temen, respectivamente. Los materialistas intentan cuantificar aquello que es mejor y peor, y se esfuerzan en obtener lo primero y evitar lo segundo. Evidentemente, hay poca gente que solo sea idealista o materialista, de manera que la mayoría de nosotros hacemos ambas cosas. Sin embargo, los budistas mantienen que para aceptar todo sobre la base del realismo, no podemos admitir ningún punto de vista que se fundamente en la comparación relativa. Aunque el Buddha Gautama a menudo se refería al camino medio, ni siquiera el medio puede existir si es una cuestión de comparación.

La línea siguiente hace referencia al concepto del tiempo. El budismo insiste en que el único tiempo que realmente existe es justo el instante presente. Por eso, no afirmamos la existencia de ningún proceso que suceda antes o después de un hecho. El budismo ni siquiera afirma la existencia de un proceso que pueda suceder entre los dos como algo real, ya que dicha idea sigue basándose en la falsa noción del tiempo lineal. Al igual que el contraste entre lo mejor y lo peor, esta noción del tiempo lineal es realmente una cuestión de comparación de las imágenes mentales del futuro con la realidad aquí y ahora.

Verso 3

pūrvaṃ jātir yadi bhavej jarāmaraṇam uttaraṃ
nirjarā maraṇā jātir bhavej jāyeta cāmṛtaḥ

Jāti: f. nacimiento, producción. *Jarā*: f. vejez. *Maraṇa*: n. el acto de morir, muerte. *Uttara*: mfn. alto, más alto, superior; subsiguiente, siguiente, final, subsecuente, posterior, futuro. *Nirjarā*: f. sg. N. de *nirjara*. *Nirjara*: mfn. que no envejece, joven, fresco; imperecedero, inmortal. *Maraṇā*: gramaticalmente incomprensible. *Maraṇa*: n. el acto de morir, muerte (ifc. que muere por); fallecimiento, apagamiento (como la luz). *Jāyeta*: Ā. 3.ª pers. sg. opt. 1.ª conj. de *jan*. *Amṛta*: mfn. no muerto; inmortal; imperecedero; hermoso, amado.

Antes de que el nacimiento haya sucedido, el envejecimiento y la muerte podrían pertenecer a los hechos del futuro.
La juventud, la muerte o el nacimiento pueden existir y, además, es posible que esperemos también el suceso de la eternidad.

Tan pronto como nacemos, el envejecimiento y la muerte comienzan a existir. Por tanto, en términos budistas, el envejecimiento y la muerte pertenecen al instante presente más que al futuro, como piensa la mayoría de la gente. Después del hecho del nacimiento se da la posibilidad del envejecimiento, la muerte y un nuevo nacimiento –en el sentido de dar a luz a seres humanos o incluso en el de crear nuevas ideas, obras de arte, etcétera–. La eternidad también puede considerarse real, porque todas nuestras acciones tendrán repercusiones que durarán para siempre. Ciertamente, las consecuencias de nuestras acciones no siempre son evidentes, pero la ciencia ha demostrado que toda acción crea una reacción, y dichas reacciones nunca desaparecen por completo.

Verso 4

paścāj jātir yadi bhavej jarāmaraṇam āditaḥ
ahetukam ajātasya syāj jarāmaraṇaṃ kathaṃ

Paścāt: ind. (Ab. de *paśca*) desde atrás, detrás, en la parte posterior, atrás; después, a continuación, subsiguiente. *Ādi*: m. empiece, comienzo; ifc. empezando por, etcétera, y demás. *Ahetuka*: mf(*ā*)n. infundado. *Ajāta*: mfn. no nacido, todavía no nacido, todavía no desarrollado.

Después de que el nacimiento haya sucedido, el envejecimiento y la muerte podrían haber empezado.
Lo que es irrazonable nunca puede nacer en el mundo; por tanto, puede ser muy difícil para nosotros comprender el envejecimiento y la muerte.

Una vez que el nacimiento se ha producido, es posible naturalmente que el envejecimiento y la muerte sucedan. Es imposible que aquello que es irrazonable exista verdaderamente en el mundo. Por irrazonable queremos decir, evidentemente, aquello que no puede ser explicado mediante la razonable ley de causa y efecto. El motivo por el cual el Maestro Nāgārjuna manifiesta que puede ser difícil comprender el envejecimiento y la muerte es que somos propensos a entender estos hechos en términos del tiempo lineal. Intentamos imaginarnos en el futuro o incluso después de nuestra propia muerte, pero dicha especulación nunca es correcta. No podemos predecir lo que ocurrirá en los próximos cinco minutos con una precisión total. Cuando teorizamos de esta forma, entramos en el reino de lo irrazonable. Es decir, intentamos hacer deducciones sobre causa y efecto cuando nunca podemos tener un conocimiento completo de todas las causas que deben considerarse ni de todos los efectos que estas pueden producir.

Verso 5

na jarāmaraṇaṃ caiva jātiś ca saha yujyate
mriyeta jāyamānaś ca syāc cāhetukatobhayoḥ

Jarā: f. vejez. *Saha*: ind. junto a, junto con, con; a menudo como una prepos. que regula el I., pero generalmente situado después de palabra regulada, e.g., *tena saha*, «junto a él». *Mriyeta*: Ā. 3.ª pers. sg. opt. 1.ª conj. de *mṛ*. *Mṛ*: Ā. morir, fallecer; pas. *mriyate*. *Jāyamāna*: p. pres. de *jan*. *Jan*: generar, engendrar, producir, crear, causar. *Tobhayoḥ*: *ta+ubhayoḥ*. *Ubhayoḥ*: mfn. du. G. L. de *ubhaya*. *Ubhaya*: mf(ī)n. (solamente sg. y pl.; según Hara-datta, también du.) ambos, de ambos tipos, de ambas maneras, de ambos modos.

El nacimiento nunca está unido ni al envejecimiento ni a la muerte. Tanto el deseo de morir como el hecho de haber nacido pueden no ser tan razonables.

Nuestro nacimiento fue un simple hecho en el instante presente en el cual ocurrió, y nuestra muerte también lo será. Aunque el nacimiento inevitablemente lleva a la muerte, ambos hechos, tal y como son, no están ligados entre sí. La gente a veces tiene el deseo de morir, pero esto no es razonable. Se trata de un intento de escapar de nuestras posibilidades reales aquí y ahora. El motivo por el cual el hecho del nacimiento puede no ser razonable es que nunca conoceremos toda la historia de las causas y los efectos implicados. Tal vez entendamos que el nacimiento de un niño sea el resultado de la acción de los padres, pero aún así tendemos a verlo como si fuera un milagro. Evidentemente, sabemos que no ocurrió por arte de magia. Sin embargo, sigue siendo un suceso misterioso. Es suficiente saber que causa y efecto siempre están actuando. No necesitamos comprender todas las causas y los efectos intelectualmente.

Verso 6

yatra na prabhavanty ete pūrvāparasahakramāḥ
prapañcayanti tāṃ jātiṃ taj jarāmaraṇaṃ ca kiṃ

Yatra: ind. en qué ocasión, en qué caso, si, cuando, como. *Prabhū*: aparecer, brotar, surgir u originarse de (Ab.), salir, hacerse visible; estar antes, superar; volverse o ser numeroso, aumentar; gobernar, controlar, tener poder sobre (G. L. o D.). *Eta*: mfn. aproximado, acercado. *Para*: mf(*ā*)n. subsiguiente, futuro, siguiente. *Saha*: ind. junto a, junto con, con; en común, en compañía, conjuntamente. *Prapañcaya*: desarrollar, amplificar, explicar con detalle; analizar detalladamente una nota (Ac.) en música. *Jātim*: f. sg. Ac. de *jāti*. *Jāti*: f. nacimiento, producción; renacimiento; la forma de existencia (como hombre, animal, etcétera) fijada por el nacimiento; posición asignada por nacimiento, rango, casta, familia, raza, linaje. *Jara*: mfn. envejecer; el acto de hacerse viejo, vejez. *Kim*: ind. qué, cómo, de dónde, por qué.

En dicha situación, el proceso antes de un hecho [particular], el proceso después de un hecho y el proceso a la vez [como un hecho particular] no están claros en la vida cotidiana.
Muchas clases de envejecimiento y muchas clases de nacimiento se manifiestan tal y como son, de modo que, al final, ¿qué son el envejecimiento y la muerte?

El envejecimiento y el nacimiento concretos no pueden verse claramente como procesos que suceden antes o después del aquí y ahora. Ni siquiera pueden ser vistos como un proceso en el instante presente, ya que este es momentáneo y, por tanto, demasiado breve para albergar procesos de ninguna clase. Aunque haya muchas clases de envejecimiento y nacimiento, no es fácil para nosotros entender la situación real de estos a través del intelecto.

Verso 7

kāryaṃ ca kāraṇaṃ caiva lakṣyaṃ lakṣaṇam eva ca
vedanā vedakaś caiva santy arthā ye ca ke cana

Kārya: mfn. ser fabricado o hecho o practicado o realizado; propio para hacerse, adecuado, correcto; n. trabajo o asunto por hacer, deber, asunto. *Kāraṇa*: n. causa, razón, la causa de algo (G., también a menudo L.); instrumento, medio. *Lakṣya*: mfn. ser calificado o caracterizado o definido; ser indicado, indirectamente designado o expresado; (estar) a la vista o ser observado. *Lakṣaṇa*: mfn. que indica, que expresa indirectamente; f. que apunta a, meta, objetivo, visión; n. una calificación, signo, símbolo, testigo, característica, atributo, cualidad. *Vedana*: mfn. que anuncia, que proclama; n. percepción, conocimiento; que hace conocido, proclamación; (*ā*) f. dolor, tortura, agonía; sentimiento, sensación (para los budistas uno de los cinco *skandhas*). *Vedaka*: mf(*ikā*)n. que hace conocido, anuncio, proclamación; restablecimiento de la conciencia. *Santi*: *sati*: f. = *sāti*: 1) f. ganancia, obtención, adquisición, adquisición de un botín o propiedad; un regalo, ofrenda;

2) f. fin, destrucción; dolor violento. *Arthā*: m. n. objetivo, propósito; causa, motivo, razón; asunto, preocupación.

La práctica de la acción y el método de la acción son el mismo hecho, y la forma y las características de las cosas y los fenómenos son las mismas.

En realidad, allí donde las percepciones y aquello que es percibido están completamente fundidos en uno, hay un simple hecho ante nosotros y no hay nada más que eso; por tanto, el hecho de que no haya nada más que eso es el hecho real.

En el mundo real, la práctica real de la acción y el método de la acción están combinados en un solo hecho indivisible. Las formas y las características de las diversas cosas y fenómenos están igualmente fundidas en uno. De manera que en el mundo real, la percepción sensorial y los estímulos sensoriales están completamente fusionados. Nuestras percepciones son exactamente lo mismo que aquello que percibimos. Solamente se da el simple hecho de que el mundo real existe delante de nosotros tal y como es.

Verso 8

pūrva na vidyate koṭiḥ saṃsārasya na kevalaṃ
sarveṣām api bhāvānāṃ pūrvā kotī na vidyate

Kevala: m(N. pl. *e*)f(*ī*)n. exclusivamente uno mismo (no común a otros); solamente, solo, mero, único, uno, que excluye a otros; no conectado con nada más, aislado, abstracto, absoluto; simple, puro. *Sarveṣām*: *sarva+iṣām*. *Iṣām*: f., Ac. de *iṣā*. *Iṣā*: mfn. que tiene savia y fuerza; bien alimentado, fuerte; lleno de savia, jugoso, fértil.

Antes de que el fin de nuestra vida haya sido reconocido, nada puro ni nada excelente puede ser encontrado en nuestra vida cotidiana.

Sin embargo, incluso antes de que el final de nuestra vida haya sido reconocido, todas las cosas y los fenómenos del mundo ya existen realmente.

Si no reconocemos que nuestras vidas acabarán algún día, seremos incapaces de encontrar algo puro y excelente en nuestra existencia diaria. Es el hecho de que las cosas sean efímeras lo que las hace tan valiosas. Sin embargo, incluso antes de que nos hayamos dado cuenta de que nuestra vida debe acabarse, las diversas cosas y fenómenos del mundo existen verdaderamente con una solemne dignidad. Esto quiere decir que su valor no depende de nuestro reconocimiento. Puede haber mucho de valor en las vidas de ustedes que aún no hayan reconocido.

Capítulo 12

Duḥkha parīkṣā

(Estudio del dolor)

Duḥkha: mfn. incómodo, desagradable, difícil; n. (ifc. f. *ā*) malestar, dolor, aflicción, problema, dificultad.

En mi introducción a este libro expliqué el método de ver las Cuatro Nobles Verdades en los términos del Maestro Dogen. Este se enfrenta a los problemas desde cuatro puntos de vista distintos: el del idealismo, el del materialismo, el de la filosofía de la acción y el del realismo budista, el cual incluye los otros tres.

Tal y como hemos indicado anteriormente, el sistema nervioso autónomo tiene dos partes: el sistema simpático y el parasimpático. Ambos generalmente funcionan de manera opuesta. Cuando el sistema nervioso simpático es más acusado, nos inclinamos hacia el idealismo. Estamos nerviosos, tensos y muy alertas. Cuando esto le sucede al sistema nervioso parasimpático, tendemos más hacia el materialismo. Somos más propensos a estar descentrados y sentirnos perezosos, y a buscar situaciones fáciles y cómodas. Yo creo que la práctica de zazen puede ayudarnos a nivelar estos sistemas para que funcionen equilibradamente. Repito, no estoy proponiendo esto como una teoría científica, sino solamente como una forma más actualizada que las anteriores –las cuales contenían un innecesario misticismo– de describir lo que sucede durante la práctica de zazen.

El término sánscrito *duḥkha*, el cual he traducido como «dolor», realmente tiene una gran cantidad de significados que trascienden el de la sensación física. La primera noble verdad del budismo suele formularse como «toda la vida es sufrimiento» o «toda la vida es dolor». Sin embargo, tal y como pueden ver en la definición proporcionada anteriormente, el significado de *duḥkha* no solo incluye el dolor físico, sino también todas las diversas dificultades y el sufrimiento que la vida trae consigo. A menudo *duḥkha* se vierte como «experiencia insatisfactoria». Con todo, y a pesar de que los eruditos no lo hagan con tanta frecuencia en los últimos tiempos, he decidido traducirlo como «dolor». Es suficiente señalar que aquí nos referimos a una definición muy general de dolor.

En relación con ello, cuando el sistema nervioso simpático es más intenso, somos propensos a experimentar la ilusión sobre el dolor, o *duḥkha*, provocada por nuestro estado tenso y muy alerta. Cuando el sistema nervioso parasimpático es más pronunciado, tendemos a volvernos hipersensibles y a tener un miedo irracional al dolor. No obstante, conforme nuestra práctica budista se va desarrollando, comenzamos a vivir en el estado en el que tanto el sistema nervioso simpático como el parasimpático se igualan. Estamos equilibrados. En esa condición podemos ver el dolor simplemente como un tipo de estado dentro de la percepción humana, e incluso dudar de si puede decirse que este sea real de la forma en la que la mayoría de la gente lo concibe. En el presente capítulo, el Maestro Nāgārjuna examina el dolor en términos del camino medio de la filosofía budista.

****

Verso 1

svayaṃ kṛtaṃ parakṛtaṃ dvābhyām kṛtaṃ ahetukaṃ

duḥkham ity eka icchanti tac ca kāryaṃ na yujyate

Svayam: ind. sí mismo, uno mismo (aplicable a todas las personas, e.g., yo mismo, tú mismo, él mismo, etcétera), de o por uno mismo, espontáneamente, voluntariamente, por voluntad propia (también utilizado enfáticamente con otros pronombres). *Kṛta*: mfn. hecho, fabricado, logrado, realizado; preparado, listo; obtenido, ganado, adquirido, colocado a mano. *Ahetuka*: mf(*ā*)n. infundado. *Duḥkha*: mfn. incómodo, desagradable, difícil; n. malestar, dolor, aflicción, problema, dificultad. *Iti*: ind. a veces *iti* se utiliza para incluir en un solo encabezamiento un número de objetos separados puestos juntos. *Eka*: mfn. uno; el mismo, un mismo, idéntico. *Icchanti*: pl. de *iṣ*. *Iṣ*: intentar obtener, esforzarse, buscar. *Kārya*: mfn. ser fabricado o hecho o practicado o realizado, practicable, factible; apropiado para ser hecho, adecuado, correcto; un efecto, resultado. *Yujyate*: *yuj*: uncir, unir, atar o aparejar (caballos o un carro); agrupar, unir, conectar, añadir, poner juntos.

La conducta realizada por uno mismo, la conducta realizada por otra persona y la conducta realizada por uno mismo y por otra persona en absoluto son siempre razonables.
Incluso aunque la palabra *dolor* quiera ser una sola palabra simple y regulada, no está todavía tan lograda ni fijada.

La conducta realizada por uno mismo, por alguien más o por ambos a la vez no siempre es razonable. Hasta ahí, creo, está bastante claro. ¡Podemos estar todos de acuerdo en que los seres humanos a menudo son irrazonables! Aunque normalmente consideremos que todas las palabras tienen un significado establecido que no cambia, realmente no es así. El Maestro Nāgārjuna identifica aquí la palabra *dolor* (*duḥkha*) como un caso en el cual el significado puede variar enormemente dependiendo de las circunstancias de su uso.

Verso 2

svayaṃ kṛtaṃ yadi bhavet pratītya na tato bhavet
skandhān imān amī skandhāḥ saṃbhavanti pratītya hi

Pratītya: n. confirmación, experimento; alivio, consuelo (otros «mfn. por reconocerse o admitirse»). *Tata*: mfn. extendido, alargado, esparcido, difuminado, expandido. *Imān*: pl. Ac. de *ayam*. *Amī*: pl. N. de *asau*. *Asau*: aquel.

Saṃbhū: estar juntos o reunirse, agruparse, encontrarse, juntarse o unirse con (I. con o sin *saha*, o L.); haber nacido o ser producido a partir de (Ab.), surgir, brotar, desarrollarse.

Cuando algo que es producido existe subjetivamente, la existencia de las cosas y los fenómenos no está tan clara.
Las cosas y los fenómenos ya han manifestado los agregados y el mundo, [y sabemos esto] porque está muy claro que los agregados existen realmente.

Cuando nos encontramos sumergidos en el mundo de las ideas o empeños subjetivos, es muy difícil que las cosas y los fenómenos se manifiesten claramente. Nuestras diversas ideas nos confunden fácilmente y perdemos de vista el mundo real. Sin embargo, dice el Maestro Nāgārjuna, está totalmente claro que este, representado en la filosofía budista por el mundo de los agregados, existe realmente. Incluso así, si nos implicamos demasiado con las ideas subjetivas, es difícil que afirmemos la existencia verdadera de este mundo.

Verso 3

yady amībhya ime 'nye syur ebhyo vāmī pare yadi
bhavet parakṛtaṃ duḥkhaṃ parair ebhir amī kṛtāḥ

Amībya: *amībyaḥ*: pl. D. Ab. de *asau*. *Asau*: aquel. *Ebhya*: *ebhyaḥ*: pl. D. Ab. de *ayam*. *Ime*: N. pl. m. de *ayam*. *Ayam*: este. *Syur*: 3.ª pers. opt. 2.ª conj. de *si*. *Si*: enlazar. *Ebhyo*: *ebhyaḥ*: m. n. pl. D. Ab. de *a*. *A*: la base de algunos pronombres y formas pronom. en *asya*, *atra*, etcétera. *Vāmī*: *va+amī*. *Para*: mf(*ā*)n. contrario, ulterior, más lejos que, más allá, en el otro o más alejado lado de, extremo. *Parair*: *paraiḥ*: m. n. pl. I. de *para*. *Ebhir*: *ebhiḥ*: f. pl. I. de *a*. *Amī*: m. pl. el pron. demostrativo que en N. sg. tiene la curiosa forma de *adas* en n. y *amī* en m. pl.

Cuando las cosas y los fenómenos se ven como distintos de su propia forma, esto sugiere que las cosas y los fenómenos han cambiado su forma original a otra.
Existe la posibilidad de que la conducta realizada por otra persona pueda producir algún tipo de dolor; sin embargo, esto solamente sugiere que las cosas y los fenómenos están produciendo algo diferente en función de la intención de otro o en función de la persona que actúa.

Existe una idea popular, tanto en la filosofía como en las religiones orientales y occidentales, de que las cosas pueden cambiar su apariencia externa siempre que conserven alguna clase de sustancia original inmutable. Dos buenos ejemplos de ello son la noción de alma en el cristianismo y la de *atman* en el brahmanismo. Según el cristianismo, el alma permanece fija a lo largo de esta vida y en el más allá, mientras que para el hinduismo *atman* permanece inmutable a lo largo de varias vidas. Aquí el Maestro Nāgārjuna rechaza esta idea. Luego relaciona esto con el dolor, manteniendo que cuando la conducta lo produce, es porque esta implica algún tipo de comportamiento intencional y se basa en la noción de que una persona es distinta de sus acciones. Ambos casos están relacionados con la ilusión del sí mismo. El budismo rechaza el pensamiento de que tener una intención sea vital para actuar correctamente. Tal y como también hemos visto, el Maestro Nāgārjuna insiste en la unidad completa de una persona y sus acciones. No somos personas que actúan. La acción en sí es la base de nuestra existencia como personas. Esta idea va tan directamente en contra de nuestro punto de vista del sentido común que la mayoría la encontrará muy difícil de aceptar. Sin embargo, el Maestro Nāgārjuna nunca deja de insistir en que los hechos reales del mundo son así.

Verso 4

svapudgalakṛtaṃ duḥkhaṃ yadi duḥkhaṃ punar vinā
svapudgalaḥ sa katamo yena duḥkhaṃ svayaṃ kṛtaṃ

Pudgala: mf(*ā*)n. hermoso, bonito, apuesto; m. el cuerpo; el alma, entidad personal; hombre; el ego o individuo (en un sentido despectivo). *Katama*: mfn. (superlativo de *ka*; declinado como un pron.) quién o cuál de los muchos.

Cuando la personalidad de uno mismo produce dolor, es necesario pensar que [sin los errores propios de uno] no podría haber dolor.
Incluso en los casos donde la personalidad de uno mismo solamente es parte de la causa del hecho del dolor, también es necesario que uno diga que ha producido el dolor por uno mismo.

Si yo causo dolor por mi comportamiento –a otro o a mí mismo–, este dolor es claramente mi responsabilidad de principio a fin. La mayoría de nosotros estaremos de acuerdo en este punto. Sin embargo, el Maestro Nāgārjuna lo lleva más lejos afirmando que aunque solamente podamos vernos como parcialmente responsables de la dolorosa situación en la cual nos encontremos, debemos asumir toda la responsabilidad. Recuerden que el término *duḥkha*, que aquí se traduce como «dolor», incluye todos los niveles de experiencia insatisfactoria. Por tanto, es necesario que nos responsabilicemos completamente de cualquier situación que vivamos.

Verso 5

parapudgalajaṃ duḥkhaṃ yadi yasmai pradīyate
pareṇa kṛtvā tad duḥkhaṃ sa duḥkhena vinā kutaḥ

Ja: mf(*ā*)n. nacido o descendiente de, producido o causado por, nacido o producido en, que crece en, que vive en. *Yasmai*: m. n. sg. D. de *ya*. *Pradī*:

resplandecer. *Pareṇa*: ind. más lejos, más allá, pasado (con Ac.); acto seguido, después, luego, más tarde (con Ab. o G.). *Kṛtvā*: ind. p. habiendo hecho.

Cuando lo que ha sido producido por otro es la causa del dolor, la situación podría ser solamente que un simple hecho existe tal y como es. Si el dolor es justamente lo que otro ha producido, ¿hay algún lugar al que podamos huir de la responsabilidad?

Aunque otro nos cause dolor, el hecho real de la situación simplemente es tal y como es. Tanto si consideramos la situación como dolorosa como si no, dicha clasificación solamente existe en nuestro pensamiento. Cuando nos encontremos en alguna situación dolorosa, deberíamos pensar que esta es la realidad en sí misma. No hay otro lugar al que podamos huir para escapar de la realidad.

Verso 6

parapudgalajaṃ duḥkhaṃ yadi kaḥ parapudgalaḥ
vinā duḥkhena yaḥ kṛtvā parasmai prahiṇoti tat

Kṛtvā: ind. p. habiendo hecho. *Parasmai*: D. de *para*. *Prahiṇoti*: *prahi*: urgir, incitar; dirigir, mandar; transmitir o enviar a, proveer, adquirir, conceder (D.); arrojar, emitir, lanzar sobre, verter en (D. o L.); enviar (mensajeros), expulsar, despedir, enviar a (Ac. con o sin *prati*, D. G. con o sin *antikam* o *pārśvam*) o con el fin de (D. o inf.). *Tat*: *tata*: mfn. extendido, alargado, esparcido, difuminado, expandido; difusión, esparcimiento.

Si el dolor ha sido producido por alguien distinto de mí, ¿quién es ese al que llamamos alguien distinto de mí?
Incluso aunque sea un hecho natural para la práctica de la acción no ser seguida por el dolor, muchos casos reales de dolor son exageraciones [resultantes de] poner la responsabilidad en otro.

Aquí el Maestro Nāgārjuna va incluso más allá del primer verso y cuestiona nuestra creencia del sentido común de que la realidad incluye a otros que pueden causarnos daño. Mucha gente se queja de que su dolor ha ocurrido debido al comportamiento de otra persona, pero ¿quién es ese al que llamamos «otra persona»? Continúa señalando que la acción no incluye de manera natural el dolor. En cambio, dice, las situaciones a las que llamamos dolorosas son exageraciones reales de la verdadera condición provocadas al responsabilizar a otra persona de nuestro dolor.

Verso 7

svayaṃ kṛtasyāprasiddher duḥkhaṃ parakṛtaṃ kutaḥ
paro hi duḥkhaṃ yat kuryāt tat tasya syāt svayaṃ kṛtaṃ

Svayaṃ: N. de *svaya*. *Svaya*: *sva+ya*. *-Ya*: sf. nominal secundario adj.; m. n. sus.: forma adjetivos con el sentido de «referente a». *Aprasiddher*: *a+prasiddheḥ*: *prasiddheḥ*: Ab. G. de *prasiddhi*. *Prasiddhi*: f. realización, éxito, logro. *Hi*: ind. (utilizado como una partícula y normalmente indicando) pues, porque, a causa de (nunca en la primera posición de una frase, sino generalmente después de la primera palabra y utilizado eclécticamente, a veces después de pronombres). *Kuryāt*: opt. 2.ª conj. 3.ª pers. sg. de *kṛ*.

Cuando la conducta no se ha realizado en el lado de la persona en sí, la causa del dolor nunca existe en la conducta de otro.
Otra persona a veces explica que la causa del dolor ha venido de su propia conducta, pero puede haber muchos casos en los que la persona en sí haya producido el dolor.

Habitualmente nos quejamos de que nuestro dolor ha sido causado por la conducta de otro. Podemos decir, por ejemplo, que nos sentimos frustrados porque alguien nos impidió realizar lo que queríamos. Sin embargo, el Maestro Nāgārjuna insiste de nuevo en que siempre debemos responsabilizarnos completamente. Aun cuando otra persona pueda admitir que es la responsable de alguna situación desagradable, debemos asumir nuestra responsabilidad. Es, de hecho, nuestra propia acción lo que ha producido el «otro» sobre el que queremos depositar la responsabilidad.

Verso 8

na tāvat svakṛtaṃ duḥkhaṃ na hi tenaiva tat kṛtam
paro nātmakṛtaś cet syād duḥkhaṃ parakṛtaṃ katham

Tāvat: mf(*atī*)n. tan grande, tan extenso, hasta el momento, tanto tiempo, tantos; ind. tanto, tan enormemente, hasta tal punto, hasta la fecha; mucho tiempo, en ese momento; mientras tanto, entretanto. *Ātmakṛita*; mfn. hecho o cometido contra uno mismo; hecho por uno mismo, autoejecutado.

> **Así como la conducta por sí misma no es la causa del dolor, el dolor no es producido por el dolor en sí; por tanto,**
> **si la conducta de otro no se ha hecho con una mala intención, puede no haber ninguna posibilidad en absoluto de que el dolor haya sido producido por la otra persona.**

Rechazamos la idea de que el dolor pueda ser causado por nadie más que por uno mismo, y, al hacerlo, tampoco podemos decir que el dolor en sí sea alguna clase de entidad exterior que produzca el propio dolor. Cuando la acción de otro no se realiza con mala intención, esta no puede ser la causa del dolor. Ello se debe a que el dolor no puede nacer de la conducta de otros.

Verso 9

syād ubhābhyāṃ kṛtaṃ duḥkhaṃ syād ekaikakṛtaṃ yadi
parākārāsvayaṃkaraṃ duḥkhaṃ ahetukaṃ kutaḥ

Ubhābhyāṃ: mfn. du. I. D. Ab. de *ubha*. *Ekaika*: mfn. uno por uno, individual, todos y cada uno; ind. individualmente, uno por uno. *Parā*: f. de *para* en comp. *Kāra*: mf(*ī*)n. que fabrica, que hace, que trabaja, un creador, hacedor; m. (ifc.) un acto, acción. *Kara*: mf(raramente *ā*)n. un hacedor, creador, causante, que hace, que fabrica, que causa, que produce. *Akārā*: mfn. I. de *akārin*. *Akārin*: mfn. inactivo, que no realiza.

Incluso en el caso de que tanto uno mismo como otro hayamos producido una causa de dolor, podría haber acciones que fueran hechas en verdad una por una separadamente.
Por tanto, si la conducta realizada por otro que no es uno mismo es la causa del dolor, ¿dónde podemos encontrar un hecho irrazonable en la interpretación de que la causa del dolor no es la acción hecha por otro, sino que acaba de ocurrir por la acción hecha por uno mismo?

Aunque el dolor probablemente haya sido causado tanto por nosotros mismos como por alguien más, la situación real puede ser que cada uno haya actuado por su propia cuenta. La acción en sí es lo que es. El dolor apenas es una manera de interpretar una situación, de modo que incluso en tales casos, el Maestro Nāgārjuna insiste en que la responsabilidad del dolor que padezcamos es siempre nuestra.

Verso 10

na kevalaṃ hi duḥkhasya cāturvidhyaṃ na vidyate
bāhyānām api bhāvānāṃ cāturvidhyaṃ na vidyate

Kevala: m(N. pl. *e*)fn. exclusivamente uno mismo (no común a otros); solamente, solo, mero, único, uno, que excluye a otros. *Cāturvidhya*: n. el ser cuádruple. *Bāhya*: mf(*ā*)n. que está fuera (puerta, casa, etcétera), situado sin (Ab. o comp.), externo, exterior (Ac. con *kṛ*, echar, expulsar).

Puesto que los factores concretamente separados [el nacimiento, el envejecimiento, la enfermedad y la muerte] no están incluidos en el dolor, es completamente imposible que reconozcamos los cuatro factores de forma separada y concreta.
Solamente lo que puede ser visto por nuestros ojos existe realmente en el mundo, de manera que es completamente imposible que reconozcamos los cuatro factores de forma separada y clara en nuestra experiencia en absoluto.

Los budistas piensan tradicionalmente en el nacimiento, el envejecimiento, la enfermedad y la muerte como los cuatro tipos fundamentales de dolor. El Maestro Nāgārjuna señala que no pueden estar separados el uno del otro de manera significativa. Después nos recuerda que estos cuatro factores, los cuales incluso los budistas dan por hechos, solamente son conceptos y no la realidad concreta.

Capítulo 13

Saṃskāra parīkṣā

(Estudio de la acción real)

Saṃskāra: m. que junta, que forma bien, que hace perfecto, logro, adorno, ornamentación, purificación, limpieza, confeccionamiento, preparación, aliño (de comida), refinado (de metales), pulimiento de gemas, cría [o cultivo] (de animales o plantas).

La palabra sánscrita *saṃskāra* se aplica al cuarto de los cinco agregados, los cuales, según la terminología budista, nos constituyen a nosotros y al universo en el que vivimos. Se trata de: 1) materia, 2) percepción sensorial, 3) pensamiento, 4) acción real y 5) conciencia. En chino y japonés, el cuarto agregado se representa mediante un carácter que significa «actuar» o «hacer». Según el diccionario sánscrito-inglés de Monier-Williams, el término sánscrito para dicho agregado, *saṃskāra*, quiere decir «que junta, que forma bien, que hace perfecto, logro, adorno, ornamentación, purificación, limpieza, confeccionamiento, preparación». De modo que se refiere a la acción real como opuesta al concepto abstracto de acción. En el presente capítulo, *saṃskāra* se compara con la existencia subjetiva (*svabhāva*), o lo que podríamos llamar el mundo heterogéneo, o el mundo de las cosas y los fenómenos (*anyathābhāva*). También se pone en relación con la acción momentánea en el mundo real en el instante presente. Dicha acción existe en el punto de contacto entre la existencia subjetiva y el mundo heterogéneo. Poniéndolo en términos actuales, esto sugiere que la acción real en el instante presente solamente puede existir cuando el sistema nervioso autónomo está equilibrado. Así, he elegido la expresión «acción real» como traducción de *saṃskāra*, con el fin de sugerir la acción real en el mundo real en el instante presente.

****

Verso 1

tan mṛṣā moṣadharma yad bhagavān ity abhāṣata
sarve ca moṣadharmāṇaḥ saṃskāras tena te mṛṣā

Tanmṛṣā: *tat+mṛṣā*. *Mṛṣā*: ind. en vano, inútilmente, sin propósito; equivocadamente, falsamente, mentirosamente. *Moṣadharma*: (de) calidad engañosa (Edgerton). *Bhagavān*: m. pl. Ac. de *bhagava*. *Bhagava*: *bhaga+va*. *Bhaga*: m. «dispensador», misericordioso señor, patrón (aplicado a los dioses, esp. a Savitri); el sol; la luna; buena fortuna, felicidad, bienestar, prosperidad; (ifc. f. *ā*) dignidad, majestuosidad, distinción, excelencia, belleza, hermosura. -*Va*: sf. pri. adj.; sus. *Anitya*: mfn. no eterno, transitorio; ocasional, incidental; irregular, inusual; inestable; incierto. *Bhāṣ*: hablar, decir, contar, narrar (con Ac. de una cosa o una persona, a veces también con Ac. de una cosa y una persona). *Moṣadharmāṇaḥ*: pl. N. de *moṣadharman*. *Te*: m. pl. N. de *ta*.

Una sociedad donde el punto de vista del realismo no funciona en absoluto es el mundo del vicio, y no hay ninguna posibilidad de que los santos se comenten.
En el mundo del vicio no es significativo que nos basemos en la realidad ni que vivamos en la realidad.

Una sociedad en la cual fuera irrelevante vivir nuestras vidas sobre la base de la realidad sería verdaderamente un mundo de vicio. Los santos nunca podrían manifestarse en dicha sociedad, ni podría haber allí interés en ellos. Para la gente de ese mundo de vicio, no tendría sentido basarse en la realidad ni vivir en armonía con ella.

Verso 2

tan mṛṣā moṣadharma yad yadi kiṃ tatra muṣyate
etat tūktaṃ bhagavatā śūnyatāparidīpakaṃ

Muṣ: hurtar, robar, saquear, llevarse (también con dos Ac.); encantar, cautivar, embelesar (los ojos o el corazón); cegar, deslumbrar (los ojos); empañar, oscurecer (la luz o el intelecto); romper, destruir. *Etattūktaṃ*: *etat+tu+uktaṃ*. *Etat*: *etad*: mfn. esto, esta, este, aquí (especialmente señalando lo que está más cerca del hablante). *Bhagavatā*: mfn. sg. I. de *bhagavat*. *Bhagavat*: que posee fortuna, afortunado, próspero, feliz; glorioso, ilustre, divino, adorable, venerable. *Pari*: ind. aproximadamente, alrededor, sobre, en torno a; totalmente, abundantemente, profusamente (esp. epc. [donde también puede ser *parī*] para expresar plenitud o alto grado). *Dīpaka*: mfn. encendible, inflamable, iluminador; emocionante, estimulante (digestión).

Un mundo donde se rechaza la actitud realista es el mundo del vicio, donde nada se deja por robar.
Esto fue enseñado por el santo, y la tranquilidad en el estado equilibrado es la pauta, la cual está brillando siempre.

En un mundo de vicio se roba todo lo que tiene valor. Sin embargo, el Buddha Gautama, aquí mencionado como *bhagavat*, o «el santo», enseñó el tranquilo estado equilibrado. El Maestro Nāgārjuna declara que dicho estado equilibrado es la pauta eterna para la vida humana. He optado por traducir el término sánscrito *śūnyatā* como «el estado equilibrado». Esta palabra es malinterpretada frecuentemente, haciéndose referencia a ella como el vacío o la vacuidad. Sin embargo, *śūnyatā* quiere decir el mundo tal y como es, sin estar teñido por nuestros pensamientos y percepciones. Por ello, creo que «estado equilibrado» es más adecuado que «vacuidad» para expresar el significado de *śūnyatā*.

Verso 3

bhāvānāṃ niḥsvabhāvatvam anyathābhāvadarśanāt
nāsvabhāvaś ca bhāvo 'sti bhāvānāṃ śūnyatā yataḥ

Bhāvānām: mfn. pl. G. de *bhāva*. *Niḥsvabhāva*: m. carencia de propiedad, pobreza; mfn. «desposeído», desprovisto de peculiaridades. *Anyathā*: de otra manera, de un modo distinto; inexactamente, incorrectamente, falsamente, erróneamente; de otro motivo; en caso contrario, de otro modo. *Darśana*: mf(ī)n. presentación; ifc. visión, mirada hacia; manifestación, enseñanza. *Asvabhāva*: *a+svabhāva*. *Svabhāva*: m. (ifc. f. *ā*) lugar nativo; la condición propia o estado de ser, el estado o constitución natural, disposición inherente o innata, naturaleza, impulso, espontaneidad; de una disposición natural, por naturaleza, naturalmente, por uno mismo, espontáneamente. *Yataḥ*: mfn. sg. Ab. G. de *yat*. *Yat*: mfn. que va, que se mueve.

Cuando la existencia real, la cual no está vinculada a la existencia subjetiva, puede ser vista en las cosas y los fenómenos, podemos contemplar la existencia no-subjetiva delante de nosotros.
Cuando la existencia objetiva existe realmente allí, los estados equilibrados se mueven en las cosas y los fenómenos.

El mundo real no está vinculado a los contenidos del pensamiento, los cuales han sido producidos por nuestras visiones subjetivas. Cuando esto se clarifica, podemos decir que el mundo real se manifiesta delante de nosotros. En ese momento, aquello que no es subjetivo puede comenzar a verse. Cuando el mundo real que hay delante de nosotros (el cual no es subjetivo) manifiesta el estado de *śūnyatā* (que existe en todas partes), esto puede indicar que nuestro sistema nervioso autónomo está en equilibrio. Evidentemente, es posible que haya otra forma distinta de expresar esta idea que no sea haciendo referencia al sistema nervioso autónomo, pero considero que es la mejor y la más precisa, y que elimina el innecesario misticismo de las anteriores a la hora de describir dicho estado.

Verso 4

kasya syād anyathābhāvaḥ svabhāvaś cen na vidyate
kasya syād anyathābhāvaḥ svabhāvo yadi vidyate

Kasya: G. de *ka*. *Ka*: la frase interrogativa introducida por *ka* a menudo termina con *iti* (e.g., *kasya sa putra iti kathyatām*, es decir, «¿de quién es hijo?»), pero *iti* puede omitirse y la frase pierde su carácter interrogativo directo (e.g., *kasya sa ptrona jñāyate*, «se sabe de quién es hijo»).

Si es imposible que exista la existencia abstracta, ¿dónde es posible que un mundo distinto de este exista [en el universo]?
Si nuestra mente está completamente ocupada con funciones mentales abstractas, ¿dónde es posible realmente que exista otro mundo [en el universo]?

La condición en la cual la existencia abstracta no puede darse es el estado en el que nuestra mente no está ocupada con los pensamientos. Aunque a menudo las concebimos de otra manera, todas las abstracciones existen solamente en nuestro cerebro. Incluso aquellos pensamientos que tomamos por concretos realmente son simples abstracciones. Ideas como el amor, la justicia, la paz, la iluminación, etcétera, son ejemplos de abstracciones que a menudo tomamos por reales, al igual que sucede con nuestro concepto de individualidad. Así, deberíamos preguntarnos en qué otro lugar podrían existir las abstracciones que con demasiada frecuencia tomamos por reales, que no fuera en estos pensamientos. Aun cuando nuestra mente esté completamente ocupada con el pensamiento, es imposible que haya ningún otro mundo donde nuestras abstracciones mentales tengan una existencia real fuera de nuestro cerebro.

Verso 5

tasyaiva nānyathābhāvo nāpy anyasyaiva yujyate
yuvā na jīryate yasmād yasmāj jīrṇo na jīryate

Yuvā: N. de *yuvan*. *Yuvan*: mf(*yūnī* o *yuvatī*)n. joven, juvenil, adulto (aplicado a hombres y animales), fuerte, bueno, sano; m. un joven, hombre joven, animal joven. *Jīryate*: *jṛ*: *jṛī*: hacer viejo o decrépito; humillar; envejecer, volverse decrépito, decaer, desgastarse, marchitarse, estar consumido, disolverse, perecer. *Jīrṇa*: mfn. viejo, desgastado, marchito, gastado, deteriorado.

Es completamente imposible que en este mundo esté incluido un mundo distinto de este, y, al mismo tiempo, este mundo nunca está sujeto a otro mundo que no sea este en absoluto.
Así como la gente joven nunca envejece [justo en el instante presente], tampoco la gente mayor envejece nunca [justo en el instante presente] en absoluto.

A menudo creemos en la existencia de un mundo diferente a este. Hacemos eso cuando tomamos por reales nuestras diversas abstracciones. Sin embargo, la verdadera situación es que solo existe el mundo real, aquel en el que vivimos ahora. No hay forma alguna, reconoce el Maestro Nāgārjuna, de que un mundo distinto de este pueda ser incluido en este mundo real. Eso quiere decir que nuestras ideas abstractas son algo completamente distinto de la realidad. Además, el mundo real no está vinculado a ningún otro mundo que no sea este mismo. Aunque a menudo creamos que el mundo real está sujeto a las abstracciones que inventamos sobre él, esto nunca es así.

La frase siguiente puede parecer absurda, ya que bajo nuestro punto de vista del sentido común los jóvenes y los mayores inevitablemente envejecen hasta su muerte. Sin embargo, la filosofía budista insiste en que el único tiempo real es este efímero instante presente, el cual está completamente separado de los momentos que ocurrieron antes y de los que vendrán después. En este minúsculo periodo de tiempo, no se puede decir que nada envejezca o cambie en absoluto.

Verso 6

tasya ced anyathābhāvāḥ kṣīram eva bhaved dadhi
kṣīrād anyasya kasyacid dadhibhāvo bhaviṣyati

Kṣīra: n. leche, leche espesada; jugo lechoso o savia de las plantas; agua. *Dadhi*: n. leche cuajada, leche agria espesa (considerada como un remedio; distinta de los requesones al no tener el suero separado).

Si pensáramos que hay un mundo distinto de este, podríamos pensar que la leche y el yogur pueden ser lo mismo.
Pero la leche puede ser algo diferente [del yogur], y de este modo la existencia del yogur puede ser posterior [a la de la leche].

Este verso suena parecido a un comentario realizado por el Maestro Dogen, cerca de mil años después, en el capítulo del *Shobogenzo* llamado «Genjo-koan» («El universo realizado»): «La leña se hace cenizas; nunca puede volver a ser leña. Sin embargo, no deberíamos tener la visión de que la ceniza es el futuro y la leña el pasado» (en el capítulo 7, verso 3, citamos este pasaje completo en relación con el concepto del tiempo lineal). El Maestro Dogen (un monje de Japón, donde, en aquel entonces, se quemaba leña para calentarse) utiliza este símil, mientras que el Maestro Nāgārjuna usa el de la leche y el yogur, el cual sería más familiar para la gente de la India. La leche, como todos sus lectores sabrían, siempre está antes que el yogur, del mismo modo que los oyentes del Maestro Dogen sabían que la leña está antes que las cenizas. En ambos casos el mensaje es el mismo: solamente cuando confiamos en la existencia real del mundo abstracto en nuestro cerebro podemos decir que la leche y el yogur –o la leña y las cenizas– son lo mismo después de ser transformados. Por consiguiente, el pasado no se transforma en el presente y luego en el futuro. El Maestro Dogen dice: «La leña tiene el lugar de la leña en el Dharma» y «las cenizas existen en el lugar de las cenizas en el Dharma». Aquí, el Dharma simplemente se refiere al universo tal y como es. Por ello, señala que la leña es leña y las cenizas, cenizas. La leña no es el pasado de las cenizas, y las cenizas no son el futuro de la leña.

Nuestro propio nacimiento no es nuestro pasado, y nuestra propia muerte no es nuestro futuro. El único tiempo verdadero es el ahora. El Maestro Nāgārjuna viene a decir lo mismo.

Verso 7

yady aśūnyaṃ bhavet kiṃcit syāc chūnyam api kiṃ cana
na kiṃcid asty aśūnyaṃ ca kutaḥ śūnyaṃ bhaviṣyati

Aśūnya: mf(*ā*)n. no vacío; no en vano o inútil. *Śūnya*: mf(*ā*)n. vacuo, vacío, hueco, inhóspito, desierto; vacuo, i.e., vacío (como una mirada), ausente, despistado, que no tiene cierto objetivo o meta, distraído: vacío, i.e, que no posee nada, completamente desamparado; completamente solo o solitario, que no tiene amigos o compañeros; vacío de, libre de, desprovisto de (I. o comp.), falto, carente; no-existente, ausente, perdido; vano, desocupado, irreal, absurdo; desprovisto de resultados, ineficaz, desprovisto de sensibilidad o sensación (dicho de la piel), insensible; descubierto, desnudo; cándido, inocente; indiferente.

Si existiera el menor desequilibrio, nunca podría existir ni un poco del estado equilibrado en absoluto.
Si el estado desequilibrado nunca existe realmente, ¿dónde es posible que exista el estado equilibrado incluso en el futuro?

Una manera de comprender en términos modernos el estado equilibrado al que aquí se refiere el Maestro Nāgārjuna es considerarlo en relación con el equilibrio del sistema nervioso autónomo. Si hubiera algún desequilibrio, se podría decir que el estado desequilibrado impregna todo el universo. Esto se debe a que cuando estamos desequilibrados, no hay ninguna manera de poder apreciar o experimentar el equilibrio del universo. En esa situación sería completamente imposible que cualquier estado equilibrado existiera en absoluto. Sin embargo, cuando no hay un estado desequilibrado, todo el universo se equilibra. Bajo dichas condiciones es imposible que el estado equilibrado se manifieste nuevamente, puesto que es simplemente tal y como es. No se trata de algo nuevo que haya aparecido.

Verso 8

śūnyatā sarva śūnyatādṛṣṭīnāṃ proktā niḥsaraṇaṃ jinaiḥ
yeṣāṃ tu dṛṣṭis tān asādhyān babhāṣire

Śūnyatā: f. vacuidad, soledad, desolación; falta de atención, distracción; nada, inexistencia, no-realidad, naturaleza ilusoria de (de todos los fenómenos mundanos). *Dṛṣṭīnām*: pl. G. de *dṛṣṭi*. *Dṛṣṭi*: f. que ve, que observa, que contempla (también con el ojo mental); vista, la facultad de ver; el ojo de la mente, sabiduría, inteligencia; atención, consideración; visión, noción; (para los budistas) una visión equivocada; teoría, doctrina, sistema. *Prokta*: mfn. anunciado, contado, enseñado, mencionado; hablado, dicho, dicho a; llamado, declarado. *Niḥsaraṇam*: *niḥ+saraṇam*. *Saraṇa*: mfn. que va, que se mueve, que corre; n. marcha, movimiento rápido; que se mueve de un lugar a otro, locomoción; que corre tras, que sigue a. *Jinaiḥ*: pl. I. de *jina*. *Jina*: mfn. vencedor; m. «victorioso», un Buddha, bud. *Yeṣāṃ*: m. n. pl. G. de *ya*. *Asādhya*: *a+sādhya*. *Sādhya*: mfn. ser sometido o dominado o ganado o manejado, conquistable; ser convocado o conjurado. *Babhāṣi*: pf. de *bhāṣ*. *Bhāṣ*: Ā. P. hablar, decir, contar, narrar (con Ac. de una cosa o una persona, a veces también con Ac. de una cosa y una persona); hablar de o sobre (Ac.); anunciar, declarar; llamar, nombrar, que describe como (con dos Ac.); utilizar o emplear al hablar. *Ra*: mfn. adquirente, posesivo; generoso, efectivo.

El hecho de que el estado equilibrado sea la base de todas las decisiones intuitivas es proclamado por muchas personas que han asido exactamente la verdad.
De acuerdo con esas personas, se proclama que el punto de vista que se basa en el estado equilibrado es justamente la Verdad eterna en sí.

Los maestros budistas han insistido durante mucho tiempo en que el estado equilibrado conocido como *śūnyatā* es la base para todas las decisiones intuitivas. El Maestro Nāgārjuna nos exhorta aquí a basarnos en la sabiduría de estos maestros y confiar en que el estado equilibrado es la Verdad eterna en sí misma.

Capítulo 14

Saṃsarga parīkṣā

(Estudio de la fusión)

Saṃsarga: mfn. mezcla, combinación (I.); m. (ifc. f. *ā*) mezcolanza o unión, mixtura, conjunción, conexión, contacto, asociación, sociedad (G. I. con o sin *saha*, L., o comp.); confusión; consentimiento en la participación de (comp.).

Cuando pensamos acerca de cualquier acción real, tendemos a suponer que hay dos factores implicados. Uno es el concepto abstracto de acción, el cual incluye el nombre que le damos a dicha acción y los demás factores implicados. El otro es la imagen que producimos en nuestra mente en función de los estímulos sensoriales que recibimos cuando realizamos esa acción. Por ejemplo, si la acción es tirar una pelota, podemos imaginarnos haciéndolo o tal vez pensar sobre el propósito del acto (tirársela a alguien para que la atrape, para que le dé con un bate, etcétera). Puede haber implicados cientos o miles de conceptos como estos en cualquier acción. En relación con los estímulos sensoriales, podemos percibir cómo la pelota se siente en la mano, la sensación física de tirarla, etcétera. De nuevo, hay una enorme cantidad de estímulos implicados. Estas son las dos mitades de la acción: la mental y la física. Toda acción se interpreta comúnmente en estos términos. Nuestras filosofías y religiones crean esa separación de la acción, y así concebimos el universo como si estuviera dividido en estas dos partes.

Sin embargo, el punto de vista del realismo budista considera la acción de una manera ligeramente distinta. Según este, primero se da el hecho real de la acción en sí, y en función de esta surgen las dos imágenes: la física y la mental –el concepto abstracto de acción y la sensación física de movimiento–. En otras palabras, en el mundo real primero se da la acción real como un simple hecho en el instante presente, y casi instantáneamente a continuación aparece nuestra interpretación de este hecho como un concepto abstracto y como un conjunto de estímulos sensoriales.

Debemos tener cuidado de no malinterpretar el punto de vista budista al pensar que primero se da el concepto abstracto de acción y la sensación de movimiento, y luego esos dos factores se combinan en uno. Esta es una interpretación errónea muy común, completamente contraria al hecho real. Por ello, en el presente capítulo el Maestro Nāgārjuna enfatiza la interpretación realista. Desde el principio existe un acto real completamente fundido. Solo más tarde –en la fase de la interpretación abstracta– surge la separación entre el concepto abstracto y su forma concreta.

****

Verso 1

draṣṭavyaṃ darśanaṃ draṣṭā trīṇy etāni dviśo dviśaḥ

sarvaśaś ca na saṃsargam anyonyena vrajanty uta

Draṣṭavya: mfn. ser visto, visible, evidente; ser examinado o investigado. *Darśana*: mf(*ī*)n. presentación; ifc. visión, mirada; conocimiento. *Draṣṭā*: m. sg. N. de *draṣṭṛ*. *draṣṭṛ*: m. uno que ve; uno que ve bien. *Trīṇi*: n. de *tri*. *Etāni*: pl. de *eta*. *Eta*: mf(*ā*)n. de un color abigarrado, que varía el color, luminoso, brillante. *Dviśo*: *dviśaḥ*: *dviśas*: ind. de dos en dos, por pares. *Sarvaśas*: ind. totalmente, completamente, enteramente, a fondo, colectivamente, en conjunto, en general, universalmente (a veces utilizado para denotar que un nombre colectivo en sg. o pl. puede estar en cualquier caso o epc.); en cualquier aspecto o en cada uno de los aspectos; universalmente, siempre, en todas partes; en todos lados. *Anyonya*: (se dice que proviene de *anyas*, N. sg. m., y *anya*; en la mayoría de los casos el primer *anya* puede considerarse el sujeto de la frase, mientras que el segundo asume el Ac., I., G. o L., según requiera el verbo); unos a otros, mutuo; ind. mutuamente. *Vrajanty*: *vraj*: ir, caminar, avanzar, viajar, pasear, moverse. *Uta*: ind. y, incluso, también, o; utilizado a menudo para enfatizar, especialmente al final de una línea después de *iti* o de un verbo.

El objeto que ver, el acto de ver y la persona que ve son tres tipos de cuerdas, las cuales conforman un cordón trenzado de colores brillantes, pero simplemente son la combinación de dos y dos.
En general, no es cierto que una relación mutua sea siempre una fusión, y también hay una combinación de relaciones mutuas entre dos y dos.

Cuando una persona mira algo, parece haber tres factores: el objeto visto, el acto de ver y la persona que ve. Cada uno de estos tiene sus propias características, de manera que tendemos a experimentarlos como si no estuvieran fundidos en uno. En otros casos parece que simplemente experimentamos un factor por sí mismo, la combinación de dos de ellos sin un tercero, etcétera. Sin embargo, el significado de la palabra *fusión* no se refiere a una combinación de estos factores separados. Este término sugiere que existe algo ya fusionado. La separación ocurre después del hecho en sí.

Verso 2

evaṃ rāgaś ca raktaś ca rañjanīyaṃ ca dṛśyatāṃ
traidhena śeṣāḥ kleśāś ca śeṣāṇy āyatanāni ca

Evam: ind. así, de este modo, de tal manera, tal. *Rāga*: m. el acto de colorear o teñir; color, tono, tinte, colorante, (esp.) color rojo, enrojecimiento; inflamación; cualquier sentimiento o pasión, (esp.) amor, afección o simpatía por, deseo vehemente por (L. o comp.). *Rakta*: mf(*ā*)n. coloreado, teñido, pintado; enrojecido, rojo, carmesí; agitado, afectado por la pasión o el amor, apasionado, enamorado, maravillado con (I.), apegado o entregado a, encariñado con (L. G. o comp.). *Rañjanīya*: mfn. ser coloreado o teñido, estar alegre o agradecido o feliz, regocijarse por, estar agradablemente, estar deleitado. *Ca*: ind. a veces *ca* es = *eva*, incluso, de hecho, ciertamente, justamente. *Dṛśyatā*: f. visibilidad, visión, vista. *Traidha*: mfn. triple. *Śeṣāṇī*: n. sg. N. V. Ac. de *śeṣa*. *Śeṣa*: m. n. resto, aquello que queda o se deja, despojo, residuo (pl. «todos los otros»), excedente, remanente, el sobrante. *Kleśa*: m. dolor, aflicción, sufrimiento, dolor de enfermedad, angustia. *Āyatana*: n. lugar de descanso, apoyo, sede, hogar, casa, morada; el lugar del fuego sagrado; un altar; una nave para sacrificios; un santuario.

La agitación, la condición agitada y el acto de estar agitado están relacionados con el disfrute.
En función de estos tres hay serios dolores, y, al mismo tiempo, hay lugares donde podemos descansar.

La agitación, la condición agitada y el acto de estar agitado están relacionados con el disfrute y la estimulación sensorial. La palabra *agitación* aquí se refiere a una amplia gama de estímulos más que a una condición de euforia. En función de estos tres factores de agitación o estimulación podemos padecer serios dolores. El término aquí utilizado es *kleśa*, el cual quiere decir «aflicción», «sufrimiento», «dolor de enfermedad» o «angustia». Pero también hay clases más sutiles de dolor que resultan de la agitación sensorial. Incluso el placer conlleva un elemento de dolor, ya que sabemos que acabará. Al mismo tiempo, sin embargo, hay muchos lugares donde podemos descansar o refugiarnos de él. La práctica de zazen puede ser un buen ejemplo de ello.

Verso 3

anyenānyasya saṃsargas tac cānyatvaṃ na vidyate
draṣṭavyaprabhṛtīnāṃ yan na saṃsargaṃ vrajanty ataḥ

Draṣṭavya: mfn. ser visto, visible, evidente; ser examinado o investigado; ser apreciado o considerado como (N.). *Prabhṛtīnām*: mfn. pl. G. de *prabhṛti*. *Prabhṛti*: f. presentación, ofrenda (de sacrificio o alabanza); un lanzamiento o golpe, empiece, comienzo. *Vraj*: ir, caminar, avanzar, viajar, pasear, moverse. *Ḥ*: (*visarga*) la respiración fuerte, correspondiente a la segunda mitad de las aspiraciones fuertes *k-h*, etcétera, normalmente se utiliza al final de una palabra acabada en *s* o *r* en *pausā*, y antes de las guturales fuertes y labiales (*SGFS*.). *Ataḥ*: *atas*: ind. (Ab. de la base pronom. *a*, equivalente a *asmāt*) de esto, que esto; por tanto; de aquí en adelante, desde ese momento; desde esta o esa causa o razón.

La fusión no se basa en nada distinto de la fusión y no pertenece a nada distinto de la fusión. Es completamente imposible que la fusión sea reconocida como algo distinto de la fusión.
La fusión puede verse delante de nosotros tal y como es [y] ya se manifiesta claramente, de modo que es completamente imposible que la fusión progrese cambiándose a sí misma.

La fusión que el Maestro Nāgārjuna describe aquí es una propiedad fundamental del universo en sí. Por ello, es completamente imposible que se base en algo diferente, o pertenezca a algo distinto, de ella misma. La relación mutua entre la fusión y cualquier cosa diferente es únicamente esta y nada más. La realidad que se manifiesta delante de nosotros es tal y como es. Está completamente fundida y no hay ninguna separación en absoluto. Es imposible esperar que lo que está ante nosotros se transforme en algo diferente de la fusión en sí.

Verso 4

na ca kevalam anyatvaṃ draṣṭavyāder na vidyate
kasyacit kenacit sārdhaṃ nānyatvam upapadyate

Āder: *ādeḥ*: m. sg. Ab. G. de *ādi*. *Sārdha*: mf(*ā*)n. unido a una mitad, la mitad más, aumentado en la mitad, que tiene la mitad más.

Una cosa concreta e independiente nunca puede transformarse en una cosa fundamentalmente distinta, y un hecho tal nunca puede ser reconocido en función de percepciones sensoriales como ver y demás. En este mundo hay alguna cosa excelente, pero, al mismo tiempo, es completamente imposible que nada que realmente exista se manifieste como algo distinto de su forma original.

Las cosas y los fenómenos de este mundo tienen sus formas individuales y sus características originales. Podemos creer que estas características y estas formas pueden transformarse en otras características y formas, pero aquí el Maestro Nāgārjuna lo niega. Su modo de comprender el universo es totalmente distinto. El cambio implica el tiempo lineal, algo que el Maestro Nāgārjuna insiste en rechazar. Además, considera que ningún cambio tal puede ser percibido por las funciones sensoriales como la vista y demás. Podemos contradecirle manifestando que es posible ver que un hombre mayor era joven veinte años atrás. Sin embargo, incluso para hacer esta observación debemos apoyarnos en el concepto del tiempo lineal. Hemos de comparar al hombre que ahora es con la imagen que tenemos del que era antes. Esta imagen únicamente existe en nuestra imaginación, incluso aunque apareciera hace solo medio segundo.

En la línea siguiente, el Maestro Nāgārjuna una vez más reafirma que el mundo en el que vivimos está repleto de una gran belleza y verdad. Sin embargo, niega que pueda decirse que lo que realmente existe pase por alguna clase de cambio.

Verso 5

anyad anyat pratītyānyan nānyad anyad ṛte 'nyataḥ
yat pratītya ca yat tasmāt tad anyan nopapadyate

Anyat: *anya+t*. -*T*: sf. determinativo. *Pratītya*: mfn. n. confirmación, experimento; alivio, consuelo (otros «mfn. por reconocerse o admitirse»). *Ṛte*: *ṛ*: ir, moverse, alzarse, tender al alza. *Tasmāt*: m. n. sg. Ab. de *ta*.

Entre una cosa y otra la diferencia está muy clara, y algo distinto y algo no-distinto se mueven como cosas y fenómenos, los cuales son distintos.
Aunque existan casos de cosas y fenómenos cuyas características estén claras, y cosas y fenómenos cuyas características no estén claras, es completamente imposible que estos dos casos se manifiesten como algo absolutamente distinto de sus propias características.

En este mundo, la diferencia entre cualquier cosa dada y otra está muy clara. Las cosas y los fenómenos individuales siempre son distintos entre sí. Así es como los definimos. Tanto en los casos en los que la individualidad de algo esté clara como en los que no lo esté, esas cosas siempre son simplemente ellas mismas. De manera que es imposible que se manifiesten como algo distinto de lo que son.

Verso 6

yady anyad anyad anyasmād anyasmād apy ṛte bhavet
tad anyad anyad anyasmād ṛte nāsti ca nāsty ataḥ

Ṛte: L. de *ṛta*. *Ṛta*: mf(*ā*)n. reunido con, afectado por (con I.); propio, correcto, adecuado, apto, apropiado, capaz, valiente, honesto; verdadero; venerado, respetado, iluminado, luminoso. *Ataḥ*: *atas*: ind. de esto, que esto; por tanto; de aquí en adelante, desde ese momento; desde esta o esa causa o razón.

Si pudiéramos superar la diferencia entre dos diferencias, simplemente imaginaríamos la posibilidad de un movimiento que superara la diferencia.
Sin embargo, no hay ninguna posibilidad de que una diferencia y otra diferencia verdaderamente muevan la superación de las diferencias, e incluso en el futuro dicha solución nunca puede realizarse.

Podemos imaginar la posibilidad de superar la diferencia entre una cosa dada y algo más. Podemos identificar una cosa y otra en nuestra imaginación. Pero, verdaderamente, es imposible que ninguna cosa dada y algo distinto superen su diferencia mutua. Una vez más, así es como determinamos las cosas y los fenómenos. Una manzana es una manzana porque no es una pera. Definimos las cosas solamente contrastándolas con otras. Por ello, podemos decir que sus diferencias nunca pueden superarse. El Maestro Nāgārjuna destaca esto para enfatizar que la unicidad de la que habla la filosofía budista no consiste en la unión de cosas diferentes. Por el contrario, dicha unicidad es una cualidad esencial del universo.

Verso 7

nānyasmin vidyate 'nyatvam ananyasmin na vidyate
avidyamane cānyatve nāsty anyad va tad eva vā

Anyasmin: L. de *anya*. *Vā*: ind. justamente, igual, de hecho, muy (= *eva*, enfatizando la palabra anterior). *Avidyamāne*: L. de *avidyamāna*. *Avidyamāna*: mfn. no presente o existente, ausente.

La diferencia nunca puede encontrarse en una sola [cosa] individual y nunca puede encontrarse en una sola cosa que no sea diferente.
Si no hay existencia, o si se [considera] en el concepto abstracto de diferencia, tanto el estado diferente de la fusión como la fusión en sí misma nunca pueden existir en el mundo real en absoluto.

La diferencia no puede encontrarse en una sola cosa individual porque depende de contrastar varias entre sí. La situación aquí descrita es comparable al problema de la diferencia entre dos cosas, el cual fue descrito en el verso anterior. Es imposible comparar la fusión con aquello que es distinto de ella. Esto se debe a que la fusión es una propiedad subyacente real del universo, y aquello diferente de ella simplemente es un asunto de nuestra imaginación.

«Si no hay existencia» es una descripción poética del problema abordado en la frase siguiente («si se [considera] en el concepto abstracto de diferencia»). Según el Maestro Nāgārjuna, las abstracciones son totalmente distintas de la realidad en la medida en que no podemos comparar las dos de ninguna manera significativa. Enfatiza esta idea diciendo que ni la fusión ni lo que es diferente de ella pueden existir en el mundo real cuando intentamos considerarlos de una forma puramente abstracta.

Verso 8

na tena tasya saṃsargo nānyenānyasya yujyate
saṃsṛjyamānaṃ saṃsṛṣṭaṃ saṃsraṣṭā ca na vidyate

Saṃsṛj: golpear con (I.); visitar o molestar con (I.); unirse o unir o mezclarse o mezclar o dotar o presentar con (I.); crear; compartir algo con otros; unirse con uno mismo, estar juntado o unido o mezclado o enredado. *Saṃsṛṣṭa*: mfn. reunido, recogido; dar a luz o nacer juntos (como una camada de animales); asociado o conectado (como socios o hermanos que unen sus propiedades después de una división); unido, combinado, juntado o mezclado con, involucrado en (I.). *Saṃsraṣṭā*: N. de *saṃsraṣṭṛ*. *Saṃsraṣṭṛ*: mfn. uno que participa en una batalla o combate; unido o conectado con o interesado en alguna cosa, un participante.

La fusión no se basa en la fusión en sí, ni pertenece a la fusión en sí, y la fusión no se basa en lo que no es la fusión, ni pertenece a lo que no es la fusión en sí.

La relación entre la fusión y lo que no es la fusión no es una combinación ni es una acumulación [de cosas] en un lugar, ni puede reconocerse en absoluto el estado en el cual la fusión y lo que no es la fusión estén luchando entre sí.

La fusión simplemente es la situación real subyacente de todas las cosas y los fenómenos de este universo, de modo que no se basa ni está incluida en ellos. Al mismo tiempo, no es que la fusión se base en lo que es distinto de ella misma. Es completamente imposible que la fusión y lo que no es la fusión se unan. La fusión no es una acumulación de cosas y fenómenos. Es también imposible que la fusión y lo que no es la fusión luchen entre sí. El Maestro Nāgārjuna cree necesario enumerar estas condiciones para enfatizar una vez más que la fusión de la que habla aquí es la verdadera condición de la realidad.

Capítulo 15

Svabhāva parīkṣā

(Estudio de la existencia subjetiva)

Svabhāva: m. (ifc. f. *ā*) lugar nativo; la condición propia o estado de ser, el estado o constitución natural, disposición inherente o innata, naturaleza, impulso, espontaneidad; de disposición natural, por naturaleza, naturalmente, por uno mismo, espontáneamente.

Hemos traducido el término *svabhāva*, la palabra clave del título del presente capítulo, como «existencia subjetiva». Como explicamos en el capítulo 1, utilizamos esta expresión para referirnos a aquello que pensamos. Para las filosofías idealistas la existencia subjetiva es la realidad, pero el budismo, que solamente confía en el realismo, lo niega.

El término *parabhāva* también se trata en este capítulo. *Parabhāva* es lo opuesto a la existencia subjetiva, con lo cual podemos entender que se refiere a la estimulación sensorial, o aquello que puede asirse a través de los órganos de los sentidos. Puesto que solamente podemos entender el mundo de la materia mediante los estímulos sensoriales, en última instancia eso a lo que llamamos materia puede no ser nada más que estimulación sensorial. Al igual que el budismo niega la verdad de la existencia subjetiva, también rechaza la idea de que la realidad se limite a aquello que podemos asir mediante la estimulación sensorial. La filosofía budista no considera como entidades reales de este mundo ni la existencia subjetiva de los pensamientos ni la existencia objetiva de los estímulos sensoriales. Insiste en que lo verdaderamente real en este mundo es justamente el mundo real en sí, el cual es por completo distinto tanto de nuestros pensamientos como de nuestros estímulos sensoriales.

Por regla general, *svabhāva* se traduce como «naturaleza propia» o «existencia propia», y *parabhāva*, como «otra naturaleza», de modo que mis interpretaciones no difieren tanto de las habituales. Sin embargo, aún creo que es mucho más preciso considerar las dos como la subjetividad y la objetividad, respectivamente, si queremos asir de forma clara el mensaje de este capítulo.

****

Verso 1

na saṃbhavaḥ svabhāvasya yuktaḥ pratyayahetubhih
hetupratyayasambhutaḥ svabhāvaḥ kṛtako bhavet

Saṃbhava: m. que están o van juntos, reunión, unión; que encuentra espacio en, que está contenido en; nacimiento, producción, origen, fuente; ser, existencia. *Yukta*: mfn. uncido o atado o unido o fijado a (L. o I.); puesto a trabajar, utilizado como, empleado, ocupado con, comprometido con, decidido a (I., L. o comp.); listo para, preparado para (D.); inmerso en la meditación abstracta, concentrado, atento; hábil, inteligente, experimentado en, familiar con (L.); juntado, unido, conectado, combinado, siguiente en la sucesión consecutiva. *Hetubhiḥ*: mfn. pl. I. de *hetu*. *Saṃbhūta*: mfn. que están o van juntos, unido o combinado con; convertido, nacido, producido o surgido o procedente de, hecho o compuesto de (Ab. o comp.); (epc.) uno en quien ha surgido algo, etcétera, i.e., provisto de, en posesión de, etcétera; convertido en o cambiado a algo (N.); capaz, adecuado, igual. *Kṛtaka*: mfn. artificial, facticio, hecho artificialmente, hecho, preparado, no producido espontáneamente; no natural, adoptado; asumido, simulado, falso; ind. de un modo simulado.

La existencia total no pertenece a la existencia subjetiva, y es regulada por la razón como un hecho fiable.
La razón y los hechos fiables siempre están mezclados en uno, y la existencia subjetiva puede entenderse como aquello que es artificialmente producido por los seres humanos.

El mundo real, al cual se lo llama aquí «existencia total», no está incluido dentro de la existencia subjetiva –aquello que pensamos o concebimos en nuestro cerebro–. La existencia subjetiva es producida por los seres humanos. La razón, apunta el Maestro Nāgārjuna, siempre está mezclada o fundida con los hechos fiables. Recordarán el concepto de los cuatro hechos fiables presentados en el primer capítulo: la razón, el mundo exterior, el instante presente y la realidad. La razón, según el Maestro Nāgārjuna, no es producida por el pensamiento humano. La razón y los hechos fiables siempre están fundidos en uno, pero la existencia subjetiva ha sido producida por los seres humanos artificialmente, y por eso es distinta de los hechos fiables.

Verso 2

svabhāvaḥ kṛtako nāma bhaviṣyati punaḥ katham
akṛtrimaḥ svabhāvo hi nirapekṣaḥ paratra ca

Nāma: ind. (Ac. de *nāman*) por nombre, i.e., denominado, llamado; de hecho, ciertamente, realmente, por supuesto; cuasi, solamente en apariencia; sin embargo, en cambio. *Akṛtrima*: mf(*a*)n. sin artificio. *Nirapekṣa*: mf(*ā*) n. independientemente de, indiferente a, independiente de (L. o comp.); sin deseo, despreocupado, indiferente, desinteresado. *Paratra*: ind. en otra parte, en otro lugar, en un estado o mundo futuro, en otra vida; debajo, i. e., en la continuación (de un libro).

Puesto que se dice que la existencia subjetiva es aquello producido por los seres humanos artificialmente, ¿cómo es posible que la existencia subjetiva continúe existiendo incluso en el futuro?

Si la existencia subjetiva no es lo producido por los seres humanos artificialmente, dicha existencia subjetiva no es el objeto de interés de nadie, y puede pertenecer a otro mundo distinto del mundo real.

La existencia subjetiva ha sido producida artificialmente por los seres humanos, de modo que es un fenómeno transitorio. Por tanto, es imposible que continúe su existencia. Si la existencia subjetiva no fuera producida por los seres humanos, no sería de interés para nadie en absoluto. Solo nuestro apego a los contenidos de nuestros propios pensamientos sostiene la existencia de esos pensamientos. Dicha existencia subjetiva no puede pertenecer al mundo real en absoluto.

Verso 3

kutaḥ svabhāvasyābhāve parabhāvo bhaviṣyati
svabhāvah parabhāvasya parabhāvo hi kathyate

Kath: conversar con alguien (I., a veces con *saha*); decir, contar, narrar, comunicar, informar, hablar sobre, declarar, explicar, describir (con Ac. de la cosa o persona hablada); anunciar, mostrar, exponer, indicar, denotar.

Si la existencia subjetiva como pensamiento no existe en el mundo real, ¿cómo puede ser posible que la existencia objetiva como agitación sensorial exista en el mundo real incluso en el futuro?
La existencia subjetiva como pensamiento pertenece a la existencia objetiva como agitación sensorial; por tanto, es posible que la existencia objetiva como agitación sensorial se convierta en el objeto de discusión verbal.

Los pensamientos, los cuales se producen en nuestro cerebro, no pueden ser entidades reales. Si el pensamiento no es real, según el Maestro Nāgārjuna, los estímulos sensoriales tampoco lo son. Esto se debe a que el pensamiento y los estímulos sensoriales en última instancia son lo mismo.

En términos budistas, el cerebro es considerado como uno de los órganos de los sentidos, siendo su función la de percibir el pensamiento y otros estímulos mentales. De este modo, la existencia subjetiva como pensamiento también se incluye como una faceta de la existencia objetiva como agitación sensorial. Por ello, es posible que la existencia objetiva como agitación sensorial sea un objeto de discusión verbal, ya que son el mismo tipo de fenómeno.

Verso 4

svabhavaparabhāvābhyām ṛte bhāvah kutaḥ punaḥ
svabhāve parabhāve ca sati bhavo hi sidhyati

Bhāvābhyām: mfn. du. I. D. Ab. de *bhāva*. *Ṛte*: *ṛ*: ir, moverse, alzarse, tender al alza; ir hacia, encontrarse con, caer en o dentro de, lograr, obtener, tocar [en el sentido de ser destinado para poseer], suceder, acontecer (con Ac.).

> **Cuando la existencia subjetiva como pensamiento y la existencia objetiva como agitación sensorial están fundidas en una, no hay ningún lugar donde el concepto abstracto de existencia pueda existir en absoluto.**
> **[Esto] se debe a que la existencia del mundo real siempre se realiza cuando la existencia subjetiva como pensamiento y la existencia objetiva como agitación sensorial están fundidas en una en el mundo real.**

Cuando la existencia subjetiva como pensamiento y la existencia objetiva como agitación sensorial están fundidas, es imposible que el concepto abstracto de existencia se dé en ningún lugar del mundo real. Esto se debe a que la existencia real del mundo real siempre se realiza cuando los pensamientos subjetivos y la percepción sensorial objetiva están fundidos en uno. Como hemos observado anteriormente, esta fusión de lo subjetivo y lo objetivo no es algo que produzcamos. Desde el principio, ninguno de los dos estuvo separado.

Verso 5

bhāvasya ced aprasiddhir abhāvo naiva sidhyati
bhāvasya hy anyathābhāvam abhāvam bruvate janāḥ

Bhāva: m. *aprasiddhir*: *aprasiddhiḥ*: N. de *a+prasiddhi*. *Prasiddhi*: f. realización, éxito, logro; demostración, argumento; opinión general, publicidad, celebridad, renombre, fama, rumor. *Anyathā*: ind. de otra manera, de un modo distinto; inexactamente, incorrectamente, falsamente, erróneamente; de otro motivo; en caso contrario, de otro modo. *Bruvate*: *brū*: hablar, decir, contar (intransitivo; o con Ac. de persona o cosa; o con Ac. de cosa y Ac., D., G. o L. de persona = decir o relatar algo a; con dos Ac. también = declarar o dar la opinión de que es, llamar). *Janāḥ*: m. f. pl. N. de *jana*. *Jana*: mf(*ī*)n. «generador»; m. criatura, ser vivo, hombre, persona, raza; gente, sujetos (siendo el sg. utilizado colectivamente).

Podemos pensar que algo irreal existe, pero es necesario que pensemos que lo que no existe nunca puede realizarse.
[Esto] se debe a que simplemente es un hecho real que las diversas clases de nacimientos en el mundo real manifiestan verdaderamente varias existencias e inexistencias.

Es imposible imaginar que lo que no es real pueda existir. De hecho, podemos imaginar cualquier cosa, pero es completamente imposible que aquello que en verdad no existe se dé realmente en este mundo. Esto es debido a que en el mundo real las diversas clases de nacimientos manifiestan verdaderamente varias existencias e inexistencias. En otras palabras, la ley de causa y efecto, a la cual el Maestro Nāgārjuna se refiere aquí como «las diversas clases de nacimientos», es absoluta. Cuando imaginamos algo irreal como si existiera en este mundo, estamos suponiendo un caso en el que algo se ha vuelto real sin las causas y condiciones necesarias para que eso sea así.

Verso 6

svabhāvam parabhāvam ca bhāvam cābhāvameva ca
ye pasyanti na pasyanti te tattvam buddhaśāsane

Paś: ver (con *na*, «estar ciego»), contemplar, mirar, observar, percibir, darse cuenta; ser un espectador, echar un vistazo. *Śāsana*: mf(*ī*)n. castigo, un castigador, reprensor; enseñanza, instrucción, un instructor.

Incluso [en el caso de] la existencia subjetiva o la existencia objetiva, e incluso [en el de] la existencia o la inexistencia,
la gente que unas veces las observa y otras veces no las observa es gente duramente criticada por el Buddha Gautama por semejante hecho.

Parafraseando esto en otros términos más convencionales, el Buddha Gautama critica enérgicamente a la gente que unas veces presta atención y otras ignora a la existencia subjetiva, a la existencia objetiva, a la existencia y a la inexistencia. En otras palabras, el budismo nos exhorta a prestar una atención estricta a todos los aspectos de la vida y a no elegir entre aquellos que preferimos en un momento dado.

Verso 7

kātyāyanāvavāde cāstīti nāstīti cobhayam
pratiṣiddhaṃ bhagavatā bhāvābhāvavibhāvinā

Kātyāyana: m. «descendiente de Kati», nombre del autor de varios tratados sobre ritos, gramática, etcétera (también es el autor de los *Vārttikas*, o anotaciones críticas sobre los aforismos de Pāṇini, del *Yajur-veda Prātiśākhya* y del *Srauta-sūtras*, y se identifica con Vara-ruci, el autor del *Prākṛta-prakaśa*). *Avavāda*: m. que habla mal de, mala fama; un mandato, orden; confianza, confidencia, instrucción, enseñanza, bud. *Cobhaya*: *ca+ubhaya*.

Ubhaya: mf(ī)n. ambos, de ambos tipos, de ambas maneras, de ambos modos. *Pratiṣiddha*: mfn. evitado, mantenido al margen, prevenido, omitido; vedado, prohibido, desautorizado, rechazado, denegado. *Bhagavatā*: I. de *bhagavat*. *Bhagavat*: mfn. que posee fortuna, afortunado, próspero, feliz; glorioso, ilustre, divino, adorable, venerable. *Vibhā*: mfn. luminoso, brillante; f. luz, brillo, esplendor, belleza.

Kātyāyana fue crítico con los dos empeños de que algo exista o de que algo no exista.
Las discusiones de si algo existe o no existe fueron refutadas por el santo [Kātyāyana], porque tales discusiones sobre la existencia y la inexistencia no tenían ningún brillo especial.

Kātyāyana era uno de los discípulos del Buddha Gautama. Fue muy crítico tanto con la idea de la existencia como con la de la inexistencia. Rechazó tratar ambas, ya que esas discusiones abstractas no tenían para él ningún interés en absoluto.

Verso 8

yady astitvaṃ prakṛtyā syān na bhaved asya nāstitā
prakṛter anyathābhavo na hi jātūpapadyate

Astitva: n. existencia, realidad. *Prakṛtyā*: *prakṛtyāḥ*: sg. Ab, G. de *prakṛti*. *Prakṛti*: f. «hacer o colocar antes o primero», la forma o condición original o natural de algo, sustancia primordial u original; causa, fuente original; origen, extracción; naturaleza, carácter, constitución, temperamento, disposición. *Asya*: G. de *a*. *A*: la base de algunos pronombres y formas pronom., en *asya*, *atra*, etcétera. *Prakṛter*: *prakṛteḥ*: m.? sg. Ab. G. de *prakṛti*. *Jātu*: ind. en absoluto, nunca; posiblemente, quizás; algún día, una vez, érase una vez. *Na jātu*, en absoluto, de ningún modo, nunca.

Cuando la existencia real en el mundo real existe en las condiciones originales, es imposible que ningún hecho exista en este mundo en absoluto.
[Esto se] debe a que es completamente imposible que algún sustituto, el cual se haya separado de su realidad original, aparezca accidentalmente en este mundo.

Este verso se define por la expresión condicional «cuando la existencia real en el mundo real existe en las condiciones originales» –o, dicho de un modo más simple, cuando la existencia es real–. Las «condiciones originales» sugiere aquellas circunstancias reales que existen antes de que nuestras ideas sobre ellas aparezcan. Por tanto, todo el universo está relacionado con la existencia real. Con «hechos», aquí se refiere a las cosas y los fenómenos reales. Todos ellos existen verdaderamente, pero las ideas en nuestra mente que a menudo creemos que son hechos, no. La noción de que algo pueda aparecer como un sustituto de la realidad alude al modo en el que creamos las imágenes mentales de las cosas reales, y luego, con demasiada frecuencia, tomamos dichas imágenes por la realidad en sí.

Verso 9

prakṛtau kasya cāsatyām anyathātvam bhavisyati
prakrtau kasya ca satyām anyathātvam bhvisyat

Prakṛtau: L. de *prakṛti*. *Asatyām*: L. de *asatya*. *Asatya*: mfn. incierto, falso, que miente; n. falsedad, mentira. *Anyathātva*: n. un estado opuesto al caso, diferencia. *Satya*: mf(*ā*)n. verdadero, real, cierto, genuino, sincero, honesto, veraz, fiel, puro, virtuoso, bueno, exitoso, eficaz, válido.

Si todo mantiene su realidad original, es completamente imposible que lo que no es verdadero exista como un sustituto de lo que no es verdadero.

Si todo mantiene su realidad original, es completamente imposible que lo que es verdadero exista como un sustituto de lo que es verdadero.

Cuando este mundo mantiene su realidad original, es completamente imposible que lo que no es verdadero exista. Lo que no es verdadero –nuestros pensamientos e ideas, así como nuestras percepciones sensoriales– no puede funcionar como un sustituto ni siquiera de sí mismo. Esto quiere decir que ustedes no pueden llegar a ninguna comprensión verdadera de la realidad dentro del reino de los pensamientos, ni del de las percepciones sensoriales. Ello se debe a que, si lo hicieran, estarían sustituyendo unas ideas por otras. Ambas serían falsas o, en el mejor de los casos, tristemente incompletas. El Maestro Nāgārjuna continúa sosteniendo que lo que es verdadero tampoco es un sustituto de lo que es verdadero. Es decir, que la verdad existe tal y como es antes e independientemente de nuestra comprensión o no-comprensión. Esta no llega a la existencia en algún supuesto momento de iluminación.

Verso 10

astīti śāśvatagrāho nāstity ucchedadarśanam
tasmād astitvanāstitve nāśrīyeta vicakṣaṇaḥ

Śāśvata: mf(ī)n. eterno, constante, perpetuo, todo; a punto de suceder, futuro. *Grāha*: mf(ī)n. incautación, posesión, tenencia, recepción; toma (de una esposa), asimiento, que echa mano de. *Uccheda*: m. corte o recorte; extirpación, destrucción; acortamiento, que se pone fin a; escisión. *Darśana*: mf(ī)n. presentación; ifc. visión, mirada; n. visión, captación, miramiento, reconocimiento, observación, percepción. *Tasmāt*: m. n. sg. Ab. de *ta*. *Astitvanāstitve*: n. f. du. N. de *astitvanāstitva*. *Astitva*: n. existencia, realidad. *Nāstitva*: *na+astitva*. *Nāśrīyeta*: *na+aśrī+ya+ita*. *Aśrī*: f. el lado afilado de algo, esquina, rincón (de una habitación o una casa), filo de una espada. *-Ya*: adj. m. n. sus.: forma adjetivos con el sentido de «referente a», patronímicos masculinos y abstractos neutros con *vṛddhi*, así como adjetivos comunes sin *vṛddhi*. *Ita*: mfn. ifc. ido; regresado; obtenido (cf. *an-ita*, *ud-ita*, etcétera); recordado; (*am*) n. vía. *Vicakṣaṇa*: mfn. llamativo, visible, luminoso, radiante, espléndido; distinto, perceptible; clarividente (lit. y fig.), sagaz, listo, sabio, experimentado o versado en, familiarizado con (L. o comp.).

Si creemos en la idea del asimiento constante, es completamente imposible que creamos que la instantaneidad existe realmente.
Pero en el mundo real, donde algo concreto y algo abstracto están fundidos en uno, las situaciones reales del mundo real no son tan individuales ni penetrantes, sino que solamente se da el simple hecho de que algo ambiguo pero brillante existe delante de nosotros.

La «idea del asimiento constante» es la noción de que algo permanece fijo e inmutable en medio de un universo en constante evolución. A veces a ese algo se lo llama alma o *atman*, y otras nos referimos a él como Dios. Sin embargo, para creer en algo eternamente inmutable tendríamos que negar la instantaneidad de la realidad que experimentamos cada momento del día. En el mundo real, lo abstracto y lo concreto están fundidos en uno. En el Sutra del Corazón esta misma idea es expresada como «la forma es vacuidad y la vacuidad es forma». Por ello, la realidad no son las cosas y los fenómenos individuales claramente definidos. Más bien es algo que aparece en nuestra mente como algo ambiguo, aunque brillante y completamente real. Este brillo verdadero puede ser algo más grande que cualquier alma, *atman* o incluso Dios, a los cuales consideramos de alguna manera separados de la realidad que está ante nosotros.

Verso 11

asti yad dhi svabhavena na tan nāstīti śaśvatam
nāstīdānīm abhūt pūrvam ity ucchedaḥ prasajyate

Dhi: m. receptáculo (solamente ifc.). *Idānīm*: ind. ahora, en este momento, en este caso, justamente, incluso. *Abhūt*: *abhū+t*. *Abhū*: m. «no nacido». -*T*: sf. determinativo. Las raíces que acaban en *ā* se abrevian a *a*, y las acabadas en *i*, *u* o *ṛ* siempre se modifican añadiéndoles *t* (*SGFS*.). *Pūrva*: mf(*ā*)n. que está ante o delante de, delantero, primero; antiguo, viejo, habitual, tradicional. *Uccheda*: m. corte o recorte; extirpación, destrucción; acortamiento, que se pone fin a; escisión.

Si el mundo como un receptáculo no existe en función de la existencia subjetiva, la idea de que el mundo como un receptáculo no existe realmente es eterna.
Cuando tenemos la idea de que no hay nada realmente antes de que algo haya nacido, dicha idea puede estar demasiado influenciada por la idea de instantaneidad.

La idea de que el mundo en el que vivimos es como un receptáculo en el cual las diversas cosas y fenómenos están incluidos es distinta del hecho real. No hay una diferencia esencial entre la realidad y las cosas y los fenómenos que la conforman, de modo que el mundo como un receptáculo no existe. Es un hecho real que las diversas cosas y fenómenos existen tal y como son.

En la segunda línea, el Maestro Nāgārjuna critica la idea de que hubiera un tiempo en la nada antes de que todas las cosas y los fenómenos se originaran. Esta noción también es muy común hoy en día, pero el Maestro Nāgārjuna mantiene que está demasiado influenciada por la idea de instantaneidad. Aunque parecía afirmar esta idea en el verso anterior, es muy importante recordar que el budismo nunca acepta ninguna posición extrema. Incluso aunque una idea sea correcta, nunca es absoluta, y, por tanto, no deberíamos estar demasiado influenciados por ella.

Capítulo 16

Bandhamokṣa parīkṣā

(Estudio de la fusión de la restricción y la liberación)

Bhandha: mfn. sujeto, atado, fijado, sujetado, encadenado, limitado; capturado, encarcelado, atrapado, confinado. *Mokṣa*: m. (ifc. f. *ā*) emancipación, liberación, liberación de (Ab., raramente G. o comp.); liberación de la existencia mundana o transmigración, emancipación final o eterna.

Aunque queramos ser completamente libres –es decir, estar totalmente liberados de todas las ataduras– puede que esto sea imposible en nuestras vidas cotidianas. Las circunstancias siempre nos perturban, y nos encontramos restringidos por diversos asuntos problemáticos. Esto puede entenderse en relación con los excelentes avances en el estudio de la fisiología y la psicología de los siglos XX y XXI. Sobre esa base, me parece claro que cuando el sistema nervioso simpático es más pronunciado tendemos a sentirnos restringidos, y cuando lo es el parasimpático somos más propensos a sentirnos liberados.

En el presente capítulo, el Maestro Nāgārjuna trata la restricción y la liberación como hechos reales en el instante presente. Cuando actuamos –en otras palabras, cuando nos encontramos en la escena de la acción o la realidad– la fuerza de los sistemas nerviosos simpático y parasimpático se iguala. En dicho estado, la relación entre restricción y liberación se nivela, y el estado equilibrado llamado zen aparece. En esa situación, tanto la restricción como la liberación desaparecen y resulta imposible encontrar a ninguna de las dos.

****

Verso 1

saṃskārāḥ saṃsaranti cen na nityāḥ saṃsaranti te
saṃsaranti ca nānityāḥ sattve 'py eṣa samaḥ kramaḥ

Saṃskāra: m. que junta, que forma bien, que hace perfecto, logro, adorno, ornamentación, purificación, limpieza, confeccionamiento, preparación, aliño (de comida), refinado (de metales), pulido (de gemas), cría [o cultivo] (de animales o plantas). *Saṃsaranti*: 3.ª pers. pl. de *saṃsṛ*. *Saṃsṛ*: discurrir junto a (I.); andar, vagar o caminar o deambular; caminar o pasar por (una sucesión de estados), experimentar la transmigración, entrar o atravesar (Ac.). *Nitya*: mf(*ā*)n. innato, nativo; uno mismo (op. a *araṇa*); continuo, perpetuo, eterno. *Anitya*: mfn. no eterno, transitorio; ocasional, incidental; irregular, inusual; inestable; incierto. *Sattva*: n. ser, existencia, entidad, realidad; esencia verdadera, naturaleza, disposición de la mente, carácter; esencia espiritual, espíritu, mente; aliento vital, vida, conciencia, fuerza de carácter, fuerza, firmeza, energía, resolución, coraje, autodominio, sentido común, sabiduría, magnanimidad. *Eṣa*: *eṣa* se refiere a lo que está cerca o presente = «esto» (*SGFS*.). *Sama*: mfn. todo, cada. *Krama*: m. un paso; marcha, proceder, transcurso; la vía; progreso ininterrumpido o regular, orden, ciclo, disposición habitual, sucesión.

Cuando las formas de conducta pasan, no se da la situación de que solamente transcurra lo que es instintivo.
Cuando transcurre lo que no es solamente instintivo, todas las cosas y los fenómenos [que se manifiestan] delante de nosotros están justo en el estado de movimiento.

En otras versiones del *MMK*, el término sánscrito *saṃsaranti* que aparece en este verso se traduce como «transmigración». Ello suele hacer a los lectores pensar que trata sobre la reencarnación, pero no puedo aceptar en absoluto esta interpretación, ya que despojaría de todo el sentido al capítulo. Esa palabra tiene un significado mucho más general de vagar, fluir o deambular, de modo que he elegido el término *transcurrir* para representarla. Transcurrir sugiere acción o movimiento. Nuestra conducta humana real no es solamente una cuestión de instinto. El sentido moral y el de autorregulación también son parte de nuestra conducta. Cuando actuamos basándonos en la moralidad real y en la autorregulación, todas las cosas y los fenómenos del universo también se desarrollan como deberían.

Verso 2

pudgalaḥ saṃsarati cet skandhāyatanadhātuṣu
pañcadhā mṛgyamāṇo 'sau nāsti kaḥ saṃsariṣyati

Pudgala: mf(*ā*)n. hermoso, bonito; m. el cuerpo; (para los jainistas) objeto material (incluyendo los átomos); el alma, entidad personal; hombre. *Skandha*: m. una tropa, multitud, cantidad, agregado; (en fil.) los cinco objetos de los sentidos; (para los budistas) los cinco elementos constituyentes del ser (viz., *rūpa*, «forma corporal»; *vedanā*, «sensación»; *saṃjñā*, «percepción»; *saṃskāra*, «agregado de la formación»; *vijñāna*, «conciencia o facultad del pensamiento»). *Āyatana*: n. lugar de descanso, apoyo, sede, hogar, casa, morada. *Dhātuṣu*: pl. L. de *dhātu*. *Dhātu*: m. capa, estrato; parte constituyente, ingrediente; elemento, materia primitiva. *Pañcadhā*: ind. de cinco formas o en cinco partes, quíntuple. *Mṛgya*: mfn. ser perseguido o requerido o localizado para; esforzarse para o dirigirse a; ser investigado, cuestionable, incierto. *Māna*: m. opinión, noción, concepción, idea; objetivo, deseo, proyecto; engreimiento, arrogancia, orgullo; (también n.) consideración, atención, respeto, honor. *Asau*: m. f. N. de *adas*: aquel; un cierto. *Asau* se refiere a lo que está ausente o lejano = «aquello» (*SGFS*.). *Saṃsariṣyati*: fut. de *saṃsṛ*.

Cuando una persona vaga por su vida cotidiana, los cinco agregados se basan normalmente en la materia física.
Pero cuando los cinco agregados son reales, lo cual es un tipo de investigación, es imposible que encontremos un vagar real dentro de nuestras vidas cotidianas o que dicho vagar exista realmente ni siquiera en el futuro.

Tal y como vimos en el capítulo 4, según la filosofía budista tanto el universo como nosotros mismos estamos conformados por los cinco agregados (*skandhas*): la materia, la percepción sensorial, la consideración, la acción real y la conciencia. Profundizaremos sobre ellos más detalladamente en el capítulo 18. Cuando vagamos sin rumbo por nuestras vidas cotidianas, generalmente tendemos a concebir estos agregados como factores materiales concretos. Sin embargo, los cinco agregados incluyen tanto lo que podríamos llamar factores materiales como los espirituales. Cuando nos esforzamos por experimentar la realidad de los cinco agregados, en la práctica de zazen por ejemplo, estamos investigando nuestra verdadera naturaleza. De modo que si nuestras actitudes se basan en la situación real de los cinco agregados, y si son concretas, es casi imposible que experimentemos ninguna condición inestable de vagar en nuestras vidas.

Verso 3

upādānād upādānaṃ saṃsaran vibhavo bhavet
vibhavaś cānupādānaḥ kaḥ sa kiṃ saṃsariṣyati

Upādāna: n. el acto de tomar para uno mismo, apropiación para uno mismo; percepción, reconocimiento, aprendizaje, adquisición (de conocimiento); aceptación, concesión, inclusión; empleo, utilización. *-An*: 3.ª pers. pl. impf. *Saṃsaran*: P. 3.ª pers. pl. impf. de *saṃsṛ*. *Vibhava*: mfn. poderoso, rico; m. que está en todas partes, omnipresencia. *Anupādāna*: *an+upādāna*. *An*: *an-*, ocasionalmente *ana-*, (antes de una vocal) el sustituto de *a*, o *a* privativo. *A*: (antes de una vocal, *an*) un prefijo que se corresponde con el gri. *a*, *an*, el lat. *in*, el gótico y ale. *un*, el ing. *in* o *un*, y que tiene un sentido negativo o privativo o contrario. *Kim*: ind. ¿qué?, ¿cómo?, ¿de dónde?, ¿por qué?

Si la percepción sensorial ha trascendido la percepción sensorial en sí misma, ¿dónde se da la posibilidad de que produzcamos el vagar de nuestra vida cotidiana en cualquier parte incluso en el futuro?
Si nuestras percepciones sensoriales están reguladas en todas partes, ¿cómo es posible que nuestro vagar se realice en cualquier parte incluso en el futuro?

Cuando nuestras percepciones sensoriales no funcionan, podemos experimentar la condición en la cual nuestra mente e incluso nuestro cuerpo parecen estar vagando arbitrariamente. Pero cuando nuestras percepciones sensoriales están reguladas –por ejemplo, mediante la práctica de zazen–, dicho vagar no sucede. La percepción sensorial que trasciende la percepción sensorial es una manera poética de referirse al estado en el que nuestras percepciones sensoriales reales simplemente son tal y como son. Dicho estado se encuentra más allá de cualquiera de las concepciones que podamos tener sobre la percepción sensorial.

Verso 4

saṃskārāṇāṃ na nirvāṇaṃ kathaṃ cid upapadyate
sattvasyāpi na nirvāṇaṃ kathaṃ cid upapadyate

Saṃskārānām: pl. G. de *saṃskāra*. *Saṃskāra*: m. que junta, que forma bien, que hace perfecto, logro. *Nirvāṇa*: mfn. fundido o apagado, extinguido (como una lámpara o el fuego), caído [puesto] (como el sol), calmado, tranquilo, amansado, muerto, fallecido (lit. que tiene apagado el fuego de la vida), perdido, desaparecido.

Cuando el estado equilibrado no se manifiesta en la ejecución de la acción, nada ocurre en absoluto.

Cuando el estado equilibrado no puede verse en el estado real, nada ocurre en absoluto.

Si el estado equilibrado no aparece en nuestra propia acción real, no podemos hacer algo de valor. Cuando nuestra acción no se basa en el equilibrio, es imposible que sea la acción real. En ese caso puede decirse que nada ocurre en absoluto. En otro sentido, toda acción es una manifestación del estado equilibrado. Aun cuando un individuo efectúe una acción desequilibrada, el universo siempre se regula.

Verso 5

na badhyante na mucyanta udayavyayadharmiṇaḥ
saṃskārāḥ pūrvavat sattvo badhyate na na mucyate

Badh: *vadh*: golpear, matar, sacrificar, asesinar, derrotar, destruir; pas. *vadhyate*, *-ti*, ser matado o asesinado. *Mucyanta*: Ā. 3.ª pers. pl. impf. pas. de *muc*. *Muc*: soltar, dejar suelto, liberar, dejar ir, aflojar, facilitar, liberar. *Udaya*: m. ascenso, elevación; abultamiento; levantamiento, salida (del sol, etcétera), aparición (de una nube); que sale; que sale a la luz, que se hace visible, surgimiento, desarrollo; producción, creación. *Vyaya*: mfn. que fallece, mutable, sujeto a cambio o deterioro (solamente como op. o conectado con *avyaya*); m. desaparición, decaimiento, ruina, pérdida. *Dharmiṇaḥ*: pl. N. Ac. de *dharmin*. *Dharmin*: mfn. que conoce u obedece la ley, fiel a la ley, virtuoso, piadoso, justo; dotado con alguna marca característica o propiedad particular; (ifc.) que sigue las leyes o las obligaciones de, que tiene los derechos o atributos o peculiaridades de, que tiene algo como una marca característica, sujeto a cualquier estado o condición. *Pūrvavat*: ind. como antes, como hasta ahora, como en el pasado, como se ha mencionado previamente; según algo anterior (aplicado en el *nyāya* a una clase de inferencia, como deducir de la aparición anterior de una nube que lloverá).

El sistema universal, el cual siempre continúa sus apariciones y desapariciones, nunca se encuentra restringido aunque nunca esté liberado.
La acción real en la realidad, y la realidad en sí misma, nunca se encuentra restringida y nunca está liberada.

Aquí, el Maestro Nāgārjuna examina el debate entre el libre albedrío y el determinismo. Cuando observamos el universo en términos del tiempo lineal, parece que nunca puede haber libre albedrío. Nuestras acciones siempre están determinadas por el pasado, y nuestro futuro, por nuestra acción en el presente. Sin embargo, desde el punto de vista de este mismo instante, aquí y ahora, parecemos ser completamente libres y capaces de actuar de cualquier manera que queramos. En la filosofía budista, podemos encontrar la idea de que el universo en sí aparece y desaparece a cada instante. De este universo que aparece y desaparece no puede decirse que esté restringido, como harían los deterministas, ni liberado, como insistirían los defensores del libre albedrío. La situación real es completamente distinta de estos razonamientos que construimos para tratar de explicarla. La situación real de nuestra acción está completamente libre y totalmente restringida. Esto parece paradójico solamente por nuestra falta de habilidad para concebir a la vez estos estados mutuamente contradictorios. No obstante, si observáramos nuestras propias vidas desapasionadamente, encontraríamos que esta aparentemente paradójica situación es la situación real. En términos de causa y efecto, podemos decir que la acción en sí misma regula a la acción –la causa es el efecto–.

Verso 6

bandhanaṃ ced upādānaṃ sopādāno na badhyate
badhyate nānupādānaḥ kimavastho 'tha badhyate

Bandhana: mfn. que liga, que ata, que encadena; cautivador (con G. o ifc.); que agarra fuertemente, que detiene; (ifc.) dependiente de. *Sopādāna*: mfn. provisto de materiales (como un carpintero que construye una casa con madera). *Sopādāna*: *sa+upādāna*. *Badh*: *vadh*: golpear, matar, sacrificar, asesinar; pas. *vadhyate*, *-ti* (aor. *avadhi*), ser matado o asesinado. *Anupādāna*: *an+upādāna*. *Avasthā*: f. comparecencia (en una corte de justicia); estabilidad, consistencia; estado, condición, situación. *Atha*: ind. ahora, entonces; además; más bien; ciertamente; pero.

Incluso aunque la restricción se haya manifestado, dicha manifestación no está restringida en absoluto.
Y lo que no se ha manifestado no está restringido; por tanto, ¿cómo es posible realmente que esté restringido lo que haya aparecido?

En nuestras vidas cotidianas sentimos la existencia de algún tipo de restricción. Sin embargo, incluso dicho estado es la situación real en el instante presente. Como tal, no está ni restringido ni liberado. La descripción, tanto si es adecuada como si no, nunca es la cosa en sí. Que lo que no se haya manifestado no esté restringido quiere decir que aquello que es irreal no está, evidentemente, restringido por las reglas de la realidad. Pero incluso lo que se ha manifestado tampoco está restringido si lo miramos en términos del instante presente, en el cual nuestra acción es completamente libre.

Verso 7

badhnīyād bhandanaṃ kāmaṃ bandhyāt purvaṃ bhaved yadi
na cāsti tac cheṣam uktaṃ gamyamānagatāgataiḥ

Badhnīyād: *badh+nīyād*. *Badh*: *vadh*: (también escrito *badh*; solo utilizado apropiadamente en los tiempos aor. y anterior *avadhīt* y *vadhiṣta*; *vadhyāt* y *vadhiṣīṣṭa*) golpear, matar, sacrificar, asesinar, derrotar, destruir. *Nīyād*: *nīyāt*: *ninīyāt*: pot. de *nī*. *Nī*: conducir, guiar, conducir, dirigir, gobernar; conducir hacia o a; llevar o mantener lejos, excluir de (Ab.). *Kāmam*: ind. según la voluntad o el deseo, según la tendencia, agradable al deseo, a voluntad, libremente, voluntariamente; con placer, de buena gana, con alegría. *Bandhya*: mfn. ser confinado o encadenado o encarcelado; ser construido.

Tac cheṣam: *tat śeṣam*. *Śeṣa*: m. n. (proveniente de *śiṣ*) resto, aquello que queda o se deja, despojo, residuo (pl. «todos los otros»), excedente, remanente, el sobrante.

> **Cuando los hechos reales han existido antes de volverse restringidos, podemos fácilmente dejar la situación restringida y entrar verdaderamente en la libertad perfecta.**
> **Y el hecho de que no haya otra posibilidad que lo que se ha proclamado arriba puede explicarse refiriéndose al hecho de que las expresiones verbales *haber ido, ir* y *aún no haber ido* son dimensionalmente distintas del hecho real de ir justo en el instante presente.**

Si comparamos dos estados a los cuales calificamos como restringido y no restringido, podemos decir que hay una diferencia. Por ejemplo, podemos pensar que de niños éramos libres y ahora, como adultos, no lo somos. Pero esta idea común está, de hecho, muy equivocada. Los niños siempre se encuentran extremadamente restringidos. Este siempre es el caso para cualquier situación que escojamos. Los hechos reales existen tal y como son antes de que los califiquemos como restringidos o no restringidos. Todas las situaciones se hallan en el estado de la libertad perfecta cuando se ven en los términos del instante presente. Esto es como el caso comentado en el capítulo 2 de la diferencia entre los conceptos de haber ido, ir y aún no haber ido, y el ir realmente en el instante presente. El pasado, el presente y el futuro son conceptos, y ninguno de ellos puede encontrarse en el aquí y ahora.

Verso 8

baddho na mucyate tāvad abaddho naiva mucyate
syātāṃ baddhe mucyamāne yugapad bandhamokṣaṇe

Baddha: mfn. sujeto, atado, fijado, sujetado, encadenado, limitado; capturado, encarcelado, atrapado, confinado; sujeto por los grilletes de la existencia o el mal. *Muc*: soltar, dejar suelto, liberar, dejar ir, aflojar, facilitar, liberar («de», Ab. o *-tas*; Ā. y pas. con Ab. o I., raramente con G. «liberarse uno mismo, deshacerse de, escapar de»). *Abaddha*: mfn. sin consolidar, ilimitado, en libertad; falto de sentido, sin sentido. *Ām*: ind. una interjección de aprobación o recuerdo. *-Mana*: p. sf. las partículas del presente y el futuro *ātmanepada* y la pasiva se forman con el sf. *-māna*, el cual se añade después de eliminar la terminación de la 3.ª pers. del pl. *-nte*. *Yugapad*: ind. «que está en el mismo yugo o en el mismo lado», juntos, al mismo tiempo, simultáneamente.

Lo que se encuentra restringido no está liberado, así como lo que no se encuentra restringido nunca puede estar liberado en absoluto.
¡Ajá! Puede ser cierto que cuando un hombre exista tanto en la restricción como en la liberación, pueda existir en la fusión entre la restricción y la liberación.

Es completamente imposible que aquello que no se encuentre restringido esté liberado. Después de todo, si no está restringido, ¿de qué restricción puede liberarse? También es imposible que lo que se encuentre restringido se libere. Esto se debe a que tanto el estado de estar restringido como el de estar liberado son simples hechos en el instante presente. Por ello, en el mundo real, donde todo existe siempre en el instante presente, no hay ninguna posibilidad de que nada cambie del estado de estar restringido al estado de estar liberado. Cuando pensamos en los problemas sobre la base de la realidad, podemos decir que existimos tanto en la restricción como en la liberación al mismo tiempo. Aunque esto pueda parecer contradictorio, ese es el hecho real. Puede ser que existamos en la fusión de la restricción y la liberación.

Verso 9

nirvāsyāmy anupādāno nirvāṇaṃ me bhaviṣyati
iti yeṣāṃ grahas teṣām upādānamahāgrahaḥ

Nirvāsyāmi: P. pas. primera pers. de *nirvās*. *Nirvas*: P. habitar, acabar viviendo (con *vāsam*, etcétera); vivir fuera, desestimar. *Me*: D. G. de *ma*. *Ma*: base del pron. de la 1.ª pers.; D. *mahyam* o *me*; G. *mama* o *me* (para las formas enclíticas). *Iti*: ind. de este modo, así (en su significado original *iti* se refiere a algo que se ha dicho o pensado, o destaca lo que sigue; en los Brāhmaṇas a menudo equivale a «como sabes», recordando al oyente o al lector ciertas costumbres, condiciones, etcétera, supuestamente conocidas por él). *Yeṣām*: pl. Ab. G. de *ya*. *Graha*: mfn. ifc. incautación, que echa mano de, posesión, obtención; percibimiento, reconocimiento. *Teṣām*: pl. Ab. G. de *ta*. *Ahāgraha*: *aha+agraha*. *Aha*: ind. (como una partícula que implica determinación, afirmación, certeza, etcétera) seguramente, ciertamente; (como explicando, definiendo) es decir; (como admitiendo, limitando, etcétera) es cierto, yo admito, realmente, al menos. *Agraha*: mfn. = *mukhya*- (com.); propuesto para leerse *agra-ha*, que destruye la mejor parte.

Cuando la actitud de no basarse en la percepción sensorial se ha vuelto suficiente para mí, también puede ser posible que la actitud equilibrada se haya vuelto suficiente para mí.
Un asimiento de las cosas y los fenómenos es justamente el hecho real, y lo que es asido por la percepción sensorial es justamente el gran mundo, el cual se manifiesta como la gran imagen en sí.

Poniendo esto en términos actuales, cuando hayamos trascendido las percepciones sensoriales basándonos en el estado equilibrado del sistema nervioso autónomo, podremos disfrutar del estado equilibrado del *nirvāṇa*. Aquello que se ha asido mediante la percepción sensorial como las diversas cosas y los fenómenos del mundo tal y como son, es justamente la gran imagen del mundo.

Verso 10

na nirvāṇasamāropo na saṃsārāpakarṣaṇam
yatra kas tatra saṃsāro nirvāṇaṃ kiṃ vikalpyate

Samāropa: m. que está situado en o sobre (L.); tensión (de un arco); transferencia a (L.), atribución. *Apakarṣaṇa*: mfn. sustracción, expulsión, eliminación, disminución; n. sustracción, privación de; reducción; abolición, negación; anticipación. *Vikalp*: *viklṛp*: cambiar o alternar, intercambiar con (I.); estar indeciso o ser cuestionable u opcional; estar dubitativo o ser irresoluto, vacilar, dudar.

El *nirvāṇa* no es un lugar adonde desear ir, y nuestro vagar por la vida cotidiana no es un lugar del que desear marcharse.
El lugar donde existe algo que nunca puede ser expresado con palabras es justamente el lugar de nuestra vida cotidiana, de modo que ¿cómo es posible que intercambiemos nuestra vida cotidiana por el estado equilibrado del *nirvāṇa*?

El estado equilibrado, o *nirvāṇa*, es justamente el estado, o el mundo, que aparece de manera natural cuando no somos ni demasiado materialistas ni demasiado espirituales. Creo que esto sucede cuando nuestro sistema nervioso autónomo está equilibrado. No es ningún otro lugar al que podamos desear ir porque existe justo aquí en el instante presente. Por otro lado, el vagar por nuestras vidas cotidianas no es algo de lo que debamos querer deshacernos. Nuestra vida misma es la vida de Buddha. Aquello que no se puede expresar con palabras no es ninguna experiencia mística, sino el propio vagar de nuestras vidas. Pero el estado equilibrado también es un simple hecho en el instante presente, de modo que es completamente imposible que intercambiemos el vagar de nuestra vida cotidiana por el estado equilibrado del *nirvāṇa*.

Capítulo 17

Karmaphala parīkṣā

(Estudio de la fusión de la acción y el resultado)

Karma: por *karman* en comp. *Karman*: n. acto, acción, desempeño, empresa. *Phala*: n. (ifc. f. *ā* o *ī*) fruto (esp. de los árboles); el grano o semilla de una fruta; una nuez moscada; fruto (metafóricamente), consecuencia, efecto, resultado, retribución (buena o mala), ganancia o pérdida, premio o castigo, ventaja o desventaja.

Cuando pensamos acerca del problema de la acción, normalmente la separamos en dos partes. Por un lado, la concebimos como un concepto subjetivo y, por otro, como las impresiones sensoriales objetivas asociadas con ella. Sin embargo, si examinamos la acción sobre la base del camino medio del budismo, en el cual cuerpo y mente están fundidos en una sola realidad, podemos encontrar un único hecho: la realidad que existe justo en el instante presente. En dicha acción real en el instante presente, el concepto subjetivo de acción y las impresiones sensoriales objetivas están fundidos en uno. Por tanto, las explicaciones de la acción basadas en la separación del concepto subjetivo de acción y las impresiones sensoriales objetivas nunca pueden ser la filosofía budista. Para explicar la acción en términos del budismo, necesitamos un lenguaje totalmente diferente. En el presente capítulo, el Maestro Nāgārjuna se esfuerza por ilustrarla en dichos términos.

****

Verso 1

ātmasaṃyamakaṃ cetaḥ parānugrāhakaṃ ca yat
maitraṃsa dharmas tad bījam phalasya pretya ceha ca

Ātma: por *ātman* en comp. *Saṃyamaka*: mfn. que comprueba, que contiene. *Cetaḥ*: *cetas*: n. esplendor; conciencia, inteligencia, alma pensante, corazón, mente; voluntad. *Para*: mf(*ā*)n. lejano, distante, remoto (en el espacio), contrario, ulterior, más lejos que, más allá, en el otro lado o el más lejano de, extremo. *Anugrāhaka*: mf(*ikā*)n. favorecedor, promotor, facilitador; favorable, amable, cortés. *Yat*: *yad*. *Maitra*: mf(*ī*)n. que viene o es dado por o pertenece a un amigo, amistoso, amigable, benevolente, afectuoso, cariñoso; m. «amigo de todas las criaturas», un *brāhman* que ha llegado al estado más alto de la perfección humana. *Sa*: la base real para el N. de la 3.ª pers. del pron. *tad* (se encuentra solamente en el N. sg. m. f. [*sa* o *sas*, *sā*]; la *s* final del N. m. se pierde antes de casi todas las consonantes y aparece solamente al final de una frase en la forma de *visarga*). *Bīja*: n. semilla (de las plantas), semen (de los hombres y los animales), semilla de maíz, grano; cualquier germen, elemento, causa o principio esencial, fuente, en el próximo mundo, en la vida venidera, la otra vida (op. a *iha*). *Ceha*: *ca*+*iha*. *Iha*: ind. en este lugar, aquí; a este lugar; en este mundo; en este libro o sistema; en este caso.

Es un tipo de función mental el restringirnos basándonos en el punto de vista espiritual, y también es un tipo de función mental el dar benevolencia a otros.
La amabilidad, la cual fue dada por los otros, es justamente el sistema del universo, y las ideas, las cuales nacen del pensamiento, unas veces pertenecen al futuro y otras veces pertenecen al presente.

En nuestras vidas cotidianas, a veces adoptamos una actitud de represión en relación con nuestras diversas necesidades y deseos. Esto puede decirse que es un tipo de actitud espiritual en el sentido de que la gente espiritual o idealista tiende a reprimir sus propios deseos con el fin de realizar sus anhelos. Dicha conducta está basada en nuestro funcionamiento mental.

Imaginamos algún ideal y hacemos que el cuerpo actúe en consecuencia. Del mismo modo, realizamos diversos actos de amabilidad hacia los demás. Estos actos también se basan en nuestro funcionamiento mental, al igual que ocurre con aquellos que recibimos de los demás. Sin embargo, dichos actos de amabilidad también son el sistema del universo. Los resultados de esas acciones, las cuales nacen del sistema del universo, unas veces pertenecen al futuro y otras veces pertenecen al instante presente.

Verso 2

cetanā cetayitvā ca karmoktaṃ paramarṣiṇā
tasyānekavidho bhedaḥ karmaṇaḥ parikīrtitaḥ

Cetanā: *cetanāḥ*: m. f. pl. N. de *cetana*. *Cetana*: mf(*ī*)n. visible, evidente, distinguido, excelente; perspicaz, consciente, sintiente, inteligente; m. ser inteligente, hombre; alma, mente; n. conciencia, alma, mente. *Cetayitva*: *cet+ayi+tva*. *Cet*: *cit*: f. pensamiento, intelecto, espíritu, alma. *Ayi*: ind. una partícula vocativa (utilizada especialmente en los dramas); una partícula de aliento o que introduce algún tipo de pregunta. *Tva*: *tā*, f., *tva*, n. forma sustantivos abstractos con el sentido del sufijo inglés *-ness* [«condición o estado de» en español] (*SGFS*.). *Karmokta*: *karma+ukta*. *Karma*: por *karman* en comp. *Ukta*: mfn. pronunciado, declarado, hablado; n. palabra, frase. *Paramarṣiṇā*: *para+marṣiṇā*. *Para*: mf(*ā*)n. lejano, distante, remoto (en el espacio), contrario, ulterior, más lejos que, más allá, en el otro lado o el más lejano de, extremo; antiguo (en el tiempo), anterior; ancestral, pasado; posterior, futuro, siguiente; subsiguiente, sucesivo, subsecuente; final, último; que supera (en número), más que; mejor o peor que, superior o inferior a, el mejor o el peor, el más alto, supremo, principal (en los significados del compar.). *Maṛṣiṇā*: m. sg. I. de *maṛṣin*. *Marṣin*: mfn. paciente, tolerante, indulgente. *Tasya*: m. n. sg. G. de *ta*. *Aneka*: mfn. no uno, muchos, mucho; separado. *Vidha*: m. n. de *vidhā* (ifc.); m. medida, forma, clase. *Vidhā*: f. división, parte, porción; forma, manera, clase, tipo. *Bheda*: m. ruptura, división, descomposición, desgarro, desgarramiento, perforación (también en pas. el ser roto, etcétera). *Karmaṇaḥ*: n. sg. Ab. G. de *karmaṇi*. *Karmṇi*: mfn. conectado o que está en la acción. *Parikīrtita*: mfn. proclamado, anunciado, enorgullecido de, dicho, llamado.

El hecho de que las cosas y los fenómenos puedan verse bien está relacionado con la función mental, pero es necesario que tengamos una resistencia paciente cuando hablemos de la acción real.
Cuando hablamos de la acción [esta] no es simple o arbitraria, pero hay una tendencia común a proclamar conclusiones como si fueran decisivas.

El hecho de que podamos contemplar con claridad el mundo está estrechamente relacionado con la mente. Pero, aunque podamos ver las cosas con claridad, el mundo de la acción no tiene una estructura simple. Por eso no es fácil explicar el problema de la acción. Sin embargo, al intentar hacerlo podemos ser demasiado firmes o estar demasiado convencidos, obcecándonos en nuestra propia opinión. Con el problema de la acción aquí nos estamos refiriendo a la acción en sí misma. Cuando se nos pregunta qué hicimos en cierto momento y lugar, la mayoría de nosotros estamos muy seguros de cuál es la respuesta, pero el Maestro Nāgārjuna parece estar cuestionando aquí esta actitud.

Verso 3

tatra yac cetanety uktaṃ karma tan mānasaṃ smṛtaṃ
cetayitvā ca yat tūktam tat tu kāyikavācikam

Tatra: ind. utilizado para el L. (sg., du. y pl.) de *tad*; en ese lugar, allí (en comp.); allá, a ese lugar; en eso, en esto. *Cetana*: mf(*ī*)n. visible, evidente, distinguido, excelente; perspicaz, consciente, sintiente, inteligente; m. un ser inteligente, hombre; alma, mente; n. conciencia, alma, mente; (*ā*) f. conciencia, comprensión, sentido, inteligencia. *Mānasa*: mf(*ī*)n. que pertenece a la mente o al espíritu, mental, espiritual (op. a *śārīra*, corpóreo); expresado solo en la mente, realizado en el pensamiento, i. e., silencioso, tácito (como un himno o una oración); concebido o presente en la mente, concebible, imaginable. *Smṛta*: mfn. recordado, rememorado, evocado, pensado; mencionado; dictado, enseñado, prescrito, (esp.) en virtud del Smṛti o ley tradicional, declarado o propuesto en los libros de la ley. *Cetayitva*: *cetayitavya*?: mfn. ser percibido. *Yattu*: *yat+tu*. *Tu*: (nunca encontrado al comienzo de una frase o verso) ¡ruega!, suplico, haz, ahora, entonces; pero. *Kāyika*: mf(ī)n. realizado con el cuerpo; corpóreo; (ifc.) perteneciente a un grupo o multitud, bud. *Vācika*: mfn. verbal, efectuado o causado por las palabras, consistente en palabras, comunicado por el habla.

En esas situaciones, los problemas relacionados con la mente son objetos de discusión, y el concepto abstracto de acción simplemente es un recuerdo en la mente.
Aunque los problemas relacionados con la mente sean cuestiones muy buenas para comentar y estén inevitablemente relacionados con los factores físicos, [si limitamos el diálogo al ámbito de las discusiones verbales], nuestra discusión podría también estar limitada al mundo mental.

Como se dijo en el capítulo 2, es posible que un problema relacionado con la mente se vuelva el objeto de discusión. Sin embargo, si la discusión se realiza solo basándose en factores mentales, únicamente se hace sobre la memoria de la acción. Aunque sea adecuado tratar verbalmente los asuntos de la mente, la discusión de la acción concreta también está inevitablemente relacionada con el cuerpo. Por tanto, si queremos comentar la acción, pero limitar esa discusión a los asuntos mentales, es imposible que extendamos dicha discusión al ámbito de la acción real en sí.

Verso 4

vāgviṣpando 'viratayo yāś cāvijñaptisaṃjñitāḥ
avijñaptaya evānyāḥ smṛtā viratayas tathā

Vāg: por *vāc* en comp. *Vāc*: f. habla, voz, conversación, lenguaje (también de los animales), sonido (también de objetos inanimados como las piedras utilizadas para ejercer presión, un tambor, etcétera). *Viṣpanda*: m. pulsación, latido. *Avirata*: mfn. que no desiste de (Ab.); ininterrumpido; ind. ininterrumpidamente, continuamente. *Avijñapti*: *a+vijñapti*. *Vijñapti*: f. información, informe, dirigirse (a un superior), solicitud, ruego (G.); impartición, donación. *Saṃjñita*: mfn. hecho conocido, comunicado; al tanto de un signo o un gesto; llamado, nombrado, denominado (generalmente ifc.). *Avijñaptaya*: *avijñaptayaḥ*: m. f. pl. N. V. de *avijñapti*. *Smṛta*: mfn. recordado, rememorado, evocado, pensado; mencionado; dictado, enseñado, prescrito. *Virata*: mfn. detenido, parado, acabado; uno que ha abandonado o está resignado o ha cesado o desistido de (Ab. L. o comp.).

Cuando el habla continúa interminablemente, parece ser que solo el habla inútil y la información inútil continúan sin cesar.
Es extraño que la información no se transmita, y, en dicho estado, incluso la memoria puede detenerse completamente.

Aunque los seres humanos hablamos continuamente entre nosotros, hay muchos casos en los que se intercambia información inútil. El Maestro Nāgārjuna dice que es extraño que siempre parezcamos estar comunicándonos cuando realmente no lo hacemos. Según él, en esta situación, incluso los recuerdos pueden haberse detenido. En otras palabras, cuando hablamos sin comunicarnos verdaderamente, la función de la memoria se adultera. Recordamos conversaciones que no tienen un significado o un uso real. Nuestros cerebros acaban llenos de tanto sinsentido que parece no haber espacio para nada más.

Verso 5

paribogānvayaṃ puṇyam apṇyaṃ ca tathāvidham
cetanā ceti saptaite dharmāh karmāñjanāḥ smṛtāḥ

Pariboga: m. disfrute, (esp.) relaciones sexuales; uso ilegal de los bienes de otro; medio de subsistencia o disfrute. *Anvaya*: m. el siguiente, sucesión; conexión, asociación, que está unido a o preocupado por. *Puṇya*: mf(*a*)n. auspicioso, propicio, favorable, agradable, bueno, correcto, virtuoso, meritorio, puro, bendito, sagrado. *Apuṇya*: mfn. impuro, malvado. *Tathāvidha*: mf(*ā*)n. de tal tipo o clase, que está en tal condición o estado, de tales cualidades; ind. de este modo; igualmente. *Ceti*: sg. L. de *cet*. *Cet*: *cit*: mfn. ifc. «que piensa»; f. pensamiento, intelecto, espíritu, alma. *Sapta*: ifc. y por *saptan* en comp., siete. *Ita*: mfn. ifc. ido; regresado; obtenido; recordado; n. vía. *Dharma*: m. (raramente n.; la forma más antigua del *Ṛg-veda* es *dharman*) aquello que está establecido o firme, sentencia firme, estatuto, decreto, ley; uso, práctica, cumplimiento habitual o conducta prescrita, deber; derecho, justicia (a menudo como sinónimo de castigo); virtud, moralidad, religión, virtud religiosa, buenas obras. *Karma*: por *karman* en comp. *Karman*: n. acto, acción, desempeño, empresa. *Añjana*: n. acto de aplicar una pomada o pigmento, embellecimiento. *Smṛta*: mfn. recordado, rememorado, evocado, pensado; mencionado; dictado, enseñado, prescrito, (esp.) en virtud del Smṛti o ley tradicional.

La búsqueda del disfrute, tanto si es puro como si no, solamente se limita al interior de la búsqueda del disfrute.
Lo que puede asirse como criterios objetivos son las siete clases de criterios equilibrados; y ellos hacen nuestra acción hermosa, pero también son los recuerdos de nuestra acción en el pasado.

La búsqueda de cualquier clase de disfrute nunca puede ir más allá de ella misma, tanto si esa actividad es pura como si no. De modo que aunque la práctica de la meditación se haga solamente para disfrutar el estado que produce, eso también se convierte en algo limitante. Aquí, la clave es la naturaleza de la búsqueda de algo. El estado de zazen es un estado sin ninguna forma de intención. Ahí uno no busca nada en absoluto.

En la línea siguiente, el Maestro Nāgārjuna dice que lo que puede asirse como una experiencia objetiva es la manifestación de los siete estados equilibrados. En sánscrito son conocidos como *sapta-bodhi-aṅgāni*: 1) *smṛti*, o conciencia equilibrada; 2) *dharmapravicaya*, o investigación de la ley del universo; 3) *vīrya*, o energía o esfuerzo; 4) *prīti*, o éxtasis; 5) *prasrabdhi*, o reposo; 6) *samādhi*, o concentración, y 7) *upekṣā*, o ecuanimidad. Esos estados, continúa, hacen hermosas nuestras acciones, pero, al mismo tiempo, cuando los consideramos después de haberlos realizado, incluso tales manifestaciones de acción pura tan solo son recuerdos de lo que ha ocurrido en el pasado.

Verso 6

tiṣṭhaty āpākakālāc cet karma tan nityatām iyāt
niruddhaṃ cen niruddhaṃ satkiṃ phalaṃ janayiṣyati

Tiṣṭhati: *sthā*: mantenerse, mantenerse firme, colocarse, reposar, sostenerse sobre, tener una postura sobre; quedarse, permanecer, continuar en alguna condición o acción; permanecer quieto, estar callado, permanecer fijo, parar, detener, esperar, tardar, demorarse, dudar. *Āpāka*: m. cocción ligera. *Kāla*: m. un punto justo o fijo en el tiempo, un espacio de tiempo, el tiempo (en general); el tiempo o la época apropiada para. *Nitya*: mf(*ā*)n. innato, nativo; uno mismo (op. a *araṇa*); continuo, perpetuo, eterno. *Tāmi*: f. contener la respiración hasta que se produce el agotamiento. *Iyāt*: ind. ya que, hasta aquí, mientras que, puesto que. *Niruddha*: mfn. detenido, retenido, sujetado, parado, cerrado, confinado, refrenado, controlado, mantenido al margen, eliminado, suprimido. *Cen*: *cet*: *ced*: (nunca encontrado al comienzo de una frase o verso) = *ca*, «y»; «cuando» (estando el verbo acentuado); «si» (estando el verbo acentuado).

Apartándose de la idea inmadura del tiempo, la acción real en el instante presente ya se ha establecido, y la acción en sí potencia independientemente la acción como diversas cosas y fenómenos, y estos amplían su escala.
Cuando algo poco claro sucede como algo poco claro, es absolutamente imposible que dicha situación ambigua produzca un resultado ni siquiera en el futuro.

Comprender verdaderamente la realista filosofía budista es haber superado la visión inmadura del tiempo sostenida por la mayoría de la gente. El tiempo real está relacionado de manera precisa con la acción real en situaciones reales, las cuales se establecen de instante a instante. Dicha acción real tiene características eternas y, como tal, impregna un gran espacio. Esta acción real en sí tiene un valor eterno. Sin clarificar el instante presente del tiempo budista, la situación real del mundo parece estar en una condición ambigua. Puesto que el tiempo real, en el sentido budista, solamente incluye este preciso instante, el concepto de resultado se vuelve más bien absurdo. Esto se debe a que solamente podemos decir que una cosa es el resultado de algo más cuando comparamos el presente con el pasado. Dichas comparaciones solamente pueden ocurrir en el reino del pensamiento, el cual es absolutamente distinto de la acción real.

Verso 7

yo 'ṅkuraprabhṛtir bījāt saṃtāno 'bhipravartate
tataḥ phalam ṛte bījāt sa ca nābhipravartate

Yo: *yaḥ*. *Aṅkura*: m. un brote, rama, hoja; una inflamación, un tumor; un pelo; sangre; agua. *Prabhṛtir*: *prabhṛtiḥ*: sg. N. de *prabhṛti*. *Prabhṛti*: f. presentación, ofrenda (de sacrificio o alabanza); un lanzamiento o golpe; empiece, comienzo. *Bījā*: n. semilla (de las plantas), semen (de los hombres y los animales), semilla de maíz, grano; cualquier germen, elemento, causa o principio esencial, fuente, origen. *Saṃtāna*: m. sucesión continua, continuidad, continuación; una serie ininterrumpida, flujo continuo. *Abhipravartate*: *abhipravṛt*: avanzar hacia (Ac.); desembocar en (Ac.); ir adelante, avanzar. *Tata*: mfn. extendido, alargado, esparcido, difuminado, expandido; difusión, esparcimiento. *Ṛ*: ir, moverse, alzarse, tender al alza; ir hacia, encontrarse con, recaer o caer en, alcanzar, obtener.

Después de que nuevos brotes hayan salido de las semillas, la continuidad avanza.
Incluso aunque un resultado como desarrollo comience a avanzar, es completamente imposible que un resultado en sí se desarrolle más automáticamente.

Cuando salen nuevos brotes de las semillas, sus vidas siguen adelante, pero aun así, la idea de un resultado simplemente es una interpretación humana del hecho real en el instante presente. En un instante hay semillas, en otro hay brotes. Podemos estar seguros de que hay una relación de causa y efecto. Sin embargo, llamar a los brotes el resultado de las semillas no es correcto. Esta es una cuestión muy sutil que trataremos más adelante. En cualquier caso, si la idea de un resultado en sí es incorrecta, es imposible asegurar que un resultado puede desarrollarse más.

Verso 8

bījāc ca yasmāt saṃtānaḥ saṃtānāc ca phalodbhavaḥ
bījapūrvaṃ phalaṃ tasmān nocchinnaṃ nāpi śāśvatam

Yasmāt: m. n. sg. Ab. de *ya*. *Phalodbhava*: mfn. obtenido o derivado del fruto. *Purva*: una curiosa anomalía en la formación de los compuestos *karmadhāraya* es que la palabra *purva*, «anterior», utilizada adverbialmente puede situarse después del término que califica; así, *pūrva-kṛta* o *kṛta-pūrva*, «anteriormente hecho, ya hecho» (Coulson). *Ucchinna*: mfn. cortado o recortado; destruido, perdido; abyecto, vil.

Apartándose del estado de las semillas, la continuidad sucede, y, en función de la continuidad, hay un resultado, el cual ha sido obtenido por la continuidad.
Aunque haya un resultado antes de que las semillas vuelvan a aparecer, el resultado nunca es simplemente un hecho instantáneo ni es un hecho eterno.

Es cierto que si miramos las cosas en términos de continuidad del pasado al presente y del presente al futuro, podemos hablar de resultados. Sin embargo, esto sigue siendo una interpretación del estado de las cosas en el instante presente. La idea de un hecho instantáneo como opuesto a un hecho eterno se refiere a lo que los filósofos occidentales han caracterizado como el debate entre el determinismo y el libre albedrío. Esto se trató en el capítulo anterior. Si los hechos del universo son instantáneos en el sentido en el que el término se utiliza aquí, tenemos libre albedrío y no estamos vinculados al pasado. Si son eternos, nuestras acciones en el presente están completamente determinadas por nuestro pasado. El Maestro Nāgārjuna rechaza estas dos visiones.

Verso 9

yas tasmāc cittasaṃtānaś cetaso 'bhipravartate
tataḥ phalam ṛte cittāt sa ca nābhipravartate

Citta: mfn. «observado»; «dirigido hacia», «anhelado»; «aparecido», visible; n. asistencia, cumplimiento; pensamiento, reflexión, imaginación, el pensar; intención, meta, deseo; el corazón, la mente; memoria; inteligencia, razón. *Saṃtāna*: m. (ifc. f. *ā*) sucesión continua, continuidad, continuación; una serie ininterrumpida, flujo continuo. *Cetaso*: *cetasoḥ*: sg. G. Ab. de *cetas*. *Cetas*: n. esplendor; conciencia, inteligencia, alma pensante, corazón, mente; voluntad. *Abhipravartate*: *abhipravṛt*: avanzar hacia (Ac.); desembocar en (Ac.); ir adelante, avanzar. *Tata*: mfn. extendido, alargado, esparcido, difuminado, expandido; difusión, esparcimiento; recubierto de (I. o en comp.); prolongado.

Por tanto, un resultado es una continuidad de la conciencia y sucede basándose en la función de la consideración.
La expansión de la función mental está funcionando como un resultado que surge de la conciencia, y no es cierto que un resultado en sí suceda realmente.

Lo que llamamos un resultado es realmente la continuidad de la conciencia. Se basa en la función de la consideración, lo cual quiere decir que no existe fuera de nuestros propios pensamientos. Lo que vemos como resultado surge de nuestras propias funciones mentales, y no tiene una verdadera existencia independiente fuera de nuestra mente.

Verso 10

cittāc ca yasmāt saṃtānaḥ saṃtānāc ca phalodbhavaḥ
karmapūrvaṃ phalaṃ tasmān nocchinnaṃ nāpi śāśvatam

Phalodbhava: mfn. obtenido o derivado del fruto. *Ucchinna*: mfn. cortado o recortado; destruido, perdido; abyecto, vil.

Por tanto, apartándose de la función mental, es posible que la continuidad exista, y al estado que ha abandonado la continuidad se lo llama resultado.
Un resultado existe como conciencia antes de que un acto sea realmente hecho y no es abrupto ni eterno.

La continuidad real sucede en un estado separado de la conciencia. En otras palabras, aunque podamos decir que hay una continuidad real como un factor dentro del universo real, esta no es en absoluto lo mismo que los conceptos que tenemos sobre ella. El Maestro Nāgārjuna manifiesta que a aquello que se ha separado del estado real de continuidad se lo llama resultado. Nosotros intentamos conceptualizar momentos puntuales de tiempo –sacándolos, en efecto, del estado real de continuidad– y decimos que un instante es la causa y el otro el resultado. Pero aunque intentemos detener esos instantes dentro de nuestra mente, la continuidad real sigue, e incluso nuestros conceptos sobre dichos instantes cambian y se transforman. Cuando el Maestro Nāgārjuna advierte que «un resultado existe como conciencia antes de que un acto sea realmente hecho», quiere decir que la idea de un resultado verdaderamente existe en nuestros cerebros antes de que un acto se efectúe. Así, puesto que la idea es completamente distinta del hecho concreto, nunca puede afirmarse que un resultado sea instantáneo o eterno.

Verso 11

dharmasya sādhanopāyāḥ śuklāḥ karmapathā daśa
phalaṃ kāmaguṇāḥ pañca dharmasya pretya ceha ca

Sādhana: mf(*ā* o *ī*)n. que conduce directamente a un objetivo, que guía bien, que fomenta; efectivo, eficiente, productivo (comp.); que adquiere; que conjura (un espíritu); que denota, que designa, expresivo de (comp.). *Upāya*: m. que se acerca, aproximación, llegada; aquello por lo cual uno alcanza la meta de uno, un medio o recurso (de cualquier tipo), manera, estratagema, oficio, artificio; (esp.) un medio para tener éxito frente al enemigo (habitualmente se enumeran cuatro: la siembra del desacuerdo, la negociación, el soborno y el ataque en regla). *Śukla*: mf(*ā*)n. (forma tardía de *śukra*, por lo que a veces es una l.e.) luminoso, luz; blanco, blanquecino; puro, inmaculado, sin mancha. *Karmapatha*: m. la forma o dirección o carácter de una acción. *Daśa*: N. Ac. de *daśan*. *Daśan*: pl. diez. *Kāmauṇa*: m. «cualidad del deseo», afecto, pasión; saciedad, disfrute perfecto; un objeto de los sentidos; (*ās*) m. pl. los objetos de los cinco sentidos, disfrute sensorial. *Pañca*: mf(*ā*) n. extendido; m. una clase de medida. *Pretya*: ind. que ha muerto, más allá de la muerte, en el próximo mundo, en la vida venidera, la otra vida (op. a *iha*). *Ceha*: *ca+iha*. *Iha*: ind. en este lugar, aquí; a este lugar; en este mundo.

La idea de seguir directamente hacia una meta es adecuada para el sistema del universo, y dicha conducta pura es justamente [igual que] las diez clases de moral pura del budismo.
En ese caso, los resultados son objetos que son metas deseables para que la gente verdadera se siga desarrollando y son nuestra esperanza para el universo en el futuro, y, al mismo tiempo, simplemente son los contenidos de nuestra mente en el instante presente.

«Las diez clases de moral pura del budismo» hace referencia a los diez preceptos budistas: 1) no matar, 2) no robar, 3) no cometer adulterio, 4) no mentir, 5) no negociar con bebidas alcohólicas, 6) no criticar a otros, 7) no estar orgulloso de uno mismo ni difamar a otros, 8) no codiciar, 9) no dar paso a la ira y 10) no hablar falsamente de los tres tesoros (Buddha, Dharma y Sangha). La actitud de tener una meta hacia la realización concreta de estos preceptos en nuestras vidas diarias es muy adecuada para la ley del universo. Pero, por otro lado, a pesar de que los resultados sean objetos de la percepción sensorial –es decir, aunque podamos realmente verlos, oírlos, sentirlos, etcétera–, también son un desarrollo de la consideración mental. De modo que aquellas cosas a las que llamamos resultados unas veces son las consideraciones del futuro o el pasado, y otras las del instante presente. En cualquier caso, dichas consideraciones solo son el contenido de nuestra mente en el instante presente.

Verso 12

bahavaś ca mahāntaś ca doṣāḥ syur yadi kalpanā
syād eṣā tena naivaiṣā kalpanātropapadyate

Bah: abreviatura de *baṃh*. *Baṃh*: crecer, aumentar; hacer que aumente. *Ava*: m. favor. *Mahānta*: mfn. grande. *Doṣa*: m. (raramente n.) falta, vicio, deficiencia, carencia, inconveniencia, desventaja; maldad, perversidad, pecaminosidad; ofensa, transgresión, culpa, crimen. *Syur*: 3.ª pers. pl. opt. 2.ª conj. de *si*. *Si*: enlazar, atar, encadenar. *Kalpanā*: n. formación, diseño, preparación, realización; «que se forma en la imaginación, invención», composición de un poema; (*ā*) f. elaboración, fabricación, preparación; práctica, fijación, ajuste, arreglo; que se crea en la mente, simulación, que se asume algo como real, ficción. *Eṣa*: mfn. ifc. búsqueda; m. el acto de buscar o perseguir los deseos, opción; (*ā*) f. deseo. *Tena*: ind. (I. de *ta*) en esa dirección, allí (correlativo de *yena*, «en cuya dirección, donde»); de esa manera, de este modo (correlativo de *yena*, «de cuyo modo»); en ese sentido, por ese motivo, por tanto (correlativo de *yena*, *yad*, *yasmāt*, *yatas*). *Kalpa*: mf(*ā*)n. practicable, factible, posible; propio, adecuado, capaz, competente, igual a (con G. L. inf. o ifc.); (*as*) m. un precepto sagrado, ley, regla, decreto (= *vidhi*, *nyāya*), forma de actuar, procedimiento, práctica (esp. aquella establecida en los Vedas). *Atra*: ind. (proveniente de la base pronominal *a*; a menudo utilizado en el sentido del L. *asmin*) de esta manera, a este respecto; en este lugar, aquí; en este momento; allí; entonces.

Aumentando el favor, la grandeza e incluso los vicios, cuando se combinan con ficciones fantásticas,
las cosas y los fenómenos pueden volverse completamente distintos de las cosas y los fenómenos reales [en función de esas ficciones fantásticas], e incluso podrían ser la aparición de ficciones fantásticas.

Cuando tenemos una actitud poco realista, nuestras percepciones pueden volverse tan distorsionadas que las cosas y los fenómenos se hacen completamente irreconocibles respecto a lo que en verdad son. En tales casos podríamos incluso decir que estas cosas y fenómenos se manifiestan como ficciones fantásticas.

Verso 13

imāṃ punaḥ pravakṣyāmi kalpanāṃ yātra yojyate
buddhaiḥ prtyekabuddhaiś ca śrāvakaiś cānuvarṇitām

Imām: ind. [en ved. y en algunos casos del sánscrito clásico] aquí, a este lugar; ahora, incluso, simplemente; allí; con estas palabras. *Punaḥ*: *punar*. *Pravakṣyāmi*: 1.ª pers. fu. de *pravac*. *Pravac*: proclamar, anunciar, elogiar, alabar, mencionar, enseñar, impartir, explicar; hablar, decir, contar. *Kalpanām*: f. Ac. de *kalpanā*. *Kalpanā*: mfn. elaboración, fabricación, preparación; práctica, fijación, ajuste, arreglo; que se crea en la mente, simulación, que se asume algo como real, ficción; hipótesis. *Yātra*: *ya+atra*. *Yojyate*: pas. *yuj*; ser aparejado con, ser unido con (I.), ser puesto con (L.). *Buddhaiḥ*: m. n. pl. I. de *buddha*. *Anuvarṇitām*: *anuvarṇ+itām*. *Anuvarṇ*: mencionar, describir, relatar; elogiar. *Itām*: f. sg. Ac. de *ita*. *Ita*: mfn. ifc. ido; regresado; obtenido; recordado.

De nuevo, me gustaría enfatizar que la ficción fantástica es proclive a combinarse con la ficción fantástica.
Tales hechos han sido explicados por *buddhas*, *pratyekabuddhas* y *śrāvakas*.

Aquí, el Maestro Nāgārjuna proclama firmemente que las ficciones fantásticas que creamos en nuestra mente no pertenecen al mundo real y que son susceptibles de combinarse entre sí, mezclándose de este modo ilusión con ilusión. Por otro lado, indica que dicha interpretación se encuentra en tres clases de personas. Los *buddhas* son aquellos que han asido la Verdad. Los *pratyekabuddhas*, «los iluminados solitarios», son los que han venerado las circunstancias objetivas. Se trata de personas que, supuestamente, se han iluminado sin un profesor y conservan su iluminación solamente para sí mismos, sin enseñarles a otros. Los *śrāvakas* son aquellos que quieren resolver todos los problemas basándose en la teoría. Son gente que comprende intelectualmente la filosofía budista, pero no tiene un entendimiento práctico. El Maestro Nāgārjuna dice aquí que todos estos grupos piensan que la ilusión tiende a combinarse con más ilusión. ¡Es difícil no estar de acuerdo!

Verso 14

pattraṃ yathā 'vipraṇāśas tatharṇam iva karma ca
caturvidho dhātutaḥ sa prakṛtyā 'vyākṛtaś ca saḥ

Pattra: n. el ala de un pájaro, pluma; una hoja para escribir, hoja escrita, hoja de un libro, papel; una carta, documento. *Yathā*: ind. (proveniente de *ya*, correlativo de *tathā*) de qué forma o manera, conforme a, como, según (también con *cid*, *ha*, *ha vai*, *iva*, y seguido por el correlativo *tathā*). *Avipraṇāśa*: m. (dicho de las acciones) lo que no perece, que continúa a través de sus frutos. *Tatharṇa*: *tathā+ṛṇa*. *Tathā*: ind. (*ta-thā*, correlativo de *ya-thā*) de esa manera, así, de este modo (estando el correlativo en la cláusula anterior o posterior). *Ṛīa*: mfn. que va, volador, fugitivo (como un ladrón); contra el que se va o transgrede, culpable; (*am*) n. cualquier cosa querida o extrañada; cualquier cosa que se debe, obligación, deber, deuda. *Caturvidha*: mfn. cuádruple, de cuatro clases o tipos. *Dhātu*: m. capa, estrato; parte constituyente, ingrediente; elemento, materia primitiva. *Prakṛtyā*: *prakṛtyāḥ*: f. sg. Ab. G. de *prakṛti*. *Prakṛti*: f. «hacer o colocar antes o primero», la forma o condición original o natural de algo, sustancia primordial u original (op. a *vikṛti*). *Avyākṛta*: mfn. subdesarrollado, no expuesto; n. sustancia elemental de la cual se crearon todas las cosas, considerada como una con la esencia de Brahmā.

En el lugar donde existe un ilimitado movimiento de alas está la continuidad del hecho de volar, y este hecho es justamente la realidad de la acción.
Los cuatro elementos físicos [la tierra, el agua, el fuego y el aire] pertenecen a la realidad, pero aunque sean entidades reales, simplemente son tal y como son.

Para volar, un pájaro tiene que mover sus alas. De modo que aunque a menudo conceptualicemos su vuelo como una cosa y el movimiento real de sus alas como otra, realmente son lo mismo. Esta idea puede extenderse a cualquier acción real que podamos concebir. En la época del Maestro

Nāgārjuna, el conocimiento científico no se había desarrollado tanto como hoy en día, de modo que la gente creía que el universo material estaba compuesto de cuatro elementos fundamentales. Esto no supone ningún problema para nosotros. El verso simplemente señala que aunque podamos dividir el universo en categorías conceptuales, este simplemente es tal y como es.

Verso 15

prahāṇato na praheyo bhāvanāheya eva vā
tasmād avipraṇāśena jāyate karmaṇāṃ phalam

Prahāṇa: n. renuncia, abandono, evasión; abstracción, especulación, meditación; esfuerzo. *Praheya*: mfn. ser mandado o enviado, que sirve como mensajero. *Bhāvana*: mf(*ī*)n. que hace que sea, que efectúa, que produce, que muestra, que manifiesta; que promueve o efectúa el bienestar de alguien (G. o comp.); que cree, que se imagina; que enseña; (*ā*) f. y n. el acto de producir o efectuar; (*ā*) f. demostración, discusión, comprobación, sentimiento de entrega, fe en (L.); reflexión, contemplación (cinco clases para los budistas). *Heya*: mfn. ser dejado o quitado o abandonado o rechazado o evitado; estar abstraído. *Avipraṇāśa*: m. (dicho de las acciones) lo que no perece, que continúa a través de sus frutos. *Jāyate*: *jan*: generar, engendrar, producir, crear, causar. *Karmaṇām*: f. sg. L. de *karmaṇi*. *Karmaṇi*: mfn. conectado con o que está en la acción.

Cuando alguien abandona una tarea completamente, esto nunca es igual que uno que deja una tarea durante un rato, pero estas dos clases de detención son comunes y no interrumpen su existencia.
Por tanto, los resultados de la acción siempre nacen del simple hecho de que el tiempo siempre avanza sin detenerse.

El acto de detener una labor completamente nunca es igual que el acto de dejar por un rato una tarea antes de reanudarla. Aunque estas dos clases de detención comparten algunas características, no dejan de existir como cosas separadas. En otras palabras, no es que las categorías que creamos en nuestra mente para describir y concebir diversas acciones no tengan ninguna validez. Sin embargo, el tiempo siempre continúa. Basándose en su incesante movimiento, aquello a lo que llamamos resultado de la acción nace continuamente. Pero, de nuevo, solo podemos hablar de un resultado cuando introducimos el concepto del tiempo lineal. La filosofía budista insiste en que dicho concepto únicamente es una ficción útil y no una descripción adecuada de la realidad.

Verso 16

prahāṇataḥ praheyaḥ syāt karmaṇaḥ saṃkrameṇa vā
yadi doṣāḥ prasajyeraṃs tatra karmavadhādayaḥ

Karmaṇaḥ: n. pl. N. V. de *karman*. *Saṃkrama*: m. que va o viene junto a; avance, transcurso, (esp.) transición, paso o transferencia a (L.). *Prasajyeraṃs*: *prasajyaran*: Ā. 3.ª pers. pl. pas. opt. 1.ª conj. de *prasañj*. *Prasañj*: P. Ā. (P.) aferrarse a, apegarse a (L.) rodearse de, i.e., proveerse de o suministrarse con (I.); agarrarse a (L.). *Tatra*: ind. utilizado para el L. de *tad*. en ese lugar, allí; allá, a ese lugar; en eso, en esto, en ese caso, en esa ocasión, bajo esas circunstancias, entonces, por tanto. *Vadha*: m. uno que mata, un asesino, vencedor, destructor; golpe, daño, lesión. *Adaya*: mfn. despiadado, desagradable.

Incluso aunque la detención de una tarea para siempre y la detención de una tarea por un rato fueran las mismas cosas y estuvieran basadas en la acción, estas existirían solamente en relación con el hecho de lo que se hace realmente.
Si los distintos vicios se extendieran por el mundo, incluso los actos de destrucción tenderían a hacerse demasiado severos.

Aunque equiparemos las dos clases de detención descritas en el verso anterior, la realidad siempre se basa en la acción real. De modo que solo existe lo que se hace realmente. Nuestras descripciones y concepciones de ello son completamente distintas de la acción en sí. Por tanto, si perdemos nuestro sentido de la realidad, también perderemos nuestro sentido de la moral. Esta inmoralidad se compone de sí misma, como una de las ficciones fantásticas mencionadas anteriormente. En tales casos, los actos de destrucción se vuelven demasiado severos. Esto quiere decir que, aunque a menudo algunos actos de destrucción sean necesarios, nunca lo es que dichas acciones se realicen de una manera severa o cruel. Sin embargo, según vemos en el mundo en el que vivimos, los actos necesarios de destrucción casi siempre se realizan demasiado duramente.

Verso 17

sarveṣāṃ viṣabhāgānāṃ sabhāgānāṃ ca karmaṇām
pratisaṃdhau sadhātūnām eka utpadyate tu saḥ

Sarveṣṃ: *sarva+iṣāṃ*. *Iṣāṃ*: f. sg. Ac. de *iṣa*. *Iṣa*: mfn. búsqueda. *Viṣa*: m. sirviente, asistente. *Bhāga*: m. una parte, porción, cuota, asignación, herencia; una parte (como op. al todo); una fracción (a menudo con un número ordinal). *Sabhāga*: mfn. que tiene una parte; común, universal; f. participación, compañía, asociación. *Prati*: ind. (como prefijo para las raíces y sus nombres derivados y para otros nombres, a veces *pratī*) hacia, cerca de; contra, opuesto a; otra vez, de nuevo; antes de los sustantivos también expresa semejanza o comparación. *Saṃdhau*: m. sg. L. de *saṃdhi*. *Saṃdhi*: mfn. que contiene una conjunción o transición de uno a los otros, etcétera. m. conjunción, conexión, combinación, unión con (I.). *Sadhātūnām*: mfn. pl. G. de *sadhātu*. *Sadhātu*: *sa+dhātu*. *Sa*: la base real para el N. de la 3.ª pers. del pron. *tad* (se encuentra solamente en el N. sg. m. f. [*sa* o *sas*, *sā*], y en ved.). *Utpad*: P. volar o saltar hacia arriba, emprender el vuelo; ascender, alzarse; levantarse (de la cama de uno); salir disparado; empezar desde, irse, huir; saltar fuera, apresurarse, salir; ser producido, originarse.

Todas las búsquedas pertenecen a muchas clases de divisiones, y dichas divisiones existen en relación mutua. Al mismo tiempo, están absolutamente relacionadas con la acción real en sí misma.
Entre los diversos factores materiales, los cuales tienden a cambiar, solo un factor se manifiesta; esto es, justamente la realidad.

Dividimos las diversas cosas que hacen los seres humanos en su esfuerzo por alcanzar sus metas en varias categorías conceptuales. Si dicho esfuerzo se centra en buscar algún ideal religioso, lo llamamos religión. Si se basa en la búsqueda de dinero y fama, podemos decir que es secular. Sin embargo, en términos de la acción real en el instante presente, la búsqueda de alguna meta simplemente es la búsqueda de alguna meta. Esa meta que buscamos siempre está suprimida de la acción real que efectuamos aquí y ahora.

En la línea siguiente, el Maestro Nāgārjuna señala que puede decirse que cada cosa o fenómeno individual incluye una diversidad de factores materiales. No obstante, todas las cosas y los fenómenos son justamente la manifestación de una realidad indivisa.

Verso 18

karmaṇaḥ karmaṇo dṛṣṭe dharma utpadyate tu saḥ
dviprakārasya sarvasya vipakve 'pi ca tiṣṭhati

Karmaṇaḥ: pl. N. V. de *karman*. *Dṛṣṭa*: mfn. visto, mirado, contemplado, percibido, observado; visible, aparente; considerado, apreciado, tratado, usado. *Dvi*: *du*. dos (N. *dvau*). *Prakāra*: m. suerte, tipo, índole, clase, especie, manera, modo, forma. *Vipakva*: adj. cocinado, efectuado; madurado, maduro (fruto); completamente desarrollado (Mac.). *Tiṣṭhati*: *tiṣṭhat*: *sthā*: mantenerse, mantenerse firme, colocarse, reposar, sostenerse sobre, tener una postura sobre; quedarse, permanecer, continuar en alguna condición o acción.

Un hecho relacionado con la acción se manifiesta como un hecho relacionado con la acción [delante de nosotros], y el universo mismo se manifiesta justamente como la realidad.
Las dos existencias [el universo en sí y los hechos que son la fusión de la acción] se establecen justo como la existencia fundamental y como todo lo que ya se ha establecido exactamente como una forma madura.

Todos los hechos están relacionados con la acción. Normalmente pensamos que somos seres que actúan, pero, bajo el punto de vista del Maestro Nāgārjuna, la acción en sí es la verdad fundamental del universo, y los seres –como por ejemplo nosotros– solamente son la manifestación de dicha acción. Podemos creer que la acción y el universo son dos cosas distintas –o «dos existencias», como expone el Maestro Nāgārjuna–, pero ambos están verdaderamente fundidos, lo cual significa que no podemos separarlos. La referencia a las existencias que «ya se han establecido justamente como una forma madura» quiere decir que aquellas cosas con las cuales nos encontramos, así como nosotros que nos encontramos con ellas, no van hacia el establecimiento de ningún otro estado más maduro en el futuro. El universo está completo tal y como está en este mismo instante.

Verso 19

phalavyatikramād vā sa maraṇād vā nirudhyate
anāsravaṃ sāsravaṃ ca vibhāgaṃ tatra lakṣayet

Vyatikrama: m. que va o pasa por; que tiene éxito; que fallece, lapso (de tiempo); que salta o pasa por encima de, evasión, escape, que se deshace de (G.); extralimitación, transgresión, negligencia, violación, no-realización, caso omiso de (G. o comp.). *Maraṇa*: n. el acto de morir, muerte; cese (como el de los relámpagos o la lluvia). *Nirudh*: detener, parar, obstaculizar, callar, refrenar, limitar, controlar, suprimir, destruir; mantener lejos, alejar, retirar. *Anāsrava*: *an+āsrava*. *Āsrava*: m. malestar, aflicción, dolor. *Sāsrava*:

mfn. (para los jainistas) conectado con el acto llamado *āsrava*. *Vibhāga*: m. distribución, reparto; partición de matrimonio, ley de herencia (uno de los dieciocho títulos o ramas de la ley); una parte, porción, sección, parte constituyente de algo; división, separación, distinción, diferencia. *Lakṣayet*: 3.ª pers. sg. pas. opt. 1.ª conj. de *lakṣ*. *Lakṣ*: Ā. percibir, observar; reconocer.

Un resultado se manifiesta con la forma de ser independiente del paso del tiempo, y, siendo independiente de la muerte real, se manifiesta de una forma aislada.
En dicho caso, lo que es doloroso y lo que no es doloroso pueden ser reconocidos como imágenes de los resultados.

Aquello a lo que se llama resultado no tiene relación alguna con el flujo del tiempo ni con la aparición y la desaparición de las cosas y los fenómenos. Esto se debe a que los resultados son ideas nacidas en nuestro cerebro. Las ideas siempre tienen la característica de suprimir artificialmente algún concepto del flujo del tiempo y de la acción real de causa y efecto. Nuestro cerebro siempre funciona de esta manera. Creamos imágenes estáticas de cosas reales y las manipulamos. Sin embargo, esas imágenes no se corresponden verdaderamente con la realidad, independientemente de cuánto cuidado pongamos en construirlas. Las cosas reales nunca son estáticas ni se comportan precisamente de la manera que lo hacen las imágenes que creamos de ellas. Por eso, aquello a lo que llamamos resultado tiene unas características (que pueden ser favorables o desfavorables) distintas de las de las cosas y los fenómenos reales. Así, dichos resultados tienden a manifestar tanto imágenes desfavorables (dolorosas) como favorables (no dolorosas) en nuestra mente.

Verso 20

śūnyatā ca na cocchedaḥ saṃsāraś ca na śāśvatam
karmaṇo 'vipraṇāśaś ca dharmo buddhena deśitaḥ

Śūnya: mf(*ā*)n. vacío, el vacío; hueco, estéril, inhóspito, desierto, ausente, abstraído, que no tiene cierto objetivo o meta, despistado; completamente desamparado; totalmente solo o solitario; desprovisto de sensibilidad o sensación (dicho de la piel), insensible; descubierto, desnudo; indiferente. *Śūnyatā*: f. vacuidad, soledad, desolación; distracción mental, distracción; vaciedad (de mirada); ausencia o necesidad de. *Uccheda*: m. corte o recorte; extirpación, destrucción; acortamiento, que se pone fin a; escisión. *Avipraṇāśa*: m. (dicho de las acciones) lo que no perece, que continúa a través de sus frutos. *Deśita*: mfn. mostrado, dirigido, instruido.

El estado equilibrado nunca es interrumpido ni instantáneo, e incluso el vagar de nuestras vidas diarias no continúa para siempre.
La teoría de que lo que está relacionado con la acción siempre tiene características de la eternidad y también es la ley del universo en sí ha sido proclamada por el Buddha Gautama.

El estado equilibrado, al cual se lo llama *śūnyatā* en sánscrito, no es algo que aparezca y desaparezca, ni es instantáneo: es la base del universo en sí mismo. Se puede decir que la acción en el instante presente es inmortal e indestructible. Nuestra acción real en todo momento queda grabada en el registro eterno del universo. La palabra *vagar* puede estar relacionada con una historia del Sutra del Loto en la cual el hijo de un hombre rico es llevado a un país extranjero. Allí vaga durante muchos años en la completa indigencia, hasta que un día se encuentra con su padre, al cual no reconoce, y le pide dinero. La historia sugiere el ejemplo de alguien que ha perdido su personalidad original. Por tanto, el vagar indica la forma en la cual las personas afrontan sus vidas con un sentido de insatisfacción, ya que han olvidado su naturaleza original. Antes de realizar la Verdad budista, no sabemos cómo comportarnos en nuestra vida diaria, y por eso nos preocupamos de cómo vivir. Unas veces estamos demasiado confiados y cometemos graves errores, y otras dudamos demasiado como para hacer lo que deberíamos. Por ello, nuestra vida diaria fluye sin autorregulación. En tal caso, es inevitable que nos preocupemos por fracasar y nos arrepintamos del pasado. Pero incluso esa inestable condición de vagar también es un simple hecho en el instante presente, de modo que no continúa eternamente. El Buddha Gautama proclamó que esta es justamente la ley del universo.

Verso 21

karma notpadyate kasmān niḥsvabhāvaṃ yatas tataḥ
yasmāc ca tad anutpannaṃ na tasmād vipraṇaśyati

Kasmān: *kasmāt*: ind. (Ab. de *ka*) de dónde, por qué. *Niḥsvabhāva*: m carencia de propiedad, pobreza; mfn. «desposeído», desprovisto de peculiaridades. *Yatastataḥ*: «cualquier parte», «al lugar que sea». *Yasmāt*: ind. (Ab. de *ya*, correlativo de *tasmāt*, *tatas*, *tad*, etcétera) a partir del cual, de cuya causa, desde que, ya que, puesto que; que, con el fin de que. *Vipraṇaś*: estar perdido, perecer, desaparecer; no tener efecto o resultado, no dar ningún fruto.

> **Si un acto real todavía no ha aparecido, ¿cómo es posible que suceda la negación de la consideración subjetiva?**
> **Puesto que no ha aparecido ninguna cosa o fenómeno concreto en absoluto, no hay ninguna situación en la cual las cosas y los fenómenos puedan ocultar en absoluto sus formas, ni siquiera en el futuro.**

Cuando hacemos frente a situaciones hipotéticas –aquellas en las que «un acto real todavía no ha aparecido»–, siempre estamos en el reino de nuestras propias ideas subjetivas. Incluso la filosofía del Maestro Nāgārjuna, cuando se presenta con palabras sobre un papel, existe solamente en el reino de la subjetividad. Aquí señala este hecho, argumentando que debemos probar esta filosofía en el ámbito de la acción.

Verso 22

karma svabhāvataś cet syāc chāśvataṃ syād asaṃśayam

akṛtaṃ ca bhavet karma kriyate na hi śāśvatam

Svabhāva: m. lugar nativo; la condición propia o estado de ser, el estado o constitución natural, disposición inherente o innata, por naturaleza, impulso, espontaneidad. *Asaṃśaya*: *a+saṃśaya*. *Samśaya*: m. tumbarse para descansar o dormir; incertidumbre, indecisión, vacilación, duda en o de (L. Ac. con *prati*, o comp.); un asunto dudoso. *Akṛta*: mf(*ā*)n. inacabado, no cometido; no hecho, increado; no preparado, incompleto; uno que no ha hecho trabajos. *Śāśvata*: mf(*ī*)n. eterno, constante, perpetuo, todo.

Si un acto solamente es existencia subjetiva, dicha acción abstracta unas veces podría parecer ser absolutamente eterna, y otras veces podría parecer ser una situación inestable sin descanso.
[Esto es así] porque si la acción real en el mundo real no está verdaderamente efectuada, puede ser imposible que cualquier clase de eternidad se produzca en absoluto.

Si un acto no se efectúa verdaderamente en el mundo real, se trata simplemente de un concepto abstracto, un pensamiento de nuestro cerebro. Dicha abstracción puede parecer eterna cuando se piensa en ella sobre una fuerte tendencia espiritual o inestable si se considera en función de la filosofía materialista (al contemplar el mundo como eternamente espiritual y materia inestable, respectivamente). En el verso 20 señalamos que nuestra acción real en cada instante siempre está grabada en el registro eterno del universo, pero cuando no se ha realizado ningún acto real en el mundo real, es completamente imposible que algo eterno se produzca. Esto es significativo, ya que toda acción es eterna. Incluso nuestros actos más insignificantes tienen una influencia sobre el universo. Este efecto, aunque pueda disiparse con el tiempo y el espacio, nunca acaba realmente. De modo que las acciones que concebimos en nuestra mente nunca pueden ser reales porque no pueden ser eternas. No tienen en absoluto un efecto real sobre el universo, a menos que se efectúen.

Verso 23

akṛtābhyāgamabhayaṃ syāt karmākṛtakaṃ yadi
abrahmacaryavāsaś ca doṣas tatra prasajyate

Akṛtābhyaḥ: f. pl. D. Ab. de *akṛta*. *Agama*: mfn. que no va, incapaz de ir; una montaña; un árbol. *Bhaya*: n. miedo, alarma, temor, aprensión; miedo de (Ab. G. o comp.). *Akṛtaka*: *akṛta+ka*. *Ka*: un afijo *taddhita* (muy utilizado para formar adjetivos; también puede añadirse a sustantivos para expresar disminución, deterioro o similitud, e.g., *putraka*, un hijo pequeño; *aśvaka*, un mal caballo o como un caballo). *Yadi*: ind. si, en caso de que; o podría ser = «si acaso», «tal vez» (con pot. con o sin *iti*, o con fut. o pres.). *Abrahmacarya*: mfn. que no mantiene un voto de continencia, impúdico. *Vāsa*: m. que se queda, que permanece (esp. «por la noche»), permanente, que yace, residencia, que vive en (L. o comp.), morada, habitación; ifc. = que la morada de uno está en, que yace o vive en. *Doṣa*: m. (raramente n.) falta, vicio, deficiencia, carencia, inconveniencia, desventaja; maldad, perversidad, pecaminosidad; ofensa, transgresión, culpa, crimen; daño, perjuicio, mala consecuencia, efecto perjudicial. *Prasañj*: aferrarse a, apegarse a (L.) rodearse de, i.e., proveerse de o suministrarse con (I.); agarrarse a (L.).

Cuando [se da el] miedo a la dificultad de llegar al hecho real de algo que se está efectuando, la situación real podría sugerir que el acto no se ha producido verdaderamente en el mundo en absoluto.
En dicha situación podemos decir que puede ser un hecho real que el estado de continuar la práctica no sea suficiente, e incluso que los vicios extremos impregnen el mundo entero verdaderamente.

Todos nosotros tememos de vez en cuando que sea imposible realizar lo que queremos o necesitamos. Pero la presencia de dicho miedo solamente sugiere que la acción real en el mundo real todavía no se ha efectuado. El miedo proviene del acto tal y como lo imaginamos, y no del acto real en sí. Es imposible negar que las prácticas reales que la sociedad humana realiza comúnmente son insuficientes para crear una sociedad equilibrada y apacible. Hoy en día, al igual que en los tiempos del Maestro Nāgārjuna, los vicios graves están generalizados. El miedo a la práctica real puede ser el responsable de esta condición.

Verso 24

vyavahārā virudhyante sarva eva na saṃśayaḥ
puṇyapāpakṛtor naiva pravibhāgaś ca yujyate

Vyavahāra: m. acto, realización, acción, práctica, conducta, comportamiento; asunto, materia; uso, tradición, costumbre, vida ordinaria, práctica común. *Virudh*: obstaculizar, obstruir, invertir, sitiar; cerrar; encontrar oposición de (I.); pas. *rudhyate*, ser impedido o frenado o retenido o denegado; oponerse, luchar con (I. con o con *saha*, G. L., o Ac. con *prati*). *Saṃśaya*: m. que se acuesta para descansar o dormir; incertidumbre, indecisión, vacilación, duda de (L. Ac. con *prati*, o comp.); dificultad, peligro, riesgo de (G. L., o comp.). *Puṇyapāpakṛtor*: *puṇyapāpakṛtoḥ*: du. G. L. de *puṇyapāpakṛt*. *Puṇya*: mf(*ā*)n. auspicioso, propicio, favorable, agradable, bueno, correcto, virtuoso, meritorio, puro, bendito, sagrado; n. el bien o lo correcto, virtud, pureza, buen trabajo, acto meritorio, mérito moral o religioso. *Pāpakṛt*: *pāpakarmin*: mfn. «mala conducta», maligno, un villano o un pecador. *Pravibhāga*: m. separación, división, distribución, clasificación; una parte, porción.

> **Aun cuando la práctica se encuentre obstaculizada, nunca es cierto que todo descanse.**
> **En las situaciones reales, en las cuales un acto verdadero y un acto falso se han mezclado, es completamente imposible distinguir un acto verdadero de un acto falso.**

A veces no realizamos la práctica de zazen porque la consideramos demasiado difícil. Sin embargo, no podemos disfrutar verdaderamente de una vida perezosa en una condición relajada. Esto se debe a que la relajación real proviene solamente del estado equilibrado. Lo que llamamos comúnmente relajación es a menudo una situación sumamente desequilibrada y desagradable.

Los actos verdaderos y falsos están combinados en nuestra mente y en nuestro cuerpo. Por ejemplo, puede que nuestra creencia poco realista de que una condición inestable y agitada es la relajación –un acto ficticio, puesto que solamente existe en nuestra mente– esté mezclada con nuestros recuerdos de la verdadera experiencia de la práctica –el acto real, el cual es apacible y equilibrado–. Cuando los dos se han mezclado por completo, se hace absolutamente imposible distinguir lo verdadero de lo falso.

Verso 25

tad vipakvavipākaṃ ca punar eva vipakṣyati
karma vyavasthitaṃ yasmāt tasmāt svābhāvikaṃ yadi

Vipakva: a. cocinado, efectuado; madurado, maduro (fruto); completamente desarrollado (Mac.). *Vipāka*: mf(*ā*)n. propicio, maduro; m. cocción, aderezo; propiciamiento, maduración (esp. del fruto de las acciones), efecto, resultado, consecuencia (de las acciones en el presente o nacimientos anteriores que busca a aquellos que las cometen a lo largo de existencias posteriores). *Vipākṣyati*: 3.ª pers. sg. fut. de *vipac*. *Vipac*: cocer completamente, disolver cocinando o hirviendo; dar frutos, desarrollar consecuencias. *Vyavasthita*: mfn. realizado, preparado (para la batalla); ubicado, colocado, puesto, estacionado, situado, que se queda o está en o sobre (L. o comp.); contenido en (L.). *Yasmāt*: ind. (Ab. de *ya*, correlativo de *tasmāt*, *tatas*, *tad*, etcétera) a partir del cual, de cuya causa, desde que, ya que, puesto que; que, con el fin de que. *Tasmāt*: ind. (Ab. de *ta*) a partir de eso, en vista de ello, por tanto (correlativo de *yad*, *yasmāt*). *Svābhāvika*: mf(*ī*)n. que pertenece o surge de la propia naturaleza de uno, natural, nativo, espontáneo, original, peculiar, inherente.

Un acto que está maduro puede madurar más, y madurará más en el futuro.
Cuando un acto se ha establecido como una condición verdadera, siguiendo simplemente las condiciones verdaderas, los verdaderos factores originales se manifiestan realmente.

Cuando una práctica ha progresado y se ha vuelto madura, es posible progresar incluso más hacia una condición aún más madura. Esta madurez continúa construyéndose sobre sí misma infinitamente. Esto contradice la idea comúnmente aceptada de que una vez alcanzada la iluminación no es necesario practicar más. Como resultado de la práctica, cuando la acción se efectúa en función de un sistema ordenado, siempre podemos mostrar nuestras características originales.

Verso 26

karma kleśātmakaṃ cedaṃ te ca kleśā na tattvataḥ
na cet te tattvataḥ kleṣāḥ karma syāt tattvataḥ katham

Kleśa: m. dolor, aflicción, sufrimiento, dolor de enfermedad, angustia. *Ātmaka*: mf(*ikā*)n. que pertenece o conforma la naturaleza de (G.); que tiene o consiste en la naturaleza o el carácter de (en comp.); que consiste o se compone de. *Cedaṃ*: *ca+idam*. *Idam*: n. sg. N. de *ayam* (este). *Va*: ind. = *iva*, semejante, como. *Tattva*: n. estado verdadero o real, verdad, realidad; (en fil.) un principio verdadero; (en la fil. *vedānta*, *tattva* se considera que está formado por *tad* y *tvam*, «eso [eres] tú» y se le llama *maha-vākya*, la gran palabra mediante la cual se expresa la identidad de todo el mundo con el único Brahman eterno [*tad*]). *Ta*: además de formar normalmente participios pasados pasivos, aparece, en un sentido más general, como sufijo de unos pocos adjetivos y sustantivos. *Cet*: *ced*: ind. (nunca encontrado al comienzo de una frase o verso) = *ca*, «y»; cuando. *Te*: m. pl. N. o n. du. N. Ac. de *ta*.

La acción en sí y las condiciones dolorosas diarias simplemente han llevado a cabo el mundo real, y esas cosas y fenómenos son justamente la condición dolorosa en sí. Pero tales condiciones dolorosas son justamente la realidad.
Si esas cosas y fenómenos no son ni la realidad ni los dolores intensos, podría llegar a ser imposible que reconociéramos la realidad.

Por regla general pensamos lo contrario, pero solo la acción y las condiciones dolorosas diarias han producido este mundo. Cuando nos encontramos con una situación dolorosa o desagradable, normalmente deseamos que sea distinta de lo que realmente es. Pero el hecho es justamente la condición dolorosa en sí. Dichas situaciones simplemente son la realidad. Si no reconocemos que la acción y las situaciones dolorosas son justamente la realidad, es imposible saber qué es esta última. Además, el dolor puede ser solamente una clasificación que hemos inventado para ciertos aspectos de la realidad. La realidad tal y como es puede estar más allá del dolor o el placer.

Verso 27

karma kleśāś ca dehānām pratyayāḥ samudāhṛtāḥ
karma kleśāś ca te śūnyā yadi deheṣu kā kathā

Dehānām: mfn. pl. G. de *deha*. *Deha*: n. el cuerpo; (en una tríada con *manas* y *vāc*); forma, figura, masa, volumen (como de una nube); persona, individuo; aparición, manifestación. *Samudāhṛta*: mfn. abordado, tratado; hablado, mencionado como, nombrado, llamado; manifestado, declarado; ilustrado. *Deheṣu*: n. pl. L. de *deha*. *Kā*: f. sg. N. de *ka*. *Kathā*: ind. (en ved. para *katham*) ¿cómo?, ¿de dónde?, ¿por qué?; a veces simplemente una partícula de interrogación.

Tanto la acción como el dolor intenso están relacionados con el problema físico, y los hechos fiables solo son expresiones verbales.

Cuando tanto la acción como el dolor intenso se encuentran en el estado equilibrado, es imposible saber qué está incluido en las diversas cosas físicas y en qué situaciones.

Es imposible negar que la acción y el dolor están relacionados con lo físico. Los hechos fiables, los cuales se explicaron en el capítulo 1, son expresiones verbales, no cuestiones físicas. Pero cuando la acción y el dolor existen en el estado equilibrado, la distinción entre cuerpo y mente se hace poco clara, ya que no hay ninguna diferencia entre ellos. En dicha situación, parece que la acción y el dolor no están tan directamente relacionados con el cuerpo físico. Por ello, la palabra *dolor* puede parecernos inadecuada para describir nuestra verdadera situación. La situación simplemente es tal y como es, más allá de las categorías de dolor y no-dolor.

Verso 28

avidyānivṛto jantus tṛṣṇāsaṃyojanaś ca saḥ
sa bhoktā sa ca na kartur anyo na ca sa eva saḥ

Avidya: mfn. analfabeto, tonto; f. ignorancia, ignorancia espiritual; ignorancia junto con inexistencia, bud. *Anivṛta*: mfn. no controlado, no obstaculizado. *Jantu*: m. un niño, vástago; una criatura, ser vivo, hombre, persona (el sg. también utilizado colectivamente, e. g., *sarva jantu*, «todo el mundo»; *ayam jantu*, «el hombre»); cualquier animal de la más baja organización, gusanos, insectos. *Tṛṣṇā*: f. sed; deseo, avidez; generado por *vedanā* y que genera *upādāna* (bud.) *Saṃyojana*: *saṃyoja+na*. *Saṃyoja*: n. acto de juntarse o unirse con (I. o L.) todas las ataduras del mundo, causa del renacimiento. *-Na*: m. n., *nā* f.: además de formar normalmente participios pasados pasivos, aparece, en un sentido más general, como sufijo de unos pocos adjetivos y sustantivos; e. g., *kṛṣṇa*, «negro»; *varṇa*, «color», *parṇa*, n. «ala»; *tṛṣṇ*ā, f. «sed». *Bhokṭā*: N. de *bhoktṛ*. *Bhoktṛ*: m. uno que disfruta o come, degustador, comedor, experimentador, que siente, sufridor. *Kartur*: sg. Ab. G. de *kartṛ*. *Kartṛ*: mfn. uno que fabrica o hace o actúa o efectúa, un hacedor, fabricante, agente, autor (con G. o Ac. o ifc.); que lleva a cabo cualquier acción o asunto particular, que se aplica a cualquier ocupación (el asunto u ocupación anterior en el comp.).

Cuando alguien que no puede detener la ignorancia manifiesta su personalidad común, el hecho de que justamente se encuentre restringido por el deseo es la realidad en sí.
Una persona que busca tanto el placer nunca puede ser una persona que produzca algo útil, pero, al mismo tiempo, es imposible que escoja otra vía, y a tal hecho sin elección se lo llama realidad.

Existen aquellos que nunca comprenderán la filosofía budista ni ninguna otra clase de punto de vista realista. Dichas personas carecen de la habilidad de regularse a sí mismas. Esa es su situación real. Alguien que solamente vive para buscar el placer y evitar el dolor no tiene el poder de producir nada que tenga un valor real. El hecho de que dichas personas parezcan no poder salir de esta condición es justamente un hecho real del mundo real. Sin embargo, el budismo afirma que todos los seres humanos pueden comprender la Verdad de manera innata, de modo que tales individuos simplemente están evitando realizar su verdadera capacidad.

Verso 29

na pratyayasamutpannaṃ nāpratyayasamutthitam
asti yasmād idam karma tasmāt kartāpi nāsty atah

Samutpanna: mfn. surgido conjuntamente, generado, producido, engendrado por (Ab.) o en (L.), ocurrido, sucedido, acontecido. *Samutthita*: mfn. levantado conjuntamente, alzado, levantado (como el polvo), que sobresale por encima (como un pico), que surge (como las olas), acumulado (como las nubes); aparecido, crecido, surgido u obtenido o derivado de (Ab. o comp.). *Ataḥ*: *atas*: ind. (Ab. de la base pronom. *a*, equivalente a *asmāt*) de esto, que esto; por tanto; de aquí en adelante, desde ese momento; desde esta o esa causa o razón.

> **No es cierto que los hechos fiables se manifiesten completamente delante de nosotros, y no es cierto que algo distinto de los hechos fiables se manifieste completamente delante de nosotros.**
> **El mundo realmente existe justo como la acción en sí, y, por tanto, nunca es cierto que una persona que actúe realmente exista en absoluto.**

Puesto que incluso la filosofía de los hechos fiables del Maestro Nāgārjuna simplemente es un método de interpretar la realidad, no puede decirse que estos hechos se manifiesten completamente en el mundo ni que lo haga algo distinto de ellos. Normalmente suponemos que el mundo se compone de seres humanos y que estos pueden realizar acciones, pero el Maestro Nāgārjuna una vez más rechaza por completo esa idea. En el mundo en el que vivimos ahora, solamente existe nuestra acción en el instante presente. La acción no es algo que los seres humanos realicen. Los seres humanos son la manifestación de la acción.

Verso 30

karma cen nāsti kartā ca kutaḥ syāt karmajaṃ phalam
asaty atha phale bhoktā kuta eva bhaviṣyati

Kutaḥ: *kutas*. *Kutas*: ind. (proveniente de *ku*), ¿de quién? (para el Ab. de *ka*); ¿desde dónde?, ¿de dónde? *Karmaja*: mfn. «nacido en el acto», que resulta o se produce de cualquier acto (bueno y malo). *Atha*: ind. una partícula favorable e inicial (difícil de expresar), ahora; entonces, además, más bien; ciertamente; pero; de otro modo; ¿qué?, ¿de qué otra forma?, etcétera.

> **Puesto que la acción no existe en el mundo real como una persona que actúa, la suposición de que lo que ha nacido de la acción puede ser un resultado puede no estar en ninguna parte en absoluto.**

Aunque una persona que busca placer espera que pueda haber algo real en la interpretación [de que existe algo a lo que puede llamarse] resultado, dicho resultado nunca puede darse como una existencia real en ninguna parte en absoluto, ni siquiera en el futuro.

La acción real en sí misma es justamente un hecho en el instante presente. Según hemos visto en el verso anterior, el Maestro Nāgārjuna rechaza la idea de que haya gente que realice acciones. Por tanto, no es cierta la interpretación de que las ideas que han nacido de la acción puedan ser resultados. Aquello a lo que se llama resultado es un tipo de concepto abstracto que nunca puede ser real. De modo que si una persona que busca placer piensa que lo que ha hecho ha tenido algún tipo de resultado, y que este tiene algún tipo de valor, su interpretación es una ilusión.

Verso 31

yathā nirmitakaṃ śāstā nirmimīta ṛddhisaṃpadā
nirmito nirmimītānyaṃ sa ca nirmitakaḥ punaḥ

Yathā: ind. (proveniente de *ya*, correlativo de *tathā*) de qué forma o manera, conforme a, como, según; por ejemplo, a saber. *Nirmitaka*: *nirmita+ka*. *Nirmita*: mfn. construido, edificado, diseñado, formado, creado, hecho por (I. o comp.) de (Ab. I. o comp.). *Śāstā*: N. de *śāstṛ*. *Śāstṛ*: m. un castigador; un gobernante, comandante; un profesor, instructor. *Nirmimīta*: pasado pluscuamperfecto de *nirmā*. *Nirmā*: asignar, medir; construir, hacer de (Ab.), formar, fabricar, producir, crear. *Ṛddhi*: f. aumento, crecimiento, prosperidad, éxito, buena fortuna, riqueza, abundancia, realización, perfección, poder sobrenatural. *Saṃpada*: *saṃpanna*: mfn. dejado o producido bien, realizado, efectuado, perfecto, excelente; dotado con o provisto de, poseído de (I.).

El hecho de que algo ya haya sido realmente realizado es la autoridad absoluta, y el hecho de que algo ya haya sido realizado aumenta el

valor de la realización mucho más que el de una [idea] abstracta [de] perfección.
El hecho de que algo se esté construyendo es muy distinto del hecho de que algo ya se haya realizado, y el hecho de que algo se esté construyendo sugiere que la construcción todavía no ha sido realizada.

El hecho de que algo ya se haya realizado es, evidentemente, la situación real de algo que se ha efectuado. El hecho de que algo esté en el proceso de llevarse a cabo sugiere que algo va a realizarse y que la construcción todavía no se ha producido. Habitualmente nos aferramos fuertemente a nuestras ideas abstractas de perfección, y juzgamos las cosas reales en relación con dichas ideas. Sin embargo, el Maestro Nāgārjuna nos recuerda que el mundo real es diferente de estas cosas. Aquellos de nosotros que estamos comprometidos con el budismo a veces encontramos que nuestra práctica está muy por debajo de los ideales de lo que debería ser. Aquí, el Maestro Nāgārjuna nos anima diciendo que la voluntad que tengamos para realizar la verdad es mucho más importante que el hábito de medir nuestros logros respecto a los ideales abstractos.

Verso 32

tathā nirmitakākāraḥ kartā yat karma tat kṛtam
tadyathā nirmitenānyo nirmito nirmitas tathā

Ākāra: *as*, m. forma, figura, aspecto, talla, apariencia, gesto externo o aspecto del cuerpo, expresión de la cara (como proporcionando un indicio de la disposición de la mente). *Kartā*: mfn. N. sg. de *kartṛ*. *Kartṛ*: mfn. uno que fabrica o hace o actúa o efectúa, un hacedor, fabricante, agente, autor (con G. Ac. o ifc.); que lleva a cabo cualquier acción o asunto particular, que se aplica a cualquier ocupación. *Yathā*: ind. (proveniente de *ya*, correlativo de *tathā*) de qué forma o manera, conforme a, como, según. *Kṛta*: mfn. hecho, fabricado, realizado.

De este modo, la imagen formal de algo que va a ser producido es justamente el hecho de que alguien esté produciendo algo, y eso es justamente un acto real de producir algo en sí, y por ello también sugiere los contenidos de lo que va a producirse ahora.
Por tanto, un acto real, el cual está produciendo algo verdaderamente, es distinto de los contenidos que ya se han producido, y la situación en la cual algo se va a producir nunca es distinta de la situación de que algo se va a producir ahora.

Cuando examinamos el hecho real de alguien produciendo algo, el hecho directo es justamente la condición real de algo siendo producido mediante la acción. Por tanto, un acto real es distinto de la idea fija de la acción que tenemos en nuestra mente. La situación de algo siendo realmente producido existe justamente como la situación de algo siendo realmente producido en el instante presente. Todo el universo en el instante presente es acción real. La acción real es justamente el universo, y el universo es justamente la acción real en sí misma. El principio fundamental del budismo se encuentra establecido en esta estructura lógica.

Verso 33

kleṣāḥ karmāṇi dehāś ca kartāraś ca phalāni ca
gandharvanagarākārā marīcisvapnasaṃnibhāḥ

Kleśa: m. dolor, aflicción, sufrimiento, dolor de enfermedad, angustia. *Deha*: m. n. el cuerpo; (en una tríada con *manas* y *vāc*); forma, figura, masa, volumen (como de una nube); persona, individuo; aparición, manifestación; f. montículo, loma, muralla, muro circundante. *Kartāra*: *kartāraḥ*: mfn. pl. N. de *kartṛ*. *Kartṛ*: mfn. uno que fabrica o hace o actúa o efectúa, un hacedor, fabricante, agente, autor; que lleva a cabo cualquier acción o asunto particular, que se aplica a cualquier ocupación. *Gandharvanagara*: n. «la ciudad de Gandharva», una ciudad imaginaria, una ciudad imaginaria del cielo. *Akārā*: *a+kārā*. *Kārā*: f. una prisión; atadura, confinamiento.

Marīci: mf. una partícula de luz, una mota o partícula brillante en el aire; un rayo de luz (del sol o la luna); un espejismo. *Svapna*: m. sueño, durmiente; somnolencia, adormecimiento; que duerme demasiado, pereza, indolencia. *Saṃnibha*: mfn. semejante, similar, parecido.

> **Los diversos dolores intensos, los diversos actos, los cuerpos, la acción realizada y también los resultados,**
> **[cuando se comparan con la acción real en sí], son todos similares a un espejismo, a un sueño o a Gandharva, la ciudad sin prisión, y nunca son existencias reales en el mundo real en absoluto.**

El dolor, nuestras ideas sobre la acción, los factores físicos, la gente que actúa e incluso los resultados son imágenes dentro de nuestro cerebro o estímulos dentro de nuestros órganos de los sentidos. Mirándolos bajo el punto de vista budista de que la acción real en el instante presente es la única realidad, es completamente imposible que reconozcamos estas cosas como reales. El Maestro Nāgārjuna las compara con la legendaria ciudad de Gandharva (la cual no necesita una prisión), con un espejismo y con las imágenes que se ven durante un sueño. De manera que ni la consideración mental ni los estímulos sensoriales pueden ser entidades reales en el mundo real en absoluto.

Capítulo 18

Ātma parīkṣā

(Estudio del alma)

Ātman: *ā*, m. (de diversas formas derivado de *an*, respirar; *at*, moverse; *vā*, soplar; cf. *tman*) el aliento; el alma, principio de la vida y la sensación; el alma individual, el sí mismo, individuo abstracto.

La creencia en la existencia real del alma es una característica común de la mayoría de las religiones espirituales. El budismo confía en la existencia real de este mundo y no acepta la realidad del alma, lo cual puede sorprender a aquellos que piensen que se trata de una religión espiritual como el judaísmo, el cristianismo o el islam. Sin embargo, el Maestro Nāgārjuna, para quien la filosofía budista simplemente es realismo indefectible, clara e inequívocamente niega su existencia.

****

Verso 1

ātmā skandhā yadi bhaved udayavyayabhāg bhavet
skandhebhyo 'nyo yadi bhaved bhaved askandhalakṣaṇaḥ

Ātmā: m. sg. N. de *ātman*. *Udaya*: m. ascenso, elevación; abultamiento; levantamiento, salida (del sol, etcétera), aparición (de una nube); la montaña oriental (detrás de la cual se supone que sale el sol); que sale; que sale a la luz, que se hace visible, surgimiento, desarrollo; producción, creación. *Vyaya*: mfn. que fallece, mutable, sujeto a cambio o deterioro (solamente como op. o conectado con *avyaya*); m. desaparición, decaimiento, ruina, pérdida; gasto, expendio, desembolso, inversión. *Bhāgbhavet*: *bhāg+bhavet*. *Bhāg*: *bhāga*: m. una parte, porción, cuota, asignación, herencia; una parte, i.e., lugar, sitio, región, lado (ifc. que reemplaza a, que representa). *Skandhebhyaḥ*: m. n. pl. D. Ab. de *skandha*. *Lakṣaṇa*: mfn. que indica, que expresa indirectamente; n. (ifc. f. *ā*) una calificación, signo, símbolo, señal, característica, atributo.

Si el alma existe realmente como los cinco agregados, los cuales son entidades en el mundo, puede ser posible que también tenga su aparición, desaparición y conservación.
Si hay algún tipo de entidad real que sea diferente de los cinco agregados, puede ser inevitable encontrar alguna entidad real que tenga las características adecuadas para esa entidad real, [y] eso es distinto de los cinco agregados.

El Buddha Gautama rechazó la idea de la existencia del alma. Por el contrario, dijo que los seres humanos y el universo están compuestos de cinco agregados (*skandhas* en sánscrito). Como hemos señalado antes, estos son: materia (*rūpa*), sensación (*vedanā*), percepción (*saṃjñā*), acción real (*samskara*, también descrito a veces como impulsos o formaciones mentales) y conciencia (*vijñāna*). Aquí el Maestro Nāgārjuna dice que si el alma existiera realmente, estaría sujeta a la aparición, la conservación y la desaparición, tal y como lo están las demás cosas y fenómenos. Esto va contra la deseosa visión religiosa de que el alma sea eterna. Sostiene que si este no fuera el caso, si existiera alguna clase de entidad real que fuera distinta de los cinco agregados (como el alma), sería necesario que el universo tuviera unas características diferentes de ellos.

Verso 2

ātmany asati cātmīyaṃ kuta eva bhaviṣyati
nirmamo nirahaṃkāraḥ śamād ātmātmanīnayoḥ

Ātmani: sg. L. de *ātman*. *Asati*: *as*: *aṣ*: ir. moverse; brillar; tomar o recibir. *Ātmīya*: mf(*ā*)n. uno mismo. *Nirmama*: mf(*ā*)n. altruista, desinteresado, (esp.) libre de todas las conexiones mundanas; independiente de, indiferente a (L.). *Nirahaṃkāra*: mfn. libre de egocentrismo, altruista, humilde; m. un cielo partic. *Śama*: m. tranquilidad, calma, descanso, ecuanimidad, quietud o quietismo, ausencia de pasión, abstracción de objetos eternos mediante la meditación intensa; paz, paz con; tranquilización, pacificación, alivio, desahogo, cesación, extinción. *Ātmanī*: m. du. N. de *ātman*. *Nayoḥ*: mfn. du. G. L. de *na*. *Na*: (L.) mfn. ligero, libre; vacío; impasible; inquebrantable, intacto; m. venda, grillete; vacío; joya, perla; guerra; regalo; bienestar; nombre de Buddha; nombre de Gaṇeśa; (*ā*) f. el ombligo; un instrumento musical, conocimiento.

¿Cómo es posible que un hecho fantástico [tal como aquel de] una persona real que vive en función de un alma exista alguna vez en la realidad? El hecho de que uno se niegue a sí mismo sugiere que esa persona concretamente se sacrifica; y en dicha situación la condición estable de la mente se pierde, y la situación parece ser que un alma y un alma se han encontrado y luego se han perdido juntas.

Aquí el Maestro Nāgārjuna describe la idea de que los seres vivos tienen almas como una fantasía. Negarse a uno mismo sugiere que uno se sacrifica a sí mismo. Cuando el Buddha Gautama practicaba el ascetismo, negándose a sí mismo incluso el sustento de la vida, su estabilidad mental desapareció. El Maestro Nāgārjuna describe dicho estado como un alma encontrándose con un alma y perdiéndose juntas. En otras palabras, en un esfuerzo por descubrir la realidad de su alma, el Buddha Gautama se encontró con el hecho real de que el alma no existía, y, de esta manera, estas dos ideas –la de su existencia y la de su inexistencia– se disolvieron juntas.

Verso 3

nirmamo nirahaṃkāro yaś ca so 'pi na vidyate
nirmamaṃ nirahaṃkāraṃ yaḥ paśyati na paśyati

Paś: ver (con *na*, «estar ciego»), contemplar, mirar, observar, percibir, darse cuenta; ser un espectador, echar un vistazo.

Negarse a uno mismo significa sacrificarse uno mismo concretamente, y aunque dicha situación sea justamente real, normalmente no es reconocida.
La actitud de negarnos a nosotros mismos produce el hecho real de sacrificarnos a nosotros mismos, pero el acto de realmente sacrificarnos a nosotros mismos unas veces puede verse y otras veces no puede verse.

Negarnos a nosotros mismos es justo sacrificarnos a nosotros mismos concretamente. Ese puede ser uno de los aspectos más difíciles de la práctica budista. El autosacrificio real puede ser algo de lo que no nos demos cuenta. Este es diferente de los actos más bien egoístas y mediáticos que normalmente se ven como autosacrificio. La verdadera vía del sacrificio no es adoptar una actitud de autosacrificio, sino sacrificarnos verdaderamente. Sin embargo, el reconocimiento de este hecho unas veces es visible y otras no. No solemos reconocerlo porque es muy directo y simple. En el capítulo 33 del *Shobogenzo*, «Kannon» («Avalokiteśvara, el *bodhisattva* de la compasión»), el Maestro Dogen cita una antigua historia budista en la cual dialogan los maestros Ungan y Dogo. En esa conversación, el Maestro Dogo dice que la verdadera acción compasiva es como una mano que se extiende por la noche hacia atrás para buscar a tientas la almohada. Dicha acción se realiza sin ningún indicio de ego o sí mismo, y nadie ve o recuerda conscientemente ese hecho en absoluto. La visión del Maestro Nāgārjuna de los actos reales de autosacrificio parece ser muy parecida.

Verso 4

mamety aham iti kṣīṇe bahirdhādhyātmam eva ca
nirudhyata upādānaṃ tatkṣayāj janmanaḥ kṣayaḥ

Mama: G. de *mad*, de mí. *Aham*: N. de *mad*. *Mad*: base del pron. de 1.ª pers. sg. (esp. en comp.). *Kṣīṇa*: mfn. disminuido, desperdiciado, gastado, perdido, destruido, desgastado, menguante (como la luna); debilitado, lesionado, roto, estropeado, demacrado, débil; delicado, estilizado. *Bahirdha*: ind. fuera, exterior, fuera o lejos de (Ab.). *Adhyātma*: n. el espíritu supremo; (mfn.) propio, que pertenece a uno mismo; (*am*) ind. referente al sí mismo o a la personalidad individual. *Nirudhyata*: la 3.ª pers. sg. pas. impf. de *nirudh*. *Nirudh*: detener, parar, obstaculizar, callar, refrenar, limitar, controlar, suprimir, destruir; mantener lejos, alejar, retirar; rodear o sitiar (un lugar); atrapar o alcanzar. *Upādāna*: n. el acto de tomar para uno mismo, apropiación para uno mismo; percepción, reconocimiento, aprendizaje, adquisición (de conocimiento); aceptación, concesión, inclusión. *Kṣaya*: m. dominio. *Jan*: generar, engendrar, producir, crear, causar. *Manas*: n. mente (en su sentido más amplio aplicado a todos los poderes mentales), intelecto, inteligencia, comprensión, percepción, sentido, conciencia, voluntad.

> **La palabra *mi* y la palabra *yo* se han utilizado durante muchos años, pero las palabras nos miran a nosotros desde fuera.**
> **El estado autorregulado y el fenómeno real son justamente una entidad, pero [cuando *mi* o *yo* se usan] la situación real ha abandonado el punto de vista dominante de los fenómenos reales, y la función mental creativa se vuelve dominante.**

Desde los tiempos antiguos, todos los idiomas humanos han empleado palabras que representan el significado de *mi*, *yo*, etcétera. Estos términos se basan en el punto de vista objetivo, y su uso sugiere que quien los utiliza intenta mirarse a sí mismo desde fuera. Aunque pueda parecer raro, tendemos a delimitar conceptualmente una línea entre nosotros y el «yo» que creemos que puede observar objetivamente, como si tuviéramos dos entidades distintas. Sin embargo, cuando utilizamos *yo*, *mi* u otras palabras parecidas para describir nuestra experiencia, la función mental creativa parece haber tomado una posición dominante en nuestro entendimiento. Las ficciones que hemos inventado para representar nuestra experiencia se han vuelto más importantes que nuestra experiencia real. En el estado autorregulado, nosotros y los fenómenos reales del mundo parecemos ser la cara y la cruz del único mundo real.

Verso 5

karmakleśakṣayān mokṣaḥ karmakleśa vikalpataḥ
te prapañcat prapañcas tu śūnyatāyāṃ nirudhyate

Kṣaya: mfn. vivienda, residencia; (*as*) m. una morada, lugar de estancia, casa. *Vikalpa*: m. alternancia, alternativa, opción; variación, combinación, variedad, diversidad, multiplicidad. *Prapañca*: m. expansión, desarrollo, manifestación; multiplicidad, diversidad; amplificación, prolijidad, difusión, abundancia; (en fil.) la expansión del universo, el mundo visible. *-T*: sf. determinativo. Cuando la raíz desnuda se utiliza como una base declinable, normalmente permanece sin alterar. Las raíces que acaban en *ā* se abrevian a *a*, y las acabadas en *i*, *u* o *ṛ* siempre se modifican añadiéndoles *t* (*SGFS*.). *Tu:* (nunca encontrado al comienzo de una frase o verso; métricamente también *tū*) ¡ruega!, suplico, haz, ahora, entonces; pero (también con *eva* o *vai* a continuación). *Śunyatāyām*: f. sg. L. de *śunyatā*. *Nirudh*: detener, parar, obstaculizar, callar, refrenar, limitar, controlar, suprimir, destruir; mantener lejos, alejar, retirar.

El estado perfectamente libre, el cual ha superado el dolor de la práctica, y los diversos dolores concretos en sí siempre están cambiando sus posiciones recíprocamente.
Esas situaciones son justamente el mundo visible real, el cual ya ha superado el mundo visible, y el mundo que existe en el estado equilibrado está justamente regulándose a sí mismo.

La práctica real de zazen a menudo es dolorosa. En el simple hecho de quedarse quieto hay tanto dolor físico en las piernas como dolor mental. En el estado real de la verdadera práctica budista, el estado de la perfecta libertad –el cual se ha obtenido superando el dolor de la práctica– y el dolor de la práctica en sí siempre están intercambiando sus posiciones. En otras palabras, el dolor de la práctica budista es la iluminación en sí misma. En esas situaciones, el mundo real, el cual está apartado de los conceptos que tenemos acerca de él, se manifiesta de una manera directa delante de nosotros. El mundo real que se encuentra en el estado equilibrado se regula a sí mismo perfectamente.

Verso 6

ātmety api prajñapitam anātmety api deśitam
buddhair nātmā na cānātmā kaścid ity api deśitam

Ātmetyapi: *ātma+iti+api*. *Iti*: ind. En todas las clases de citas, *iti* indica que las palabras anteriores son las mismas que alguna persona ha o podría haber dicho, y colocado al final del discurso hace la función de las comillas (*ity uktvā*, dicho esto; *iti kṛtvā*, habiendo considerado esto, habiendo decidido esto). *Prajñapita*: mfn. delatado, revelado. *Anātma*: por *anātman* en comp. *Anātman*: m. no sí mismo, otro; algo distinto del espíritu o el alma; mfn. no espiritual, corpóreo; desprovisto de espíritu o mente. *Deśita*: mfn. mostrado, dirigido, instruido. *Buddhair*: *buddhaiḥ*: m. n. pl. I. de *buddha*.

Aquello a lo que se llama alma tiene un carácter que debería asirse intuitivamente, de manera que es mejor si somos negativos en relación con la existencia del alma.
Por muchos *buddhas*, que han asido la Verdad, a veces el alma ha sido negada y lo que no es el alma ha sido negado tajantemente. Pero parece que esos empeños son mucho más persuasivos [que la simple afirmación del alma].

El Maestro Nāgārjuna aquí sugiere que deberíamos comprender intuitivamente lo absurdo de la idea de un alma. La creencia en el alma tiende a hacer que la gente malinterprete la situación real del mundo. Pensamos que el alma somos nosotros mismos y lo que no es el alma es el resto del universo. Por tanto, malinterpretamos los dos como entidades separadas. La situación real resulta mucho más comprensible cuando negamos tanto la existencia del alma como la existencia de lo que no es el alma. Esto no quiere decir que tomemos una actitud nihilista. Simplemente negamos dichas categorizaciones y no la realidad a la que estas se refieren. La filosofía budista opina que no hay distinción entre nosotros y el universo, o entre el alma y la no-alma. Al negar tanto la existencia del alma como la de aquello que creemos que no lo es, podemos conceptualizar el mundo de un modo más realista. En última instancia esto también es solo una abstracción, pero resulta más apropiada, ya que se acerca más a la situación real.

Verso 7

nivṛttam abhidhātavyaṃ nivṛttaś cittagocaraḥ
anutpannāniruddhā hi nirvāṇam iva dharmatā

Nivṛtta: mfn. vuelto, regresado a (Ac.); recuperado de (Ab.); retirado, huido (de la batalla); caído [puesto] (como el sol); apartado de, indiferente de, que ha renunciado o abandonado (Ab. o comp.); abstraído de este mundo, tranquilo. *Abhidhātavya*: mfn. ser dicho o nombrado; ser manifestado. *Citta*: mfn. «observado»; «dirigido hacia», «anhelado»; «aparecido», visible; n. asistencia, cumplimiento; pensamiento, reflexión, imaginación, el pensar; intención, meta, deseo, memoria; inteligencia, razón. *Gocara*: m. tierra de pasto para ganado; campo, campo de acción, morada, lugar de residencia, distrito (esp. ifc. «que permanece en, relacionado con»; «que ofrece el campo o el terreno o la extensión para la acción, dentro del campo de, accesible, factible, bajo el poder»), el campo de los órganos de los sentidos, objeto de los sentidos, cualquier cosa perceptible por los sentidos, esp. el campo del ojo; mf(*ā*)n. que está dentro del campo de, alcanzable por (G.), perceptible (esp. para el ojo). *Anutpanna*: *an+utpanna*. *Aniruddha*: mfn. no obstruido, ingobernable, obstinado; m. un espía, un emisario secreto (?); n. el ganado sujeto con cuerda.

El mundo abstracto solamente ha sido descrito mediante la expresión verbal, y dicho mundo abstracto tiene características que tienden a ser útiles para calmar la mente humana.
El mundo, el cual no se ha manifestado en una imagen, es justamente el mundo, el cual no ha sido perturbado en absoluto; por tanto, la condición equilibrada es justamente el sistema del universo, y eso es justamente el mundo.

El mundo abstracto es un mundo de sueños que solamente existe en las palabras e imágenes. Este mundo de sueños tiene el poder de aliviar las mentes de los seres humanos, pero no es real. Cuando el estado equilibrado se establece en el mundo, el cual existe independientemente de todas las palabras e imágenes, no es perturbado por nada en absoluto. Este singular y sereno universo que se manifiesta en el estado equilibrado es el mundo verdadero. Esa es justamente la manifestación del sistema del universo.

Verso 8

sarvaṃ tathyaṃ na vā tathyaṃ tathyaṃ cātathyam eva ca
naivātathyaṃ naiva tathyam etad buddhānuśāsanam

Tathya: mfn. «que realmente es así», verdadero; n. verdad; ind. conforme a la verdad. *Vā*: ind. o (excluido, como el lat. *ve*, del primer lugar de una frase, y generalmente siguiendo de inmediato, rara y solamente precediendo m.c., al término al que se refiere); en una frase que contiene más de dos miembros, *vā* casi siempre se repite, aunque si hay una negación en la primera oración no tiene por qué repetirse; *vā* a veces es intercambiable con *ca* y *api*. *Ca*: ind. y, ambos, también, además, así como; según los lexicógrafos *ca* puede presuponer una referencia a otras palabras no expresadas;

ca utilizado como *ca... ca* puede expresar una conexión inmediata entre dos actos o su suceso simultáneo; *ca* puede usarse como un expletivo. *Atathya*: mfn. incierto, irreal, no realmente así. *Etad*: mfn. esto, esta, este, aquí (especialmente señalando lo que está más cerca del hablante, e.g., *eṣa bāṇaḥ*, esta flecha de aquí en mi mano; *etad*, este de aquí, i.e., este mundo de aquí abajo). *Anuśāsana*: n. instrucción, dirección, mandato, precepto.

¿Es cierto que todas las cosas y los fenómenos no existen realmente, que lo que existe realmente existe en verdad o que lo que no existe realmente no existe en verdad en absoluto?
Las opiniones de que el mundo no existe en absoluto o de que el mundo realmente existe están tajantemente prohibidas por el Buddha Gautama.

El problema de si el mundo existe realmente o no nunca puede dilucidarse en función del pensamiento. En mi opinión, dichas conclusiones basadas en el intelecto solo son la manifestación del estado del sistema nervioso autónomo. Cuando nuestro sistema nervioso simpático es más acusado, la visión idealista parece ser cierta. En este estado, negamos el valor o incluso la existencia del mundo material y concluimos que únicamente el mundo espiritual o idealista tiene una existencia real. Pero cuando el sistema nervioso parasimpático es más fuerte, tendemos a ver solo la materia –aquello que es percibido por nuestros sentidos– como la realidad, y así determinamos que el mundo material es todo lo que es verdaderamente real. Sin embargo, cuando nuestro sistema nervioso autónomo está equilibrado, somos capaces de ser más intuitivos. En dicho estado, no podemos encontrar ninguna separación entre el mundo idealista y el materialista. El mundo real existe tal y como es antes de que nuestro intelecto lo divida en dos. Antes de finales del siglo XIX, la mayoría de la sociedad occidental ni siquiera imaginaba esta noción de la unicidad de cuerpo y mente. Hasta ese momento, la filosofía occidental se basaba enteramente en la idea de que la mejor manera de comprender cualquier cosa era mediante la consideración intelectual. Pero en el siglo XX los seres humanos comenzaron a percatarse de la unicidad de cuerpo y mente. Por ello, confío en que en el XXI todo el mundo acepte dicha relación mutua entre cuerpo y mente.

Verso 9

aparapratyayaṃ śāntaṃ prapañcair aprapañcitam
nirvikalpam anānārtham etat tattvasya lakṣyaṇam

Apara: mfn. que no tiene nada más allá o después, que no tiene rival o superior. *Śānta*: mfn. apaciguado, pacificado, tranquilo, calmado, libre de pasiones, sin molestias; suave, flexible; gentil, apacible, amigable, amable, auspicioso. *Prapañcair*: *prapañcaiḥ*: pl. I. de *prapañca*. *Prapañca*: m. expansión, desarrollo, manifestación; el mundo visible. *Aprapañcita*: *a+prapañcita*. *Prapañcita*: mfn. amplificado, extendido, tratado extensamente; representado erróneamente; que erra, equivocado; engañado, seducido. *Nirvikalpa*: mfn. que no admite alternativa, libre de cambio o diferencia; que no admite duda, que no vacila; ind. sin duda o reflexión. *Anānārtha*: *a+nānārtha*. *Nānārtha*: mfn. que tiene una meta u objetivo diferente; que tiene algún otro sentido (como una nueva frase); que tiene distintos sentidos (como una palabra con diversos significados).

Los hechos fiables, los cuales no son extraordinarios ni desfavorables, manifiestan su condición equilibrada y serena, y lo que no se ha visto se hará visible mediante lo que es visto.
La existencia original, la cual nunca puede ser transformada por algo distinto, existe realmente tal y como es, y dicho mundo real se manifiesta teniendo sus propias características.

Los hechos fiables no son algo milagroso que aparezca en el mundo mundano, sino el propio mundo mundano –el cual realmente no tiene nada de mundano en absoluto–. Los hechos fiables de este mundo se manifiestan en el estado equilibrado y sereno. Aquello que es invisible puede comprenderse a través de imágenes visibles. Por ejemplo, podemos percatarnos del funcionamiento de la mente subconsciente mediante su manifestación en la conducta, o conocer el mundo de los átomos y las moléculas a través de manifestaciones visibles tales como las reacciones químicas y demás. De este modo, nada realmente se escapa a la vista.

En la segunda línea, el Maestro Nāgārjuna escribe sobre «la existencia original». A veces tenemos la idea de que este mundo es una cosa y que su existencia o esencia original es otra –algo oculto para la vista–. Pero el Maestro Nāgārjuna insiste en que todas las cosas y los fenómenos del mundo son la existencia original. Esta no puede ser contaminada o transformada por algo más, puesto que no hay nada más que pueda adulterarla. Las cosas y los fenómenos de este mundo realmente existen tal y como son, teniéndose a sí mismos como su propia meta. Y dicho mundo –este mundo– manifiesta sus características como el mundo real.

Verso 10

pratītya yad yad bhavati na hi tāvat tad eva tat
na cānyad api tat tasmān nocchinnaṃ nāpi śāśvatam

Anyad: *anyat*: *anya+t*. *Anya*: otro, distinto; aparte de, diferente de, opuesto a (Ab, o en comp.); otra persona; uno de varios. *-T*: sf. determinativo. Las raíces que acaban en *ā* se abrevian a *a*, y las acabadas en *i*, *u* o *ṛ* siempre se modifican añadiéndoles *-t* (*SGFS*.). *Ucchinna*: mfn. cortado o recortado; destruido, perdido; abyecto, vil; m. (scil., *saṃdhi*) paz que se obtiene cediendo territorios valiosos.

Está claro que cada cosa individual existe distintamente, puesto que ninguna cosa individual puede nunca identificarse con otra en absoluto. Como ninguna cosa individual puede nunca identificarse con algo diferente, lo que no es instantáneo nunca puede ser eterno en absoluto.

En este mundo, cada cosa individual incesantemente continúa su existencia particular y distintiva. Podemos saber esto porque nada puede ser igual que algo distinto de sí mismo. Como cada cosa es completamente diferente, cada instante también es una entidad distinta. Sin la perfecta separación de cada instante, es completamente imposible que exista la eternidad.

Verso 11

anekārtham anānārtham anucchedam aśāśvatam
etat tal lokanāthānāṃ buddhānāṃ śāsanāmṛtam

Etat: por *etad* en comp. *Lokanāthānām*: m. pl. G. de *lokanātha*. *Lokanātha*: m. «señor de los mundos», nombre de Brahmā; de los dioses en general; un protector o guardián de la gente, soberano; nombre de un Buddha; de Avalokiteśvara. *Buddhānām*: mfn. pl. G. de *buddha*. *Śāsanām*: f. sg. Ac. de *śāsana*. *Śāsana*: mf(*ī*)n. que castiga, un castigador, penalizador; enseñanza, instrucción, un instructor; f. instructora; n. castigo, penalización, corrección; una orden, mandato, edicto, promulgación, decreto, dirección. *Ṛta*: mf(*ā*)n. reunido con, afectado por (con I.); propio, correcto, adecuado, apto, apropiado, capaz, valiente, honesto; verdadero; venerado, respetado; iluminado, luminoso; (*am*) n. orden fijada o establecida, ley, norma (esp. en religión); acción o costumbre sagrada o piadosa, ley divina, fe, verdad divina; verdad en general, rectitud, correcto.

[El mundo] no tiene más de una meta, nunca tiene varias metas, nunca es interrumpido y nunca es eterno.
La idea de que dicho mundo está incluido entre los dioses es negada por la mucha gente que posee la Verdad.

El verso de cuatro líneas que precede al *MMK* en la edición en sánscrito de 1896 de La Vallée Poussin dice: «No tiene más de una meta, no tiene diversas metas, no viene, y no va». Aunque hay cierta controversia en relación con si este verso pertenece o no al *MMK*, aquí vemos una idea muy similar dentro del propio texto. El Maestro Nāgārjuna manifiesta que este mundo no tiene otra meta que no sea el mundo en sí mismo. El propósito del universo no es algo que pueda ser puesto en palabras. El propósito del universo es el propio universo. Por tanto, también se puede afirmar que el universo no tiene varias metas. Su única meta es la de ser exactamente tal y como es. No es interrumpido –lo cual quiere decir que no es una serie de cosas separadas– ni es eterno. Estas explicaciones tampoco transmiten adecuadamente lo que realmente es. Además, la idea de que el mundo pertenezca a los dioses se niega tajantemente. El universo, por tanto, no es algo espiritual, según el Maestro Nāgārjuna.

Verso 12

saṃbuddhānām anutpāde śrāvakāṇaṃ punaḥ kṣaye
jñānaṃ pratyekabuddhānām asaṃsargāt pravartate

Saṃbuddhānām: pl. G. de *soṃbuddha*. *Soṃbuddha*: mfn. totalmente despierto, inteligente, sabio, prudente; bien percibido, perfectamente conocido o comprendido; m. un *buddha* o un jaina sabio deificado. *Anutpāda*: m. no-producción, que no llega a la existencia; que no tiene efecto. *Śrāvaka*: mf(*ikā*)n. audición, escucha (comp.); audible desde lejos; m. un pupilo, discípulo; un discípulo del Buddha (a los discípulos de la escuela Hīnayāna a veces se los llama así en contraposición a los discípulos de la escuela Mahāyāna; propiamente dicho solo aquellos que escucharon la ley de los mismos labios del Buddha tienen el nombre de *śrāvaka*, y de estos, dos, viz., Sāriputta y Moggallāna, eran los *agra-śrāvakas*, «discípulos principales», mientras que ochenta, incluidos Kāśyapa, Upāli y Ānanda, fueron los *maha-śrāvakas* o «grandes discípulos»). *Kṣaya*: pérdida, desperdicio, decrecimiento, disminución, destrucción, decaimiento, desecho o desgaste (a menudo ifc.). *Jñāna*: n. conocimiento, que está familiarizado con, erudición, (esp.) el más alto conocimiento (derivado de la meditación sobre el único Espíritu Universal); «conocimiento sobre cualquier cosa, cognición». *Pratyekabuddha*: m. *buddha* aislado (que lucha solo por su salvación individual) (Mac.). *Asaṃsarga*: *a+saṃsarga*. *Saṃsarga*: mfn. mezcla, combinación (I.); m. mezcolanza o unión, mezclado, mixtura, conjunción, conexión, contacto, asociación, sociedad. *Pravartate*: *pravṛt*: rodar o ir hacia delante (como un carro), ser puesto en movimiento o ir; salir, partir, dirigirse; seguir; emerger, aparecer, originarse, surgir, ser producido, resultar, suceder, ocurrir, tener lugar; comenzar, empezar a (inf.).

[La idea de alma] no aparece entre las personas que son llamadas *buddhas* [quienes han llegado a la Verdad,] y entre las personas que son llamadas *srāvakas* [quienes veneran las explicaciones teóricas] la idea de alma también ha desaparecido.
Solo entre las personas que son llamadas *pratyekabuddhas* [quienes veneran las circunstancias generales] está el problema del alma impulsado como un problema de conocimiento aislado de las circunstancias reales.

En relación con este verso, podemos ver que en los siglos II y III, cuando vivía el Maestro Nāgārjuna, la idea de que el alma no existía era extremadamente popular. Dice que es negada por los *buddhas*, lo cual conocemos por las palabras registradas del Buddha Gautama. Además señala que los *śrāvakas* rechazan igualmente esta idea. El término *śrāvaka* literalmente significa «escuchador» en sánscrito. En el budismo, se refiere a los estudiantes de dicha filosofía que intentan conseguir la iluminación mediante el estudio intelectual de las enseñanzas. Solo los *pratyekabuddhas*, según el Maestro Nāgārjuna, están interesados en la existencia del alma. Un *pratyekabuddha* es un «despierto solitario» que, según se cuenta, ha obtenido la comprensión por sí mismo, sin ayuda de ningún profesor. Por ello, se dice que se basan más en las circunstancias que rodean a su despertar que en las enseñanzas propiamente dichas. Dichas personas, por tanto, podrían estar confundidas acerca de la naturaleza real de las cosas en lugar de estar despiertas. Esta irónica situación a veces puede suceder. La situación vivencial de la realidad no lleva necesariamente a la habilidad de expresarla adecuadamente –de hecho, es imposible expresar la realidad con palabras–. En cualquier caso, el Maestro Nāgārjuna nos indica que la cuestión del alma es, incluso para los *pratyekabuddhas*, un asunto de conocimiento intelectual más que algo que tenga relación con la situación real del universo.

Capítulo 19

Kāla parīkṣā

(Estudio del tiempo)

Kāla: *as*, m. (*kal*, «calcular o enumerar») un punto justo o fijo en el tiempo, un espacio de tiempo, el tiempo (en general); el tiempo o la época apropiada para (G., D., L., en comp.).

En la física moderna, los conceptos de espacio y tiempo son extremadamente importantes, al igual que en la antigua India se consideraban principios filosóficos esenciales. En el budismo, esto se aborda como la filosofía de la acción. Puesto que la acción real únicamente existe en el instante presente, la filosofía budista sostiene que el tiempo real no incluye el pasado, el presente ni el futuro.

Para los budistas, el tiempo real solo existe en el instante presente. Aunque a menudo sea necesario hacerlo por motivos de comunicación lingüística, incluso llamar a este instante «el presente» es demasiado abstracto. Por ello, en este capítulo no solo se aborda el tiempo en los términos conocidos del tiempo lineal. También se trata como justo el instante presente, cuando la acción real se produce en verdad. El *Shobogenzo* del Maestro Dogen tiene un capítulo llamado «Uji». *U* quiere decir «existencia», y *ji*, «tiempo». Bajo el punto de vista del Maestro Dogen, el ser y el tiempo están combinados en uno. El verso 6 de este capítulo también explica que la existencia y el tiempo están fundidos en una sola realidad.

****

Verso 1

pratyutpanno 'nāgataś ca yady atītam apekṣya hi
pratyutpanno 'nāgataś ca kāle 'tīte bhaviṣyataḥ

Pratyutpanna: mfn. que existe en el instante presente, presente, puntual, preparado. *Anāgata*: mfn. no venido, no llegado. *Yadi*: constátese que *yadi* a veces puede ser = «tan seguro como» (esp. en aseveraciones, seguidas de imp. con o sin *tathā* o *tena*, o seguidas de pot. con *tad*). *Atīta*: mfn. ido, pasado, fallecido, muerto. *Apekṣya*: *apekṣaṇīya*: mfn. ser considerado o apreciado; ser buscado o esperado; ser deseado o requerido; deseable. *Hi*: ind. realmente, seguramente, sin duda, por supuesto, ciertamente. *Kāle*: L. de *kāla*. *Kāla*: m. un punto justo o fijo en el tiempo, un espacio de tiempo, el tiempo (en general). *Bhaviṣya*: mfn. estar a punto de ser o llegar a pasar, futuro, inminente, próximo; n. el futuro.

> **El tiempo en el cual el instante presente todavía no ha llegado puede ser el pasado, [y por ello]**
> **el hecho de que el instante presente todavía no haya llegado puede querer decir que el proceso del tiempo se había mantenido en el pasado.**

El Maestro Nāgārjuna define aquí el pasado como el tiempo en el que el instante presente todavía no ha llegado. De este modo, el hecho de que el instante presente haya llegado ahora sugiere que el pasado, el cual existe solamente como un recuerdo, fue un tiempo real. Esto es importante, ya que la filosofía budista no niega la realidad de causa y efecto. Sin embargo, aunque tengamos recuerdos del pasado y registros de él como fotografías, vídeos, etcétera, estos solamente son representaciones incompletas del pasado, y no el pasado en sí.

Verso 2

pratyutpanno 'nāgataś ca na stas tatra punar yadi
pratyutpanno 'nāgataś ca syātāṃ katham apekṣya taṃ

Stas: *staḥ*: *stha*: sg. N. de *stha*. *Stha*: mf(*ā*)n. (solamente ifc.) que está de pie, que se queda, que mora, que está situado en, que existe o está en o sobre o entre. *Yadi*: constátese que *yadi* a veces puede ser = «tan seguro como» (esp. en aseveraciones, seguidas de imp. con o sin *tathā* o *tena*, o seguidas de pot. con *tad*). *Ām*: ind. Una interjección de aprobación o recuerdo.

> **El tiempo en el que el instante presente todavía no ha llegado puede ser el tiempo en el que la solidez en el instante presente todavía no ha sido realizada.**
> **[Y] el hecho de que el instante presente no haya llegado puede ser un acto perfectamente real, el cual originalmente es imposible de expresar con palabras.**

El hecho de que en el pasado el instante presente todavía no hubiera llegado significa que la sólida estabilidad del instante presente aún no había sido realizada. El pasado siempre es una condición inestable. Nunca podemos tener la certeza de qué fue exactamente, ni siquiera cuando examinamos minuciosamente sus registros. Esta situación inestable, dice el Maestro Nāgārjuna, podría considerarse un hecho real que no puede describirse con palabras.

Verso 3

anapekṣya punaḥ siddhir nātītaṃ vidyate tayoḥ
pratyutpanno 'nāgataś ca tasmāt kālo na vidyate

Anapekṣya: ind. p. indiferencia, sin tener en cuenta. *Siddhir*: *siddhiḥ*: N. de *siddhi*. *Siddhi*: f. logro, realización, cumplimiento, logro completo (de cualquier objetivo), éxito; entrada en vigor, vigencia. *Atītaṃ*: mfn. ido, pasado, fallecido, muerto; uno que ha pasado de largo o se ha descuidado; negligente; pasado, dejado, detrás; excesivo; (*as*) m. nombre de una secta Śaiva particular; (*am*) n. el pasado. *Tayoḥ*: du. L. G. de *ta*. *Tasmāt*: ind. (Ab. de *ta*) a partir de eso, en vista de ello, por tanto (correlativo de *yad*, *yasmāt*).

Cuando la situación real todavía no ha sido realizada, en relación con los hechos reales o en relación con el reconocimiento, es muy difícil que el pasado se reconozca verdaderamente.
El hecho de que el instante presente todavía no haya llegado puede sugerir que «el tiempo» todavía no ha sido reconocido.

Cuando es complicado comprender qué es la situación real en el instante presente, es muy difícil entender aquello a lo que llamamos el pasado. Tal y como vimos anteriormente, la definición del Maestro Nāgārjuna del pasado es «el tiempo en el que el instante presente todavía no ha llegado». Esto sugiere que su comprensión de la situación real de lo que llamamos «tiempo» puede no coincidir con lo que se entiende comúnmente. Puesto que el único tiempo real es este instante, el concepto convencional del tiempo lineal no puede reconocerse como la realidad.

Verso 4

etenaivāvaśiṣṭau dvau krameṇa parivartakau
uttamādhamamadhyādīn ekatvādīṃś ca lakṣayet

Etena: I. de *etad*. *Etad*: mfn. esto, esta, este, aquí (especialmente señalando lo que está más cerca del hablante); este de aquí, i.e., este mundo de aquí abajo. *Avaśiṣṭa*: mfn. sobrante, restante. *Dva*: base original de *dvi*, q.v. (N. Ac. du. m. *dvā* o *dvau*, f. n. *dve*; I. D. Ab. *dvābhyām*, G. L. *dvayos*), dos; ambos. *Krama*: m. un paso; marcha, proceder, curso. *Parivartaka*: mfn. que hace regresar o dar la vuelta; que finaliza, que concluye (G. o comp.); intercambio, trueque. *Uttama*: mfn. superior, el más alto, jefe; el más elevado, principal; mejor, excelente. *Adhama*: mfn. el más bajo, el más vil, el peor. *Madhya*: mf(*ā*)n. medio; cercano al centro, intermedio, central. *-In*: un sf. adjetival, que tiene dicho carácter. *Ekatva*: n. unicidad, unidad, unión, coincidencia, identidad, soltería, soledad. *Lakṣayet*: P. 3.ª pers. sg. caus. opt. de *lakṣ*. *Lakś*: percibir, observar; reconocer; marcar, señalizar; caracterizar, definir; indicar, designar indirectamente.

Tanto el mundo real de la tierra como el mundo de arriba se mueven en función de la acción.
[Y en dichas situaciones, por primera vez] aquello que es lo más alto, aquello que es lo más bajo y aquello que está el medio se combinan en una realidad en función de nuestra propia acción.

El Maestro Nāgārjuna dice que tanto el mundo real de la tierra como el mundo abstracto, el cual ha sido producido mediante la consideración mental («el mundo de arriba»), se mueven sobre la base de nuestra propia acción. Con esto se refiere a que la acción produce tanto el mundo físico concreto como el de las ideas y las abstracciones. En el mundo de las abstracciones, el cual ha sido creado por nuestra propia acción, podemos reconocer y experimentar que lo más alto, lo más bajo y lo del medio se combinan en uno. Para reconocer y experimentar esto, nos basamos en la acción. En otras palabras, cuando actuamos, las distinciones entre lo que consideramos superior e inferior desaparecen.

Verso 5

nāsthito gṛhyate kālaḥ sthitaḥ kālo na vidyate
yo gṛhyetāgṛhītaś ca kālaḥ prajñapyate katham

Asthita: mfn. no duradero. *Gṛhyate*: m. n. sg. L. de *gṛhyata*. *Gṛhyata*: *gṭhya+ta*. *Gṛhya*: mfn. ser asido o tomado; perceptible; «ser tomado junto con» (en comp.), que se adhiere al grupo de, que está en estrecha relación con (como el loto con la luna); ser reconocido o admitido; aprobarse o confiarse o contarse con. *Sthita*: mfn. de pie (como op. a «que va», «sentado» o «tumbado»); que permanece firme; que está, que se queda, situado, que descansa o mora o permanece en (L. o comp.). *Gṛhyeta*: *gṛhya+ita*. *Ita*: mfn. ifc. ido; regresado; obtenido; recordado; n. vía. *Agṛhīta*: *a+gṛhīta*. *Gṛhīta*: mfn. asido, tomado, incautado, agarrado, sostenido, apoderado de; recibido, aceptado; obtenido, ganado. *Prajñapyate*: pas. de *prajñā*. *Prajñā*: saber, comprender (esp. una forma o modo de acción), discernir, distinguir, saber sobre, estar familiarizado con (Ac.); averiguar, descubrir, percibir, aprender.

El tiempo no puede ser asido sin continuidad, y el tiempo sin continuidad no puede ser reconocido.
El tiempo es la situación real de la fusión entre aquello que es asido y aquello que no es asido, y es imposible que la situación real del tiempo se vuelva el objeto del reconocimiento.

Lo que comúnmente llamamos tiempo solo puede reconocerse en términos de continuidad del pasado al presente y del presente al futuro. Si ignoráramos dicha continuidad, todo el concepto del tiempo se derrumbaría. Pero el tiempo real es solamente el ahora, este mismo instante. No podemos vivir ni experimentar ningún otro tiempo. En este momento se encuentra aquello que puede ser asido (la realidad concreta del presente) y aquello que no puede ser asido (nuestros recuerdos del pasado y la anticipación del futuro). Lo que llamamos tiempo en sí solamente es el concepto que mantenemos de su continuidad del pasado al presente y del presente al futuro. Fuera de estas ideas, el tiempo no existe en absoluto.

Verso 6

bhāvaṃ pratītya kālaś cet kālo bhāvād ṛte kutaḥ
na ca kaś cana bhāvo 'sti kutaḥ kālo bhaviṣyati

Bhāva: m. *Pratītya*: n. confirmación, experimento; alivio, consuelo (otros «mfn. por reconocerse o admitirse»); m. (bud.) la cadena de la causalidad (de doce eslabones). *Cet*: *ced*: ind. (nunca encontrado al comienzo de una frase o verso) = *ca*, «y».

Si está claro que el tiempo produce la existencia, ¿cómo es posible que el tiempo se mueva apartándose de la existencia?
Si la idea de la existencia nunca existe en absoluto, ¿cómo es posible que el tiempo exista incluso en el futuro?

El tiempo real (este instante), siempre está directamente relacionado con la existencia real. De este modo, puede decirse que el tiempo produce la existencia, y al revés. El tiempo, según el Maestro Nāgārjuna, no puede moverse apartándose de la existencia. En otras palabras, todas las ideas del tiempo son conceptos abstractos. Solamente la existencia real en este instante y en este lugar es el tiempo real.

La «idea de la existencia» de la línea siguiente se refiere a aquellas de nuestras ideas que supuestamente podrían ser alguna clase de entidad fuera de este instante. No podemos existir en otro lugar que no sea el instante presente. Todo lo demás simplemente son suposiciones. Solamente el presente es la existencia real. Si no hubiera una existencia real, el tiempo real no podría existir.

Capítulo 20

Sāmagrī parīkṣā

(Estudio del asimiento inclusivo)

Sāmagrī: f. (proveniente de *sam-agra*) totalidad, integridad, completud, (esp.) una colección o agrupamiento completo de herramientas o materiales, equipo, equipaje, bienes muebles, mobiliario, efectos.

En el presente capítulo, el Maestro Nāgārjuna escribe sobre dos tipos distintos de filosofía reconocidos por el budismo. Uno es *paramārtha-satya*, o la filosofía de la Verdad, y el otro *saṃvṛti-satya*, o la filosofía de las sociedades seculares. El budismo en sí pertenece a la primera. La otra es lo que podríamos llamar la filosofía intelectual. Es difícil encontrar alguna filosofía occidental, incluyendo las religiones, que no pertenezca al ámbito del intelecto. De hecho, la idea misma de que una filosofía pueda incluir algo distinto de la conjetura intelectual puede parecer absurda. Sin embargo, en la filosofía budista se considera que es imposible reconocer la experiencia, la práctica o la acción a menos que trascendamos el campo del intelecto y nos adentremos directamente en el de la experiencia, la práctica o la acción.

Dicho de otro modo, en el budismo insistimos en que hay fundamentalmente dos clases de filosofía. La razón (que es uno de los hechos fiables) pertenece a la filosofía de la Verdad, y la noción de un resultado, a la de las sociedades seculares. Para nosotros nunca es admisible mezclar un concepto de filosofía de la Verdad con otro de la filosofía de las sociedades seculares. Por ello, normalmente, en términos de la filosofía budista no se puede tratar razón y resultado de manera conjunta. Sin embargo, en este capítulo el Maestro Nāgārjuna explica que es posible hacerlo utilizando lo que yo llamo el «asimiento inclusivo» o «asimiento intuitivo». He preferido utilizar la palabra *asimiento* antes que un término más común como *comprensión* o *percepción*, para sugerir que aquello de lo que estamos hablando es una forma de apreciar el universo fundamentalmente distinta del entendimiento intelectual y la percepción sensorial. El Maestro Nāgārjuna indica que nuestro asimiento inclusivo o intuitivo puede suceder dentro del estado de equilibrio. Este asimiento es la fuente original de la filosofía budista.

****

Verso 1

hetoś ca pratyayānām ca sāmagryā jāyate yadi
phalam asti ca sāmagryāṃ sāmagryā jāyate katham

Hetoś: *hetoḥ*: sg. Ab. G. de *hetu*. *Pratyayānāṃ*: pl. G. de *pratyaya*. Los dos genitivos se emplean para expresar una opción o una diferencia entre dos cosas. *Sāmagryā*: *sāmagryāḥ*: f. sg. N. de *sāmagrya*. *Sāmagrya*: n. = *sāmagrī*. *Yadi*: *sāmagryāṃ*: f. sg. L. de *sāmagrī*. *Sāmagrī*: f. totalidad, integridad, completud, (esp.) una colección o agrupamiento completo de herramientas o materiales. *Jāyate*: nacer o ser producido, originarse; crecer (plantas, dientes); nacer como, ser de nacimiento o por naturaleza (con doble N.); nacer o ser destinado para (Ac.). *Ca*: ocasionalmente *ca* es disyuntivo, «pero», «por el contrario», «por otro lado», «sin embargo», «no obstante». *Sāmagryām*: f. sg. L. de *sāmagrī*.

Cuando la razón impregna los hechos fiables, el asimiento inclusivo ha nacido y está funcionando.
Pero cuando nos damos cuenta de que la idea de un resultado ya ha sido realizada en función del asimiento inclusivo, no hay ninguna posibilidad de que el asimiento inclusivo nazca nuevamente en absoluto.

Cuando la función de la razón impregne los cuatro hechos fiables, argumenta el Maestro Nāgārjuna, el asimiento inclusivo aparecerá. Recordemos que la razón, bajo su punto de vista, no es una función del intelecto, sino una propiedad inherente de la realidad. Mediante nuestra intuición podemos asir la razón. La frase «la razón impregna los hechos fiables» describe la condición en la cual un ser humano puede intuir el funcionamiento de la razón en todas las cosas y los fenómenos.

En la segunda línea nos dice que si la idea de resultado es examinada por medio de asimientos inclusivos, todas las cosas y los fenómenos se ven combinados en uno. De modo que la idea de un resultado parece absurda. La comprensión de lo absurdo de dicha idea se produce cuando la asimos intuitivamente. En dicha condición, el asimiento inclusivo ya está funcionando, de manera que no necesita ser reintroducido.

Verso 2

hetoś ca pratyayānām ca sāmagryā jāyate yadi
phalaṃ nāsti ca sāmagryāṃ sāmagryā jāyate katham

Sāmagṛyām: f. sg. L. de *sāmagri*.

Cuando la razón impregna los hechos fiables, el asimiento inclusivo nace.
Pero si la idea de un resultado no está realmente incluida en el asimiento inclusivo, el asimiento inclusivo no tiene que funcionar nuevamente.

Cuando se intuye que la razón impregna la totalidad de los hechos fiables, esto significa que el asimiento inclusivo ya está funcionando. Cuando, mediante el asimiento inclusivo, se entiende que la idea de resultado no existe realmente, esto sugiere que el mundo real, el cual está basado en los hechos fiables, se ha realizado perfectamente. En otras palabras, cuando comprendemos que la idea de un resultado es una abstracción creada en nuestra mente para permitirnos conceptualizar una situación, podemos decir que hemos asido algo de la verdadera naturaleza de la realidad. Por tanto, no es necesario imaginarse que de alguna manera ha de producirse el asimiento inclusivo, o recurrirse a él, para poder asir la situación.

Verso 3

hetoś ca pratyayānām ca sāmagryām asti cet phalam
gṛhyeta nanu sāmagryāṃ sāmagryāṃ ca na gṛhyate

Cet: *ced*: ind. (nunca encontrado al comienzo de una frase o verso) = *ca*, «y»; «cuando» (estando el verbo acentuado); «si» (estando el verbo acentuado). *Gṛhyeta*: *gṛhya+ita*. *Gṛhya*: mfn. ser asido o tomado; perceptible; ser reconocido o admitido. *Ita*: mfn. ifc. ido; regresado; obtenido; recordado; n. vía. *Nanu*: ind. no, en absoluto, nunca.

Ni siquiera cuando la razón impregne los hechos fiables, puede ser posible que un resultado realmente exista en función del asimiento inclusivo en sí.
Si determinamos que es absolutamente imposible asir el mundo real, también es absolutamente imposible que el asimiento inclusivo funcione más.

Cuando entendemos intuitivamente que la razón es una función básica del mundo real, es absolutamente imposible aceptar la idea de la existencia de algo que pueda ser llamado resultado. Sin embargo, cuando la filosofía de la Verdad y la filosofía de las sociedades seculares están mezcladas desordenadamente, es imposible asir la Verdad. En tal caso, ni siquiera la comprensión intuitiva de la verdadera naturaleza de la razón puede ser suficiente para prevenir nuestra mala interpretación de la naturaleza de los resultados.

Verso 4

hetoś ca pratyayānāṃ ca sāmagryāṃ nāsti cet phalam
hetavaḥ pratyayāś ca syur ahetupratyayaiḥ samāḥ

Hetavaḥ: pl. de *hetu*. *Syur*: *si+yur*. *Si*: lanzar, arrojar. -*Yur*: 3.ª pers. pl. del opt. 2.ª conjugación (*SGFS*.). *Ahetu*: m. ausencia de causa o razón; no un argumento real o sólido; (en retórica) cierta figura del discurso. *Pratyayaiḥ*: m. n. pl. I. de *pratyaya* (*SGFS*.). *Sama*: mfn. todo, cada.

Cuando la razón existe realmente en los hechos fiables y en el asimiento inclusivo, lo que se llama resultado nunca puede existir realmente. Tal vez sea cierto que tanto la razón como los hechos fiables son respaldados por algo completamente distinto de la razón y de los hechos fiables.

Que la razón impregne completamente los hechos fiables sugiere una situación en la que todas las cosas y los fenómenos han sido aceptados desde el punto de vista de la filosofía de la Verdad. En ese caso es completamente imposible que el concepto de resultado exista realmente, ni siquiera sobre la base del asimiento inclusivo. Puede ser que tanto la razón como los hechos fiables se basen en la realidad, la cual es distinta de los conceptos abstractos –incluyendo nuestras ideas sobre la razón y los hechos fiables–.

Verso 5

hetuṃ phalasya dattvā yadi hetur nirudyate
yad dattaṃ yan nirddhaṃ ca hetor ātmadvayaṃ bhavet

Hetuka: mf(ī)n, (solamente ifc.) que causa, que efectúa; causado o efectuado o condicionado por; destinado a; m. una causa, instrumento, agente. *Dattvā*: ind. p. de «*dā*». *Dā*: dar, otorgar, conceder, ceder, impartir, brindar, ofrecer a (D., en el lenguaje posterior también G. o L.). *Nirudh*: detener, parar, obstaculizar, callar, refrenar, limitar, controlar, suprimir, destruir. *Datta*: mfn. (proveniente de *dā*) dado, otorgado, presentado; situado, extendido. *Yad*: (N. y Ac. sg. n. y base en comp. de *ya*) quien, el cual, que, cualquier, cualquiera (con los correlativos *tad*, *tyad*, *etad*, *idam*, *adas*, *tad etad*, *etad tyad* e *idam tad*, por los cuales es más a menudo seguido que precedido; o se elimina el correlativo). *Niruddha*: mfn. detenido, retenido, sujetado, parado, cerrado, confinado, refrenado, controlado, mantenido al margen, eliminado, suprimido; cubierto, velado. *Hetoḥ*: sg. Ab. G. de *hetu*. *Ātma*: du. N. de *ātman*. *Dvaya*: mf(ī)n. dos veces, doble, de dos clases o tipos.

Si la razón se hubiera producido por la benevolencia del resultado, la razón en sí misma no se manifestaría [al] ser suprimida por el resultado.
Si aquellas benevolencias del resultado produjeron una situación asfixiada, puede ser que, debido a esa situación de la razón, la mente se haya dividido en dos partes.

Es posible imaginar que la razón pueda ser el producto del resultado. Por ejemplo, podríamos suponer que como resultado de que la mente humana se haya desarrollado a lo largo de millones de años de evolución, es capaz de crear algo a lo que llamamos razón. Pero para el Maestro Nāgārjuna si la razón ha sido producida por la influencia del resultado, es imposible que su contenido se manifieste como el mundo real. En otras palabras, está firmemente convencido de que la razón es una función real del mundo natural. Esto quiere decir que las cosas en el mundo natural funcionan de un modo regulado conforme a la ley de causa y efecto. Utilizamos nuestras mentes para comprender la razón, pero no producimos la razón con nuestras mentes. Si el mundo pareciera haberse vuelto intolerablemente confuso (o asfixiado, en términos del Maestro Nāgārjuna) debido a la influencia del resultado, la razón en sí misma produciría una mente que estaría en consonancia con la situación: una mente separada en dos partes. Pero la mente dividida es una función de nuestra confusión. Nuestras mentes no están divididas de manera natural.

Verso 6

hetuṃ phalasyādattva ca yadi hetur nirudhyate
hetau niruddhe jātaṃ tat phalamāhetukaṃ bhavet

Hetum: sg. Ac. de *hetu*. *Adattvā*: ind. no haber dado. *Hetur*: *hetuḥ*: m. f. sg. N. de *hetu*. *Nirudh*: P. Ā. detener, parar, obstaculizar, callar, refrenar, limitar, controlar, suprimir, destruir; mantener lejos, alejar, retirar; rodear o sitiar (un lugar); cerrar (lit. «una puerta» o fig. «un corazón, mente», etcétera); capturar o alcanzar. *Hetau*: sg. L. de *hetu*. *Niruddha*: mfn. detenido, retenido, sujetado, parado, cerrado, confinado, refrenado, controlado, mantenido al margen, eliminado, suprimido. *Jāta*: mfn. nacido, originado por (L.), engendrado por (I. o Ab.); desarrollado, producido, surgido, causado, aparecido. *Ā-*: puesto como un prefijo a un adj. [raramente a un sus.] implica disminución, com. «un poco». *Ahetuka*: mf(*ā*)n. infundado.

Si la razón se ha producido sin ninguna influencia del resultado, la razón se regula por sí misma.
Lo que ha nacido en la condición autorregulada es justamente el mundo, de manera que es posible que el resultado exista solamente como algo irrazonable.

Si creemos que la razón es creada por la mente humana, la primera solamente podría regularse a través de la segunda. En dicho caso, la razón de una persona podría ser muy distinta de la de otra. Por supuesto, mucha gente asegura que sus propias ideas idiosincráticas son razonables, pero la verdadera razón está más allá de ellas. Unos ejemplos de verdadera razón podrían ser las matemáticas y la física, las cuales no cambian según la opinión de las personas. Si la razón se produjera sin la influencia del resultado, se regularía por sí misma, como ocurre en los ejemplos que acabamos de ver. Si alguna cosa concreta llamada resultado produjera la razón, sería imposible que esta existiera. Ello se debe a que las cosas producidas mediante un resultado –el cual simplemente es una idea de la mente humana– no pueden comportarse conforme a la verdadera razón. Los seres humanos crean sus propias ideas –por ejemplo, la de un resultado– e intentan reforzarlas con otras. Imaginamos algo llamado resultado y luego vamos añadiendo cada vez más capas a esta ficción, olvidando rápidamente que la base misma es irreal. Sin embargo, el mundo verdadero no es una ficción ni ha sido creado por nuestra imaginación.

Verso 7

phalaṃ sahaiva sāmagryā yadi prādurbhavet punaḥ
ekakālau prasajyete janako yaś ca janyate

Saha: ind. junto a, junto con, con; a menudo como una prepos. que regula el caso I., pero generalmente situado después de la palabra regulada. *Sāmagryā*: f. sg. I. de *sāmagrī*. *Prādur*: ind. (prob. proveniente de *prā* = *pra+dur*, «en el exterior») adelante, ver o iluminar, a la vista (con «*as*» o «*bhū*», hacerse manifiesto, ser visible o escuchable, aparecer, surgir, existir), cf. *prādurbhāva*: m. que se hace visible o escuchable, manifestación, aparición (también de una deidad en la tierra). *Ekakālau*: du. N. Ac. V. de *ekakāla*. *Ekakāla*: m. que sucede al mismo tiempo, simultáneo. *Prasajyete*: *prasajya+ite*. *Prasajya*: *prasañj*: (solamente ind. p. *sajya*) estar apegado al mundo. *Ite*: L. de *ita*. *Janaka*: mfn. generativo, que genera, que engendra, que produce, que causa (principalmente ifc.); m. un progenitor, padre. *Janyate*: *jan*: generar, engendrar, producir, crear, causar.

Cuando la idea de resultado se realiza en función del asimiento inclusivo, la imagen del resultado también se ve.
El poder que tiene la habilidad de producir las cosas y los fenómenos también tiene la habilidad de producir [el resultado y la razón] en paralelo, y ese poder se manifiesta realmente.

Cuando intuimos la situación real usando el asimiento inclusivo, podemos ver el resultado como lo que es: una ficción a veces útil que no se basa en la realidad. El poder que tiene la habilidad de producir tanto el resultado como la razón es el mismo que ha producido el universo en sí. Es importante entender cuidadosamente esta línea. Aunque al expresarlo de esa forma pueda parecer que sugiere que algo distinto del propio universo ha producido el universo, esto es lo contrario del punto de vista budista. No obstante, podemos intuir que alguna clase de poder actúa y se manifiesta dentro de este. Dicho poder es percibido por la razón humana como la razón, la justicia, la Verdad, el bien, etcétera.

Verso 8

pūrvam eva ca sāmagryāḥ phalaṃ prādurbhavet yadi
hetupratyayanirmuktaṃ phalam āhetukaṃ bhavet

Sāmagryāḥ: f. sg. Ab. G. de *sāmagṛi*. *Nirmukta*: mfn. suelto, separado, cercenado, liberado o salvado o evadido o libre de, desprovisto de (I. Ab. o comp.); abandonado, perdido, desaparecido, desvanecido; arrojado, lanzado; libre de toda atadura.

> **Hay un caso en el cual, antes de que el resultado se manifieste en el asimiento inclusivo, puede ser que el resultado se manifieste en este mundo.**
> **Cuando la razón ha sido regulada, es posible que el resultado exista como algo irrazonable.**

Antes de que establezcamos el asimiento inclusivo, tendemos a pensar en el resultado como algo real. Pero ni siquiera en este caso el resultado puede considerarse algo razonable.

Verso 9

niruddhe cet phalaṃ hetau hetoḥ saṃkramaṇam bhavet
pūrvajātasya hetoś ca punarjanma prasajyate

Hetau: m. sg. L. de *hetu*. *Hetoḥ*: m. sg. Ab. G. de *hetu*. *Saṃkrmaṇa*: n. que van o se reúnen, unión con, entrada en, transferencia a (L., D., o comp.); entrada, aparición, comienzo (esp. de la vejez). *Pūrva*: ind. delante, antes; hacia el este, al este de (op. a *apareṇa*, con G. o Ac.). *Jāta*: mfn. nacido, originado por (L), engendrado por (I. o Ab.); desarrollado, producido, surgido, causado, aparecido. *Hetoś*: *hetoḥ*: m. sg. Ab. G. de *hetu* (*SGFS*.). *Janma*: n. sg. N. de *janman* (*SGFS*.). *Janman*: n. nacimiento, producción, origen; natividad; renacimiento; lugar de nacimiento, hogar; progenitor, padre; criatura, ser.

Cuando el resultado es regulado por el poder de la razón, se da la posibilidad de la coexistencia paralela en función de la razón.
Incluso antes del nacimiento de la razón, el hecho del nacimiento también está estrechamente relacionado con ella.

Cuando el resultado es controlado por la razón, es posible que ambos coexistan sobre la base de la razón. Por ejemplo, en una investigación científica podemos postular razonablemente que cierto proceso físico tendrá unos resultados determinados. Sin embargo, esto no cambia el hecho de que dichos resultados, siendo una suposición de aquello que aparecerá en el futuro, no son verdaderamente reales. La frase «antes del nacimiento de la razón» se refiere al momento anterior a que hayamos sido conscientes de ella. Puesto que la razón es más poderosa que nuestras diversas especulaciones irrazonables, incluso antes de que seamos conscientes de ella, siempre se encuentra en funcionamiento.

Verso 10

janayet phalam utpannaṃ niruddho 'stamgataḥ katham
fetus tiṣṭhann api kathaṃ hetuḥ phalena janayed vṛtaḥ

Janayet: P. 3.ª pers. sg. opt. 1.ª conj. de *jan*. *Utpanna*: mfn. ascendido, subido; surgido, nacido, producido. *Niruddha*: mfn. detenido, retenido, sujetado, parado, cerrado, confinado, refrenado, controlado, mantenido al margen, eliminado, suprimido. *Astaṃgata*: p.p. de *astamgam*. *Astaṃgam*: bajar. *Tiṣṭhanna*: *tiṣṭhat+na*. *Tiṣṭhat*: *tiṣṭhad*: de *sthā*. *Sthā*: mantenerse, mantenerse firme, colocarse, reposar, sostenerse sobre, tener una postura sobre. -*Na*: además de formar comúnmente participios pasivos pasados, también [forma] adjetivos y sustantivos (*SGFS*.). *Pi*: *api*: expresa situación cerca o sobre, unión, anexión, llegada a, proximidad, etcétera. *Api* se utiliza a menudo para expresar énfasis, en el sentido de incluso, también, muy. *Vṛta*: mfn. oculto, tapado, escondido, envuelto, rodeado de, cubierto con (I. o comp.); detenido, frenado, retenido, contenido (como los ríos).

Incluso si fuera posible que un resultado produjera fenómenos, no sería posible que la situación autorregulada siguiera el camino descendente en absoluto.
¿Cómo es posible que la razón sea una clase de existencia fija? Sin embargo, es posible que lo que esté oculto se manifieste ayudado por la idea de resultado.

Debido a la mala influencia de la idea de resultado, las diversas cosas y fenómenos que encontramos en la vida pueden verse de un modo negativo. Por ejemplo, cuando no obtenemos el resultado que esperamos podemos deprimirnos. Sin embargo, si el estado de autorregulación se mantiene estable, no es posible que este continúe la misma trayectoria descendente que la que nuestros pensamientos e ideas siguen a menudo.

La razón es parte de los contenidos de los hechos fiables en el instante presente, y por eso nunca es una existencia fija. No obstante, siempre hay muchas posibilidades de que aquellas cosas que todavía no hayan aparecido lo hagan en el futuro, siendo originadas por los seres humanos en función de la idea de resultado. Por ejemplo, podemos preparar un viaje a la luna y realizarlo satisfactoriamente basándonos en nuestras ideas de resultado. Sin embargo, esto no altera los hechos reales del universo.

Verso 11

athāvṛtaḥ phalenāsau katamaj janayet phalam
na hy adṛṣṭvā na dṛṣṭvāpi hetur janayate phalam

Athā: *atha*: (o en ved. *athā*) una partícula favorable e inicial (difícil de expresar), ahora; entonces; además; más bien; ciertamente; pero; de otro modo; ¿qué?, ¿de qué otra forma?, etcétera. *Vṛta*: mfn. oculto, tapado, escondido, envuelto, rodeado de, cubierto con (I. o comp.); detenido, frenado, retenido, contenido (como los ríos). *Asau*: *adas* o *amu*. *Adas*: N. m. f. *asau*, n. *adas*, (op. a *idam*) aquel; un cierto; ind. en consecuencia, así; ahí. *Katamaj*: *katamat*: *katama*: mfn. ¿quién o cuál de los muchos?; a menudo es un mero sustituto de refuerzo de *ka*, el superlativo afijo que proporciona énfasis; por consiguiente, ocasionalmente puede utilizarse por «¿quién o cuál de los dos?»; opcionalmente puede aparecer compuesto con la palabra a la que se refiere (e.g., *katamaḥ kaṭhaḥ* o *katama-kaṭhaḥ*, ¿cuál de los *kaṭha*?). En frases negativas, *katama* con *cana* o *katama* con *api* = ni siquiera uno, ninguno en absoluto. *Adṛś*: mfn. ciego. *Dṛś*: ver, advertir, mirar, observar, considerar. *-Tvā*: el sf. usado para formar gerundios o una partícula indeclinable del verbo simple. Se adhiere con mayor facilidad a la raíz al ser sustituido por el *ta* de la partícula pasiva; e.g., *kṛta*, «hecho»; *kṛtvā*, «habiendo hecho»; *gata*, «ido»; *gatvā*, «habiendo ido».

Lo que ahora está oculto tiene la posibilidad de manifestarse como una diversidad de cosas y fenómenos utilizando la idea de resultado, pero es completamente imposible producir lo que se llama resultado.
En los casos de invisibilidad o en los casos de visibilidad, es completamente imposible que la razón sea traída al mundo en absoluto.

«Lo que ahora está oculto» se refiere a las cosas que existen en este momento solamente como ideas, pero que pueden manifestarse en el futuro. Por ejemplo, un arquitecto sueña con construir un edificio. Utilizando la idea de resultado, se esfuerza en la dirección apropiada y pocos años después dicho edificio se convierte en algo real. De modo que su una vez invisible edificio se hace visible para todos. Sin embargo, incluso en tales casos podemos decir que el resultado sigue siendo irreal. Esto es así porque solamente podemos hablar de resultados cuando aplicamos el concepto del tiempo lineal, una idea rechazada por el budismo.

La segunda línea de este verso sugiere que incluso en estos casos, la razón no es algo que se traiga al mundo, sino que existe realmente antes de que aparezca nuestra percepción de él.

Verso 12

nātītasya hy atītena phalasya saha hetunā
nā jātena na jātena saṃgatir jātu vidyate

Atīta: mfn. ido, pasado, fallecido, muerto; uno que ha atravesado o superado o ido más allá, uno que ha pasado de largo o se ha descuidado; negligente; pasado, dejado atrás; excesivo. *Hi*: ind. (utilizado como una partícula y normalmente indicando) pues, porque, a causa de (nunca en la primera posición de una frase, sino generalmente después de la primera palabra y utilizado eclécticamente, a veces después de pronombres). *Saha*: ind. junto a, junto con, con (a menudo como una prepos. que regula el caso I., pero generalmente situado después de la palabra regulada); en común, en compañía, conjuntamente, colectivamente, en conjunto (a menudo utilizado como un prefijo en comp. o formando adjetivos que expresan «el acompañante de una acción»). *Hetunā*: m. sg. I. de *hetu*. *Hetu*: m. «impulso», motivo, causa, causa de, razón para (L., raramente D. o G.); *hetunā*, *hetoḥ*, *hetave*, *hetau*, «por una causa o razón», «por razón de»; lógica (en general). *Ajāta*: mfn. no nacido, todavía no nacido, todavía no desarrollado. *Jāta*: mfn. nacido, originado por (L.); desarrollado, producido, surgido, causado, aparecido. *Saṃgatir*:

saṃgatiḥ: sg. N. de *saṃgati*. *Saṃgati*: f. que se junta, que se encuentra con (G. o comp.); que va o acude a (L.); asociación, relación, sociedad, compañía (con I. con y sin *saha* o *samam*; L. G. o comp.). *Jātu*: ind. en absoluto, nunca; posiblemente, quizás; algún día, una vez, érase una vez.

Si [el resultado y la razón] no pertenecen al pasado y no se basan en el pasado, aquello que es incluido por el resultado y aquello que se basa en la razón son lo mismo, y de este modo,
sin tener ninguna relación con que [el resultado y la razón] hayan nacido o no, el asimiento inclusivo [del resultado y la razón] puede encontrarse por todas partes.

Cuando la razón no pertenece al pasado ni se basa en este, nuestra comprensión no tiene ninguna relación con él. Recordemos que en el budismo la filosofía del pasado siempre se considera irreal, una función de la imaginación humana. Toda comprensión real siempre está relacionada con el simple hecho del instante presente, el cual no tiene ninguna vinculación con el pasado en absoluto. Por tanto, aquello que está incluido en el resultado y lo que se basa en la razón son la cara y la cruz de un solo hecho en el instante presente. Cuando vemos tanto el resultado como la razón intuitivamente (en términos del asimiento inclusivo), dicha forma de entendimiento puede encontrarse por dondequiera que miremos.

Verso 13

na jātasya hy ajātena phalasya saha hetunā.
nātītena na jātena saṃgatir jātu vidyate

Jāta: mfn. nacido, originado por (L.), engendrado por (I. o Ab.); desarrollado, producido, surgido, causado, aparecido.

Puesto que el estado de haber nacido y el estado de no haber nacido son completamente diferentes en sus dimensiones, los casos de ser

incluido en el resultado y los casos de basarse en la razón tienen las mismas posibilidades de existir.
Cuando no hay ninguna base en el pasado o en el haber nacido, el asimiento inclusivo [del resultado y la razón] puede encontrarse por todas partes.

Lo que ha nacido simplemente quiere decir aquello que existe realmente aquí y ahora, mientras que lo que no ha nacido se refiere a lo que no existe, como las ideas y los conceptos. Hay una diferencia dimensional entre estos. Lo que ha nacido se basa en la razón, y lo que no ha nacido, en el resultado. Sin embargo, en el hecho de que ambos son funciones mentales (siendo nuestra percepción del mundo real, en un aspecto, una función mental), podemos afirmar que ambos tienen las mismas posibilidades de existir. Siempre somos libres de elegir el resultado frente a la razón, a pesar de que esta siempre sea la Verdad.

En la segunda línea, la frase «cuando no hay ninguna base en el pasado o en el haber nacido» hace referencia al estado en el cual permanecemos completamente inmersos dentro de lo que es real aquí y ahora. Este es el estado en el que la función intuitiva (el asimiento inclusivo) opera tan claramente que puede aplicarse en cualquier parte y en todas las situaciones.

Verso 14

nājātasya hi jātena phalasya saha hetunā
nājātena na naṣṭena saṃgatir jātu vidyate

Naṣṭa: mfn. perdido, desaparecido, perecido, destruido, perdido de vista, invisible; escapado, huido de (Ab.), fugado (impers. con el I. del subj.); estropeado, dañado, degradado, gastado, fracasado, infructuoso, en vano.

Puesto que hay una diferencia dimensional entre el estado de no haber nacido y el estado que se basa en haber nacido, es imposible que

lo que esté incluido en el resultado y lo que se base en la razón puedan ocurrir juntos.
En los casos sin nacimiento, y sin basarse en la destrucción, es posible reconocer que el asimiento inclusivo [del resultado y la razón] existe por todas partes.

De nuevo, el estado de no haber nacido se refiere al resultado, mientras que el que se basa en haber nacido quiere decir la razón. Y, como también expresamos anteriormente, el resultado, el cual no existe, y la razón, que es la realidad, se dan en dos dimensiones diferentes –la del mundo abstracto y la del mundo real, respectivamente–. Cuando nos basamos en la función intuitiva (en el asimiento inclusivo), podemos pensar tanto en la razón como el resultado sobre la base de la realidad. En este caso, incluso nuestro pensamiento abstracto puede ser también realista.

Verso 15

asatyām saṃgatau hetuḥ kathaṃ janayate phalam
satyāṃ va saṃgatau hetuḥ kathaṃ janayate phalam

Asatyāṃ: f. sg. L. de *asati*. *Asati*: f. inexistencia, no presencia, ausencia. *Saṃgatau*: du. m. N. Ac. V. de *saṃgata*. *Samgata*: mfn. reunido, conocido, encontrado, juntado, unido; aliado con, amistoso con (I., o comp.), encajado, pertinente, apropiado, adecuado según o idóneo para (comp.). *Satya*: mf(*ā*)n. verdadero, real, cierto, genuino, sincero, honesto, veraz, fiel, puro, virtuoso, bueno, exitoso, eficaz, válido. *Vā*: ind. o (excluido, como el lat. *ve*, del primer lugar de una frase, y generalmente siguiendo de inmediato, rara y solamente precediendo m.c., al término al que se refiere).

La razón nunca puede ser la acumulación de cosas individuales concretas, de modo que es imposible que produzca un resultado en absoluto.

Incluso si la razón existe realmente y se manifiesta en cosas individuales concretas, es imposible que produzca un resultado en absoluto.

La razón es un componente real del universo, el cual existe por todas partes. De modo que no puede decirse que sea una acumulación de cosas individuales. La teoría de la acumulación es una antigua precursora de nuestra moderna teoría científica de la materia, la cual ve a esta última como una aglomeración de pequeñas partículas. La razón, que incluye todo, no puede producir un resultado, el cual depende de la idea equivocada de separación de todas las cosas. Al mismo tiempo, incluso aunque sostuviéramos que la razón se manifiesta como cosas concretas individuales, sigue siendo dimensionalmente diferente de abstracciones tales como el concepto de resultado. De manera que es imposible que la razón produzca un resultado.

Verso 16

hetuḥ phalena śūnyaś cet kathaṃ janayate phalam
hetuḥ phalenāśūnyaś cet kathaṃ janayate phalam

Śūnyaś: *sūnyaḥ*: sg. N. de *śūnya*. *Aśūnya*: *a+śūnya*.

Incluso aunque la razón mantenga el estado equilibrado en función de un resultado, el resultado nunca se produce en el mundo real en absoluto. Incluso aunque la razón no mantenga el estado equilibrado al ser perturbada por el resultado, ¿cómo es posible realmente que el resultado se produzca en el mundo real?

El resultado simplemente es una suposición conceptual. Aunque seamos capaces de mantener el estado de equilibrio mientras utilizamos nuestra habilidad mental para concebir resultados, el resultado sigue siendo una cuestión de conceptualización y no la realidad. Además, incluso aunque, como entidades reales que tienen por base la razón, perdamos nuestro estado equilibrado debido a la creencia en la realidad de un resultado, sigue siendo imposible que el resultado exista.

Verso 17

phalaṃ notpatsyate 'śūnyam aśūnyaṃ na nirotsyate
aniruddham anutpannam aśūnyaṃ tad bhaviṣyati

Utpat: P. volar o saltar hacia arriba, emprender el vuelo; ascender, alzarse; levantarse (de la cama de uno); salir disparado; empezar desde, irse, huir; saltar fuera, apresurarse, salir; ser producido, originarse. *Aśūnya*: mf(*ā*)n. no vacío; no en vano o inútil. *Nirot*: *nirudh*: detener, parar, obstaculizar, callar, refrenar, limitar, controlar, suprimir, destruir. *Aniruddha*: mfn. no obstruido, ingobernable, obstinado.

Incluso aunque esté desequilibrado, es imposible que el resultado se manifieste en el mundo real en absoluto, y las condiciones desequilibradas no se mantendrán en las condiciones reguladas en absoluto. No siempre está claro reconocer el estado autorregulado, y también es probable que las situaciones desequilibradas continúen de manera natural.

Incluso aunque afirmemos que el resultado es parte del estado desequilibrado, sigue sin existir como algo real. Es imposible que el estado desequilibrado se manifieste como el estado de autorregulación. Ello quiere decir que el autorregulado estado equilibrado no puede producirse artificialmente mediante las diversas ideas y demás producidas en el estado desequilibrado. Por ejemplo, no podría desarrollarse ningún químico que permitiera instantáneamente a alguien tener acceso al estado equilibrado, ya que estas sustancias siempre son fabricadas por los seres humanos con la intención de producir algún estado deseado como resultado de su uso. El verdadero equilibrio no proviene de la intención de producir el resultado deseado, independientemente de cuál sea este.

En la segunda línea de este verso, el Maestro Nāgārjuna observa que el estado autorregulado no siempre es reconocido como lo que es. Muchos siglos después, el Maestro Dogen empleó la misma idea en el capítulo del *Shobogenzo* titulado «Genjo-koan» («El universo realizado»). Allí dice: «No asumas que lo que se realiza inevitablemente se volverá autoconsciente y reconocido por el intelecto. La experiencia del último estado se realiza inmediatamente. Al mismo tiempo, su misteriosa existencia no es necesariamente una realización manifiesta. La realización es el estado de la ambigüedad en sí». Por último, el Maestro Nāgārjuna señala que no puede esperarse que el estado desequilibrado desaparezca inmediatamente. Esto lleva una cantidad considerable de tiempo y esfuerzo.

Verso 18

kathamutpasyate śūnyaṃ kathaṃ śūnyaṃ nirotsyate
śūnyam apy aniruddhaṃ tad anutpannaṃ prasajyate

Prasaj: (solamente ind. p. -*prasajya*) estar aferrado al mundo.

El estado equilibrado no tiene ninguna tendencia natural a aparecer, y el estado equilibrado nunca tiene ninguna tendencia natural a desaparecer en el futuro.
El estado equilibrado nunca tiene ninguna tendencia a desaparecer en el futuro en absoluto, y está estrechamente relacionado con aquello que no tiene la tendencia a aparecer nuevamente.

El estado equilibrado es la condición real en el instante presente. Como tal, no puede decirse que aparezca en un momento particular ni que desaparezca. Tiene unas características absolutamente distintas de las cosas que aparecen y desaparecen en el tiempo lineal. Solamente existe en el instante presente; no en el futuro ni en el pasado. Esto es diferente de algunas ideas comunes sobre las llamadas experiencias de iluminación, de las cuales se dice que suceden en algún momento y luego cesan.

Verso 19

hetoḥ phalasya caikatvaṃ na hi jātūpapadyate
hetoḥ phalasya cānyatvaṃ na hi jātūpapadyate

Hetoḥ: sg. Ab. G. de *hetu*. *Caikatva*: *ca+ekatva*. *Ekatva*: n. unicidad, unidad, unión, coincidencia, identidad; soltería, soledad. *Hi*: ind. justamente, ruega, haz (con imp. o pot. enfáticamente); realmente, seguramente, sin duda, por supuesto, ciertamente. *Jātu*: ind. en absoluto, nunca. *Anyatva*: *anya+tva*. *Anya*: otro, distinto; aparte de, diferente de, opuesto a (Ab. o en comp.); otra persona; uno de varios. *-Tva*: n. forma sustantivos abstractos con el sentido del sufijo inglés «*-ness*» [«condición o estado de» en español] (*SGFS*.).

La unicidad de la razón y el resultado nunca sucede en absoluto, y no sucede tampoco que la razón y el resultado no tengan ninguna relación entre sí en absoluto.

Es imposible equiparar la razón con el resultado, porque la razón es la realidad y el resultado es una invención de la mente humana. Al mismo tiempo, puede decirse que tanto la razón como el resultado son dos clases de funciones mentales. La razón es una función mental clara que refleja el mundo natural, mientras que el resultado es una función mental confusa que no lo hace. Por ello, aunque sean dimensionalmente distintos, podemos decir que están relacionados de este modo.

Verso 20

ekatve phalahetvoḥ syād aikyaṃ janakajanyayoḥ
pṛthaktve phalahetvoḥ syāt tulyo hetur ahetunā

Phlahetvoḥ: m. du. G. L. de *phalahetu*. *Aikya*: n. unicidad, unidad, armonía, igualdad, identidad; identidad del alma humana o el universo con la deidad; un agregado, suma. *Janaka*: mfn. generativo, que genera, que engendra, que produce, que causa (principalmente ifc.); m. un progenitor, padre. *Janyayoḥ*: du. G. L. de *janya*. *Janya*: mfn. nacido, producido; ifc. nacido o surgido o producido de, ocasionado por; m. un padre. *Pṛthaktva*: n. separación, distinción, soltería, individualidad. *Tulya*: mf(*ā*)n. igual que, de la misma clase o tipo o número o valor, similar, comparable, como (con I. o G.). *Ahetunā*: sg. I. de *ahetu*. *Ahetu*: m. ausencia o causa o razón, no un argumento real o sólido.

Si el resultado y la razón son uno, esto sugiere que la unicidad es una combinación entre aquello que produce y aquello que es producido. Si el resultado y la razón están separados, puede deberse a que lo razonable y lo irrazonable se encuentran combinados en uno y están relacionados entre sí.

El hecho de que el resultado y la razón tengan la característica común de ser funciones de la mente humana sugiere que uno es el creador del otro. Y que estos existan como cosas separadas individuales indica que aquello que es razonable y lo que es irrazonable están combinados en uno. También sugiere que aquello que es razonable –la realidad– y lo que no es real –el resultado– tienen una relación mutua.

Verso 21

phalaṃ svabhāvasadbhūtaṃ kiṃ hetur janayiṣyati
phalaṃ svabhāvāsadbhūtam kiṃ hetur janayiṣyati

Sadbhūta: mfn. quien es o lo que es realmente bueno o verdadero. *Janayiṣyati*: fut. de *jan*. *Asad*: *asat*: mf(*a-satī*)n. que no es, que no existe, irreal; incierto, equivocado.

Cuando el resultado es fuerte como una combinación de la existencia subjetiva y el hecho concreto, es imposible que la razón produzca algo en absoluto.

Cuando el resultado es fuerte debido a la combinación de la existencia subjetiva y situaciones abstractas, puede ser imposible que la razón produzca algo ni siquiera en el futuro.

Cuando el resultado es fuerte debido a la combinación de la existencia subjetiva y la situación real, la razón puede no tener ningún poder. Esta situación se ve muy a menudo en los asuntos humanos, donde las creencias apasionadas e irrazonables y los apegos pueden superar nuestra habilidad innata de ser razonables.

Verso 22

na cājanayamānasya hetutvam upapadyate
hetutvānupapattau ca phalaṃ kasya bhaviṣyati

Ajanaya: *ajana+ya*. *Ajana*: m. «instigador»; n. acto de instigar o mover. *Māna*: m. opinión, noción, concepción, idea; propósito, deseo, proyecto; engreimiento, arrogancia, orgullo; (también n.) consideración, atención, respeto, honor. *Anupapattau*: m. sg. L. de *anutpatti*. *Anutpatti*: mfn. no producido (todavía), bud.

Cuando nada ha aparecido todavía, también es imposible que lo que es razonable aparezca en absoluto.
Cuando lo que es razonable todavía no se ha manifestado en absoluto, es imposible que el resultado exista en absoluto en ninguna parte del universo.

La razón no es algo separado del mundo real. De manera que es absurdo imaginar una situación en la que exista independientemente de lo que es real aquí y ahora mismo. Cuando la razón no existe, tampoco puede hacerlo el resultado.

Verso 23

na ca pratyayahetūnām iyam ātmānam ātmanā
yā sāmagrī janayate sā katham janayet phalam

Hetūnām: pl. G. de *hetu*. *Iyam*: f. sg. N. del pron. demostrativo *idam*. *Idam*: (un tipo de neutro de la base pronom. *i* con *am*) esto, esto de aquí, referente a algo cerca del hablante. *Ātmānam*: sg. Ac. de *ātman*. *Ātmanā*: sg. I. de *ātman*. *Yā*: f. sg. N. Ac. de *ya*. *Sāmagri*: sg. N. Ac. de *sāmagri*.

El mundo, que está basado en la razón como uno de los hechos fiables, nunca produce un alma, en ningún caso, y nunca se basa en un alma en absoluto.
¿Cómo es posible que el mundo, el cual ha sido producido por el asimiento inclusivo, produzca un resultado en cualquier caso?

Si imagináramos que el mundo es producido por alguna fuerza motora que no depende de la razón, podríamos aceptar la creencia en el alma. En las religiones, Dios a menudo es concebido de esa manera. Por ejemplo, se lo imagina como un ser que puede romper la ley de causa y efecto a voluntad para producir milagros. Pero aquí el Maestro Nāgārjuna sugiere que el universo en sí mismo es producido por la función intuitiva, es decir, por el asimiento inclusivo. De modo que la intuición, como la razón, es fundamental para el universo. Lo que es producido por el asimiento inclusivo, dice, no puede crear un resultado.

Verso 24

na sāmagrīkṛtaṃ phalaṃ nāsāmagrīkṛtaṃ phalam
asti pratyayasāmagrī kuta eva phalaṃ vinā

Kṛta: mfn. hecho, fabricado, logrado, realizado; preparado, listo; obtenido, ganado, adquirido, colocado a mano. *Kuta*: *kutaḥ*: *kutas*: ind. ¿de quién?;

¿desde dónde?, ¿de dónde?; ¿adónde?, ¿en qué dirección?; ¿dónde?; ¿por qué?, ¿por qué causa o motivo?, porque; ¿cómo?, ¿de qué manera? *Vinā*: ind. (prob. una clase de I. de *vi*) sin, excepto, escaso de o que no incluye algo (precedido o seguido por Ac., I., raramente Ab.); (a veces *vinā* se utiliza pleonásticamente).

> **Lo que es realmente producido como el asimiento inclusivo es distinto del resultado, y lo que no ha sido producido por el asimiento inclusivo tampoco es un resultado.**
> **Ahora que el asimiento inclusivo realmente existe como el hecho fiable [de la razón], también es completamente imposible que omitamos la existencia del resultado en todas partes en absoluto.**

Es un hecho evidente que el asimiento inclusivo de la razón y el resultado impregna por completo el mundo real. Esto quiere decir que la función intuitiva, a la cual llamamos asimiento inclusivo, puede comprender la razón y el resultado como lo que realmente son. Pero este mundo real es absolutamente diferente de un resultado. Al mismo tiempo, sin embargo, aunque no comprendamos el asimiento inclusivo, el mundo real no es el resultado de nada más. O, dicho de otro modo, independientemente de que hayamos o no establecido la comprensión intuitiva de la irrealidad del resultado, este sigue siendo irreal. Pese a que el asimiento inclusivo haya sido establecido como los hechos fiables, es sin embargo imposible que omitamos totalmente la existencia del resultado. Incluso aunque sea una creencia equivocada, todavía sigue influyendo en el curso de los asuntos humanos.

Capítulo 21

Saṃbhavavibhava parīkṣā

(Estudio de la coexistencia y la existencia universal)

Sambhava: m. (ifc. f. *ā*) que están juntos o se reúnen, encuentro, unión. *Vibhava*: mfn. poderoso, rico; m. que está en todas partes, omnipresencia; desarrollo, evolución.

El término sánscrito *vibhava* hace referencia a aquel punto de vista que contempla lo omnipresente u omniabarcante (como el mundo o el universo). Por ello, he utilizado la expresión *existencia universal* para traducirlo. Por otro lado, la palabra *sambhava* se refiere a la visión que reconoce la existencia individual de las cosas y los fenómenos separados. Así, he usado el vocablo *coexistencia* para representar esta idea, ya que el término original sugiere diversas cosas separadas que existen juntas. En general, las personas idealistas o espirituales tienden a sentirse atraídas hacia el punto de vista de la existencia universal, y aquellas más propensas al materialismo prefieren la visión representada por la coexistencia. Sin embargo, la perspectiva budista se basa en el estado equilibrado. Por tanto, reconoce que estas visiones fundamentales extremas simplemente son las dos caras de una sola realidad indivisa. Debemos venerar ambos puntos de vista. Utilizándolos podemos comenzar a asir la verdadera situación del mundo sobre la base del realismo.

****

Verso 1

vinā vā saha vā nāsti vibhavaḥ saṃbhavena vai
vinā vā saha vā nāsti saṃbhavo vibhavena vai

Vinā: ind. sin, excepto, escaso de o que no incluye algo (precedido o seguido por Ac., I., raramente Ab.). *Saha*: ind. junto a, junto con; a menudo como una prepos. que regula el caso I., pero generalmente situado después de la palabra regulada; excepcionalmente con Ab.; en común, en compañía, conjuntamente, colectivamente, en conjunto. *Vai*: ind. una partícula de énfasis y afirmación que generalmente se encuentra situada después de una palabra y la enfatiza (normalmente es traducible como «de hecho», «realmente», «ciertamente», «verdaderamente», «justamente», etcétera).

> **Si nada existe en absoluto, o si diversas cosas existen juntas, la existencia universal nunca se basa en la coexistencia.**
> **Si nada existe en absoluto, o si diversas cosas existen juntas, la coexistencia nunca se basa en la existencia universal.**

La existencia y la coexistencia universal son modos fundamentales de pensamiento completamente diferentes. De modo que no podemos decir que la existencia universal dependa de la coexistencia, y al revés.

Verso 2

bhaviṣyati kathaṃ nāma vibhavaḥ saṃbhavaṃ vinā
vinaiva janma maraṇaṃ vibhavo nodbhavaṃ vinā

Katham: *katham* a menudo se encuentra conectado con las partículas *iva*, *nāma*, *nu*, *svid*, las cuales aparecen para generalizar la interrogación (¿cómo es posible?, ¿cómo en verdad?, etcétera). *Nāma*: ind. (Ac. de *nāman*) por nombre, i.e., denominado, llamado; (también con *nāmata* y *nāmnā*); de hecho, ciertamente, realmente, por supuesto; casi, solamente en apariencia;

sin embargo, no obstante. *Vinaiva*: *vinā+eva*. *Eva*: ind. así, justamente así, exactamente así; en efecto, verdaderamente, realmente (a menudo al comienzo de un verso en conjunción con otras partículas, como *id*, *hi*); (en su uso más frecuente como refuerzo de una idea expresada por alguna palabra, *eva* debe ser traducido de diversas maneras por adverbios [o locuciones adverbiales] tales como) justamente, exactamente, muy, de la misma forma, solamente, incluso, solo, meramente, inmediatamente después de, todavía, ya, etcétera (algunas veces esp. en conexión con otros adverbios, *eva* es un mero expletivo sin ningún significado exacto y no es traducible; según las autoridades nativas *eva* implica énfasis, afirmación, destrucción, disminución, mandato, restricción). *Janma*: sg. N. Ac. de *janman*. *Janman*: n. nacimiento, producción, origen; existencia, vida; natividad. *Maraṇa*: n. acto de morir, muerte (ifc. que muere por); fallecimiento, cese (como el de los relámpagos o la lluvia). *Udbhava*: m. existencia, generación, origen, producción, nacimiento; surgimiento de, crecimiento; que se hace visible; lugar de nacimiento. *Vinā*: (a veces *vinā* se utiliza pleonásticamente).

Si la coexistencia no existe, es imposible que la existencia universal exista en absoluto ni siquiera de una forma nominal.
El estado en el cual no hay nacimiento ni muerte es llamado «muerte», y por eso para nosotros no es permisible ni siquiera negar la aparición del mundo.

Tanto la noción de la existencia universal como la de la coexistencia son formas fundamentales de lógica. Por tanto, ambas tienen una idea común y están relacionadas con la existencia real. Tal y como hemos visto, bajo el punto de vista del Maestro Nāgārjuna la lógica y la razón no se ven como invenciones humanas, sino como reflejos de la verdadera realidad. Es imposible que la idea de la existencia universal exista donde la de la coexistencia no existe, y al revés. Cada punto de vista se da solamente en relación con el otro cuando los consideramos como ideas separadas. El estado en el cual no hay nacimiento ni muerte no es la vida real, y por eso el Maestro Nāgārjuna dice que se lo llama «muerte». La idea de la existencia universal es una reflexión mental de un estado real que existía antes de que el problema de la vida y la muerte tuviera lugar. De modo que la idea de la existencia universal es válida incluso aunque la noción de negar la aparición del mundo todavía no haya ocurrido. Esto se debe a que la idea de la existencia universal puede existir incluso donde no existen la vida ni la muerte. En otras palabras, es algo incluso más fundamental para el universo que la vida y la muerte.

Verso 3

saṃbhavenaiva vibhavaḥ kathaṃ saha bhaviṣyati
na janma maraṇaṃ caivaṃ tulyakālaṃ hi vidyate

Saha: ind. junto a, junto con, con; en común, en compañía, conjuntamente, colectivamente, en conjunto. *Caivam*: *ca+evam*. *Evam*: ind. (proveniente de la base pronom. *e*; probablemente conectado con *eva*) así, de este modo, de tal manera, tal. *Tulyakāla*: mfn. contemporáneo de (I.); n. contemporaneidad.

> **Incluso si la existencia universal se basa en la coexistencia, ¿cómo es posible que [la existencia universal y la coexistencia] se consideren juntas alguna vez en el mismo instante?**
> **Esto se debe a que es difícil que tengamos la sensación real de que el nacimiento y la muerte verdaderamente existen juntos justo en el instante presente.**

Puesto que la existencia universal y la coexistencia son ideas mutuamente excluyentes, es realmente imposible ver algo en términos de la existencia universal y la coexistencia en el mismo instante. El Maestro Nāgārjuna nos presenta una analogía: en el momento en el que examinamos el nacimiento es imposible pensar sobre la muerte, y cuando examinamos la muerte no se puede pensar en el nacimiento. Además, no es posible imaginar que el nacimiento y la muerte le puedan ocurrir simultáneamente a la misma persona. Aunque estas ideas se excluyan mutuamente al examinarlas con el intelecto, el universo real incluye ambos aspectos.

Verso 4

bhaviṣyati kathaṃ nāma saṃbhavo vibhavaṃ vinā
anityatā hi bhāveṣu na kadācin na vidyate

Anityatā: f. existencia transitoria o limitada. *Bhāveṣu*: pl. L. de *bhāva*. *Bhāva*: m. devenir, ser, existencia, acontecimiento, aparición; giro o transición hacia (L. o en comp.); continuación (op. a cesación); estado, condición, categoría. *Kadā*: ind. ¿cuándo?, ¿a qué hora? (siguiendo el tiempo. fut. o pres.); en algún momento, un día. *Cinna*: *cit+na*.

¿Cómo sería posible que la coexistencia existiera, incluso de una forma nominal, sin la existencia de la existencia universal?
Es imposible reconocer alguna vez que una cosa concreta individual esté incluida en conceptos abstractos de diversas existencias en absoluto.

Es absolutamente imposible que la coexistencia pudiera realmente existir si la existencia universal no lo hizo. Tanto la idea de la existencia universal como la de la coexistencia son interpretaciones lógicas basadas en el universo real. De modo que es completamente imposible que una de estas dos bases filosóficas exista sin la otra. La mayoría de la filosofía se basa solamente en la consideración intelectual. Como hemos dicho, el intelecto no puede sostener estas dos ideas al mismo tiempo. Por ello, es muy difícil aceptar que ambas visiones mutuamente contradictorias puedan ser ciertas. Sin embargo, el budismo no se basa en la consideración intelectual.

En la segunda línea de este verso, el Maestro Nāgārjuna señala que es completamente imposible creer que las cosas concretas individuales que encontramos cada día no sean nada más que abstracciones. Esto se deriva de la primera línea, puesto que si aceptáramos solamente la noción de la existencia universal, podríamos concluir que la realidad concreta con la que nos encontramos es simplemente una abstracción. De hecho, muchas filosofías espirituales parecen sostener esta idea más bien absurda.

Verso 5

saṃbhavo vibhavenaiva kathaṃ saha bhaviṣyati
na janma maraṇaṃ caiva tulyakālaṃ hi vidyate

Caiva: *ca+eva*. *Eva*: ind. así, justamente así, exactamente así; en efecto, verdaderamente, realmente; (en su uso más frecuente como refuerzo de una idea expresada por alguna palabra, *eva* debe ser traducido de diversas maneras por adverbios [o locuciones adverbiales] tales como) justamente, exactamente, muy, de la misma forma, solamente, incluso, solo, meramente, inmediatamente después de, todavía, ya. *Tulyakāla*: mfn. contemporáneo de (I.).

> **¿Cómo sería posible que la coexistencia detuviera alguna vez su relación mutua con la existencia universal?**
> **Es absolutamente imposible que el nacimiento y la muerte [de una persona] sean simultáneamente reconocidos justo en el instante presente en absoluto.**

Del mismo modo que no podemos imaginar que el nacimiento y la muerte de una persona ocurran simultáneamente, cuando el punto de vista de la coexistencia aparece, el de la existencia universal desaparece, y al revés. En relación con nuestra consideración mental, podemos ver las cosas de un modo u otro, pero no de los dos a la vez. Por ese motivo estos dos puntos de vista están luchando constantemente entre sí, creando a menudo lo que parece ser un conflicto dentro de nosotros.

Verso 6

sahānyonyena vā siddhir vinānyonyena vā yayoḥ
na vidyate tayoḥ siddhiḥ kathaṃ nu khalu vidyate

Anyonya: (se dice que proviene de *anyas*, N. sg. m., y *anya*; en la mayoría de los casos el primer *anya* puede considerarse el sujeto de la frase, mientras que el segundo asume el Ac., I., G. o L., según requiera el verbo; sin embargo, hay muchos casos en los que el primer *anya*, originalmente un nominativo, es equivalente a un caso oblicuo); unos a otros, mutuo; (*am*) o *tas*, ind. mutuamente. *Siddhi*: f. logro, realización, cumplimiento, logro completo (de cualquier objetivo), éxito; alcanzar una meta (L.). *Yayoḥ*: du. G. L. de *ya*. *Tayoḥ*: du. G. L. de *ta*. *Nu*: ind. ahora, todavía, justamente, inmediatamente; de modo que ahora, ahora bien; de hecho, ciertamente, seguramente; (a menudo conectado con otros participios, esp. con negativos, e.g., *nahi nu*, «de ninguna manera»). *Khalu*: ind. (como una partícula de aseveración) en verdad, verdaderamente, en efecto, ciertamente; (como una partícula de continuación) ahora, ahora bien.

> **La situación real del mundo es que las cosas y los fenómenos mutuamente diferentes existen en el instante presente, y, al mismo tiempo, cuando hemos comenzado a no ser conscientes de las relaciones mutuas de las cosas y los fenómenos, ese es justamente el siguiente desarrollo.**
> **En tales casos de desarrollo, la situación real no se vuelve el objeto del reconocimiento [por el cerebro o la percepción sensorial], y un desarrollo adicional después de este reconocimiento nunca puede volverse el objeto del reconocimiento en absoluto.**

El hecho de que muchas cosas y fenómenos existan al mismo tiempo es la situación real de este mundo. Si nuestra práctica se desarrolla hasta el punto en el que comenzamos a ser menos conscientes de la separación de las cosas, este es un signo de su madurez. En dicho estadio podemos ver la situación real simple y directamente. Sin embargo, incluso ahí la situación verdadera del mundo real no se convierte en el objeto de la consideración mental o la percepción sensorial. Solamente se da la experiencia intuitiva directa de las cosas y los fenómenos reales. Al mismo tiempo, parece como si la función del reconocimiento se hubiera detenido por un tiempo.

Verso 7

kṣayasya saṃbhavo nāsti nākṣyasyāsti saṃbhavaḥ
kṣayasya vibhavo nāsti vibhavo nākṣayasya ca

Kṣaya: mfn. vivienda, residencia; (*as*) m. una morada, lugar de estancia, sede, casa. *Akṣaya*: *a+kṣaya*.

La coexistencia no existe realmente en un lugar concreto; la coexistencia no existe realmente en el vacío.
La coexistencia no puede ser encontrada en un ámbito abstracto, y la existencia universal no puede ser encontrada en ningún ámbito abstracto en absoluto.

La coexistencia y la existencia universal no son cosas concretas, sino tipos de interpretaciones. Como tales, no puede decirse que existan en ningún lugar concreto. Ni siquiera pueden hacerlo en el ámbito de la abstracción –o «en el vacío», por usar las palabras del Maestro Nāgārjuna–, puesto que, siendo construcciones mentales, son fugaces y desaparecen tan rápido como aparecen. Nuestras ideas siempre son así independientemente de su contenido específico.

Verso 8

saṃbhavo vibhavaś caiva vinā bhavaṃ na vidyate
saṃbhavaṃ vibhavaṃ caiva vinā bhāvo na vidyate

Bhāva: m. devenir, ser, existencia, acontecimiento, aparición. Acusativo: además de su uso ordinario para indicar el objeto de los verbos transitivos, el acusativo se emplea para expresar el objetivo en los verbos de movimiento (*SGFS*.).

Cuando no hay existencia, tanto la coexistencia como la existencia universal no pueden ser reconocidas en absoluto.
Cuando tanto la coexistencia como la existencia universal no existen, es imposible que la existencia en sí misma sea reconocida.

Si no fuera por la existencia real de las cosas y los fenómenos de este mundo, no podría haber ni coexistencia ni existencia universal, puesto que ambas simplemente son visiones de la existencia real. Al mismo tiempo, sin embargo, sin estas visiones no habría manera de reconocer o comprender la existencia.

Verso 9

saṃbhavo vibhavaś caiva na śūnyasyopapadyate
saṃbhavo vibhavaś caiva nāśūnyasyopapadyate

Véanse las notas gramaticales del verso 8.

Tanto la coexistencia como la existencia universal igualmente nunca aparecen en el estado equilibrado.
[Al mismo tiempo,] tanto la coexistencia como la existencia universal nunca pueden aparecer en el estado desequilibrado.

Tanto la idea de la coexistencia como la de la existencia universal pertenecen al ámbito de la consideración intelectual. Cuando establecemos el equilibrio, nuestra consideración mental se detiene por un tiempo, y ni los pensamientos de la coexistencia ni los de la existencia universal aparecen en nuestra mente. Al mismo tiempo, sin embargo, la coexistencia y la existencia universal pueden percibirse intuitivamente –lo cual es distinto del pensamiento–. Por tanto, podemos decir que es imposible darse cuenta de la situación real tanto de la coexistencia como de la existencia universal cuando no estamos equilibrados.

Verso 10

saṃbhavo vibhavaś caiva naika ity upapadyate
saṃbhavo vibhavaś caiva na nānety upapadyate

Nāneti: *nānā+iti*. *Nānā*: ind. diferentemente, diversamente, distintamente, separadamente (a menudo utilizado como un adj. = diverso, diferente, distinto de, [con I.] esp. en comp.).

> **Tanto la coexistencia como la existencia universal nunca aparecen como unicidad.**
> **Tanto la coexistencia como la existencia universal nunca aparecen como dos.**

La coexistencia y la existencia universal son métodos mutuamente excluyentes de interpretación. De modo que es imposible que ambas aparezcan como uno. Pero, al mismo tiempo, tanto la coexistencia como la existencia universal son interpretaciones intelectuales de la existencia. De modo que tampoco es posible que no tengan ninguna relación.

Verso 11

dṛśyate saṃbhavaś caiva vibhavaś caiva te bhavet
dṛśyate saṃbhavaś caiva mohād vibhava eva ca

Dṛśyate: ver, advertir, mirar, observar, considerar; ver, i.e., esperar a, visitar; ver con la mente, aprender, comprender; darse cuenta, preocuparse por, investigar, intentar, examinar. *Mohād*: *mohāt*: sg. Ab. de *moha*. *Moha*: m. pérdida de conciencia, desconcierto, perplejidad, distracción, apasionamiento, ilusión, error (*mohāt*, ind. a través de la locura o la ignorancia).

> **La coexistencia es justamente lo que se ve, y de este modo puede ser que la existencia universal exista de manera similar a la coexistencia.**

La coexistencia es justamente lo que se ve, y por ello la existencia universal también ha salido del estado de la ilusión sin excepción.

Puesto que podemos mirar el entorno de las diversas cosas y fenómenos que coexisten ante nosotros, igualmente podemos reconocer la realidad de la existencia universal. De hecho, cuando contemplamos las cosas y los fenómenos que hay justo enfrente de nosotros, estamos mirando la existencia universal en sí. La existencia universal no es algo lejano y remoto. Está justo delante de nuestros propios ojos como las cosas y los fenómenos que nos encontramos cada día. Poniendo esto en los términos que el Maestro Nāgārjuna ha empleado, puesto que la coexistencia puede verse delante de nosotros, puede decirse que la existencia universal igualmente ha salido de la ilusión. Esto es así porque la existencia real de la existencia universal está más allá de las visiones ilusorias que tenemos acerca de ella.

Verso 12

na bhāvāj jāyate bhāvo bhāvo 'bhāvānna jāyate
nābhāvāj jāyate 'bhāvo 'bhāvo bhāvān na jāyate

Jāyate: nacer o ser producido, originarse; crecer (plantas, dientes); nacer como, ser de nacimiento o por naturaleza (con doble N.); nacer o ser destinado para (Ac.). *Abhāva*: m. inexistencia, nulidad, ausencia.

No hay ningún caso en el que la existencia nazca de la existencia, y no hay ningún caso en el que la existencia nazca de la inexistencia.
La inexistencia no nace de la inexistencia, y la inexistencia no nace de la existencia.

La existencia y la inexistencia son dos caras de la misma moneda. Todos nuestros conceptos solo existen en contraste con sus opuestos. La idea de la existencia es justamente, en su base, una noción que contrasta con la de la inexistencia. Como idea, ni siquiera la existencia en sí puede existir aisladamente sin la inexistencia. Al mismo tiempo, la idea de la inexistencia no nace independientemente del hecho de la inexistencia. Sabemos que cosas tales como elefantes que vuelen o morsas amarillas sencillamente no existen. De ahí se extrapola una idea de la inexistencia definitiva, en la cual no existe nada en absoluto. De igual modo, la idea de la inexistencia no nace independientemente del hecho de la existencia. Simplemente son opuestos. A pesar de que estas solo sean ideas, se refieren a algún aspecto de la realidad (aunque tampoco representan la totalidad de ella). De modo que podemos hablar razonablemente de cosas que existen y cosas que no.

Verso 13

na svato jāyate bhāvaḥ parato naiva jāyate
na svataḥ parataś caiva jāyate jāyate kutaḥ

Véanse las notas gramaticales del verso 12.

> **Las ideas subjetivas nunca nacen como existencia, y las percepciones objetivas nunca nacen [como existencia].**
> **En el caso de las ideas subjetivas y en el caso de las percepciones objetivas, ¿cómo es posible realmente que nazcan tanto las ideas subjetivas como las percepciones objetivas?**

Las ideas son funciones de las células cerebrales y, como tales, no son la realidad concreta. De modo que dichas funciones no nacen en el mundo real. Al mismo tiempo, las percepciones objetivas, que son la agitación dentro de los órganos de los sentidos, nunca nacen como entidades reales. Esta última idea tal vez sea más difícil de aceptar para la gente que la primera. Podemos admitir que nuestros pensamientos no son reales. Sin embargo, tendemos a creer absolutamente en la realidad de nuestras percepciones sensoriales, aunque, por otro lado, sabemos por las investigaciones científicas que el universo material tiene muchos campos que están más allá de ellas. Por ejemplo, no podemos ver la luz ultravioleta ni la infrarroja. La filosofía budista sugiere que todas nuestras percepciones son de igual modo limitadas y poco fiables.

Verso 14

bhāvam abhyupapannasya śāśvatocchedadarśanam
prasajyate sa bhāvo hi nityo 'nityo 'tha vā bhavet

Abhi: (como un adverbio o preposición separado) expresa (con Ac.) hacia, a, en dirección a, contra; dentro; por, por el bien de; por cuenta de; acerca de, sobre, respecto a; por, antes, enfrente de; encima. *Uccheda*: *as*, m. corte o recorte; extirpación, destrucción; acortamiento, que se pone fin a; escisión. *Darśana*: mf(*ī*) n. presentación; ifc. visión, mirada hacia; manifestación, enseñanza; n. visión, captación, miramiento, reconocimiento, observación, percepción. *Sa*: la base real para el N. de la 3.ª pers. del pron. *tad* (se encuentra solamente en el N. sg. m. f. [*sa* o *sas*, *sā*]; la *s* final del N. m. se pierde antes de casi todas las consonantes y aparece solamente al final de una frase en la forma de *visarga*; *sa* de vez en cuando se mezcla con otra vocal [como en *saiṣaḥ*]; y a menudo es conectado por énfasis con otro pronombre como *aham*, *ivam*, *eṣa*, *ayam*, etcétera). *Nitya*: mf(*ā*)n. innato, nativo; uno mismo (op. a *araṇa*); continuo, perpetuo, eterno; ifc. que vive constantemente o se involucra en, decidido a, dedicado o acostumbrado a; ordinario, común, invariable, fijo, necesario, obligatorio (op. a *kāmya*, *naimittika*, etcétera). *Anitya*: mfn. no eterno, transitorio; ocasional, incidental; irregular, inusual; inestable; incierto. *Atha*: ind. una partícula favorable e inicial (difícil de expresar), ahora; entonces; además; más bien; ciertamente; pero; de otro modo; ¿qué?, ¿de qué otra forma?, etcétera.

El hecho de que lo eterno y lo instantáneo estén combinados en uno produce la existencia en los fenómenos [que se manifiestan] ante nosotros.

Puesto que la existencia es vista ante nosotros como la existencia real, se da la posibilidad de que lo que es esencial y lo que no es esencial puedan existir a la vez.

La idea de aquello que es eterno y lo que es instantáneo es un tema tan común en la filosofía budista como las nociones de la predestinación y el libre albedrío en la filosofía occidental. La idea de aquello que es eterno puede ser análoga a la de la predestinación. Lo que es eterno dura para siempre, y, sin embargo, está sujeto a la ley de causa y efecto. Aquello que es instantáneo es libre, existe solamente en este instante y se va para no volver jamás. Por ello, esto podría estar relacionado de alguna manera con el concepto occidental de libre albedrío. En los fenómenos que vemos ante nosotros, el mundo real –en el cual lo eterno y lo instantáneo están combinados en uno– se manifiesta como lo que llamamos existencia. Puesto que esta existencia como el mundo real puede verse ante nosotros, se da la posibilidad de que algo esencial y algo no esencial existan a la vez. Podemos explicar este uso de lo esencial y lo no esencial en los términos utilizados en el capítulo anterior: la razón puede verse como algo esencial, mientras que el resultado podría ser lo no esencial.

Verso 15

bhāvam abhyupapannasya naivocchedo na śāśvatam
udayavyayasaṃtānaḥ phalahetvor bhavaḥ sa hi

Udaya: m. ascenso, elevación; abultamiento; levantamiento, salida (del sol, etcétera), aparición (de una nube); la montaña oriental (detrás de la cual se supone que sale el sol); que sale; que sale a la luz, que se hace visible, surgimiento, desarrollo; producción, creación. *Vyaya*: mfn. que fallece, mutable, sujeto a cambio o deterioro (solamente como op. o conectado con *avyaya*); m. (ifc. f. *ā*) desaparición, decaimiento, ruina, pérdida; gasto, expendio, desembolso, inversión (op. a *āya*, «ingreso»). *Saṃtāna*: m. sucesión continua, continuidad, continuación; una serie ininterrumpida, flujo continuo; ramificación. *Phalahetvor*: *phlahetvoḥ*: du. G. L. de *phlahetu*.

Es imposible que lo instantáneo, que está incluido en los fenómenos [que se manifiestan] ante nuestros ojos, produzca la existencia, y es también imposible que lo eterno produzca la existencia.
Esto se debe a que la aparición, la desaparición y la continuidad son absolutamente lo mismo que la existencia, la cual es justamente una combinación del resultado y la razón.

La existencia nunca puede ser producida por aquello que es instantáneo o por lo que es eterno. Tanto lo instantáneo como lo eterno están incluidos en los fenómenos que se manifiestan ante nuestros ojos. Esto quiere decir que podemos interpretar nuestra experiencia de cualquier manera. Puesto que tanto lo instantáneo como lo eterno son justamente interpretaciones producidas por nuestros cerebros humanos, puede ser cierto que ninguno de los dos tenga poder alguno para producir nada. Por tanto, cuando pensamos sobre ello en función de la realidad, los fenómenos –que parecen aparecer, desaparecer y continuar– podrían indicar la existencia en sí misma. La existencia es una combinación del resultado y la razón, la cual es uno de los hechos fiables. En otras palabras, la existencia como una idea es justamente igual de insustancial e irreal que la noción de resultado. Sin embargo, hay una existencia real como los hechos fiables del universo. Nuestras percepciones de la existencia real llevan a nuestra idea de la existencia.

Verso 16

udayavyayasaṃtānaḥ phalahetvor bhavaḥ sa cet
vyayasyāpunarutpatter hetūcchedaḥ prasajyate

Apunar: ind. no otra vez, solamente una vez. *Cet*: *ced*: (*padapāṭha*: *ca id*) ind. (nunca encontrado al comienzo de una frase o verso) = *ca*, «y»; «cuando» (estando el verbo acentuado). *Utpatter*: *utpatteḥ*: sg. Ab. G. de *utpatti*.

Utpatti: f. surgimiento, nacimiento, producción, origen; resurrección; producción en general, beneficio, productividad; que es producido como un efecto o resultado, que da pie a, que genera como una consecuencia; acontecimiento, el ser mencionado o citado. *Uccheda*: m. corte o recorte; extirpación, destrucción; acortamiento, que se pone fin a; escisión.

Cuando la aparición, la desaparición y la continuidad son interpretadas como existencia, la cual incluye el resultado y la razón como uno, incluso la desintegración, la cual puede considerarse sobre la base del intelecto, sigue la idea de que la desaparición puede ocurrir solamente una vez, y podemos considerar el problema en función de la razón instantánea.

La idea de la desintegración se refiere a aquella de que el universo una vez fue un todo indiviso que después se desintegró en incontables cosas y fenómenos individuales. La aparición, la desaparición y la continuidad son lo mismo como existencia inclusiva –en la cual el resultado y la razón están combinados en uno–. Si lo consideramos de esta manera, incluso la noción de la desintegración puede pensarse bajo la idea de que la desaparición puede suceder solamente una vez. De nuevo, concepciones tales como la desaparición simplemente son conceptos. La idea misma de la desaparición es una noción de algo que se ha ido y no volverá. A veces podemos intentar extrapolar nuestros propios conceptos e imaginarnos, por ejemplo, algo que desaparece más de una vez. Pero esto simplemente está en nuestra imaginación. Si apartamos nuestros diversos pensamientos e ideas, podemos pensar acerca de todos los problemas sobre la base de la condición estable, que he traducido aquí como «razón instantánea». Esto se refiere a la razón que sucede en función de la intuición, la cual aparece instantáneamente en cada situación.

Verso 17

sadbhāvasya svabhāvena nāsadbhāvaś ca yujyate
nirvāṇakāle cocchedaḥ praśamād bhāvasaṃtateḥ

Sadbhāva: m. ser real, existencia; el verdadero ser, verdad, estado real de las cosas; la cualidad de la bondad; nobleza; bondad, amabilidad, afecto por, fidelidad. *Asadbhāva*: m. inexistencia, ausencia; una mala disposición o temperamento. *Yuj*: uncir, unir, atar o aparejar (caballos o un carro); preparar, organizar, disponer, equipar, ponerse a trabajar, usar, emplear, aplicar; poner en posesión de, proveer o dotar con (I.); ser dotado con o provisto de (I. con o sin *saha*), corresponder a, tocar en suerte (G.); ser apto o propio o adecuado o correcto, encajar en alguna cosa (I.); pertenecer o adaptarse a cualquiera (L. o G.). *Nirvāṇa*: mfn. fundido o apagado, extinguido (como una lámpara o el fuego), caído [puesto] (como el sol), calmado, tranquilo, amansado, muerto, fallecido, perdido, desaparecido; inmerso, hundido; inamovible. *Praśama*: m. calma, tranquilidad (esp. de la mente), reposo, descanso, cesación, extinción, disminución. *Uccheda*: m. corte o recorte; extirpación, destrucción; acortamiento, que se pone fin a; escisión. *Saṃtateḥ*: sg. Ab. G. de *saṃtati*. *Saṃtati*: f. estiramiento o expansión a lo largo de, extensión, continuidad, cualidad de lo ininterrumpido; conexión causal (de las cosas); una línea continua o serie o flujo, montón, masa, multitud; densidad, intensidad (de oscuridad); sucesión ininterrumpida, linaje, raza, progenie, descendencia; meditación continuada; disposición, sensación.

No es cierto que la existencia abstracta esté incluida dentro de la existencia real, y tampoco es cierto que la existencia abstracta esté restringida por la existencia subjetiva y se base en ella en absoluto.
Cuando está equilibrada, incluso la instantaneidad en sí puede existir como existencia continua apartándose de una condición detenida.

Las ideas abstractas, las cuales son pensamientos de nuestro cerebro, no están incluidas dentro de la existencia real. Al contrario que la existencia real, las ideas abstractas no están ligadas a ninguna restricción. Somos libres de pensar cualquier cosa. Lo que aquí el Maestro Nāgārjuna llama la condición detenida es aquella en la cual hemos decidido de manera artificial y arbitraria detener algún conjunto de condiciones dentro de nuestra mente, e imaginar que permanecen estables durante un periodo de tiempo. Cuando nuestro propio estado permanece equilibrado, comprendemos la instantaneidad y la existencia continua (llamada «lo eterno» en el verso 15) como lo que realmente son: formas diferentes de ver la misma realidad. El mundo continúa moviéndose a pesar de nuestros esfuerzos por pararlo con la mente. En la condición equilibrada, comprendemos que nuestros intentos de capturar la realidad son ficciones útiles, pero también sabemos que la realidad en sí nunca puede detenerse.

Verso 18

carame na niruddhe ca prathamo yujyate bhavaḥ
carame nāniruddhe ca prathamo yujyate bhavaḥ

Carama: m(N. pl. *-me* o *-mās*)f(*ā*)n. último, definitivo, final; el más extremo (primero o último, opuesto al del medio); posterior; ind. último; al final, en el final; después de alguien (G.). *Niruddha*: mfn. detenido, retenido, sujetado, parado, cerrado, confinado, refrenado, controlado, mantenido al margen, eliminado, suprimido. *Prathama*: mf(*ā*) n. principal, primero (en el tiempo en una serie o en una categoría); el primer, primero, original, anterior, antiguo; precedente, inicial, mayor, principal, el más excelente. *Aniruddha*: mfn. no obstruido, ingobernable, obstinado.

En el último estado, el estado de ser completamente libre, ni las más excelentes situaciones están restringidas como existencia.
En el último estado, incluso aunque no haya supresión, la cosa más importante está restringida como existencia.

El último estado es el mundo real tal y como es, en el cual lo que llamamos espiritual y lo que llamamos material están combinados en uno. La realidad, que es lo más importante, no se encuentra restringida como existencia ni como inexistencia. Está más allá de cualquier concepto que queramos atribuirle. Pero, al mismo tiempo, cuando el mundo real existe verdaderamente (aunque no haya restricción), este se encuentra restringido por el propio mundo real, y, por tanto, también lo está la existencia. Aunque esto parezca contradictorio, si observamos claramente la situación real, comprobaremos que es cierto.

Verso 19

nirudyamāne carame prathamo yadi jāyate
nirudyamāna ekaḥ syāj jāyamāno 'paro bhavet

Nirudhyamāna: que se comprueba o controla. *Eka*: mfn. uno; (con y sin *eva*) solo, solitario, único, que solamente sucede una vez, solamente ese; único en su especie, único, singular, principal, preeminente, excelente. *Jāyamāna*: mfn. p. pres. de *jan*. *Apara*: mfn. que no tiene nada más allá o después, que no tiene rival o superior.

Cuando la autorregulación ha sido realizada, aquello que es lo más excelente ha nacido dentro de la situación definitiva.
La única situación, es decir, la situación autorregulada, solamente existe; de modo que el hecho es que la situación autorregulada existe ante nuestros ojos en el instante presente, y dicha situación solo existe como un instante antes y después.

La condición autorregulada es la condición definitiva. En esta, la realidad, que es la entidad más excelente, existe ante nosotros tal y como es en el instante presente. Solamente un hecho –el estado autorregulado– se da delante de nuestros ojos. De modo que la situación real –el universo real– siempre nace a cada momento. Por tanto, el universo real es el único hecho, y solo se manifiesta en el instante presente.

Verso 20

na cen nirudyamānaś ca jāyamānaś ca yujyate
sārdhaṃ ca mriyate yeṣu teṣu skandheṣu jāyate

Sārdha: mf(*ā*)n. unido a una mitad, la mitad más, aumentado en la mitad, que tiene la mitad más; ind. conjuntamente, junto, junto con, con (I. o comp.). *Mṛiyate*: pas. de *mṛ*. *Mṛ*: morir, fallecer; desear o estar a punto de morir. *Yeṣu*: pl. L. de *ya*.

El estado de estar autorregulado y el estado de nacer no siempre están combinados.
Todas las cosas y los fenómenos están muriendo como cosas y fenómenos, y, al mismo tiempo, entre esas cosas y fenómenos todas las cosas están naciendo como agregados.

«El estado de nacer» puede referirse al hecho real de que las cosas y los fenómenos están naciendo continuamente. También puede hacer referencia al punto de vista equivocado de la aparición, la continuidad y la desaparición, el cual depende de la idea del tiempo lineal. No podemos decir que la autorregulación y el estado de nacer siempre sean uno, porque dicha aseveración sería incierta si se viera desde esta perspectiva errónea.

En la segunda línea del verso, el Maestro Nāgārjuna dice que todas las cosas y los fenómenos siempre están muriendo como lo que son, y que, al mismo tiempo, siempre están naciendo como los diversos agregados (materia, percepción, consideración, acción real y conciencia). Esta es una forma de conceptualizar el mundo real de un modo aceptable para la mente humana.

Verso 21

evaṃ triṣv api kāleṣu na yuktā bhavasaṃtatiḥ
triṣu kāleṣu yā nāsti sā kathaṃ bhavasaṃtatiḥ

Evam: ind. así, de este modo, de tal manera, tal. *Triṣv*: *triṣu*: pl. L. de *tri*. *Yukta*: mfn. uncido o atado o unido o fijado a (L. o I.). *Bhavasaṃtati*: f. una serie ininterrumpida de nacimientos y transmigración.

En los tres tiempos [pasado, presente y futuro], las situaciones restringidas no siempre continúan como el nacimiento o el vagar, lo cual parece continuar para siempre.
No es cierto que en los tres tiempos esas condiciones restringidas estén continuando y realmente existan como el nacimiento y el vagar ilimitado en absoluto; y las condiciones restringidas nunca continúan como el nacimiento y el vagar.

Vivimos en el mundo real. La idea del nacimiento pertenece al tiempo lineal. La noción del vagar es que simplemente existimos sin ningún propósito, o para las metas que creamos en nuestras mentes tales como el dinero, la fama, etcétera. En este mundo real, en el pasado, el presente y el futuro, no hay condiciones que estén totalmente gobernadas por el nacimiento y el vagar. Esto quiere decir que aunque podamos categorizar nuestra vida de esta forma, esa no es la verdadera situación. No es que el nacimiento y el vagar nunca existan realmente en el pasado, el presente y el futuro. Puede decirse que existen siempre que cometamos la equivocación de considerar las cosas de esta manera. Pero es completamente erróneo imaginar que tales condiciones son la Verdad absoluta de nuestras vidas cotidianas reales.

Capítulo 22

Tathāgata parīkṣā

(Estudio de la realización)

Tathāgata: mfn. que se encuentra en tal estado o condición, de tal calidad o naturaleza; «aquel que va o viene de la misma manera [que los *buddhas* que lo precedieron]», el Buddha Gautama, bud.

Según la tradición, *tathāgata* es la palabra que el Buddha Gautama utilizó para describirse a sí mismo, aunque esto ha sido cuestionado por los historiadores en los últimos años. En cualquier caso, dicho vocablo se usa a menudo para referirse a él o como descripción del estado de un *buddha* realizado. El término es un compuesto que puede dividirse de dos maneras: como *tathā* y *gata* o como *tathā* y *agata*. *Tathā* significa «así» en ambos casos. *Gata* normalmente se traduce como «ido», y *agata* como «llegado». Cuando se interpreta que la última parte del compuesto es *gata*, los traductores normalmente vierten *tathāgata* como «el que así se ha ido». En ese caso, por tanto, se refiere a una persona específica, como el Buddha Gautama, que supuestamente partió del reino convencional y marchó hacia el estado de realización. Si se toma *agata* como la última parte del compuesto, generalmente se traduce como «el que así ha venido» o «el estado que así ha venido». Aquí, el término *tathā* («así») es clave: la realización del Buddha fue su llegada a este lugar y no su partida hacia otro reino.

En mi propia lectura de este capítulo, he percibido que la mejor interpretación es aquella que divide la palabra en *tathā* y *agata*. Considero que es como si quisiera decir «el estado en el que la Verdad ha sido realizada». Por ello, en esta versión he utilizado el término *realización* como traducción de *tathāgata*. Lo he hecho así porque, en el presente capítulo, Nāgārjuna describe la situación real de *tathāgata*, y concluye que esta realización es justamente otro nombre para el reconocimiento del mundo real.

Me gustaría añadir un breve comentario acerca de la realización. Como dije en la introducción, creo que el budismo es una filosofía realista, la cual está estrechamente relacionada con el cuerpo y la mente humana, especialmente con el sistema nervioso autónomo como modo de comunicación entre ambos. Cuando el sistema nervioso simpático predomina, somos propensos a favorecer los pensamientos idealistas, y cuando el sistema nervioso parasimpático es más acusado, tendemos a apoyarnos en pensamientos materialistas. En otras palabras, en el primer caso normalmente creemos que este mundo se basa en alguna clase de esencia espiritual, mientras que en el segundo solemos pensar que este mundo es materia sólida. Sin embargo, cuando el sistema nervioso autónomo se equilibra las funciones separadas de las dos mitades desaparecen. Dicho de otra forma, en este estado equilibrado, tanto el mundo espiritual como el material desaparecen y surge la realidad. La aparición de la realidad es justamente lo que llamamos realización.

****

Verso 1

skandhā na nānyaḥ skandhebhyo nāsmin skandhā na teṣu saḥ
tathāgataḥ skandhavān na katamo 'tra tathāgataḥ

Skandhā: *skandhāḥ*: pl. N. de *skandha*. *Skandha*: m. (para los budistas) los cinco elementos constituyentes del ser (viz., *rūpa*, «forma corporal»; *vedanā*, «sensación»; *saṃjñā*, «percepción»; *saṃskāra*, «agregado de la formación»; *vijñāna*, «conciencia o facultad del pensamiento»); un rey, príncipe, un sabio, profesor. *Skandebhyo*: *skandebhyaḥ*: pl. D. Ab. de *skandha*. *Asmin*: L. de *Idam*. *Idam*: esto, esto de aquí, referente a algo cerca del hablante. *Skandhavān*: *skandhavāt*: Ab. de *skandhava*. *-Va*: adj.; m. sus. Las bases declinables, aunque a menudo simplemente consisten en la raíz desnuda (tanto verbal como pronominal), se forman principalmente por medio de sufijos añadidos a las raíces (*SGFS*.). *Katama*: *as*, ā, *at*, mfn. (superlativo de *ka*; declinado como un pron.) ¿quién o cuál de los muchos?; a menudo es un mero sustituto de refuerzo de *ka*, el superlativo afijo que proporciona énfasis.

> **No es cierto que los agregados no sean nada más que lo que la definición de agregado sugiere, pero tampoco es cierto que los contenidos de los agregados no sean siempre lo mismo que la definición de los agregados; los contenidos de los cinco agregados algunas veces son las cosas individuales reales en sí mismas.**
> **La realización no está separada de los agregados reales; por tanto, ¿qué es la situación real de la realización?**

Según hemos dicho antes, los cinco agregados son la materia, la percepción, la consideración, la acción real y la conciencia. Si eliminamos las negaciones utilizadas en este verso, podemos parafrasear la primera línea diciendo que los agregados son lo que sugiere su definición y, al mismo tiempo, más que ella. Cuando escuchamos las palabras que se usan para designar los agregados, por ejemplo *materia*, inmediatamente las asociamos con la definición particular que tenemos de ella. Sin embargo, esa definición es distinta de la realidad de la materia en sí. En este sentido, por tanto, los agregados no son nuestra definición de ellos. Con todo, son exactamente lo que son. Simplemente porque llamemos a algo «materia» no quiere decir que podamos asir alguna vez lo que es verdaderamente la materia con nuestro intelecto. Puesto que la realización no está separada de los agregados, el Maestro Nāgārjuna nos pide reflexionar sobre lo que puede ser la verdadera situación de la realización.

Verso 2

buddhaḥ skandhān upādāya yadi nāsti svabhāvataḥ
svabhāvataś ca yo nāsti kutaḥ sa parabhāvataḥ

Skandhān: pl. Ac. de *skandha*. *Upādāya*: ind. p. que ha recibido o adquirido, etcétera; que recibe, que adquiere, etcétera; que se toma con, junto con; incluido, que incluye. *Svabhāvata*: *svabhāva+ta*. *Svabhāva*: m. (ifc. f. *ā*) lugar nativo; la condición propia o estado de ser, el estado o constitución natural, disposición inherente o innata, naturaleza, impulso, espontaneidad; de una disposición natural, por naturaleza, naturalmente, por uno mismo, espontáneamente. -*Ta*: además de formar normalmente participios pasados pasivos, aparece, en un sentido más general, como sufijo de unos pocos adjetivos y sustantivos (*SGFS*.). *Parabhāvata*: *parabhāva+ta*. *Parabhāva*: mf(*ā*)n. que ama a otro; m. el ser subsiguiente o segundo miembro de un compuesto.

Cuando el Buddha Gautama, apartándose de los cinco agregados, aceptó todas las cosas y los fenómenos tal y como eran, la existencia subjetiva [los pensamientos dentro del cerebro] nunca existía en el mundo real en absoluto.
Cuando la existencia subjetiva nunca existe en absoluto, la existencia objetiva [los estímulos sensoriales del mundo exterior] nunca puede reconocerse como existente en absoluto.

El Buddha Gautama se apartó del concepto fijo de los cinco agregados y observó todas las cosas y los fenómenos basándose en la intuición. En aquel estado, clarificó que los pensamientos siempre son irreales. Siendo los pensamientos irreales, también la percepción sensorial debe ser irreal. Recordemos que en el budismo se entiende que la materia es el efecto de la estimulación sensorial. Por el contrario, bajo el llamado punto de vista del sentido común que se extiende por la mayoría del pensamiento occidental, la materia se ve como la causa de la estimulación sensorial.

Verso 3

pratītya parabhāvaṃ yaḥ so 'nātmety upapadyate
yaś cānātmā sa ca kathaṃ bhaviṣyati tathāgataḥ

Pratītya: n. confirmación, experimento; alivio, consuelo (otros «mfn. por reconocerse o admitirse»). *Anātmā*: m. sg. N. de *anātman*. *Anātman*: m. no sí mismo, otro; algo distinto del espíritu o el alma; mfn. no espiritual, corpóreo; desprovisto de espíritu o mente.

Para una persona que conoce lo que es la existencia objetiva, aparece claramente algo distinto del alma.
Y aquello que es distinto del alma existe claramente como una entidad real, de modo que ¿cómo es posible que la realización sea algo que se realice solamente en el futuro?

El concepto de alma humana se basa en la idea de que percibimos estímulos sensoriales del mundo real que hay más allá de nosotros mismos. De ahí se deduce que debe de haber alguna entidad distinta del mundo, la cual recibe sus estímulos. Una persona que es consciente de que los estímulos sensoriales son distintos del mundo real, claramente sabe que lo que se llama alma no existe ahí en absoluto. Este mundo real ya existe delante de nosotros. De modo que la realización no es algo que vaya a producirse en el futuro, sino que existe hoy, aunque puede que no la reconozcamos.

Verso 4

yadi nāsti svabhāvaś ca parabhāvaḥ kathaṃ bhavet
svabhāvaparabhāvābhyām ṛte kaḥ sa tathāgataḥ

Svabhāvaparabhāvābhyām: du. I. D. Ab. de *svabhāvaparabhāva*. *Ṛ*: ir, moverse, alzarse, tender al alza; vagar por, precipitarse hacia.

Si la existencia subjetiva [aquello que es considerado por el cerebro] no existe realmente, ¿cómo es posible que exista en verdad la existencia objetiva?
Cuando hemos abandonado tanto la existencia subjetiva como la existencia objetiva, algo que comienza a moverse es justamente la realización.

Para un idealista, los pensamientos de nuestro cerebro o nuestras experiencias espirituales son reales, y la materia, no. La filosofía de Platón, la cual conformó la base de gran parte del pensamiento occidental, incluyendo la interpretación común del cristianismo, postula que las ideas son más reales que la materia. Para un materialista, solo la materia es real. El marxismo se basa en esta premisa, al igual que la ciencia clásica. El Maestro Nāgārjuna rechaza ambas posturas. Si los pensamientos de nuestro cerebro no son entidades reales, la agitación de los órganos de los sentidos tampoco puede existir, ya que ambos son tipos de estimulación. Cuando los pensamientos subjetivos y los estímulos sensoriales del mundo exterior hayan desaparecido, algo que nunca puede ser expresado con palabras comenzará a moverse –o empezará a clarificarse–. Y ese algo puede ser la realización.

Verso 5

skandhān yady anupādāya bhavet kaścit tathāgataḥ
sa idānīm upādādyād upādāya tato bhavet

Skandhān: m. pl. Ac. de *skandha*. *An+upādāya*. *An-*: ocasionalmente *ana-*, (antes de una vocal) el sustituto de *a*, o *a* privativo. *A*: (antes de una vocal, *an*) un prefijo que tiene un sentido negativo o privativo o contrario. *Upādāya*: ind. p. que ha recibido o adquirido, etcétera; que recibe, que adquiere, etcétera; que se toma con, junto con; incluido, que incluye; con la ayuda de, por medio de (Ac.). *Idānīm*: ind. ahora, en este momento, en este caso, justamente, incluso. *Upādādyād*: *upādā+adyād*. *Adyā*: *adya*: (en ved. *adyā*), ind. hoy, hoy en día; ahora. *-D*: *t*: sf. determinativo. Si una raíz forma el último miembro de un *tatpurṣa*, no sufre ningún cambio excepto que la *ā* se acorta a *a*, mientras que a *i*, *u* y *ṛ* se les añade *t*. *Tato*: *tataḥ*: N. de *tata*. *Tata*: mfn. extendido, alargado, esparcido, difuminado, expandido; difusión, esparcimiento; recubierto de (I. o en comp.); prolongado; flexionado; extensión, amplio.

Cuando [ideas interpretativas tales como] los agregados no han intervenido en absoluto, se da la posibilidad de que la realización ocurra realmente.
Pero cuando la realización se ha liberado de todas las clases de intervenciones demasiado libremente, irónicamente se da la tendencia a que la realización se perturbe.

Se puede decir que la teoría de los cinco agregados pertenece, más o menos, al punto de vista materialista. Aunque durante siglos los pensadores budistas han afirmado dicha teoría, esta sigue siendo simplemente una interpretación de la realidad, y no la realidad en sí. Cuando trascendemos las interpretaciones materialistas del mundo real, como la de los cinco agregados, las posibilidades de realización aumentan. Sin embargo, si nos liberamos demasiado de dichas interpretaciones, el verdadero proceso de realización puede, de hecho, hacerse más difícil. Este es un punto importante que no debería ignorarse. El budismo a menudo se promueve como una filosofía independiente de las palabras. Sin embargo, su base teórica no debería descuidarse.

Verso 6

skandhāṃś cāpy anupādāya nāsti kaścit tathāgataḥ
yaś ca nāsty anupādāya sa upādāsyate katham

Upādāsyate: fu. de *upādā*. *Upādā*: Ā. (una vez P.) recibir, aceptar, ganar, adquirir, apropiarse para uno mismo, quitar, llevarse, robar; llevar con; tomar junto con, incluir, abarcar; tomar como ayuda, usar, emplear, aplicar; apoderarse de, agarrar, reunir, recoger, elaborar.

Sin embargo, si no tenemos ninguna relación con los cinco agregados, no hay ninguna posibilidad de realización.
Cuando no hay reconocimiento de los cinco agregados, no hay ninguna posibilidad de que la realidad se manifieste en absoluto.

La frase «si no tenemos ninguna relación con los cinco agregados» sugiere una situación en la cual no guardamos vinculación alguna con el mundo real. Algo parecido podrían ser los llamados estados espirituales, de los cuales algunas personas dicen que liberan la mente del cuerpo y nos permiten experimentar el mundo como puro espíritu. El Maestro Nāgārjuna rechaza categóricamente esas ideas. En tal caso, no hay ninguna posibilidad en absoluto de que suceda la realización. Cuando los cinco agregados no pueden percibirse, la realidad no puede manifestarse tal y como es.

Verso 7

na bhavaty anupādattam upādānaṃ ca kiṃ cana
na cāsti nirupādānaḥ kathaṃ cana tathāgataḥ

Upādatta: *upātta*: (contracción de *upādatta*) mfn. recibido, aceptado, adquirido, ganado, obtenido, apropiado; quitado; agarrado, reunido; conformado; sentido, percibido, considerado; abarcado; empleado, usado; comenzado; enumerado; autorizado en la discusión, aceptado, concedido. *Upādāna*: n. el acto de tomar para uno mismo, apropiación para uno mismo; percepción, reconocimiento, aprendizaje, adquisición (de conocimiento); aceptación, concesión, inclusión; empleo, utilización; dicho, habladuría, mención, enumeración; abstracción, retirada (de los órganos de los sentidos del mundo exterior). *Nirupādāna*: mfn. libre de deseo o de aferrarse a la vida.

Sin una actitud un tanto impasible, ni siquiera la función de la percepción aparece en absoluto.
Cuando el deseo y el apego están sin restricción, es completamente imposible que la realización exista en absoluto.

Cuando podemos mantener una actitud un tanto indiferente, permaneciendo impasibles ante las cosas del mundo, nuestros sentidos pueden funcionar con más claridad. La gente que hace zazen regularmente se percata de este efecto sorprendente de la práctica. Igualmente, cuando nuestros deseos y apegos se encuentran restringidos, por ejemplo por la práctica de zazen, existe la posibilidad de que nos realicemos, pero cuando somos atrapados por ellos, es imposible que eso suceda.

Verso 8

tattvānyatvena yo nāsti mṛgyamāṇaś ca pañcadhā
upādānena sa kathaṃ prajñapyate tathāgataḥ

Tattva: n. estado verdadero o real, verdad, realidad; (en fil.) un principio verdadero. *Mṛgya*: mfn. ser perseguido o requerido o localizado para; esforzarse para o dirigirse a; ser investigado, cuestionable, incierto. *Māna*: m. opinión, noción, concepción, *tattvas*; objetivo, deseo, proyecto. *Pañcadhā*: ind. de cinco formas o en cinco partes, quíntuple. *Prajñapyate*: *prajñā*: saber, comprender (esp. una forma o modo de acción), discernir, distinguir, saber sobre, estar familiarizado con (Ac.); averiguar, descubrir, percibir, aprender; convocar, invitar.

No es cierto que en función de la combinación de realidad y abstracción, exista la realización; la función mental de asir algo y los cinco agregados son justamente una cosa, la cual es una combinación de los dos.
¿Cómo es posible que el basarse en la función de la percepción sensorial haga posible lograr la realización?

La realización no es una imagen mental que aparece cuando un concepto abstracto de realidad y otro de abstracción se funden. Sin embargo, cuando el esfuerzo real de asir algo y los cinco agregados se han combinado en uno, este es justamente un hecho concreto en el mundo real. No es cierto que la realización aparezca solamente sobre la base de la función de los sentidos. Puede lograrse a partir de la verdadera sabiduría, la cual se manifiesta intuitivamente cuando establecemos el equilibrio.

Verso 9

yad apīdam upādānaṃ tat svabhāvān na vidyate
svabhāvaś ca yan nāsti kutas tat parabhāvataḥ

Yad: (N. Ac. sg. n. y base en comp. de *ya*) quien, el cual, que, cualquier, cualquiera (con los relativos *tad*, *tyad*, *etad*, *idam* y *adas*). *Idam*: esto, esto de aquí, referente a algo cerca del hablante; conocido, presente. *Upādāna*: n. el acto de tomar para uno mismo, apropiación para uno mismo; percepción, reconocimiento, aprendizaje, adquisición (de conocimiento); aceptación, concesión, inclusión.

Uno que contempla el mundo real simplemente como el objeto de la percepción sensorial sin la existencia subjetiva no puede reconocer nada.
Dicha existencia subjetiva no es una entidad real, de manera que es imposible que la existencia subjetiva exista realmente en algún lugar en absoluto.

Otra manera de interpretar este verso sería «si el mundo solamente son estímulos sensoriales, nunca podría ser reconocido a menos que pudiera considerarse intelectualmente». El mundo no puede explicarse bien mediante la existencia subjetiva, de modo que ¿cómo podemos reconocerlo como estímulos sensoriales? Estos obviamente existen, pero si no tuviéramos el poder de la consideración subjetiva, sería imposible que reconociéramos el mundo como estímulos sensoriales. Puesto que, en el entendimiento budista, la materia es el efecto de los estímulos sensoriales, podemos expresarlo de otro modo. Aunque la materia evidentemente existe, sin nuestro lado subjetivo –al cual alguno podría llamar espiritual– nunca podríamos reconocer su existencia. Sin el reconocimiento de la materia, esta en sí podría dejar de existir de manera significativa. Ciertamente es posible imaginar una situación en la cual la materia exista sin nadie o nada que reconozca su existencia subjetivamente, pero nuestra experiencia real nunca es así.

Verso 10

evaṃ śūnyam upādānam upādātā ca sarvaśaḥ
prajñapyate ca śūnyena kathaṃ śūnyas tathāgataḥ

Evam: ind. así, de este modo, de tal manera, tal. *Sarvaśaḥ*: *sarvaśas*: ind. totalmente, completamente, enteramente, a fondo, colectivamente, en conjunto, en general, universalmente (a veces utilizado para denotar que un nombre colectivo en sg. o pl. puede estar en cualquier caso o epc.); en cualquier aspecto o en cada uno de los aspectos; universalmente, siempre, en todas partes; en todos lados. *-Ḥ*: (*visarga*) la respiración fuerte, correspondiente a la segunda mitad de las aspiraciones fuertes *k-h*, etcétera, normalmente se utiliza al final de una palabra acabada en *s* o *r* en *pausā*, y antes de las guturales fuertes y labiales (*SGFS*.).

De este modo, la situación equilibrada produce la verdadera función de la percepción sensorial, y por ello lo que se percibe es todo el mundo. Mediante dicha situación equilibrada producimos la verdadera función de la percepción sensorial; de modo que aquello que es intuitivo puede reconocerse claramente en función del estado equilibrado, y no es necesario insistir de nuevo en que el estado equilibrado es justamente la realización en sí.

Cuando la función de nuestra percepción sensorial está equilibrada, lo que percibimos es todo el mundo tal y como es. En dicha situación, la intuición se experimenta mediante el estado equilibrado. De modo que no es necesario enfatizar más que el significado real de la realización es la experiencia intuitiva.

Verso 11

śūnyam iti na vaktavyam aśūnyam iti vā bhavet
ubhayaṃ nobhayaṃ ceti prajñaptyarthaṃ tu kathyate

Vaktavya: mf(*ā*)n. que se habla o dice o pronuncia o declara, en condiciones de ser dicho o hablado, etcétera (n. impers. «debería decirse», etcétera); ser nombrado o llamado; ser hablado o abordado, ser contado (con Ac. de una cosa); ser dicho sobre o contra, objetable, reprensible, vil, deficiente, malo; susceptible de rendir cuentas; requerible o preguntable o responsable o sujeto a, dependiente de (G. o comp.); n. habla, discurso; reproche, censura; una regla, sentencia, aforismo. *Vā*: *vā* a veces es intercambiable con *ca* y *api*; semejante, como (= *iva*); justamente, incluso, de hecho, muy (= *eva*, enfatizando la palabra anterior); pero incluso si, incluso suponiendo que (seguido de futuro); sin embargo, no obstante; (después de un rel. o interrogativo) posible, posiblemente, quizás, me atrevo a decir. *Ubhaya*: mf(*ā*)n. (solamente sg. o pl.) ambos, de ambos tipos, de ambas maneras, de ambos modos. *Ceti*: *ca+iti*. *Prajñapti*: f. enseñanza, información, instrucción; un nombramiento, acuerdo, participación; disposición (de un puesto). *Artha*: m. n. objetivo, propósito; asunto, problema. *Tu*: (nunca encontrado al comienzo de una frase o verso) ¡ruega!, suplico, haz, ahora, entonces; pero (también con *eva* o *vai* a continuación), a veces utilizado como un mero expletivo. *Kath*: conversar con alguien (I., a veces con *saha*); decir, contar, narrar, comunicar, informar, hablar sobre, declarar, explicar, describir (con Ac. de la cosa o persona hablada); anunciar, mostrar, exponer, indicar, denotar; pedir, mandar; suponer, declarar.

Lo que se llama el estado equilibrado no es solamente una expresión de los labios, y la expresión del estado desequilibrado también puede existir.
La cuestión de si esas dos situaciones [el estado equilibrado y el estado desequilibrado] son dos hechos originalmente o no es una cuestión que debería concluirse intuitivamente.

El estado equilibrado es justamente una manifestación de la realidad en sí, la cual aparece cuando nuestro sistema nervioso autónomo está nivelado. De modo que no es solamente una expresión «de los labios», es decir, una expresión verbal. Se manifiesta en la acción real. Hay una expresión verbal del estado equilibrado, y, por tanto, debería haber otras del estado desequilibrado. El problema es si hay dos estados –el estado equilibrado y el estado desequilibrado– o solamente una relación mutua entre el sistema nervioso simpático y el parasimpático. Si no están interesados en mi visión contemporánea del sistema nervioso como un medio para explicar esto, pueden llamarlo la interrelación entre forma y vacuidad, o entre espíritu y materia. O pueden elegir otra denominación para expresar esta dicotomía de la cual los seres humanos de todo el mundo se han percatado desde el comienzo de su existencia. Dicho asunto, tratado ahora con sinceridad, es una cuestión que ha de determinarse mediante el juicio intuitivo.

Verso 12

śāśvatāśāśvatādy atra kutaḥ śānte catuṣṭayam
antānantādi cāpy atra kutaḥ śānte catuṣṭayam

Śāśvata: mf(ī)n. eterno, constante, perpetuo, todo; a punto de suceder, futuro; f. la tierra; n. continuidad, eternidad; cielo, éter. *Aśāśvata*: mf(ī)n. no permanente o eterno, transitorio. *Atra*: (o ved. *atrā*) ind. (proveniente de la base pronominal *a*; a menudo utilizado en el sentido del L. *asmin*), de este modo, a este respecto; en este lugar, aquí; en este momento; ahí; en ese momento. *Śānte*: sg. L. de *śānta*. *Śānta*: mfn. apaciguado, pacificado, tranquilo, calmado, libre de pasiones, sin molestias; suave, flexible; gentil, apacible, amigable, amable, auspicioso (de un presagio; op. a *dīpta*); abatido, calmado, cesado, detenido, extinguido, evitado; finalizado, retirado a descansar, fallecido, difunto, muerto, desaparecido; purificado, limpiado. *Catuṣṭaya*: m(N. pl. *-ye*)fn. cuádruple, que consiste en cuatro; cuatro; un grupo de cuatro, cuaternio; un cuadrado. *Anta*: m. fin, límite, frontera, término; final de una textura; fin, conclusión; final de la vida, muerte, destrucción (en estos últimos sentidos a veces n.); sílaba final, terminación; última palabra de un compuesto. *Ananta*: mf(*ā*)n. interminable, ilimitado, eterno, infinito; f. la tierra; el número uno; n. el cielo, atmósfera.

Si asumimos que tanto algo eterno como algo no eterno existen, ¿cómo es posible que los cuatro hechos fiables [la razón, el mundo exterior, la acción y la realidad] existan en el propio estado estable?
Si es cierto que tanto algo que acaba como algo que no acaba existen, podría ser imposible que los cuatro hechos fiables existieran alguna vez en la propia condición estable.

El hecho de que haya discusiones sobre si existe algo eterno o algo no eterno sugiere que el verdadero punto de vista todavía no se ha establecido. Este es ciertamente el caso de la filosofía contemporánea. Algo eterno representa la visión espiritual o idealista, y algo no eterno, el materialismo. En dicha situación, los principios fundamentales del budismo –la razón, el mundo exterior, la acción y la realidad en sí– pueden ser puestos en duda. Al mismo tiempo, la discusión de si el universo se acabará o no continúa. Esto sugiere que los problemas importantes del mundo todavía no se han resuelto, lo cual quiere decir que aún falta la confianza confirmada en los cuatro hechos fiables.

Verso 13

ghanagrāho gṛhītas tu ghano yenāstīti tathāgataḥ
nāstiti sa vikalpayan nirvṛtasyāpi kalpayet

Ghana: mf(*ā*)n. un artillero, asesino, destructor; compacto, sólido, material, duro, firme y compacto; grueso, basto; viscoso, denso, espesado; lleno de (en comp.), relleno densamente de (en comp.); oscuro incesante; profundo (como el sonido; color); completo, todo; auspicioso, afortunado; m. asesinato. *Grāha*: mf(*ī*)n. ifc. incautación, posesión, tenencia, recepción; toma (de una esposa). *Gṛhīta*: mfn. asido, tomado, incautado, agarrado, sostenido, apoderado de; recibido, aceptado; recibido de un modo hospitalario (como un invitado); obtenido, ganado; percibido, comprendido; recibido completamente en la mente de uno. *Tu*: (nunca encontrado al comienzo de una frase o verso) ¡ruega!, suplico, haz, ahora, entonces; pero (también con *eva* o *vai* a continuación). *Vikalpayan*: caus. impf. de *vikalp*. *Vikalpa*: *viklṛp*: cambiar o alternar, intercambiar con (I.); estar indeciso o ser cuestionable u opcional; estar dubitativo o ser irresoluto, vacilar, dudar; caus. *kalpayati*, preparar, organizar, idear, formar, diseñar (de varias maneras); elegir una de dos alternativas, actuar ecléticamente; poner en entredicho, prescribir diversamente, pronunciar opcionalmente; combinar de diversas formas, variar; formular un dilema, considerar desconfiadamente; suponer, conjeturar, imaginar, presumir; reflexionar sobre. *Nirvṛta*: mfn. satisfecho, feliz, tranquilo, a gusto, en paz; extinguido, terminado, acabado; emancipado. *Kalp*: nom. Ā. *-pāyate*, convertirse en un *kalpa*, parecer tan largo como un *kalpa*.

Es justamente el logro del objetivo mantener el estado estable, y, basándose en ello, lo que realmente existe es la realización en sí misma. La opinión de que el hecho que es llamado realización nunca existe verdaderamente podría cambiar de manera gradual, y la idea [de que la realización no existe] podría cambiar en un futuro; por tanto, puede ser posible que cambiemos tranquilamente la idea [de que la realización nunca existe].

La palabra *realización* solo se refiere a la condición en la cual se mantiene el estado equilibrado. Claramente, es posible que alguien niegue esta realización en sí, pero esa opinión equivocada debería cambiar, y dicho cambio debería llegar tranquilamente.

Verso 14

svabhāvataś ca śūnye 'smiṃś cintā naivopapadyate
paraṃ nirodhād bhavati buddho na bhavatīti vā

'Smiṃś: *asmin*. *Asmin*: L. de *idam*. *Cintā*: f. pensamiento, preocupación, ansiedad, pensamiento ansioso sobre (G. L., *upari*, o en comp.); consideración. *Para*: mf(*ā*)n. lejano, distante, remoto (en el espacio), contrario, ulterior, más lejos que, más allá, en el otro lado o el más lejano de, extremo; antiguo (en el tiempo), anterior; ancestral, pasado; posterior, futuro, siguiente; subsiguiente, sucesivo, subsecuente; final, último.

> **Cuando la existencia subjetiva [la cual ha sido considerada por el cerebro] se encuentra en el estado equilibrado, no hay ninguna posibilidad de que se dé ningún tipo de aprensión.**
> **[Al mismo tiempo, cuando] la existencia objetiva [la cual es lo opuesto a la existencia subjetiva] se aparta de la situación autorregulada, también se dice que es imposible que exista una persona que haya asido la Verdad.**

Aunque estemos pensando acerca de algún problema real en nuestro cerebro, si el sistema nervioso autónomo está equilibrado, no hay ninguna posibilidad de que se dé ningún tipo de aprensión en absoluto. Al mismo tiempo, si no hubiera ninguna existencia subjetiva, la existencia objetiva no podría existir en una condición estable. Es decir, la condición estable es el equilibrio entre la existencia subjetiva y la objetiva, y no el estado aislado de cada una de ellas por separado. Si así fuera, sería difícil encontrar a alguna persona que asiera la Verdad.

Verso 15

prapañcayanti ye buddhaṃ prapañcātītam avyayam
te prapañcahatāḥ sarve na paśyanti tathāgatam

Prapañcaya: nom. P. *prapañcayati*, desarrollar, amplificar, explicar con detalle; analizar detalladamente una nota (Ac.) en música. *Ye*: m. pl. de *ya*. *Prapañca*: m. expansión, desarrollo, manifestación; multiplicidad, diversidad; amplificación, prolijidad, difusión, abundancia (de estilo). *Atīta*: mfn. ido, pasado, fallecido, muerto; uno que ha atravesado o superado o ido más allá, uno que ha pasado de largo o se ha descuidado; negligente; pasado, dejado atrás; excesivo. *Avyaya*: mf(*ā*)n. no sujeto a cambio, imperecedero, sin decadencia; «que no se agota», parsimonioso; defección, parsimonia. *Hatāḥ*: m. f. pl. N. de *hata*, f. Ac. de *hata*. *Hata*: mfn. atacado, golpeado (también dicho de un tambor), herido, matado, asesinado, destruido, acabado, ido, perdido; lesionado, dañado, lastimado, herido (lit. y fig.). *Paś*: ver (con *na*, «estar ciego»), contemplar, mirar, observar, percibir, darse cuenta.

Cuando la gente que está expandiendo la Verdad, la cual ya ha sido lograda, tiene algún tipo de características, puede ser difícil cambiarlas. La gente que quiere perjudicar todas las clases de expansión tiene dificultades para conocer la realización.

Cuando la gente ha logrado la Verdad, a menudo quiere ponerla a disposición de otros. El estado, el cual ya han logrado, tiene algunas características difíciles de cambiar. En otras palabras, el estado de realización y la persona que realiza dicho estado no son dos entidades diferentes. De modo que puede decirse que la realización en sí presenta alguna de las características de la persona que la realiza. Esto puede parecer extraño, pero recordemos que el budismo ni siquiera reconoce la existencia de aquello a lo que llamamos gente desde el punto de vista del sentido común. En el pasado, aquellos que quisieron destruir los buenos efectos de la expansión de este entendimiento siempre tuvieron grandes dificultades a la hora de conocer la realización.

Verso 16

tathāgato yatsvabhāvas tatsvabhāvam idam jagat
tathāgato niḥsvabhāvo niḥsvabhāvam idaṃ jagat

Svabhāva: m. lugar nativo; la condición propia o estado de ser, el estado o constitución natural, disposición inherente o innata, naturaleza, impulso, espontaneidad. *Jagat*: mfn. que se mueve, móvil, locomotor, vivo; m. aire, viento; m. pl. gente, humanidad; n. aquello que se mueve o está vivo, el hombre y los animales, los animales como opuesto a los hombres, hombres; el mundo, esp. este mundo, la tierra. *Niḥsvabhāva*: m. carencia de propiedad, pobreza; mfn. «desposeído», desprovisto de peculiaridades.

La realización tiene algunas características como la existencia subjetiva, y dicha existencia subjetiva está creada por el mundo y por las sociedades humanas.
La realización nunca es pobre de contenidos y no es tosca, y algo que no es pobre de contenidos y no es tosco es el mundo en el que vivimos ahora, y es la tierra en sí.

Al igual que la existencia subjetiva, la cual ha sido producida en el cerebro, la realización tiene ciertamente algunas características. Esto que no es pobre de contenidos ni tosco es justamente el mundo en el que vivimos ahora, la tierra en sí misma. La realización, por tanto, no es algo que esté lejos de nosotros (algún estado inaccesible y extraño): es el mundo en el cual vivimos ahora, y somos nosotros mismos, los que vivimos en él.

Capítulo 23

Viparyāsa parīkṣā

(Estudio de la ilusión)

Viparyāsa: m. derribo, derrumbamiento, vuelco (de un coche); transposición, transporte; vencimiento, lapso (de tiempo); canje, inversión, cambio, intercambio; revés, contrariedad, oposición, opuesto a (e.g., *stuti-viparyāsa*, lo contrario de un elogio, i.e., reproche); cambio a peor, deterioro; muerte; perversidad; error, equivocación, ilusión, que se imagina que lo irreal o falso es real o verdadero.

Debido a las enormes capacidades cognitivas que tenemos los humanos, solemos creer que los pensamientos del interior de nuestro cerebro son la realidad en sí. Al mismo tiempo, también nos sentimos muy orgullosos de nuestra extraordinaria habilidad para recibir y procesar estímulos sensoriales. Estamos tan convencidos de la verdad de aquello que percibimos que hemos denominado a los estímulos sensoriales que recibimos con el nombre colectivo de materia, y creemos que son absolutamente reales. La filosofía basada en la noción de que nuestros pensamientos son la verdadera realidad es llamada idealismo, y aquella que cree en la verdad de los estímulos sensoriales, materialismo.

El Buddha Gautama se percató de que estas dos filosofías fundamentales –los cimientos sobre los que casi todas las demás se basan– estaban equivocadas. Además, descubrió que si queremos deshacernos de ellas, podemos hacerlo practicando zazen. Aunque el Buddha Gautama nació antes del desarrollo de las teorías médicas contemporáneas, intuitivamente comprendió el beneficio de equilibrar el sistema nervioso autónomo, lo cual nos permite penetrar en la realidad. En el presente capítulo, el Maestro Nāgārjuna insiste en que deberíamos asir que las filosofías del idealismo y el materialismo son erróneas. Deshacerse de ellas es la realización en sí. Este capítulo sugiere que ambas filosofías son ilusiones, y que el budismo es algo completamente distinto.

****

Verso 1

saṃkalpaprabhavo rāgo dveṣo mohaś ca kathyate
śubhāśubhaviparyāsān saṃbhavanti pratītya hi

Saṃkalpaprabhava: mfn. nacido del deseo. *Dveṣa*: m. odio, apatía, repugnancia, enemistad con (comp.). *Moha*: m. pérdida de conciencia, desconcierto, perplejidad, distracción, apasionamiento, ilusión, error, locura. *Kath*: conversar con alguien (I., a veces con *saha*); decir, contar, narrar, comunicar, informar, hablar sobre, declarar, explicar, describir (con Ac. de la cosa o persona hablada); anunciar, mostrar, exponer, indicar, denotar; pedir, mandar; suponer, declarar. *Śubha*: n. una constelación auspiciosa. *Asubha*: *a+subha*. *Viparyāsān*: m. pl. Ac. de *viparyāsa*. *Saṃbhū*: P. estar juntos o reunirse, agruparse, encontrarse, juntarse o unirse con (I. con o sin *saha*, o L.); haber nacido o ser producido a partir de (Ab.), surgir, brotar, desarrollarse; entrar en, participar de, alcanzar (Ac.); ser adecuado; ser capaz de sostener. *Pratītya*: n. confirmación, experimento; alivio, consuelo (otros «mfn. por reconocerse o admitirse»). *Hi*: ind. puesto que, pues; realmente, seguramente, sin duda, por supuesto, ciertamente.

Lo que nace del deseo, o de la emoción violenta, el odio y la ilusión, se trata solamente en función de las palabras.
[Esto se debe a que] las ilusiones de aquello que es favorable y aquello que es indeseable impregnan todo el mundo sin ninguna duda.

En la filosofía budista, las palabras no se ven como portadoras definitivas del conocimiento y la comprensión. El motivo por el cual estamos tan apegados a las expresiones verbales, dice el Maestro Nāgārjuna, es que «las ilusiones de aquello que es favorable y aquello que es indeseable impregnan todo el mundo». Adondequiera que vayamos, la gente quiere más de lo que considera favorable e intenta evitar lo que considera indeseable. Hasta cierto punto, esto es una tendencia natural, pero los seres humanos lo hemos llevado a un extremo que solamente puede considerarse ilusorio.

Verso 2

śubhāśubhaviparyāsān saṃbhavanti pratītya ye
te svabhāvān na vidyante tasmāt kleśā na tattvataḥ

Saṃbhavanti: 3.ª pers. pl. pres. de *saṃbhū*. *Saṃbhū*: P. Ā. estar juntos o reunirse, agruparse, encontrarse, juntarse o unirse con (I. con o sin *saha*, o L.); haber nacido o ser producido a partir de (Ab.), surgir, brotar, desarrollarse; ocurrir, suceder, ser, ser encontrado, existir; ser posible; entrar en, participar de, alcanzar (Ac.). *Tasmāt*: sg. m. n. Ab. de *ta*. *Kleśa*: m. dolor, aflicción, sufrimiento, dolor de enfermedad, angustia. *Tattva*: n. estado verdadero o real, verdad, realidad; (en fil.) un principio verdadero.

La gente habitualmente mantiene lo que es favorable y lo que es indeseable en una disposición completamente ilusoria.
No quieren reconocer [las cosas y los fenómenos] adecuadamente apartándose de la existencia subjetiva, de modo que incluso el serio dolor ha perdido ya su realidad.

Los criterios que la mayoría de la gente utiliza para juzgar lo que es favorable y lo que no lo es solamente se basan en el pensamiento. Puesto que nuestros pensamientos a menudo son ilusorios, podemos llegar a pensar que lo verdaderamente favorable es indeseable, y lo indeseable, favorable. Por esta razón podemos decir que la mayoría de los seres humanos viven en un mundo de profunda ilusión. No comprendemos que nuestros pensamientos no son la realidad. Por ello, ni siquiera nos damos cuenta del serio dolor que nos causamos entre nosotros y a nosotros mismos, y no sabemos que esta es la forma de vida equivocada. He traducido el término sánscrito *kleśa* como «dolor», del cual se dice que hay diez clases: los tres dolores corporales (el asesinato, el robo, el adulterio); los cuatro dolores del habla (la mentira, la calumnia, el insulto, la conversación improductiva), y los tres dolores de la mente (la codicia, la malicia, el escepticismo).

Verso 3

ātmano 'stitvanāstitve na kathaṃ cic ca sidhyataḥ
taṃ vināstitvanāstitve kleśānāṃ sidhyataḥ katham

Ātmano: *ātmanaḥ*: pl. N. de *ātman*. *Ātman*: *-ā*, m. el aliento; el alma, principio de la vida y la sensación; el alma individual, el sí mismo, sustrato individual. *Astitva*: n. existencia, realidad. *Cicca*: *cit+ca*. *Cit*: mfn. ifc. «que piensa», f. pensamiento, intelecto, espíritu, alma. *Sidh*: ser realizado o completado o efectuado o establecido, tener éxito, triunfar; alcanzar una marca (L.); lograr la meta o el objetivo de uno, ser exitoso; lograr el objetivo más alto, volverse perfecto, lograr la beatitud. *Kleśānām*: pl. G. de *kleśa*. *Kleśa*: m. dolor, aflicción, sufrimiento, dolor de enfermedad, angustia; los budistas consideran diez, viz., tres del cuerpo [el asesinato, el robo, el adulterio]; cuatro del habla [la mentira, la calumnia, el insulto, la conversación improductiva]; tres de la mente [la codicia, la malicia, el escepticismo], bud.; ira, cólera; ocupación mundana, preocupación, problema.

Las imágenes de la mente no existen en la realidad ni en la irrealidad, de modo que ¿cuál es el significado de las cosas y los fenómenos perfectos que se consideran dentro de la mente?
Las cosas y los fenómenos perfectos que se consideran dentro de la mente no existen en la realidad ni en la irrealidad, de modo que es muy

difícil encontrar en verdad dichas imágenes producidas de cosas y fenómenos dentro del serio dolor.

Este verso va absolutamente en contra del pensamiento desarrollado por Platón, el cual ha influido enormemente en la filosofía occidental. Platón creía que las cosas perfectas creadas en la mente eran la única realidad verdadera. A menudo postulamos ideas sobre las cosas y los fenómenos perfectos y comparamos la realidad que nos encontramos con esas imágenes de perfección. Sin embargo, el Maestro Nāgārjuna nos pide considerar si hay algún significado real o alguna utilidad en dichas imágenes. Puesto que ninguna perfección tal puede encontrarse en el mundo real, ¿se puede decir que nuestras imágenes de perfección tengan algún valor real? Afirmar que la perfección no existe en la realidad ni en la irrealidad significa que incluso la perfección que pensamos que hemos creado en la mente no es la perfección real. Es una idea ilusoria basada en un pensamiento desequilibrado.

La segunda línea señala que dentro de las clases de dolor a las que se hace referencia en el verso anterior, es difícil descubrir aquello que consideramos que es la perfección. El dolor, aquí, se refiere al funcionamiento impropio del cerebro en su intento por crear la perfección.

Verso 4

kasya cid dhi bhavantīme kleśāḥ sa ca na sidhyati
kaścid āho vinā kaṃcit santi kleśā na kasyacit

Kasya: m. n. sg. G. de *ka*. *Ciddhi*: *cid+dhi*. *Dhi*: m. receptáculo (solamente ifc.). *Ime*: m. pl. N. de *ayam* (este). *Kleśāḥ*: pl. N. de *kleśa*. *Sidhyati*: *sidh*: ser realizado o completado o efectuado o establecido, tener éxito, triunfar; alcanzar una marca (L.); lograr la meta o el objetivo de uno, ser exitoso; ser probado o demostrado o establecido; existir, originarse, surgir. *Āho*: ind. una interjección de pregunta y de duda, «¿es así?». *Santi*: *as*: ser, vivir, existir, estar presente; tener lugar, suceder; permanecer, morar, quedarse; pertenecer a (G. o D.).

Aunque permitamos la existencia del mundo del vacío como un receptáculo, es completamente imposible permitir la existencia real de los dolores intensos como las cosas y los fenómenos reales.
Aunque no hubiera nada, o incluso aunque existiera algo, no hay ninguna posibilidad de que los dolores intensos existan en ninguna parte en absoluto.

Nuestra concepción habitual del universo es que en su mayoría se trata de espacio vacío ocupado por diversas cosas y fenómenos. Según el entendimiento budista, esta imagen del vacío no se corresponde con la realidad. Todas las cosas y los fenómenos están íntimamente conectados sin división alguna, y en dicho universo es imposible admitir la existencia del dolor, ya que este solamente es un juicio de valor. El dolor únicamente existe cuando juzgamos una situación basándonos en nuestras ideas defectuosas de lo que es favorable y desfavorable.

Verso 5

svakāyadṛṣṭivat kleśāḥ kliṣṭe santi na pañcadhā
svakāyadṛṣṭivat kliṣṭaṃ kleśeṣv api na pañcadhā

Svakāya: *sva+kāya*. *Kāya*: *as*, m. el cuerpo; el tronco de un árbol; el cuerpo de un laúd (todo menos las cuerdas). *Dṛṣṭi*: f. que ve, que observa, que contempla (también con el ojo mental); vista, la facultad de ver; el ojo de la mente, sabiduría, inteligencia; atención, consideración; visión, noción. *Vat*: un afijo (técnicamente denominado *vati*) que se añade a palabras para insinuar semejanza o parecido, y generalmente es traducido como «parecido», «como». *Kliṣta*: mfn. importunado, atormentado, afligido, angustiado; fatigado, herido, lesionado, que está en malas condiciones, desgastado; conectado con el dolor o el sufrimiento; (en ret.) forzado, oscuro, no fácilmente inteligible. *Santi*: *as*. *Pañcadhā*: *pañca+dhā*. *Pañca*: por *pañcan* en comp. *Pañcan*: cinco. *Dhā*: *dhāḥ*: m. f. pl. de *dha*. *Dha*: mf(*ā*)n. ifc. que coloca, que pone; que tiene, que posee, que adquiere; que otorga, que concede, que causa, etcétera. *Kleśeṣv*: *kleśeṣu*: pl. L. de *kleśa*.

> **La situación que es similar a nosotros contemplando nuestro propio cuerpo es un ejemplo real de lo que se llama dolor, así que no es cierto que las entidades reales como los cinco [agregados] estén incluidas dentro del dolor.**
> **Es similar a contemplar nuestro propio cuerpo; por tanto, no es cierto que las entidades reales como los cinco agregados existan dentro del dolor en absoluto.**

Con el fin de explicar la situación real del dolor, el Maestro Nāgārjuna la asemeja a lo que podría suceder si contempláramos nuestro propio cuerpo y, por ejemplo, diéramos un profundo suspiro para expresar que no es lo que desearíamos que fuera. Al igual que en esta situación, el dolor también es un tipo de sensación basada en un juicio, de modo que es completamente distinto de entidades reales tales como los cinco agregados. Estos son sustanciales, mientras que el dolor, no.

Verso 6

svabhāvato na vidyante śubhāśubhaviparyayāḥ
pratītya katamān kleśāḥ śubhāśubhaviparyayān

Svabhavato: *svabhāvataḥ*: *svabhāvatas*. *Svabhāva*: (*-vāt* o *-vena* o *-va-tas* o epc.) de una disposición natural, por naturaleza, naturalmente, por uno mismo, espontáneamente. *Viparyayāḥ*: pl. N. V. Ac. de *viparyaya*. *Viparyaya*: mfn. revertido, invertido, perverso, contrario a (G.); m. que se da la vuelta, revolución; transposición, cambio, alteración, orden o sucesión invertida. *Katamān*: m. pl. Ac. de *katama*. *Katama*: mfn. (superlativo de *ka*; declinado como un pron.) ¿quién o cuál de los muchos?; a menudo es un mero sustituto de refuerzo de *ka*, el superlativo afijo que proporciona énfasis; por consiguiente, ocasionalmente puede utilizarse por «¿quién o cuál de los dos?».

La sustancia de la existencia subjetiva nunca puede convertirse en el objeto del reconocimiento, puesto que [la existencia subjetiva simplemente es] la confusión de las cosas favorables y las desfavorables. Está muy claro que el dolor está produciendo algo, y la situación confusa de las cosas favorables y desfavorables se ha producido.

Las ideas subjetivas, las cuales se producen en nuestro cerebro, no son sustanciales. Por ello, es imposible reconocerlas como una sustancia concreta. Estas ideas subjetivas, de hecho, no son nada más que la confusión ilusoria de aquello que pensamos que es deseable y lo que creemos que no lo es. Puesto que el dolor se basa en nuestro juicio ilusorio, podemos decir que ese mismo dolor produce realmente esta ambigua confusión.

Verso 7

rūpaśabdarasasparśā gandhā dharmāś ca ṣaḍ vidham
vastu rāgasya doṣasya mohasya ca vikalpyate

Rūpa: n. cualquier experiencia o fenómeno o color exterior (a menudo pl.), forma, aspecto, figura. *Śabda*: m. sonido, ruido, voz, tono, nota. *Rasa*: m. (ifc. f. *ā*) la sabia o jugo de las plantas, zumo y fruta, cualquier líquido o fluido; sabor; cualquier objeto del gusto; la lengua (como órgano del gusto). *Sparśa*: mfn. táctil; m. (ifc. f. *ā*) tacto, sentido del tacto, contacto. *Gandhā*: m. olfato, olor (se enumeran nueve clases, viz., *iṣṭa*, *aniṣṭa*, *madhura*, *kaṭu*, *nirhārin*, *saṃhata*, *snigdha*, *rūkṣa* y *viṣada*). *Ṣaḍvidha*: mf(*ā*)n. séxtuple, de seis clases. *Vastu*: n. la sede o lugar de; cualquier sustancia o esencia realmente existente o permanente, cosa, objeto, artículo; (en fil.) lo real. *Dveṣa*: m. odio, apatía, repugnancia, enemistad con (comp.). *Moha*: m. pérdida de conciencia, desconcierto, perplejidad, distracción, apasionamiento, ilusión, error, locura. *Vikalp*: *viklṛp*: cambiar o alternar, intercambiar con (I.); estar indeciso o ser cuestionable u opcional; estar dubitativo o ser irresoluto, vacilar, dudar, preparar, organizar, idear, formar, diseñar (de varias maneras);

elegir una de dos alternativas, actuar eclécticamente; poner en entredicho, prescribir diversamente, pronunciar opcional.

> **La forma, el sonido, el sabor, lo táctil, el olor y la ley del universo son los seis [objetos de los órganos de los sentidos].**
> **La situación real del mundo incluye el fuerte deseo, la oscuridad y la ilusión, y siempre está cambiando.**

En Occidente, habitualmente se reconocen cinco sentidos. En la filosofía budista se añade uno más. Este no es un poder místico o psíquico al cual se lo conoce en Occidente como «el sexto sentido», sino la función de la mente de percibir la realidad. El objeto de ese sentido de la mente es el Dharma, o la ley del universo, pero estamos tan confusos y engañados que no nos percatamos de ello o lo tomamos por algo diferente. En el mundo real hay fuertes y poco saludables deseos, oscuridad e ilusión, los cuales siempre cambian.

Verso 8

rūpaśabdarasasparśā gandhā dharmāś ca kevalāḥ
gandharvanagarākārā marīcisvapnasaṃnibhāḥ

Kevala: m(N. pl. -*e*)f(*ī*; *ā*)n. exclusivamente uno mismo (no común a otros); solamente, solo, mero, único, uno, que excluye a otros; no conectado con nada más, aislado; entero, completo, todo. *Gandharvanagara*: n. «la ciudad de Gandharva», una ciudad imaginaria del cielo. *Akārā*: *a*+*kārā*. *A*: (antes de una vocal, *an*) un prefijo que tiene un sentido negativo o privativo o contrario. *Kārā*: una prisión; atadura, confinamiento. *Marīci*: mf. una partícula de luz, una mota o partícula brillante en el aire; un rayo de luz (del sol o la luna); un espejismo. *Svapna*: m. sueño, durmiente; somnolencia, adormecimiento; que duerme demasiado, pereza, indolencia; que sueña, un sueño. *Saṃnibha*: mfn. semejante, similar, parecido (ifc.; a menudo pleonásticamente con nombres de colores).

La forma, el sonido, el sabor, lo táctil, el olor y la ley del universo son individualmente independientes.
[Son] similares a Gandharva, la ciudad sin prisión, o a un espejismo, o a un sueño.

La forma, el sonido, el sabor, lo táctil, el olor y la ley del universo son independientes entre sí. En términos budistas, los objetos de los sentidos no son nada más que estímulos sensoriales que no tienen ninguna sustancia concreta. Evidentemente, la ley del universo se considera real. Sin embargo, incluso ella está sujeta a interpretación por el cerebro y, en ese sentido, puede convertirse en algo irreal también. Así, estos estímulos sensoriales se asemejan a la ciudad mítica de Gandharva, la cual no necesita una prisión. Puesto que Gandharva no existe, sirve como ejemplo de una imagen mental. De este modo, las cosas enumeradas en este verso simplemente existen en el instante presente de la misma forma que un espejismo o los sueños, los cuales también son imágenes en nuestro cerebro.

Verso 9

aśubhaṃ vā śubhaṃ vāpi kutas teṣu bhaviṣyati
māyāpuruṣakalpeṣu pratibimbasameṣu ca

Vāpi: *vā+api*. *Kutas*: ind. ¿de quién?; ¿de dónde?, ¿adónde?; ¿dónde?, ¿cómo?, ¿de qué manera? *Teṣu*: m. n. pl. L. de *ta*. *Māyā*: f. arte, sabiduría, poder extraordinario o sobrenatural (solo en la lengua antigua); ilusión, irrealidad, engaño, fraude, truco, brujería, hechicería, magia; imagen irreal o ilusoria, fantasma, aparición. *Puruṣa*: m. un hombre, varón, ser humano (pl. gente, humanidad); una persona, un oficial, funcionario, asistente, siervo. *Kalpa*: mf(*ā*)n. practicable, factible, posible; propio, adecuado, capaz, competente, igual a (con G. L. inf. o ifc.); m. un precepto sagrado, ley, regla, decreto, forma de actuar, procedimiento, práctica (esp. aquella establecida en los Vedas); un periodo fantástico de tiempo (un día de *yugas*, un periodo de cuatro mil trescientos veinte millones de años de los mortales, que mide la duración del mundo). *Pratibimba*: n. (raramente m.) el disco del sol o de la luna reflejado (en el agua); un reflejo, imagen reflejada, forma reflejada; semejanza o equivalencia de la forma real, representación, imagen, sombra. *Sameṣu*: pl. L. de *sama*. *Sama*: 1) mfn. todo, cada; 2) uniforme, llano, liso, plano, nivelado, paralelo; el mismo, igual, similar, equivalente, parecido, idéntico o homogéneo (I. o G., raramente Ab.).

¿Dónde es posible que existan las condiciones indeseables o las condiciones deseables incluso en el futuro?
Aunque los demonios y los seres humanos viven según los hábitos sociales, las imágenes del sol y la luna reflejadas sobre la superficie del agua también pertenecen a las circunstancias similares a los hábitos sociales.

Somos nosotros mismos, en nuestro estado ilusorio, quienes determinamos las condiciones que consideramos deseables e indeseables. Que sean deseables o no, no es un componente de las condiciones reales en sí, sino un juicio de valor que les damos.

La segunda línea asemeja las condiciones sociales de los seres humanos con el reflejo del sol y la luna sobre el agua. Puede que parezca que dichos reflejos se desplazan según los movimientos del agua, pero tan solo se trata de una ilusión, al igual que sucede con nuestra participación en las circunstancias sociales en las que nos encontramos.

Verso 10

anapekṣya śubhaṃ nāstyaś ubhaṃ prajñapayemahi
yat pratītya śubhaṃ tasmāc chubhaṃ naivopapadyate

Anapekṣya: ind. p. indiferencia, sin tener en cuenta. *Prajñapayema*: 1° pers. pl. opt. 1.ª conj. de *prajñapayati*. *Prajñapayati*: mostrar o señalar (el camino); convocar, invitar. *Tasmācchubham*: *tasmāt+śubham*. *Tasmāt*: m. n. sg. Ab. de *ta*.

Cuando algo indeseable no se tiene en cuenta, ni lo que es deseable ni aquello que es indeseable se manifiestan.
Y, en dicha situación, incluso aquello que es hermoso nunca se manifiesta en absoluto.

Este verso recuerda a las primeras líneas de un poema chino budista llamado *Shin Jin Mei* («Afirmación de la confianza en la mente»). La primera línea de este dice: «La Vía no es difícil de seguir, simplemente evita escoger y elegir». En este verso, el Maestro Nāgārjuna sostiene que cuando aquello que es indeseable no se tiene en cuenta, ni lo que es deseable ni lo que no lo es se manifiestan. Solamente conocemos lo que es deseable por contraste con lo indeseable. Todos los conceptos incluyen sus opuestos. Además, en una situación donde no nos importa lo que es deseable, ni siquiera aquello que es hermoso se manifiesta. En otras palabras, cuando trascendemos nuestra tendencia a juzgar las cosas como deseables o indeseables, o como hermosas o feas, el mundo se manifiesta tal y como es.

Verso 11

anapekṣyāśubhaṃ nāsti śubhaṃ prajñapayemahi
yat paratītyāśubhaṃ tasmād aśubhaṃ naiva vidyate

Véanse las notas gramaticales del verso 10.

Cuando una cosa indeseable no es tenida en cuenta, esa cosa indeseable tampoco existe porque, en ese caso, incluso aquello que es preferible no existe realmente y solo se esperaría que apareciera.
[Al mismo tiempo,] cuando aquello que es indeseable parezca estar claro, no será necesario [que tal hecho] se vuelva a clarificar en absoluto.

Cuando dejamos de juzgar lo deseable o lo indeseable de las circunstancias en las cuales nos encontramos, estas toman una cualidad completamente diferente. Parafraseando las palabras del Maestro Nāgārjuna, lo que es preferible solamente es aquello que se espera que aparezca. Es decir, eso únicamente existe en nuestros sueños del futuro, pero no en nuestras vidas reales aquí y ahora. Al mismo tiempo, cuando tenemos claro lo que no deseamos, no necesitamos volver a clarificarlo en el futuro otra vez. Esto puede parecer una obviedad, pero ¿acaso no estamos constantemente definiendo y redefiniendo lo que nos gusta y lo que no? Esta es una de las muchas formas en las que el falso sentido del sí mismo se establece y se mantiene. Cuando detenemos esta actividad, puede suceder que toda nuestra vida se vuelva más libre y fácil.

Verso 12

avidyamāne ca śubhe kuto rāgo bhaviṣyati
aśubhe 'vidyamāne ca kuto dveṣo bhaviṣyati

Avidyamāna: mfn. no presente o existente, ausente. *Kuto: kutoḥ*: du. G. L. de *kutas*. *Kutas*: *kutas* tiene un sentido indefinido. *Rāgo*: *rāgaḥ*: *rāga*: m. el acto de colorear o teñir; color, matiz, tinte, colorante (esp.) color rojo, enrojecimiento; inflamación; cualquier sentimiento o pasión, (esp.) amor, afecto o simpatía por, deseo vehemente de, interés o alegría o deleite por (L. o en comp.). *Dveṣa*: m. aversión, aborrecimiento, odio (de); malicia, malignidad (Mac.).

Sin darse cuenta de cuando estamos en una condición preferible, es imposible encontrar una fuerte pasión en ningún lugar en absoluto. Aun cuando estemos en una condición muy indeseable, si no conocemos este hecho, puede ser imposible que la aversión se produzca en ningún lugar en absoluto.

Cuando vivimos en una condición favorable, si no nos damos cuenta de ella ni siquiera la fuerte emoción llamada deseo puede reconocerse alguna vez. Tomemos, por ejemplo, las condiciones de las cuales la mayoría de nosotros hemos disfrutado a principios del siglo XXI. Damos por hecho cosas tales como el saneamiento básico, la electricidad, la comunicación entre lugares lejanos mediante Internet, etcétera. En épocas anteriores dichos lujos no podrían ni imaginarse. Si nuestros ancestros pudieran vernos, les parecería que vivimos como dioses y, sin embargo, no dejamos de quejarnos de todas formas. Nuestro deseo de tener cada vez más se ha integrado tanto en nuestras vidas que ni siquiera podemos reconocerlo como la fuerte emoción que en verdad es. Por el contrario, tratamos este estado altamente agitado y emocional como si fuera normal. Al mismo tiempo, aunque vivamos en una condición indeseable, si no la reconocemos como tal, puede ser completamente imposible tenerle aversión en absoluto. Un ejemplo de tal condición indeseable puede ser vivir lujosamente, pero aun así desear cada vez más.

Verso 13

anitye nityam ity evaṃ yadi grāho viparyayaḥ
nānityam vidyate śūnye kuto grāho viparyayaḥ

Anitya: mfn. no eterno, transitorio; ocasional, incidental; irregular, inusual; inestable; incierto; (*am*) ind. ocasionalmente. *Nitya*: mf(*ā*)n. innato, nativo; uno mismo (op. a *araṇa*); continuo, perpetuo, eterno; ordinario, común, invariable, fijo, necesario, obligatorio. *Ityevaṃ*: *iti+evam*. *Grāha*: mf(*ā*)n. ifc. incautación, posesión, tenencia, recepción; toma, asimiento, que echa mano de. *Viparyaya*: mfn. revertido, invertido, perverso, contrario a (G.); m. que se da la vuelta, revolución; que se acaba, que finaliza; transposición, cambio, alteración, orden invertido.

> **La idea de que lo eterno está incluido dentro de lo que cambia puede ser incoherente.**
> **La idea de que es imposible encontrar algo que cambia dentro del estado equilibrado nunca está equivocada.**

La idea de que lo eterno está incluido dentro de aquello que cambia es ilógica, y, por tanto, no es cierta. Sin embargo, el estado equilibrado es eterno. Esto puede parecer raro, pero dicho estado es lo mismo que el instante presente. Se dice que el instante presente es eterno porque siempre es el instante presente. El estado equilibrado del que habla el Maestro Nāgārjuna no es algo que pueda alcanzarse, sino la base de todas las cosas y los fenómenos.

Verso 14

anitye nityam ity evaṃ yadi grāho viparyayaḥ
anityam ity api grāhaḥ śūnye kiṃ na viparyayaḥ

Véanse las notas gramaticales del verso 13.

Cuando pensamos que la eternidad está incluida dentro de lo que cambia, esta idea puede estar confundida y apuntando en la dirección equivocada.
Si podemos mantener un estado de relajación hacia la idea de que nada es eterno, es completamente imposible sostener una idea confundida ni siquiera en el estado equilibrado.

Como en el verso anterior, si pensamos que algunas veces es posible que lo eterno pueda estar incluido dentro de lo que no lo es, esta opinión es ilógica y, por tanto, incierta. Pero si empezamos a comprender que nada puede ser eterno, nos encontramos en el estado equilibrado y es imposible que tengamos ninguna idea confundida en absoluto. Este verso parece contradecir el anterior. En aquel, el instante presente se identificaba como eterno, mientras que aquí el Maestro Nāgārjuna proclama que nada lo es. Esta contradicción no es accidental. La palabra *eterno*, cuando se aplica a las cosas y los fenómenos, sugiere la idea de que estos pueden existir dentro del tiempo lineal y, sin embargo, no ser afectados por él, lo cual es absurdo. El instante presente está separado del concepto del tiempo lineal. En este sentido, es eterno.

Verso 15

yena gṛhṇāti yo grāho grahītā yac ca gṛhyate
upaśāntāni sarvāṇi tasmād grāho na vidyate

Yena: ind. (I. de *ya*) mediante quien o mediante el cual, por medio del cual; en qué dirección, adónde, dónde; de qué manera; a cuenta del cual, a consecuencia del cual, por qué; porque, puesto que, ya que; que, así que, con el fin de que (con pres. o fut. o pot.). *Gṛhnāti*: *grah*: apoderarse de, tomar (de la mano), asir, agarrar; arrestar, parar; atrapar, tomar cautivo, hacer prisionero, capturar, encarcelar. *Grahītā*: sg. N. de *grahītṛ*. *Grahītṛ*: mfn. uno que agarra. *Upaśāntāni*: n. pl. N. Ac. de *upaśānta*. *Upaśānta*: mfn. calmado, apaciguado, tranquilizado; calmo, tranquilo; cesado, extinguido, intermitente.

> **Cuando pensamos sobre las cosas y los fenómenos, la acción principal es el método del pensamiento en sí, y el método del pensamiento en sí también ha comenzado a convertirse en el objeto del pensamiento. Puesto que la situación real es que todo está completamente sereno, no es tan fácil conocer el método de la consideración en sí.**

Creo que el método del pensamiento al que aquí se refiere el Maestro Nāgārjuna es el estado del sistema nervioso autónomo, el cual considero que determina el grado en el que trabaja la consideración mental humana. El único estado en el que podemos pensar cualquier cosa claramente aparece cuando los sistemas nerviosos simpático y parasimpático están equilibrados. Dicho estado se encuentra perfectamente sereno. Ahí, las distinciones entre sujeto y objeto desaparecen completamente. Sin embargo, es difícil conocer dicho método del pensamiento, ya que aunque podamos ciertamente pensar sobre el estado de equilibrio, el estado real de equilibrio no es lo mismo que nuestras ideas acerca de él.

Verso 16

avidyamāne grāhe ca mithyā vā samyag eva vā
bhaved viparyayaḥ kasya bhavet kasyāviparyayaḥ

Avidyamāna: mfn. no presente o existente, ausente. *Mithyā*: ind. (contracción de *mithūyā*) invertidamente, contrariamente, incorrectamente, equivocadamente, inapropiadamente; falsamente, engañosamente, inciertamente; con *bhū*, resultar o probar que es falso; no en realidad, solo aparentemente; sin ningún propósito, infructuosamente, en vano. *Samyag*: por *samyañc* en comp. *Samyañc*: mfn. ir junto a o junto con, volver juntos o en una dirección, combinado, unido, entero, total, completo, todo; vuelto uno contra otro, uno frente al otro; correcto, preciso, propio, cierto, verdadero. *Aviparyaya*: *as*, m. no-inversión, ausencia de orden invertido; (*āt*) Ab. ind. «sin error o equivocación», sin ninguna duda.

Aun cuando no esté claro cómo considerar el método del pensamiento hacia las cosas y los fenómenos, puede haber una distinción entre si la dirección es la contraria o la misma.
¿Dónde puede existir el método ilusorio del pensamiento? ¿Dónde puede existir el método no ilusorio del pensamiento?

Incluso aunque no tengamos claro lo que es el método correcto del pensamiento, podemos determinar intuitivamente si estamos siguiendo el camino correcto o no. El camino correcto siempre es sereno y equilibrado. Si nuestro estado de la mente está agitado o desequilibrado, podemos saber sin lugar a dudas que nuestro método del pensamiento es incorrecto. Cuando seguimos el estado equilibrado, que nuestro pensamiento sea ilusorio o no deja de tener importancia.

Verso 17

na cāpi viparītasya saṃbhavanti viparyayāḥ
na cāpy aviparītasya saṃbhavanti viparyayāḥ

Viparīta: mfn. girado, revertido, invertido; que es la inversión de algo, que actúa de una manera contraria, opuesto, contrario a (Ab.); ir por separado o en direcciones diferentes, varios, diferente; perverso, equivocado, contrario a la norma; adverso, poco propicio, desfavorable; falso, incierto. *Saṃbhū*: estar juntos o reunirse, agruparse, encontrarse, juntarse o unirse con (I. con o sin *saha*, o L.); haber nacido o ser producido a partir de (Ab.), surgir, brotar, desarrollarse; suceder, ocurrir, ser, ser encontrado, existir; ser posible; corresponder, tocar en suerte (L. o G.). *Aviparīta*: *a+viparīta*.

> **Si el asunto de los métodos del pensamiento no se resuelve, los métodos ilusorios del pensamiento se mantendrán.**
> **Si el asunto de los métodos no ilusorios del pensamiento no se resuelve, los métodos ilusorios del pensamiento se mantendrán.**

Si en nuestras vidas cotidianas las ideas ilusorias del idealismo y el materialismo no se corrigen, continuarán existiendo. Cuando dichas ideas ilusorias se hayan corregido, no se mantendrán más. En tal caso, no habrá ninguna cuestión de lo ilusorio y lo no ilusorio, ya que el pensamiento actúa de manera natural en el estado equilibrado. Por supuesto, no hay un solo instante en el que el pensamiento ilusorio se detenga y el estado equilibrado continúe sin esfuerzo. Sin embargo, una vez que el estado equilibrado se clarifica, no tiene sentido seguir más el método ilusorio del pensamiento (aunque, evidentemente, uno todavía tiene la libertad de hacerlo si así lo decide).

Verso 18

na viparyasyamānasya saṃbhavanti viparyayāḥ
vimṛśasva svayaṃ kasya saṃbhavanti viparyayāḥ

Viparya: m. o n. (?) un número alto partic., bud. *Māna*: m. opinión, noción, concepción, idea, *tattvas* (cf. *ātma+māna*); propósito, deseo, proyecto; engreimiento, arrogancia, orgullo; (también n.) consideración, atención, respeto, honor. *Saṃbhū*: estar juntos o reunirse, agruparse, encontrarse, juntarse o unirse con (I. con o sin *saha*, o L.); haber nacido o ser producido a partir de (Ab.), surgir, brotar, desarrollarse; suceder, ocurrir, ser, ser encontrado, existir; ser posible. *Vimṛśa*: m. reflexión, consideración, deliberación. *Sva*: mf(*ā*)n. propio, de uno mismo, mi propio, vuestro propio, su propio, nuestro propio, etcétera (refiriéndose a las tres personas según el contexto, a menudo epc., pero generalmente declinable como el pronominal *sarva*, e.g., *svasmai* D., *svasmāt* Ab.). *Svayam*: ind. sí mismo, uno mismo (aplicable a todas las personas, e.g., yo mismo, tú mismo, él mismo, etcétera); de o por uno mismo, espontáneamente, voluntariamente, de voluntad propia (también utilizado enfáticamente con otros pronombres; a veces solo).

> **Si no queremos disolver las ideas ilusorias, estas ideas ilusorias pueden mantenerse.**
> **Si reflexionamos sobre nuestra propia situación aunque sea un poco, ¿cómo es posible que se mantengan los métodos ilusorios del pensamiento?**

Aquí tenemos un mensaje muy positivo. Si no tenemos ninguna intención de disolver nuestro pensamiento ilusorio, la desaparición de las ideas ilusorias nunca puede producirse. Pero si estamos dispuestos, siempre podremos hacerlo sin excepción. El Maestro Dogen habla a menudo del gran poder de tener una «voluntad para la Verdad». Si somos serios en nuestra búsqueda de la Verdad, la encontraremos inevitablemente.

Verso 19

anutpannāḥ kathaṃ nāma bhaviṣyanti viparyayāḥ
viparyayeṣv ajāteṣu viparyayagataḥ kutaḥ

Anutpanna: mfn. no nacido, no originado; no efectuado, no realizado. *Katham*: ind. ¿cómo?, ¿de qué manera?, ¿de dónde? *Katham* se encuentra a menudo en conexión con las partículas *iva-*, *nāma-*, *nu-*, *svid-*, las cuales parecen generalizar la interrogación (¿cómo posiblemente?, ¿cómo en verdad?, etcétera). *Nāma*: ind. (Ac. de *nāman*) por nombre, i.e., denominado, llamado; de hecho, ciertamente, realmente, por supuesto; casi, solamente en apariencia; sin embargo, no obstante. *Viparyayeṣv*: *viparyayeṣu*: pl. L. de *viparyaya*. *Ajāta*: mfn. no nacido, todavía no nacido, todavía no desarrollado. *Gata*: mfn. ido, desaparecido, apartado, apartado del mundo, fallecido, muerto; pasado (como tiempo), transcurrido; venido, salido de (comp. o Ab.).

¿Cómo es posible que las cosas y los fenómenos que todavía no han nacido continúen existiendo en el mundo, incluso teóricamente?
Si las ideas ilusorias todavía no han nacido, ¿cómo es posible que se vayan realmente las ideas ilusorias?

Es completamente imposible que exista lo que no ha nacido. Sin embargo, en nuestro pensamiento ilusorio, a menudo les damos nombres a cosas que todavía no existen y que nunca podrán existir.

En la línea siguiente, el Maestro Nāgārjuna pregunta cómo es posible que los diversos métodos ilusorios del pensamiento desaparezcan si todavía no han nacido. Cuando tenemos cuidado de no permitir que el pensamiento ilusorio se construya sobre sí mismo, no hemos de preocuparnos de que las ilusiones continúen.

Verso 20

na svato jāyate bhavaḥ parato naiva jāyate
na svataḥ parataś ceti viparyayagataḥ kutaḥ

Ceti: *ca+iti*.

Lo subjetivo no ha nacido como existencia, y lo objetivo no ha nacido en absoluto.
Tanto lo subjetivo como lo objetivo no existen en ninguna parte, de modo que ¿dónde es posible realmente que se vaya el pensamiento ilusorio?

Las ideas (es decir, los productos de la mente humana) y los estímulos sensoriales (esto es, la agitación dentro de los órganos de los sentidos humanos) son funciones de la mente y el cuerpo humanos, respectivamente. En última instancia, el cerebro y el cuerpo son lo mismo, en el sentido de que el sistema nervioso recorre el organismo y el cerebro es su centro. De manera que, incluso en un sentido físico, se puede decir que el cerebro se extiende por todo el cuerpo con la forma del sistema nervioso. Lo subjetivo aquí se refiere a las ideas, y lo objetivo, a la materia –el efecto de los estímulos sensoriales–. Lo subjetivo y lo objetivo nunca pueden separarse. Aunque especulemos que así pueda ser, en nuestras vidas reales nunca experimentamos el uno sin el otro. Por tanto, cuando algo subjetivo no ha nacido, es natural decir que tampoco lo ha hecho algo objetivo. Si la separación artificial de lo subjetivo y lo objetivo no existe en absoluto, ¿cómo es posible que desaparezca el pensamiento ilusorio? No puede suceder en este caso, puesto que para que existiera habría que introducir dicha separación.

Verso 21

ātmā ca śuci nityaṃ ca sukhaṃ ca yadi vidyate
ātmā ca śuci nityaṃ ca sukhaṃ ca na viparyayaḥ

Ātmā: sg. N. de *ātman*. *Śuci*: mfn. brillante, esplendoroso, reluciente, radiante, luminoso; blanco luminoso, blanco; claro, limpio, puro (lit. y fig.), sagrado, inmaculado, inocente, honesto, virtuoso; puro (en un sentido ceremonial); m. purificación, pureza, honestidad, virtud. *Nitya*: mf(*ā*)n. innato, nativo; uno mismo (op. a *araṇa*); continuo, perpetuo, eterno; ifc. que vive o participa constantemente en, decidido a, dedicado o utilizado para; ordinario, común, invariable, fijo, necesario, obligatorio. *Sukha*: mfn. que corre rápida o fácilmente (solamente aplicado a coches o carros), fácil; agradable (raramente con este significado en los Vedas), amable, gentil, apacible; cómodo, feliz, próspero; virtuoso, piadoso.

Cuando el alma, la luminosidad natural o la comodidad se reconocen, el alma, la luminosidad natural o la comodidad nunca son una idea ilusoria en absoluto.

Aquí, el término *alma* (*atman*) no representa la descripción de algo fantasmal que vive dentro del cuerpo y parte tras la muerte. En su lugar, se utiliza para referirse al verdadero sí mismo. En el capítulo 68 del *Shobogenzo*, «Udonge» («La flor de *uḍumbara*»), el Maestro Dogen también utilizó esta palabra con un sentido similar al describir zazen como «jugar con el alma». Allí, este usó el carácter chino *kon* (también pronunciado *tamashi*), que es la representación habitual en japonés de «alma». Aunque ese ideograma provenga de una época anterior a que las ideas cristianas fueran ampliamente conocidas en Japón, *tamashi* ahora se emplea cuando se traduce el concepto cristiano de alma al japonés. De manera que la idea básica es más o menos la misma. Aunque sea cierto que no tenemos un sí mismo del modo que normalmente lo concebimos, hay algo real a lo que equivocadamente denominamos sí mismo o incluso alma. Al llamarlo sí mismo o alma lo estamos limitando y pretendemos poseerlo. En realidad, este algo real no puede limitarse, y no es nuestra posesión. Pertenece al universo.

La luminosidad natural es nuestro estado natural de virtud. El alma, la luminosidad natural y la comodidad son cosas reales que pueden disfrutarse en nuestra vida diaria, y no los resultados de las ilusiones mentales.

Verso 22

nātmā ca śuci nityaṃ ca sukhaṃ ca yadi vidyate
anātmā 'śucy anityaṃ ca naiva duḥkhaṃ ca vidyate

Anātmā: sg. N. de *anātman*. *Anātman*: m. no sí mismo, otro; algo distinto del espíritu o el alma; mfn. no espiritual, corpóreo; desprovisto de espíritu o mente. *'Śuci*: *aśuci*: mfn. impuro, sucio. *Anitya*: mfn. no eterno, transitorio; ocasional, incidental; irregular, inusual; inestable; incierto; (*am*) ind. ocasionalmente.

Cuando se reconoce, el alma es pura y aquello que es innato es brillante.
[Los hechos seriamente dolorosos de que] el alma es impura y que aquello que es innato nunca es brillante nunca pueden reconocerse en absoluto.

Ciertamente puede decirse que el alma es pura, e innata y milagrosamente brillante, lo cual, evidentemente, es algo agradable. Cuando reconocemos esto, la idea desagradable de que el alma es impura y no es brillante desaparece de manera natural. Otro modo de decirlo es que cuando se ven desde el punto de vista idealista, nuestras almas y aquellas cosas que son innatas a ellas pueden parecer puras y brillantes, o impuras y manchadas. Sin embargo, la situación real está más allá de tales distinciones, y por tanto, se aproxima más a la verdad describir el alma como pura y brillante.

Verso 23

evaṃ nirudhyate 'vidyā viparyayanirodhanāt
avidyāyāṃ niruddhāyāṃ saṃskārādyaṃ nirudhyate

Evam: ind. así, de este modo, de tal manera, tal (no se encuentra en los himnos más antiguos de los Vedas, donde es sustituido por *eva*, pero aparece en himnos posteriores y en los Brāhmaṇas, especialmente en conexión con *vid*, «saber», y sus derivados; en sánscrito clásico *evam* aparece con frecuencia, especialmente en conexión con las raíces *vac*, «hablar», y *śru*, «escuchar», y se refiere tanto a lo que precede como a lo que sigue). *Nirudh*: detener, parar, obstaculizar, callar, refrenar, limitar, controlar, suprimir, destruir; mantener lejos, alejar, retirar; rodear o sitiar (un lugar); cerrar (lit. «una puerta» o fig. «un corazón, mente», etcétera); capturar o alcanzar. *Avidyā*: mfn. analfabeto, tonto; f. ignorancia; (en la fil. *vedānta*) ilusión (personificada como Māyā); ignorancia junto con inexistencia, bud. *Nirodhana*: mfn. que obstruye, que limita, que esconde (ifc.); n. confinamiento, encarcelamiento, retención, restricción, sometimiento, supresión; rechazo, denegación. *Avidyāyām*: f. sg. L. de *avidya*. *Niruddhāyām*: f. sg. L. de *niruddha*. *Niruddha*: mfn. detenido, retenido, sujetado, parado, cerrado, confinado, refrenado, controlado, mantenido al margen, eliminado, suprimido. *Saṃskārādyaṃ*: *samskāra+ādyaṃ*. *Saṃskāra*: m. (ifc. f. *ā*) que junta, que forma bien, que hace perfecto, logro, adorno, ornamentación, purificación, limpieza, confeccionamiento, preparación, aliño (de comida), refinado (de metales), pulido (de gemas), cría [o cultivo] (de animales o plantas); limpieza del cuerpo, el baño, la ropa; que forma la mente, entrenamiento, educación; exactitud (también en un sentido astronómico), formación o uso correcto de una palabra; corrección, pureza (esp. de pronunciación o expresión). -*Ādya*: mf(*ā*)n. que está al comienzo, primero, primitivo; inmediatamente anterior, previo, más viejo; que está a la cabeza, incomparable, sin precedentes, excelente.

Cuando la ignorancia no es reconocida y ha sido ocultada, el método ilusorio del pensamiento ya se ha manifestado aquí y ahora.

[Los casos de] ignorancia, destrucción y todo lo que no sea la acción real pueden ser destruidos.

Cuando no nos damos cuenta de nuestra propia ignorancia, nuestros métodos ilusorios del pensamiento aparecen obligatoriamente. Además, cuando no nos percatamos de ella, esta permanece oculta debido nuestra acción real aquí y ahora. Nos la ocultamos a nosotros mismos. Nuestra propia ignorancia nos impide ver nuestra propia ignorancia. Esto es así porque el ocultamiento de la ignorancia es la ignorancia en sí. En cualquier caso, lo único que nunca puede ser destruido es la acción real. Nuestra acción real aquí y ahora es eterna. Es importante que prestemos mucha atención.

Verso 24

yadi bhūtāḥ svabhāvena kleśāḥ kecid dhi kasyacit
kathaṃ nāma prahīyeran kaḥ svabhāvam prahāsyati

Bhūta: mf(*ā*)n. convertido, sido, ido, pasado (n. el pasado); que realmente ha sucedido, verdadero, real (n. una ocurrencia real, hecho, hecho real, realidad); existente, presente; (ifc.) ser o que es como algo, que consiste en, mezclado o unido a. *Svabhāva*: m. lugar nativo; la condición propia o estado de ser, el estado o constitución natural, disposición inherente o innata, naturaleza, impulso, espontaneidad; (*-vat* o *-vena* o *-vatas* o epc.) de disposición natural, por naturaleza, naturalmente, por uno mismo, espontáneamente. *Kleśa*: m. dolor, aflicción, sufrimiento, dolor de enfermedad, angustia; los budistas consideran diez, viz., tres del cuerpo [el asesinato, el robo, el adulterio]; cuatro del habla [la mentira, la calumnia, el insulto, la conversación improductiva], y tres de la mente [la codicia, la malicia, el escepticismo], bud.; ira, cólera; ocupación mundana, preocupación, problema. *Ke*: m. pl. N. de *ka*. *Ciddhi*: *cit+dhi*. *Ke cit*: la adición de una partícula indefinida, habitualmente o *cit* o *api*, transforma el pron. interrogativo («¿quién?», «¿qué?») en uno indefinido («alguien», «alguno», «unos», «cualquiera», «algunos»).

Dhi: *adhi*: ind. como un adverbio o preposición separable; (con L.) sobre; en. *Kasya*: m. n. sg. G. de *ka*. *Nāma*: ind. (Ac. de *nāman*) por nombre, i.e., denominado, llamado; de hecho, ciertamente, realmente, por supuesto; casi, solamente en apariencia; sin embargo, no obstante. *Prahīyeran*: Ā. 3.ª pers. pl. pas. opt. de *prahi*. *Prahi*: urgir, incitar; dirigir, mandar; transmitir o enviar a, proveer, adquirir, conceder (D.); arrojar, emitir, lanzar sobre, verter en (D. o L.); volver los ojos hacia (Ac.); enviar (mensajeros), expulsar, despedir, enviar a (Ac.). *Prahāsyati*: fu. de *prahi*.

Si el mundo se basa en la existencia subjetiva, incluso nuestro dolor también es alguna clase de existencia, y parece que el universo como una clase de receptáculo puede existir en algún lugar.
Aunque solo sea teóricamente, no es cierto que dicha situación se promoverá, ni que la existencia subjetiva será promovida más, ni siquiera en el futuro.

Cuando pensamos, utilizamos las ideas producidas en nuestro cerebro. Podemos imaginar lo que queramos. Por ello, es posible considerar que cierta clase de dolor puede existir realmente en el mundo, y también que el universo es una clase de receptáculo que nos contiene a nosotros y a otras cosas y fenómenos. Sin embargo, es imposible que dicha situación exista realmente ahora o en el futuro.

Verso 25

yady abhūtāḥ svabhāvena kleśāḥ kecid dhi kasyacit
kathaṃ nāma prahīyeran ko 'sadbhāvaṃ prahāsyati

Abh+ta: mfn. cualquier cosa que no ha sido o sucedido. *Asadbhāva*: m. inexistencia, ausencia; una mala disposición o temperamento.

Cuando se piensa en los mundos que son diferentes de este mundo, puede ser posible que el dolor exista, y el mundo que es similar a un receptáculo parece existir realmente en algún lugar.
Sin embargo, aunque solo sea teóricamente, es imposible que tales ideas extrañas se promuevan más o que el mundo irreal se promueva más.

Estamos constantemente imaginando la existencia de mundos distintos de aquel en el que realmente vivimos. No solo tenemos ideas sobre el cielo, el infierno, otros planetas y dimensiones, etcétera, sino que cada vez que deseamos estar en un lugar distinto de donde nos encontramos creamos un nuevo mundo en nuestra mente. Con aquello a lo que llamamos dolor sucede algo parecido. El dolor es cualquier cosa que experimentemos que desearíamos no estar experimentando. Asimismo, la idea de que el mundo es como un receptáculo es igualmente fantasiosa e irreal. En el mundo real, la existencia real del dolor nunca es afirmada categóricamente. Tan solo hay lo que hay. El dolor es una mera definición que creamos en nuestra mente. Tampoco la verdadera condición afirma la existencia real de un mundo como un receptáculo. Es imposible que dicho mundo irreal sea promovido de alguna manera.

Capítulo 24

Āryasatya parīkṣā

(Estudio de la verdad suprema)

Ārya: m. un hombre respetable honorable o fiel; *buddha*; excelente, sabio, apto. *Satya*: mf(*ā*)n. verdadero, real, cierto; (*am*) n. verdad, realidad.

El término sánscrito *satya* sugiere directamente la realidad o la verdad, y *ārya*, lo supremo. De modo que he traducido el compuesto *āryasatya*, el cual aparece en el título del presente capítulo, como «la verdad suprema».

Hay cuatro aspectos de esta verdad suprema. El primero es teórico, aunque no en un sentido convencional. La verdad suprema es una teoría que afecta a todo el universo, al igual que lo hacen las teorías científicas. La estructura atómica del hidrógeno, por ejemplo, no cambia independientemente de lo que encontremos en el universo. Por ello, es un tipo de verdad. En el budismo, creemos que algunas verdades filosóficas tienen esta cualidad universal.

El segundo es que la verdad suprema sugiere la Verdad del mundo exterior, la cual puede ser percibida por nuestros órganos de los sentidos. Como recordaremos, el Maestro Nāgārjuna insiste en la realidad del mundo exterior, aunque muchos filósofos duden de ella.

El tercero es que la verdad suprema sugiere la Verdad de nuestra acción real en el instante presente. La acción en el instante presente es innegablemente real y tiene efectos eternos.

El cuarto significado de la verdad suprema es el de la Verdad del mundo en sí mismo, el universo, la realidad. Este aspecto incluye los otros tres. En el presente capítulo, dicha idea budista de la verdad suprema se explica de forma concreta y realista.

****

Verso 1

yadi śūnyam idaṃ sarvam udayo nāsti na vyayaḥ
caturṇām āryasatyānām abhāvas te prasajyate

Sarva: mf(*ā*)n. (declinado como un pronombre excepto N. Ac. sg. n. *sarvam*, y sirviendo como modelo de una serie de pronominales); de todas las clases, múltiple, varios, diferente; (con otro adjetivo o en comp.) en conjunto, totalmente, completamente, en todas partes, en todos lados. *Udaya*: m. ascenso, elevación; abultamiento; levantamiento, salida (del sol, etcétera), aparición (de una nube); la montaña oriental (detrás de la cual se supone que sale el sol); que sale; que sale a la luz, que se hace visible, surgimiento, desarrollo; producción, creación. *Vyaya*: mfn. que fallece, mutable, sujeto a cambio o deterioro (solamente como op. o conectado con *avyaya*); m. (ifc. f. *ā*) desaparición, decaimiento, ruina, pérdida; gasto, expendio, desembolso, inversión (op. a *āya*, «ingreso»); costo, sacrificio de (G. o comp.). *Caturṇām*: m. n. G. de *catur* (*SGFS*.). *Āryasatyānām*: pl. G. de *āryasatya*. *Āryasatya*: n. (en pali *ariyasaccam*) verdad suprema; (para los budistas las *cattari ariyasaccāni*, o «cuatro grandes verdades», son: 1) la vida es sufrimiento, 2) el deseo de la vida es la causa del sufrimiento, 3) la extinción de ese deseo es la cesación del sufrimiento y 4) el óctuple sendero lleva a esa extinción). *Abhāva*: *as*, m. inexistencia, nulidad, ausencia; no-entidad, negación (la séptima categoría en el sistema de Kanāda); la prueba de la inexistencia (una de las seis *pramāṇas* en la fil. *vedānta*); aniquilación, muerte. *Te*: m. pl. N. de *ta*. *Prasajyate*: pas. de *prasañj*: aferrarse a, apegarse a (L.) rodearse de, i.e., proveerse de o suministrarse con (I.); agarrarse a (L.); engancharse con alguien (L.) en una pelea o disputa; (solamente ind. p. *sajya*) estar apegado al mundo; resultar, seguir, ser la consecuencia de algo; hacer que tenga lugar; aferrarse uno mismo a (Ac.); pas. *prasajyate*, apegarse, aferrarse, dedicarse a o pretender o estar ocupado con (L.).

> **Si el estado equilibrado es la situación total del mundo, el hecho de la aparición no existe realmente y el hecho de la desaparición no existe realmente.**
> **Pero si nos atrevemos a decir que no existen los cuatro aspectos de la verdad suprema, dicho empeño está demasiado apegado.**

He traducido el término *sūnyatā*, el cual aparece aquí en condicional, como «el estado equilibrado». Algunas veces se vierte como «vacuidad», pero dicha interpretación es engañosa. La vacuidad a la que se refiere *sūnyatā* es el universo real tal y como es cuando está vacío de nuestras preconcepciones. Esta condición queda clara cuando nuestro sistema nervioso autónomo entra en el estado de equilibrio. En dicha condición somos conscientes de que el universo simplemente es la existencia en el instante presente.

Cuando nuestro sistema nervioso está equilibrado, ese estado impregna todo el universo. Esto puede parecer extraño, pero el Buddha Gautama expresó dicho punto de vista sobre su propio despertar al aseverar: «Yo, junto con todas las cosas y los fenómenos de todo el universo, he despertado». El mundo real es justamente la existencia en el instante presente. La aparición y la desaparición no existen en dicho instante, puesto que para que pueda decirse que algo ha aparecido o desaparecido, se debe comparar el estado actual con el de algún momento del pasado. De modo que la aparición y la desaparición, las cuales dependen del tiempo lineal, nunca pueden existir realmente.

En la segunda línea del verso, el Maestro Nāgārjuna declara que si la gente que no confía en el budismo insiste en que no hay nada de valor en las Cuatro Nobles Verdades –el idealismo, el materialismo, la filosofía de la acción y la realidad en sí–, dicho empeño está demasiado apegado al pensamiento ilusorio.

Verso 2

parijñā ca prahāṇaṃ ca bhāvanā sākṣikarma ca
caturṇām āryasatyānām abhāvān nopapadyate

Parijñā: f. conocimiento. *Prahāṇa*: n. renuncia, abandono, evasión; abstracción, especulación, meditación; esfuerzo. *Bhāvana*: mf(ī)n. que hace que sea, que efectúa, que produce, que muestra, que manifiesta; que promueve o efectúa el bienestar de alguien (G. o comp.); que cree, que se imagina; que enseña. *Sākṣi*: por *sākṣin* en comp. *Sākṣin*: mfn. que ve con los ojos, que observa, que presencia; un testigo ocular, testigo (en la ley) de o para (G. L. o comp.); m. (en fil.) el ego o sujeto (como op. al objeto o a aquello que es externo a la mente). *Caturṇām*: G. de *catur*.

El contenido de nuestro reconocimiento, el abandono y las funciones sensoriales que son la base de las percepciones sensoriales
nunca podrían manifestarse si no fuera por la existencia de las cuatro verdades supremas.

El contenido de nuestro reconocimiento es cualquier cosa que percibamos. El abandono se refiere a la renuncia de las cosas que son reconocidas como insalubres. En el *Kalama Sutra*, el Buddha enseña que si uno reconoce algo como insalubre, debe abandonarlo. La referencia a «las funciones sensoriales que son la base de las percepciones sensoriales» es una alusión a la idea budista de que la base del mundo material es nuestra percepción sensorial. Esto, evidentemente, va contra la creencia occidental de que el mundo material es la base de la percepción sensorial. Ninguna de estas cosas, dice el Maestro Nāgārjuna, podría darse, si no fuera por la existencia de las cuatro verdades supremas.

Verso 3

tadabhāvān na vidyante catvāry āryaphalāni ca
phalābhāve phalasthā no na santi pratipannakāḥ

Tad: sg. N. Ac. de *ta*. *Catvāry*: *catvāri*: n. N. V. de *catur*. *Catur*: cuatro. *Ārya*: m. un hombre respetable honorable o fiel, un habitante de Āryāvarta; uno que es fiel a la religión de su país; nombre de la raza que inmigró de Asia Central a Āryāvarta (opuesto a *an-ārya*, *dasyu*, *dāsa*); más adelante, nombre de las primeras tres castas (opuesto a *sūtra*); un hombre muy estimado, un hombre respetable y honorable; *buddha*; (para los budistas) un hombre que ha enseñado las cuatro verdades principales del budismo y vive en consecuencia, un sacerdote budista. *Sthā*: mfn. (N. m. n. *sthās*) que está, estacionario (a menudo ifc. = «permanente, que está, que existe en o sobre o entre»). *Pratipannaka*: m. «que ha llegado a un objetivo», (para los budistas) nombre de las cuatro órdenes de *āryas* (viz., *śrota-āpanna*, *sakṛd-āgāmin*, *anāgāmin* y *ārhat*).

Si negamos las verdades supremas, es imposible que reconozcamos los cuatro resultados supremos.
Cuando no hay ningún resultado, es imposible que mantengamos la estabilidad del resultado, y por eso es imposible llegar realmente al resultado.

Las verdades supremas son *duḥkha-satya*, la filosofía del dolor (idealismo); *samudaya-satya*, la filosofía de la acumulación (materialismo); *nirodha-satya*, la filosofía de la autorregulación (acción), y *mārga-satya*, la filosofía de la moral (realidad). Los cuatro resultados supremos que los antiguos budistas creían que provenían de la práctica budista son: *śrota-āpanna*, la preparación del resultado; *sakṛd-āgāmin*, la primera llegada del resultado; *anāgāmin*, el no regreso del resultado, y *ārhat*, el último resultado.

Si sostenemos que las cuatro verdades supremas –el idealismo, el materialismo, la filosofía de la acción y la realidad en sí– no son entidades reales, es completamente imposible que los resultados supremos sean reconocidos. Es cierto que la estabilidad del resultado nunca puede existir verdaderamente sin la existencia del resultado en sí. De modo que si no hubiera una existencia real de las cuatro verdades supremas, sería completamente imposible que los cuatro resultados supremos, los cuales son promovidos por los *śrāvakas*, o budistas intelectuales, existieran en el mundo real en absoluto.

Ciertamente, en capítulos anteriores el Maestro Nāgārjuna expuso que el concepto de resultado era falso. No ha abandonado esa idea de repente. Aquí se refiere al pensamiento de los budistas intelectuales. Cuando miramos en términos del tiempo real, el cual es únicamente el instante presente, no podemos encontrar nada a lo que llamar resultado. Solo si lo hacemos desde el punto de vista del tiempo lineal, podemos hablar de resultados. El budismo escolástico e intelectual tiende a ver las cosas en términos del tiempo lineal. Además, debemos recordar que no podemos conocer la secuencia completa de causa y efecto que produce un fenómeno particular. De modo que, aun cuando podamos llamar resultado a algo provisionalmente, debemos tener claro que no conocemos de manera precisa la cadena de causalidad implicada. Por ello, el resultado siempre es un tipo de suposición.

Verso 4

saṃgho nāsti na cet santi te 'ṣṭau puruṣapudgalāḥ
abhāvāc cāryasatyānāṃ saddharmo 'pi na vidyate

Saṃgha: m. «contacto o combinación cercana», cualquier colección o conjunto, montón, multitud, cantidad, muchedumbre, hueste, número (generalmente con G. pl. o ifc.); cualquier número de personas que viven juntas con cierto propósito, una sociedad, asociación, compañía, comunidad; una comunidad clerical, congregación, iglesia; (esp.) toda la comunidad o el cuerpo colectivo o la hermandad de monjes (para los budistas; también aplicado a una fraternidad monacal o secta de los jainistas), bud. *Cet*: *ced*: ind. = *ca* «y». *Aṣṭau*: *aṣṭan*: pl. ocho. *Puruṣa*: m. un hombre, varón, ser humano (pl. gente, humanidad); una persona, un oficial, funcionario, asistente, siervo.

Pudgala: mf(*ā*)n. hermoso, bonito, apuesto; m. el cuerpo; el alma, entidad personal; hombre; el ego o individuo (en un sentido despectivo). *Cārya*: *saddharma*: m. la buena ley, verdadera justicia; (para los budistas y jainistas) denominación de las doctrinas budistas o jainistas, bud.

Si la orden budista no existe realmente, las ocho clases de budistas nunca pueden existir realmente.
Si no nos deshacemos de la idea de que no hay nada en la verdad suprema, ni siquiera el universo real puede ser reconocido en absoluto.

Las ocho clases de budistas a los que aquí se hace referencia son los monjes, las monjas, las monjas de menos de doce años, los aprendices de monje y de monja, los candidatos para el monacato, los laicos budistas y las laicas budistas. Si la orden budista o *Saṃgha* (Sangha) no existiera, tampoco sería posible que existieran las ocho clases de miembros.

El Maestro Nāgārjuna dice que si no desechamos la idea de que no hay una verdad suprema (el idealismo, el materialismo, la filosofía de la acción autorregulada y la realidad en sí misma), ni siquiera el universo real puede ser reconocido en absoluto. Esta parece ser una declaración muy atrevida. La mayoría de nosotros creemos reconocer la existencia real del universo incluso aunque podamos negar la verdad suprema, pero, en términos budistas, lo que normalmente pensamos que es el reconocimiento de la realidad no lo es en absoluto: tan solo se trata del reconocimiento de nuestras propias ideas ilusorias y percepciones de la realidad.

Verso 5

dharme cāsati saṃghe ca kathaṃ buddho bhaviṣyati
evaṃ trīṇy api ratnāni bruvāṇaḥ pratibādhase

Asati: n. no-entidad; mentira; mal (Mac.). *Trīṇi*: n. tres. *Ratna*: n. un regalo, presente, bienes, riqueza, opulencia; una joya, gema, tesoro, piedra preciosa. *Bruvāṇa*: mfn. hablar, decir, contar. *Pratibadhase*: Ā. 2.ª pers. pres. de *pratibadh*. *Pratibādh*: Ā. rechazar, desviar, repeler; controlar, contener; doler, atormentar, fastidiar.

> **Si es cierto que el universo no es nada, dicha situación existe realmente en la orden budista, de modo que ¿cómo es posible que exista la gente que logra la Verdad incluso en el futuro?**
> **Aunque los tres valores supremos son preciosos, vosotros [que no confiáis en el budismo] rechazáis incluso hablar de ellos.**

La primera línea de este verso es autoexplicativa. Si el universo no existiera realmente, como sostienen los nihilistas de hoy y mantenían las personas que se adherían a filosofías similares en tiempos del Maestro Nāgārjuna, no habría ninguna esperanza para nadie de comprender la Verdad.

Los tres valores supremos mencionados en la segunda línea son Buddha, aquel que ha llegado a la Verdad; Dharma, la ley del universo, y Sangha, la orden budista que busca la Verdad. Si estos no existieran realmente, ni siquiera una persona que hubiera asido la Verdad (Buddha) podría realmente existir en absoluto. Aunque dichos valores supremos sean tremendamente importantes, los que no confían en el budismo rechazan incluso hablar de ellos.

Verso 6

śūnyatāṃ phalasadbhāvam adharmaṃ dharmam eva ca
sarvasaṃvyavahārāṃś ca laukikān pratibādhase

Sadbhāva: m. ser real, existencia; el verdadero ser, verdad, estado real de las cosas. *Adharma*: m. toda maldad, injusticia, irreligión, malicia. *Saṃvyavahāra*: m. que hacen bien asuntos juntos, que prospera en los asuntos, asuntos mundanos; trato mutuo, tráfico, relaciones, que trata con (comp.); ocupación con, adicción a (comp.). *Laukika*: mf(*ī*)n. (proveniente de *loka*) mundano, terrestre, que pertenece a o sucede en la vida ordinaria, común, usual, habitual, temporal, no sagrado (como op. a *vaidika*, *ārṣa*, *śāstrīya*).

**El estado equilibrado (*śūnyatā*), el mundo secular, aquello que va contra la ley del universo e incluso la ley del universo en sí,
y además, todo el trabajo secular y la conducta impropia: vosotros que no confiáis en el budismo rechazáis incluso hablar de ellos.**

La gente que no confía en el budismo habitualmente rechaza aceptar el valioso hecho del estado equilibrado, aquí referido como *śūnyatā*. Lo que el Maestro Nāgārjuna llama mundo secular es cualquier sociedad que se base en la idea de resultado. Evidentemente, nuestra sociedad actual fundamentada en la economía es un ejemplo perfecto. Cuando el Maestro Nāgārjuna dice que los no-budistas rechazan hablar de la sociedad secular, quiere decir que se niegan a aceptar la idea de que pudiera haber otra manera de vivir. Además, agrega, no creen que pueda haber algo opuesto a la ley del universo porque no confían en esta. La noción de que hay varias clases de conducta impropia en el mundo secular también es rechazada por aquellos que reconocen que todo tipo de comportamiento es aceptable siempre y cuando produzca el resultado deseado. Según el Maestro Nāgārjuna, ninguna de estas cuestiones puede discutirse sensiblemente a menos que se traten desde el punto de vista del estado equilibrado.

Verso 7

atra brūmaḥ śūnyatāyāṃ na tvaṃ vetsi prayojanam
śūnyatāṃ śūnyatārthaṃ ca tata evaṃ vihanyase

Atra: ind. (proveniente de la base pronom. *a*; a menudo utilizado en sentido del L. *asmin*) de este modo, a este respecto; en este lugar, aquí; en este momento; ahí; en ese momento. *Brūma*: *brū+ma*. *Brū*: hablar, decir, contar. *Ma*: sf. m. sus. *Śūnyatāyāṃ*: f. sg. L. de *śūnyatā*. *Vetsi*: 2.ª pers. de *vid*. *Vid*: saber, comprender, percibir, aprender, conocer o estar familiarizado con, ser consciente de, tener una noción correcta de (con Ac., en el lenguaje más antiguo también con G.). *Prayojana*: n. ocasión, objeto, causa, motivo, oportunidad, propósito, intención, objetivo, fin. *Ārtha*: mf(*ī*)n. relacionado con una cosa u objeto; material, significativo (op. a *śābda*). *Tata*: mfn. extendido, alargado, esparcido, difuminado, expandido. *Vihan*: separar o dividir, dispersar, destrozar, romper, destruir; romper en pedazos, estirar (una piel); arrancar; desatar, soltarse (el pelo).

> **En dicha situación, aunque las conversaciones habituales se mantengan en una condición estable, no queréis conocer el motivo por el cual esas conversaciones se mantienen tranquilamente.**
> **Os encontráis completamente abrumados por la situación equilibrada en sí, y por la verdadera importancia del estado equilibrado.**

La interacción normal de cada día con los demás seres humanos solo fluye cuando se basa en cierto grado de equilibrio. Por supuesto, somos muy conscientes de cómo a menudo este se rompe y aparece el conflicto. Sin embargo, aunque esas rupturas puedan causar problemas muy serios, son la excepción y no la regla. De lo contrario, la sociedad se desmoronaría por completo. Con todo, aquellos que no confían en el budismo no quieren afirmar que este sea el caso, ni quieren investigar las razones por las que dicha estabilidad se logra. Resulta curioso que perdamos tanto tiempo y energía averiguando la causa del conflicto y muy poco investigando cómo aparecen y se mantienen las interacciones pacíficas normales. Según el Maestro Nāgārjuna, la razón por la cual la mayoría de la gente no investiga esto es que nos sentimos abrumados por la verdadera importancia del estado equilibrado. Es decir, no nos percatamos de dicho estado porque es muy obvio y está al alcance de la mano. Irónicamente, puede ser una evidencia tan abrumadora que tendamos a pasarlo por alto completamente.

Verso 8

dve satye samupāśritya buddhānāṃ dharmadeśanā
lokasaṃvṛtisatyaṃ ca satyaṃ ca paramārthataḥ

Dva: dos; ambos (con *api*). *Satya*: mf(*ā*)n. verdadero, real, cierto, genuino, sincero, honesto, veraz, fiel, puro, virtuoso, bueno, exitoso, eficaz, válido. *Samupāśritya*: *samupāś+rit+ya*. *Samupāś*: saborear total o completamente, disfrutar. *Rit*: mfn. continuo, fluido. *Dharmadeśanā*: f. instrucción en la ley; para los budistas = sermón. *Lokasaṃvṛtti*: f. conducta correcta (en el mundo). *Paramārthata*: *paramārtha+ta*. *Paramārtha*: m. la más alta o completa verdad, conocimiento espiritual; cualquier objeto excelente o importante; el mejor sentido.

La situación en la cual hemos experimentado suficientemente las dos Verdades es la enseñanza de la ley del universo de los profesores que han logrado la Verdad.
La directriz real del mundo es justamente la Verdad, y esa es justamente la Verdad en el mundo de la acción.

Las dos Verdades son la filosofía basada en el intelecto (que incluye tanto el idealismo como el materialismo) y la que se fundamenta en la experiencia verdadera. Después de disfrutar tanto la Verdad del mundo intelectual como la del mundo de la acción y la experiencia, confiar en ellas es justamente seguir la Verdad del universo. Esta es la enseñanza de aquellos que han logrado la Verdad. La directriz que puede enseñarnos cómo deberíamos vivir realmente en el mundo es justamente la Verdad en el mundo de la acción, o el mundo real en sí mismo.

Verso 9

ye 'nayorna vijānanti vibhāgaṃ satyayor dvayoḥ
te tattvaṃ na vijānanti gambhīraṃ buddhaśāsane

Anayorna: *anayoḥ+na*. *Anayoḥ*: du. G. L. de *ana*. *Ana*: m. aliento, respiración. *Vijān*: Ā. nacer o ser producido, originarse, surgir; ser transformado, transformarse en, convertirse (N.); tener crías, generar, dar a luz, producir. *Vibhāga*: m. distribución, reparto; partición de matrimonio, ley de herencia (uno de los dieciocho títulos o ramas de la ley); una parte, porción, sección, parte constituyente de algo; división, separación, distinción, diferencia. *Satyayor*: *satyayoḥ*: du. G. L. de *satya*. *Dvayoḥ*: du. G. L. de *dva*. *Tattva*: n. estado verdadero o real, verdad, realidad; (en fil.) un principio verdadero. *Gambhīra*: mfn. = *gabhīra* (solamente al comienzo de *pādas*, seis veces); (en escritos posteriores a los Vedas) *gambhīra* se utiliza más que *gabhīra*; la profundidad del ombligo de un hombre, la voz y el carácter se elogian conjuntamente; por tanto, una persona que se dice que tiene un ombligo, una voz y un carácter profundos es llamada *trigagambhīra*. *Gabhīra*: mf(*ā*)n. profundo (op. a *gādha* y *dīna*); de un profundo sonido, que suena profundamente, sonido hueco; hondo, sagaz, grave, serio, solemne, secreto, misterioso; denso, impenetrable; que no se puede penetrar o investigar o explorar, inescrutable; «inagotable», ininterrumpido (tiempo). *Śāsana*: mf(*ī*)n. que castiga, un castigador, penalizador; enseñanza, instrucción, un instructor; (*ī*) f. instructora; n. castigo, penalización, corrección.

Aquellos que no pueden experimentar realmente que hay dos clases de Verdad, las cuales son dimensionalmente distintas pero que existen juntas, al igual que [la inspiración y espiración de] la respiración, son criticados por el Buddha Gautama como aquellos que no pueden asir verdaderamente la realidad como algo profundo.

Al igual que el acto de respirar implica tanto la inspiración como la espiración, se dan las dos clases de Verdad mencionadas en el verso anterior. Una es la Verdad del mundo del intelecto, y la otra, la del mundo de la experiencia real. Aquellos que no son conscientes de la existencia real de ambas no asen la realidad del mundo. El Buddha Gautama criticó a quienes no afirmaban su existencia. Sin embargo, tenemos una gran dificultad para asirlas, ya que son mutuamente contradictorias. A menudo nos enfrentamos a situaciones en nuestra vida diaria que pueden verse de maneras completamente distintas y parecen excluirse entre sí. El Maestro Dogen a veces yuxtaponía dichas visiones opuestas en su obra maestra, el *Shobogenzo*, la cual fue escrita muchos años después que el *MMK*. Aquí, el Maestro Nāgārjuna atribuye su propia comprensión de esta situación contradictoria al Buddha Gautama.

Verso 10

vyavahāram anāśritya paramārtho na deśyate
paramārtham anāgamya nirvāṇaṃ nādhigamyate

Vyavahāra: m. acto, realización, acción, práctica, conducta, comportamiento; comercio o relaciones con (*saha* o comp.); asunto, materia; uso, tradición, costumbre, vida ordinaria, práctica común; actividad, acción o práctica de, ocupación o negocios con (L. o comp.). *Anāśritya*: *anāś+rit+ya*. *Anāś*: mfn. sin esperanza, desesperado. *Paramārtha*: m. la más alta o completa verdad, conocimiento espiritual; cualquier objeto excelente o importante; el mejor sentido. *Deśyate*: 3.ª pers. sg. pas. de *diś*. *Diś*: P. señalar, mostrar, exponer; producir, presentar (como un testigo en una corte de justicia); promover, efectuar, conseguir; asignar, conceder, otorgar a (D. L. G.). *Anāgamya*: mfn. inaccesible, incapturable. *Nirvāṇa*: mfn. fundido o apagado, extinguido (como una lámpara o el fuego), caído [puesto] (como el sol), calmado, tranquilo, amansado, muerto, fallecido (lit. que tiene apagado el fuego de la vida), perdido, desaparecido. *Adhigamyate*: pas. de *adhigam*. *Adhigam*: alcanzar, acercarse a, superar; implicarse; encontrarse, encontrar, descubrir, obtener; realizar; estudiar, leer.

Cuando la acción es realizada en una condición desesperada, es difícil darse cuenta del mundo de la acción.
Cuando el mundo de la acción todavía no ha llegado, el estado solitario y sereno aún no sucede.

Cuando la acción es realizada en una condición desesperada, no somos muy diligentes con ella. Por ello, habitualmente no tenemos la sensación real de estar viviendo en el mundo de la acción. El *nirvāṇa* (aquí referido como el estado solitario y sereno) no es distinto de nuestras vidas cotidianas (aquí llamadas el mundo de la acción). De modo que si no somos conscientes de nuestras vidas cotidianas tampoco podemos serlo del *nirvāṇa*.

Verso 11

vināśayati durdṛṣṭā śūnyatā mandamedhasam
sarpo yathā durgṛhīto vidyā vā duṣprasādhitā

Vināśayati: caus. de *vinaś*. *Vinaśayati*: hacer que esté absolutamente perdido o arruinado o desaparecido o esfumado; frustrar, decepcionar, dejar inoperante (un arma); padecer estar perdido o arruinado. *Durdṛṣṭa*: mfn. mal visto (lit. y fig.) mal examinado o injustamente dictaminado (pleito); mirado con malos ojos. *Mandamedhasam*: *mandamedhas+am*. *Mandamedhas*: *mandadhī*: mfn. torpe, simple, tonto. *Am*: la terminación *am* en el comparativo y otras formas usada como ind., e.g., *prataram*, etcétera. *Sarpo*: *sarpaḥ*: *sarpa*: mf(*ī*)n. sigiloso, reptante, que roba; m. (ifc. f. *ā*) una serpiente, culebra, serpiente-demonio; movimiento tortuoso. *Yathā*: ind. (correlativo de *tathā*) de qué forma o manera, conforme a, como, según (también con *cid*, *ha*, *ha vai*, *iva*, y seguido por el correlativo *tathā*). *Dur*: por *dus* en comp., denotando «malo» o «difícil», etcétera. *Gṛhīta*: mfn. asido, tomado, incautado, agarrado, sostenido, apoderado de; recibido, aceptado; recibido de un modo hospitalario (como un invitado); obtenido, ganado; «tomado para uno mismo». *Vidya*: *vidyā*: f. conocimiento, ciencia, aprendizaje, erudición, filosofía (según algunos hay cuatro *vidyās* o ciencias: 1) *trayī*, el triple Veda;

2) *ānvīkṣī*, lógica y metafísica; 3) *daṇḍa-nīti*, la ciencia del gobierno, y 4) *vārttā*, artes prácticas tales como la agricultura, el comercio, la medicina, etcétera). *Vā*: ind. o. *Duṣprasādhitā*: *duṣ+prasādhita*. *Duṣ*: por *dus* en comp. *Dus*: ind. un prefijo para sustantivos y raramente para verbos o adverbios que implica maldad, mal, dificultad, dureza; malvadamente, duramente; leve, inferior, etcétera. *Prasādhita*: mfn. realizado, organizado, preparado; probado; ornamentado, decorado.

Cuando las ideas equivocadas se niegan, el estado equilibrado no parece ser especial y parece ser muy común.
En dicha situación, aquello que se aproxima a nosotros reptando [malvadamente] es el juicio equivocado, y también es la preparación equivocada.

Cuando se destruyen las ideas equivocadas, el estado equilibrado aparece. Dichas situaciones son realmente muy comunes, de modo que tendemos a darlas por hecho y a no percatarnos de ellas. Al volvernos conscientes del estado de equilibrio podemos advertir nuestro propio juicio equivocado y nuestra pobre preparación, del mismo modo que nos daríamos cuenta de una serpiente que se arrastrase hacia nosotros.

Verso 12

ataś ca pratyudāvṛttaṃ cittaṃ deśayituṃ muneḥ
dharmaṃ matvāsya dharmasya mandair duravagāhatām

Atas: ind. (Ab. de la base pronom. *a*, equivalente a *asmāt*) de esto, que esto; por tanto; de aquí en adelante, desde ese momento; desde esta o esa causa o razón. *Pratyudāvṛttam*: *prati+udāvṛt+tam*. *Prati*: ind. (como prefijo para las raíces y sus nombres derivados y para otros nombres, a veces *pratī*) hacia, cerca de; contra, opuesto a; otra vez, de nuevo; caer encima, sobre, en; antes de los sustantivos también expresa semejanza o comparación. *Udāvṛt*: hacer salir, excretar; segregar; retener. *Citta*: mfn. «observado»;

«dirigido hacia», «anhelado»; «aparecido», visible; n. asistencia, cumplimiento; pensamiento, reflexión, imaginación, el pensar; intención, meta, deseo. *Deśayitum*: caus. inf. de *diś*. *Diś*: señalar, mostrar, exponer; producir, presentar (como un testigo en una corte de justicia). *Muneḥ*: sg. Ab. G. de *muni*. *Muni*: m. impulso, entusiasmo; (prob.) cualquiera que es movido por un impulso interior, una persona inspirada o extasiada, entusiasta; un santo, sabio, profeta, asceta, monje, devoto, ermitaño (esp. uno que ha tomado el voto de silencio); de un *buddha* o *ārhat*. *Dharmaṃ*: Ac. de *dharma*. *Matvāsya*: *mat+vāsya*. *Mat*: *ma*: base de la 1.ª pers. pron. en Ab. *mat* o *mad*. *Vāsya*: mfn. ser (o que es) cubierto o envuelto; que se pone. *Mandair*: *mandaiḥ*: pl. I. de *manda*. *Manda*: mf(*ā*)n. lento, tardío, que se mueve lenta o suavemente, gandul, ocioso, vago, lento al (L. o comp.), apático, flemático, indiferente a (D.); débil, ligero, flojo (como un arco), apagado, tenue (como la luz), bajo (como una voz), apacible (como la lluvia o el viento), débil (como una facultad digestiva). *Duravagāha*: mfn. difícil de desentrañarse o profundizarse. *Tām*: f. sg. Ac. de *ta*.

En tal situación deberíamos expresar todo positivamente, y dichas enseñanzas fueron enseñadas por el Buddha Gautama.
[Sin embargo,] mi idea sobre el universo se ha vuelto ya firme como mi propia interpretación personal, de modo que aquello que es ambiguo y difícil de ser clarificado se mantiene en su ambigüedad.

El Buddha Gautama recomendó que expresáramos todas nuestras opiniones positivamente. Esto va contra la visión que se presenta a menudo de que el budismo es pesimista. El Maestro Nāgārjuna, sin embargo, quería reflejar estas ideas en su propio estilo, de manera que manifestó de un modo ambiguo aquello que le resultaba ambiguo. Esto no quiere decir que su entendimiento no estuviera clarificado o formado correctamente. Hay muchos ámbitos de la experiencia humana que son imposibles de expresar de otra forma que no sea ambigua. Nuestro esfuerzo por intentar expresarlo todo en términos claros e intelectualmente accesibles, aun cuando esas cosas sean ambiguas de manera natural para nuestra comprensión intelectual, puede ser un gran error.

Verso 13

śūnyatāyām adhilayaṃ yaṃ punaḥ kurute bhavān
doṣaprasaṅgo nāsmākaṃ sa śūnye nopapadyate

Śūnyatāyām: f. sg. L. de *śūnyatā*. *Adhi*: ind. como un prefijo para verbos y sustantivos expresa encima, más allá, además. Como un adverbio o preposición separable; (con L.) sobre, en, en comparación con. *Laya*: mfn. hacer la mente inactiva o indiferente. *Yam*: n. sg. N. Ac. de *ya*. *Kurute*: *kṛ*: hacer, fabricar, realizar, lograr, causar, efectuar, preparar, ejecutar; hacer cualquier cosa para obtener ventaja o perjuicio de otro (G. o L.); ejecutar, llevar a cabo (como una orden o mandato) manufacturar, preparar, trabajar en, elaborar, construir. *Bhavān*: pl. Ac. de *bhava*. *Bhava*: m. que se origina, nacimiento, producción, origen (= *bhāva*); devenir, transformación en (comp.); ser, estado de ser, existencia, vida. *Doṣaprasaṅga*: m. que culpabiliza, condena. *Asmāka*: mfn. nuestro, nuestros.

La tendencia a hacer nuestra mente cautelosa está incluida en el estado equilibrado, y dicha cautela nos hace cautelosos en relación con las diversas existencias.
Una actitud de preocupación por la censura no es adecuada para nosotros, y dicha actitud nunca puede manifestarse en el estado equilibrado en absoluto.

Cuando el estado equilibrado se ha establecido, la mente se libera de la ansiedad de manera natural. Alguien podría temer que en dicho estado uno pudiera volverse indisciplinado e incauto, pero este no es el caso, tal y como señala el Maestro Nāgārjuna en este verso. La gente a menudo confunde una actitud preocupada con una cautelosa. Sin embargo, la preocupación no es la cautela. Más bien es un estado emocional favorecido por el miedo. Aunque el estado equilibrado a veces sea criticado de esta manera, como si hiciera nuestra mente inactiva, no tenemos que preocuparnos por ello. Esta actitud más bien pobre de preocuparse por la crítica nunca se manifiesta en el estado equilibrado.

Verso 14

sarvaṃ ca yujyate tasya śūnyatā yasya yujyate
sarvaṃ na yujyate tasya śūnyaṃ yasya na yujyate

Yujyate: pas. de *yuj*. *Yuj*: uncir, unir, atar o aparejar (caballos o un carro); designar a, encargar o confiar en (L. o D.); mandar, imponer; cambiar o dirigir o fijar o concentrar (la mente, los pensamientos, etcétera) en (L.); conferir u otorgar algo (Ac.) a (G. o L.). *Śūnya*: mf(*ā*)n. vacío, el vacío, hueco, estéril, inhóspito, desierto.

Cuando todas las cosas y los fenómenos son gobernados por la realidad, incluso el solitario y sereno estado también es gobernado por la realidad.
Cuando nada es gobernado por la realidad, el solitario y sereno estado no es gobernado por la realidad.

El Maestro Nāgārjuna sugiere que cuando todo está relacionado con la situación real, el solitario y sereno estado llamado *śūnyatā* –el cual ha nacido del estado equilibrado del sistema nervioso autónomo– está estrechamente relacionado con el mundo real. Podríamos expresar esto de manera diferente diciendo que cuando nosotros entramos en el estado equilibrado, lo hace todo el universo. Esto refleja la célebre sentencia del Buddha Gautama: «Yo, junto con todas las cosas y los fenómenos de todo el universo, he despertado». El budismo no distingue entre sujeto y objeto de la manera que lo hacemos habitualmente. Así que la forma de la que el Maestro Nāgārjuna lo expresa es consecuente con la lógica budista. Por el contrario, cuando todas las cosas y los fenómenos se han apartado de la situación real y viven en la condición desequilibrada, todo en el mundo parece hallarse en un estado de sufrimiento. En otras palabras, cuando nosotros mismos nos encontramos desequilibrados, todo el universo parece estarlo.

Verso 15

sa tvaṃ doṣān ātmanīyān asmāsu paripātayan
aśvam evābhirūḍhaḥ sanna śvam evāsi vismṛtaḥ

Sa: la base real para el N. de la 3.ª pers. del pron. *tad*; *sa* a menudo es conectado por énfasis con otro pronombre como *aham*, *tvam*, *eṣa*, *ayam*, etcétera [e.g., «*sa tvam*» tú, esa misma persona]. *Tvaṃ*: por *tvam*. *Tvam*: N. de *tva*. *Tva*: base del pron. personal de la 2.ª pers. *Doṣānātmanīyānasmāsu*: *doṣa+anātmanī+yān+asmāsu*. *Doṣa*: m. (raramente n.) falta, vicio, deficiencia, carencia, inconveniencia, desventaja; maldad, perversidad, pecaminosidad. *Anātmanī*: *du*. N. Ac. de *anātman*. *Anātman*: m. no sí mismo, otro; algo distinto del espíritu o el alma; mfn. no espiritual, corpóreo; desprovisto de espíritu o mente. *Asmāsu*: f. pl. L. de *asma*. *Asma*: una base pronom. de la cual se configuran algunas formas de *idam*. *Paripātayan*: *paripā+tay+an*. *Paripā*: P. proteger o defender por todos lados. *Tay*: ir hacia (Ac.) o salir de (Ab.); (= *tāy*) proteger. *An*: 3.ª pers. pl. impf. *Aśva*: m. ifc. f. *ā*, un caballo, semental. *Abhi*: ind. (un prefijo para los verbos y sustantivos, que expresa) hacia, a, en dirección a, contra; dentro, al. *Rūdhaḥ*: sg. Ab. G. de *rūdh*. *Rūḍh*: mfn. subido, surgido, ascendido; levantado, impuesto a, colmado; crecidos juntos, sanado. *Sanna*: mfn. establecido, asentado en, i.e., ocupado con (comp.); hundido en (L.); deprimido, bajo (de ánimo), lánguido, exhausto, decaído, perecido, perdido, muerto, encogido, contraído; que descansa, inmóvil; débil, escaso. *Śva*: por *śvan* en comp. *Śvan*: m. un perro, sabueso, perro mestizo; f. una perra. *Asi*: 2.ª pers. sg. de *as*. *Vismṛta*: mfn. uno que lo ha olvidado todo, olvidadizo de (Ac. o comp.); olvidadizo de todo; olvidado por (I. o G.).

Vosotros [que no confiáis en el budismo] estáis simplemente produciendo vicios, [tales como] el alma personal o el alma subjetiva, y estáis produciendo aquello que defendéis que son las cosas y los fenómenos de la tierra.
Aún estáis continuando con una actitud irreflexiva, como montar un caballo pensando que estáis sentados sobre un perro.

La gente que no confía en el budismo produce lo que el Maestro Nāgārjuna llama vicios. Dentro de estos vicios incluye dos conceptos de alma comunes en la filosofía india: uno es el del alma personal de cada ser, y el otro el del alma universal, o Dios, del cual se dice que impregna todo el cosmos. Esas ideas inventadas se exponen como si fueran la realidad. El Maestro Nāgārjuna califica esto como una forma despreocupada y absurda de pensar.

Verso 16

svabhāvād yadi bhāvānāṃ sadbhāvam anupaśyasi
ahetupratyayān bhāvāṃs tvam evaṃ sati paśyasi

Sadbhāva: m. ser real, existencia; el verdadero ser, verdad, estado real de las cosas. *Anupaśyasi*: 2.ª pers. de *anupaś*. *Anupaś*: P. Ā. mirar, percibir, darse cuenta, descubrir; considerar, reflexionar sobre (Ac.); considerar como, tomar como. *Ahetu*: m. ausencia o causa o razón, no un argumento real o sólido. *Evam*: ind. así, de este modo, de tal manera, tal. *Sati*: sg. L. de *sat*. *Sat*: mf(*satī*)n. que es, que existe, que sucede, que ocurre, que está presente; que permanece en (L.); que pertenece a (G.); perdurable, duradero; real, verdadero, como cualquiera o cualquier cosa debería ser, cierto, bueno, correcto. *Paś*: ver, advertir, mirar, observar, percibir, darse cuenta.

Si os habéis apartado de la existencia subjetiva, encontraréis la realidad en varias existencias.
Veréis precisamente la situación de la realidad, la cual existe en verdad como varias existencias, como justamente la verdadera situación.

Incluso aquellos que no confían en el budismo, dice el Maestro Nāgārjuna, cuando hayan dejado atrás las ideas que han producido en su cerebro, encontrarán que la realidad está presente solamente en el mundo real, al cual aquí se refiere como «varias existencias». Muchas personas creen en algo llamado realidad o incluso Dios, a lo que de alguna manera conciben como si fuera una existencia separada de las cosas y los fenómenos reales de su vida cotidiana. Pero dicha realidad o Dios no tiene un valor real. Incluso aquellos que no confían en el budismo pueden ver este hecho por sí mismos si tan solo hacen el esfuerzo de mirar.

Verso 17

kāryaṃ ca kāraṇaṃ caiva kartāraṃ karaṇaṃ kriyām
utpādaṃ ca nirodhaṃ ca phalaṃ ca pratibādhase

Kārya: mfn. ser fabricado o hecho o practicado o realizado, practicable, factible. *Kāraṇa*: n. causa, razón, la causa de algo (G., también a menudo L.); instrumento, medio; motivo; origen, principio; una causa (en fil.), i.e., aquello que antecede invariablemente a algún producto. *Kartāram*: sg. Ac. de *kartṛ*. *Kartṛ*: mfn. uno que fabrica o hace o actúa o efectúa, un hacedor, fabricante, agente, autor (con G. o Ac.); que lleva a cabo cualquier acción o asunto particular, que se aplica a cualquier ocupación (el asunto u ocupación anterior en el comp.). *Karaṇa*: mf(ī)n. que hace, que fabrica, que efectúa, que causa; inteligente, hábil. *Kriyā*: f. actuación, desempeño, realización, ocupación en (en comp.), asunto, acto, acción, empresa, actividad, trabajo, labor. *Utpāda*: m. que aparece, nacimiento, producción. *Nirodha*: m. confinamiento, encerramiento, encarcelamiento; cerco, asedio; encerramiento, encubrimiento; restricción, verificación, control, supresión, destrucción. *Pratibādh*: rechazar, desviar, repeler; controlar, contener; doler, atormentar, fastidiar.

Sobre la base de hacer la acción real, justamente realizamos la causa de la acción, y tanto el llevar a cabo un acto como la causa de la acción producen el acto real en sí.
Pero vosotros [que no confiáis en el budismo] rechazáis completamente los fenómenos [que hay] delante de vuestros ojos –autorregulación, resultado, etcétera–.

Al hacer en verdad algo, claramente realizamos la acción. Esto no es solo una realización con la mente, sino también con el cuerpo. El efectuar un acto en sí y la causa de este producen el acto real. Esto quiere decir que no existe ninguna división entre la causa de la acción y su hacer real. Hay una célebre historia budista donde se pregunta: «¿Por qué Bodhidharma vino del oeste?» (Bodhidharma fue el maestro de la India que llevó la práctica de zazen a China). La pregunta en sí es un error, ya que intenta separar la intención de Bodhidharma de su acción real. Las dos son realmente lo mismo. El Maestro Nāgārjuna proclama aquí que aquellos que no confían en el budismo no pueden entender esta cuestión porque nunca confirman la realidad de los fenómenos que se manifiestan delante de ellos. Tampoco comprenden el valor de la autorregulación ni asen que la idea de un resultado simplemente es una interpretación y no un hecho real.

Verso 18

yaḥ pratītyasamutpādaḥ śūnyatāṃ tāṃ pracakṣmahe

sā prajñaptir upādāya pratipat saiva madhyamā

Ya: m. uno que va o se mueve; viento; unión; restricción; fama; un carro (?); cebada; luz; abandono. *Ta*: *tad*: (n. sg. N. Ac. de *ta*) m. él, f. ella, n. ello, eso, esto. *Pracakṣ*: decir, relatar, declarar; suponer, mirar o considerar como (Ac.); nombrar, llamar. *-Mahe*: La terminación que sugiere Ā. 1.ª pers. pl. conj. pres. (*SGFS*.). *Sā*: f. sg. N. de *ta*. *Prajñaptir*: *prajñapiḥ*: f. sg. N. de *prajñapti*. *Prajñapti*: f. enseñanza, información, instrucción; un nombramiento, acuerdo, participación; disposición (de un puesto). *Upādāya*: ind. p. que ha recibido o adquirido, etcétera; que recibe, que adquiere, etcétera; que se toma con, junto con; incluido, que incluye; con la ayuda de, por medio de (Ac.). *Pratipat*: *pratipa+t*. *Pratipa*: m. nombre de un príncipe (prob. l.e. de *pratīpa*). *Pratīpa*: mf(*ī*)n. «contracorriente», «a contrapelo», que va en una dirección contraria, reunión, encuentro, adverso, contrario, opuesto, inverso. *-T*: sf. determinativo. Cuando la raíz desnuda se utiliza como una base declinable, normalmente permanece sin alterar. Las raíces que acaban en *ā* se abrevian a *a*, y las acabadas en *i*, *u* o *ṛ* siempre se modifican añadiéndoles *t* (*SGFS.*). *Madhyamā*: mf(*ā*)n. medio; que está o se sitúa en el medio, el más cercano al centro, intermedio, central; nacido en el medio (ni el mayor ni el pequeño); de una clase o tamaño o calidad media, regular, moderado.

Os estoy enseñando que tales fenómenos muy claros producen los diversos estados equilibrados y la diversa realidad.
Dicha información de la realidad es la función de nuestra percepción sensorial, y lo que es percibido es justamente el camino medio.

El Maestro Nāgārjuna manifiesta que nos está enseñando que los fenómenos muy claros producen los estados equilibrados y la realidad. Utiliza una construcción gramatical tan extraña, «diversa realidad», para sugerir que la realidad está presente en todas las situaciones. Hay muchos que suponen que algo llamado realidad solamente existe o puede asirse en estados fantásticos a los que llaman iluminación, pero esta no es la verdadera enseñanza budista. Lo que nos enseña el verdadero estado de la realidad son nuestras propias funciones sensoriales. Lo que puede asirse sobre la base de las funciones sensoriales es el camino medio. Esto no quiere decir que aquello que asimos mediante los sentidos sea toda la realidad. Tal y como hemos visto antes, el Maestro Nāgārjuna niega que nuestros sentidos nos den una perspectiva completa de ella. Pero aquí nos advierte que no deberíamos anhelar ningún estado fantástico que fuera concebido de algún modo como superior o mejor que la función de nuestros sentidos.

Verso 19

apratītya samutpanno dharmaḥ kaścin na vidyate
yasmāt tasmād aśūnyo hi dharmaḥ kaścin na vidyate

Apratya: *aprati+a*. *Apratīti*: f. el estado de no comprender; desconfianza, escasez de confianza. *Samutpanna*: mfn. surgido conjuntamente, generado, producido, engendrado por (Ab.) o en (L.), ocurrido, sucedido, acontecido.

Yasmāt: ind. (Ab. de *ya*, correlativo de *tasmāt*, *tatas*, *tad*, etcétera) a partir del cual, de cuya causa, desde que, ya que, puesto que; que, con el fin de que. *Tasmāt*: ind. Ab. de *ta*) a partir de eso, en vista de ello, por tanto (correlativo de *yad*, *yasmāt*). *Aśūnya*: mf(*a*)n. no vacío; no en vano o inútil.

Cuando contemplamos los fenómenos totales que se manifiestan delante de nosotros claramente sobre la base de la duda, es completamente imposible que reconozcamos el universo en absoluto.
Justamente debido a dichas complicadas condiciones, es difícil que encontremos el estado equilibrado, y por eso no hay ninguna posibilidad de que la ley del universo sea reconocida en absoluto.

Aquí encontramos la idea budista de la confianza. Cuando no tenemos una clara confianza en todos los fenómenos sintetizados, es imposible que reconozcamos la ley del universo en absoluto. Pero cuando utilizamos la palabra *confianza* en este contexto, no nos referimos a la convicción intelectual. Queremos decir que confiamos en nuestro estado intuitivo. Las complicadas condiciones a las que aquí se hace referencia son las situaciones en las cuales nuestra mente está nublada por nuestros pensamientos e ideas. Justamente debido a dichas situaciones no podemos reconocer lo que es la ley del universo. Estas complicaciones son de nuestra propia invención. La verdad intuitiva del universo es mucho más simple.

Verso 20

yady aśūnyam idaṃ sarvam udayo nāsti na vyayaḥ
caturṇām āryasatyānām abhāvas te prasajyate

Udaya: m. ascenso, elevación; abultamiento; levantamiento, salida (del sol, etcétera), aparición (de una nube); que sale; que sale a la luz, que se hace visible, surgimiento, desarrollo; producción, creación. *Vyaya*: mfn. que fallece, mutable, sujeto a cambio o deterioro (solamente como op. o conectado con *avyaya*). *Catūrṇām*: G. de *catur*. *Āryasatyānām*: pl. G. de *āryasatya*.

Abhāvaste: *abhāvaḥ+te*. *Abhāva*: m. inexistencia, nulidad, ausencia; no-entidad, negación (la séptima categoría en el sistema de Kanāda); la prueba de la inexistencia (una de las seis *pramāṇas* en la fil. *vedānta*); aniquilación, muerte. *Te*: pl. N. de *ta*. *Prasajyate*: pas. de *prasañj*. *Prasañj*: apegarse, aferrarse, dedicarse a o pretender o estar ocupado con (L.).

Cuando las situaciones desequilibradas impregnan todo el mundo, es completamente imposible que ninguna de las creaciones exista realmente en su estado original, e incluso la existencia real de la muerte nunca puede reconocerse en absoluto.
Pero [confiar en] la idea de que las cuatro verdades supremas no existen realmente es [estar] demasiado apegado a la propia opinión de uno.

Cuando nos encontramos en un estado desequilibrado, es completamente imposible asir la situación original del mundo en el que vivimos. También es imposible ver claramente la situación real de la muerte cuando nuestro estado mental y físico está desequilibrado. En el *Shobogenzo*, el Maestro Dogen enuncia que la muerte es justamente el estado en el instante de la muerte. Esto quiere decir que no es algo lejano y misterioso de nuestro futuro, sino un estado real en el instante presente. Las cuatro verdades supremas son las Cuatro Nobles Verdades, las cuales yo interpreto como el idealismo, el materialismo, la filosofía de la acción autorregulada y la realidad en sí misma. Si alguien insiste en que no hay ningún valor sustancial en las Cuatro Nobles Verdades, esto sugiere que dicha persona está demasiado apegada a su propia opinión parcial.

Verso 21

apratītya samutpannaṃ kuto duḥkhaṃ bhaviṣyati
anityam uktaṃ duḥkhaṃ hi tat svābhāvye na vidyate

Kuto: *kutaḥ*: *kutas*: ind. ¿desde dónde?, ¿de dónde?; ¿adónde?, ¿en qué dirección?; ¿dónde? *Anitya*: mfn. no eterno, transitorio; ocasional, incidental;

irregular, inusual; inestable; incierto; ind. ocasionalmente. *Ukta*: mfn. (p.p. de *vac*), pronunciado, declarado, hablado; (*am*) n. palabra, frase. *Svabhāvye*: *sva+abhāvye*. *Abhāvye*: m. n. sg. L. de *abhāvya*. *Abhāvya*: *abhāvin*: mfn. lo que no ha de ser o no será, no destinado a ser.

Si es difícil que solamente contemplemos los fenómenos totales, ¿cómo es posible que lo que se llama dolor exista incluso en el futuro? Puesto que aquello que está equivocado entre [lo que pensamos que son] hechos se trata equivocadamente como dolor, es imposible que reconozcamos el dolor como algo diferente de los hechos que se tratan, y es imposible que reconozcamos el verdadero hecho de nuestras ideas subjetivas.

Cuando no contemplamos los fenómenos totales que existen delante de nosotros, incluso el asunto de si el dolor existe o no como algo real es difícil de considerar. A menudo comentamos diversos asuntos que pensamos que son hechos, cuando más bien se trata de ideas subjetivas, construcciones mentales, etcétera. Es imposible que descubramos lo que es realmente verdadero basándonos en nuestras ideas subjetivas.

Verso 22

svabhāvato vidyamānaṃ kiṃ punaḥ samudeṣyate
tasmāt samudayo nāsti śūnyatāṃ pratibādhataḥ

-*Ta*: además de formar normalmente participios pasados pasivos, aparece, en un sentido más general, como sufijo de unos pocos adjetivos y sustantivos (*SGFS.*). *Vidyamāna*: mfn. (p. pres. pas.) «que es encontrado», existente, que existe, presente, real. *Samudeṣyate*: fut. de *samudi*. *Samdi*: ir hacia arriba o levantarse juntos, unirse o prepararse (para la batalla, etcétera); salir (como el sol). *Samudaya*: m. (raramente n.) reunión, unión, confluencia, combinación, colección, conjunto, multitud, agregación, agregado; (para los budistas) el agregado de los elementos constituyentes o factores de cualquier ser o existencia (posteriormente equivalente a «existencia» en sí), bud. *Pratibādh*: rechazar, desviar, repeler; controlar, contener; doler, atormentar, fastidiar.

La existencia subjetiva ya existe en la mente como lo que ha sido reconocido, de modo que es imposible que algo aparezca de nuevo ni siquiera en el futuro.
En dicha situación, los agregados no existen realmente, e incluso el estado equilibrado es suprimido completamente.

Las ideas que se han producido en nuestro cerebro ya existen allí, de modo que es imposible que acabemos con ellas reemplazándolas por otras distintas. En su lugar, aquellas que ya tenemos apenas son transformadas en otras nuevas, pero siguen siendo simplemente ideas. Para enfatizar lo absurdo de esto, el Maestro Nāgārjuna lo compara con la realidad de los cinco agregados. Cuando intentamos sustituir una idea o grupo de ideas por otro, también acabamos descuidando el estado equilibrado. Esto se debe a que el estado equilibrado es completamente distinto de una idea, independientemente de cuál pueda ser esta.

Verso 23

na nirodhaḥ svabhāvena sato duḥkhasya vidyate
svabhāvaparyavasthānān nirodhaṃ pratibādhase

Nirodha: m. confinamiento, encerramiento, encarcelamiento; cerco, asedio; encerramiento, encubrimiento; restricción, verificación, control, supresión, destrucción. *Sato*: *sataḥ*: m. sg. Ab. G. de *sat* (*SGFS.*). *Sat*: mf(*satī*)n. que es, que existe, que sucede, que ocurre, que está presente. *Paryavasthāna*: n. oposición, contradicción. *-An*: sustantivos agentes masculinos y unas pocas bases neutras poco comunes (*SGFS.*).

La autorregulación nunca puede encontrarse en función de las ideas que se han producido en la mente, lo cual es justamente el sufrimiento real.
La idea subjetiva produce varias clases de autocontradicciones [y], por eso, vosotros [que no confiáis en el budismo] negáis firmemente [el valor de] la autorregulación.

La autorregulación es la acción real y no una idea. Cuando practicamos la acción de la autorregulación, nuestra comprensión de la realidad se transforma y no volvemos a ver esta última como sufrimiento. Esto se debe a que el sufrimiento no es la realidad, sino una idea incorrecta sobre ella. Nuestras ideas subjetivas siempre son autocontradictorias. Esa es su naturaleza. Todas las ideas se forman dividiendo una imagen ya poco fiable del mundo real en categorías arbitrarias. Pero aquellos que no confían en el budismo se quedan atrapados en estas ideas paradójicas y, por eso, niegan el valor de la autorregulación, la cual es capaz de trascender dichas contradicciones.

Verso 24

svābhāvye sati mārgasya bhāvanā nopapadyate
athāsau bhāvyate mārgaḥ svābhāvyaṃ te na vidyate

Svābhāvya: mfn. autoexistencia, que existe espontáneamente (dicho de Viṣṇu); n. particularidad propia, propia naturaleza. *Sati*: sg. L. de *sat*. *Sat*: mf(*satī*)n. que es, que existe, que sucede, que ocurre. *Marga*: l.e. de *mārga*. *Mārga*: m. búsqueda, inspección, seguimiento, cacería; (excepcionalmente también n.; ifc. f. *ā*) el rastro de un animal salvaje, cualquier rastro, ruta, camino hacia (L. o comp.) o a través (comp.), rumbo (también del viento y de las estrellas); el camino correcto, camino apropiado; (para los budistas) el camino o sendero señalado por el Buddha para escapar del sufrimiento de la existencia (una de las Cuatro Nobles Verdades). *Bhāvana*: mf(*ī*)n. que hace que sea, que efectúa, que produce, que muestra, que manifiesta; que promueve o efectúa el bienestar de alguien (G. o comp.); que cree, que se imagina; que enseña. *Athāsau*: *atha+asau*. *Atha*: ind. una partícula favorable e inicial (difícil de expresar), ahora, entonces, además, más bien; ciertamente; pero; de otro modo; ¿qué?, ¿de qué otra forma?, etcétera. *Asau*: m. f., *adas*: n.: (op. a *idam*) aquel, un cierto.

Si nuestros pensamientos subjetivos parecen ser reales, la existencia real de la moral no se manifestará.
Cuando la moral realmente existe aquí y ahora, los hechos concretos nunca pueden ser reconocidos como nuestros pensamientos.

Si malinterpretamos que nuestros pensamientos subjetivos son reales, la verdadera moralidad nunca puede aparecer. Cuando la moralidad real existe, los hechos concretos son completamente distintos de nuestras ideas. En consecuencia, la moral budista no consiste en un grupo de normas rígidas y rápidas que se puedan poner en palabras. La verdadera moralidad solamente se da en el instante de la acción moral.

Verso 25

yadā duḥkhaṃ samudayo nirodhaś ca na vidyate
mārgo duḥkhanirodhatvāt katamaḥ prāpayiṣyati

Yadā: ind. cuando, en qué momento, cuandoquiera (generalmente seguido por los correlativos *tadā*, *tatas* y *tarhi*). *Samudaya*: m. (raramente n.) reunión, unión, confluencia, combinación, colección, conjunto, multitud, agregación, agregado. *Prāpayiṣyati*: fut. de *prāp*. *Prāp*: lograr, alcanzar, llegar a, encontrarse con, encontrar; obtener, recibir (también como esposo o esposa).

Cuando el dolor es visto como una acumulación desordenada de cosas y fenómenos, es imposible que la autorregulación se reconozca en absoluto.

Cuando la moralidad no tiene ninguna relación con el dolor o la autorregulación, la moralidad nunca puede asirse como una entidad concreta en absoluto.

Cuando el dolor es algo ambiguo y poco claro en su contenido, es imposible que se manifieste la autorregulación. Esto se debe a que la autorregulación pone de manifiesto la naturaleza del dolor. Al mismo tiempo, sin embargo, sin la realidad de hechos concretos tales como el dolor y la autorregulación, no se puede asir la moralidad como algo real. Como hemos dicho, en última instancia el dolor es irreal. No obstante, es un hecho concreto que todos experimentamos situaciones que definimos como dolorosas. Es importante entender la verdad que hay detrás de ello. Para hacerlo, la autorregulación es necesaria.

Verso 26

svabhāvenāparijñānaṃ yadi tasya punaḥ katham
parijñanaṃ nanu kila svabhāvaḥ samavasthitaḥ

Aparijñāna: *a+parijñāna*. *Parijñāna*: n. percepción, conocimiento profundo, comprobación, experiencia, discriminación. *Nanu*: (*na+nu*) ind. no, en absoluto, nunca. *Kila*: ind. (una partícula de aseveración o énfasis) en verdad, verdaderamente, en efecto, ciertamente; (o de explicación) a saber; «así dicho», «así comunicado», pretendidamente; (*kila* viene precedido por la palabra que refuerza, y aparece en muy pocas ocasiones al comienzo de una frase o verso). *Samavasthita*: mfn. que se queda o permanece firme, que permanece fijo, estable; que está en cualquier lugar o posición; listo, preparado para (D.).

Debido al pensamiento subjetivo, carecemos de la habilidad para regular bien las cosas y los fenómenos, así que ¿cómo es posible que algo exista en el mundo originalmente?

Cuando la habilidad de conocer cosas no funcione, la existencia subjetiva obstinada continuará aún más.

Cuando nuestro cerebro está completamente ocupado con las ideas subjetivas, somos incapaces de utilizar la habilidad intuitiva natural para comprender las cosas verdaderamente. Nuestras ilusiones son tan profundas que el Maestro Nāgārjuna equipara esta situación con la posibilidad de que no existiera nada en el mundo. En dicha situación ilusoria, aquello que es irrazonable se mantiene obstinadamente.

Verso 27

prahāṇasākṣātkaraṇe bhāvanā caivam eva te
parijñāvan na yujyante catvāry api phalāni ca

Prahāṇa: n. renuncia, abandono, evasión; abstracción, especulación, meditación; esfuerzo, *dharmas*. *Sākṣātkaraṇa*: n. el acto de poner ante los ojos; percepción intuitiva, sensación real; causa inmediata de algo. *Bhāvana*: mf(*ī*)n. que hace que sea, que efectúa, que produce, que muestra, que manifiesta; que promueve o efectúa el bienestar de alguien (G. o comp.); que cree, que se imagina; que enseña; m. un creador, productor. *Caivameva*: *ca+evam+eva*. *Evam*: (probablemente conectado con *eva*) así, de este modo, de tal manera, tal; en sánscrito clásico *evam* aparece con frecuencia, especialmente en conexión con las raíces *vac*, «hablar», y *śru*, «escuchar», y se refiere tanto a lo que precede como a lo que le sigue. *Eva*: así, justamente así, exactamente así (en el sentido del subsiguiente *evam*); en efecto, verdaderamente, realmente; (en su uso más frecuente como refuerzo de una idea expresada por alguna palabra, *eva* debe ser traducido de diversas maneras por adverbios [o locuciones adverbiales] tales como) justamente, exactamente, muy, de la misma forma, solamente, incluso, solo, meramente, inmediatamente después de, todavía, ya, etcétera. *Te*: m. pl. N. de *ta*. *Parijñā*: f. conocimiento. *Vat*: un afijo (técnicamente denominado *vati*) que se añade a palabras para insinuar semejanza o parecido, y generalmente es traducido como «parecido», «como». *Yuj*: uncir, unir, atar o aparejar (caballos o un carro); preparar, organizar, disponer, equipar, ponerse a trabajar, usar, emplear, aplicar. *Catvāry*: *catvāri*: n. pl. cuatro (de *catur*).

Cuando renunciamos a utilizar nuestra habilidad intuitiva, aquello que existe en el mundo justamente son las cosas y los fenómenos [que se manifiestan] delante de nosotros.
Las cuatro clases de procesos prácticos y sus efectos nunca son iguales que el simple conocimiento.

Cuando no nos basamos en nuestra habilidad intuitiva, lo que parece existir realmente es justo lo que estamos contemplando delante de nosotros. En otras palabras, el universo no cambia ni siquiera cuando no utilizamos la intuición. Sigue siendo exactamente lo que es y siempre permanecerá así.

Las «cuatro clases de procesos prácticos y sus efectos» mencionadas en la segunda línea se refieren a cuatro niveles de entendimiento descritos en antiguos textos budistas: el que entra en la corriente, el que regresa una vez, el que no regresa y el completamente iluminado *ārhat*. Todos ellos son tanto clasificaciones como descripciones de los efectos de la práctica budista. Dichos estadios se basan en supersticiones indias relacionadas con la reencarnación. Uno que entra en la corriente escucha las enseñanzas budistas y las comprende intelectualmente. Debido a ello, renacerá siete o más veces, pero nunca como menos que un ser humano. El que regresa una vez volverá al mundo humano solo una vez más. Uno que no regresa renacerá en el estado más alto. Por último, un *ārhat* está completamente iluminado y no renacerá en absoluto. Sin embargo, no es necesario aceptar dichas supersticiones. Es suficiente reconocer que puede haber niveles de comprensión del budismo cuando consideramos esta cuestión de un modo convencional. Pero esta realmente no es la clave para entender el presente verso. El Maestro Nāgārjuna señala simplemente que la práctica y el aprendizaje budista no son una simple cuestión de ganar conocimiento, sino un esfuerzo práctico.

Verso 28

svabhāvenānadhigataṃ yat phalaṃ tat punaḥ katham
śakyaṃ samadhigantuṃ syāt svabhāvaṃ parigṛhṇataḥ

Anadhigata: mfn. no obtenido, no adquirido; no estudiado. *Śakya*: mf(*ā*)n. capaz, posible, practicable, capaz de ser; (la forma *śakyam* también puede utilizarse con un N. que esté en un género o número distinto); ser conquistado o sometido, susceptible de ser obligado a (inf.); explícito, directo, literal (como el significado de una palabra o una frase). *Samadhigantum*: inf. de *samadhigam*. *Samadhigam*: ir juntos, llegar muy cerca, aproximarse; adquirir, obtener; recorrer completamente, superar; repasar, estudiar, leer. *Parigṛhṇataḥ*: *pari+gṛhṇataḥ*. *Pari*: ind. aproximadamente, alrededor, sobre, en torno a; totalmente, abundantemente, profusamente (esp. epc. [donde también puede ser *parī*] para expresar plenitud o alto grado). *Gṛhṇataḥ*: G. Ab. de *gṛhṇat*. *Gṛhṇat*: mfn. p. pres. de *grah*. *Grah*: apoderarse de, tomar (de la mano), asir, agarrar; arrestar, parar; atrapar, tomar cautivo.

En función de las ideas subjetivas, lo que es difícil de asir es justamente el resultado, de modo que ¿qué es el resultado después de todo?
Algo que no ha sido asido [por nuestra habilidad intelectual] parece ser el resultado, y por eso el resultado puede parecer algo difícil de asir.

Puede ser imposible que comprendamos verdaderamente nuestras propias ideas subjetivas sobre los resultados. Tal y como hemos visto, cuando examinamos la idea de resultado cuidadosamente, no podemos encontrar ninguna base para ello. El instante presente es el único tiempo real, y solamente podemos hablar de resultados cuando nos basamos en la falsa idea del tiempo lineal. No siempre es un error hablar en términos de resultados. Sin embargo, es necesario comprender que aquello a lo que llamamos resultado es una suposición subjetiva creada dentro de nuestro cerebro.

Verso 29

phalābhāve phalasthā no na santi pratipannakāḥ
saṃgho nāsti na cet santi te 'ṣṭau puruṣapudgalāḥ

Phalābhāve: *phala+abhāve*. *Abhāva*: m. inexistencia, nulidad, ausencia; no-entidad, negación; aniquilación, muerte. *Phalasthā*: *phala+sthā*. *Sthā*: mfn. que está, estacionario (a menudo ifc. = «permanente, que está, que existe en o sobre o entre»). *No*: *naḥ*: *na*: mfn. delgado, enjuto; libre, vacío; idéntico; impasible, inquebrantable. *Pratipannaka*: m. «que ha llegado a un objetivo», (para los budistas) nombre de las cuatro órdenes de *āryas* (viz., *śrota-āpanna*, *sakṛd-āgāmin*, *anāgāmin* y *ārhat*). *Aṣṭau*: *aṣṭan*: pl. ocho (otras formas son: G. *aṣṭānām*; I. *aṣṭabhis*; L. *aṣṭās*). *Puruṣa*: m. un hombre, varón, ser humano (pl. gente, humanidad); una persona. *Pudgala*: mf(*ā*)n. hermoso, bonito, apuesto; el alma, entidad personal.

> **Si no hubiera ningún resultado real que existiera, también sería imposible que las cuatro clases de procesos progresivos reconocidos por el budismo Hīnayāna existieran en absoluto.**
> **Si la Sangha budista no existiera, sería completamente imposible que las ocho clases de miembros de la Sangha existieran realmente.**

Cuando el resultado no existe realmente, es imposible que confirmemos la existencia real de las cuatro clases de procesos descritos en el budismo Hīnayāna (véase el verso 27). De nuevo, recordemos que el resultado es solamente una idea basada en el concepto del tiempo lineal. Si no se diera la existencia real de la organización budista llamada Sangha, sería imposible que las ocho clases de miembros de esta mencionados en la segunda línea existieran realmente. Esto quiere decir que la Sangha y sus miembros no son dos cosas diferentes. Aunque esto pueda parecer una obviedad, a menudo lo olvidamos.

Verso 30

abhāvāc cāryasatyānāṃ saddharmo 'pi na vidyate
dharme cāsati saṃghe ca kathaṃ buddho bhaviṣyati

Abhāvāccāryasatyānāṃ: *abhāva+ac+cārya+satyānāṃ*. *Ac*: ir, moverse, dirigirse; honrar; hacer redondo o curvo; solicitar, pedir; hablar indistintamente. *Cārya*: *cāra*: m. = *cara*, un espía; partida, movimiento, progresión, rumbo (de los asterismos); vagar, viaje; procedimiento; práctica. *Satyānām*: m. n. pl. G. de *satya*. *Saddharma*: m. la buena ley, verdadera justicia; (para los budistas y jainistas) denominación de las doctrinas budistas o jainistas, bud. *Cāsati*: *ca+a+sati*. *Sati*: L. de *sat*.

Sin dejar de lado la idea de que no hay ningún método para investigar la Verdad, es completamente imposible que contemplemos el universo real en absoluto.
Si la ley del universo no fuera real, y la organización budista no fuera real, ¿cómo sería posible que una persona que hubiera logrado la Verdad realmente existiera incluso en el futuro?

Si no dejamos de lado la idea de que es imposible investigar la Verdad a través del budismo, ni siquiera la ley del universo, la cual impregna completamente la realidad, puede verse. El universo en el cual vivimos ahora es la existencia real, y la organización budista existe para investigarla. Si esto no fuera así, manifiesta el Maestro Nāgārjuna, sería imposible que nadie pudiera llegar nunca a la Verdad.

Verso 31

apratītyāpi bodhiṃ ca tava buddhaḥ prasajyate
apratītyāpi buddhaṃ ca tava bodhiḥ prasajyate

Apratītya: *a+pratītya*. *Pratītya*: n. confirmación, experimento; alivio, consuelo (otros «mfn. por reconocerse o admitirse»). *Bodhiṃ*: m. f. sg. Ac. de *bodhi*. *Bodhi*: m. f. (para los budistas o los jainistas) sabiduría o conocimiento perfecto (mediante el cual un hombre se convierte en un *buddha* o *jina*), el intelecto iluminado o ilustrado (de un *buddha* o *jina*); m. el árbol de la sabiduría bajo el cual la sabiduría perfecta se logra o bajo el cual un hombre se convierte en *buddha*, la higuera sagrada (*Ficus religiosa*). *Tava*: G. de *tvam*: de ti. *Prasajyate*: pas. de *prasañj*: apegarse, aferrarse, dedicarse a o pretender o estar ocupado con (L.).

Mientras que la perfecta sabiduría no está lo suficientemente clara, incluso uno del que se piensa que es una persona que ha llegado a la Verdad parece estar fuertemente apegado a sus pensamientos.
Mientras que no está claro qué clase de persona es una que ha asido la Verdad, la Verdad, la cual vosotros imagináis, parece estar demasiado fuertemente apegada.

Cuando ustedes mismos no son capaces de confiar en su propia sabiduría intuitiva lo suficiente, uno de quien ustedes piensen que ha logrado la Verdad puede parecer tener fuertes apegos a algo. Cuando no saben qué clase de persona es, aquello que han supuesto que es la Verdad podría ser simplemente una actitud fuertemente apegada. Este hecho hace difícil la elección de un maestro para aquellas personas que están comenzando a practicar el budismo. Sin embargo, si aprendemos a confiar en nuestra propia intuición, la elección se hace mucho más fácil.

Verso 32

yaś cābuddha svabhāvena sa bodhāya ghaṭann api
na bodhisattvacaryāyāṃ bodhiṃ te 'dhigamiṣyati

Abuddha: mfn. imprudente, necio; que no es visto o advertido. *Bodhāya*: m. n. sg. D. de *bodha*. *Bodha*: mfn. conocimiento, entendimiento; m. despertar, que se despierta o está despierto, conciencia; la apertura de la flor, floración; el efecto que surte (de los hechizos); excitante (un perfume); percepción, aprehensión, pensamiento, conocimiento, comprensión, inteligencia; designación; que despierta, que suscita; que hace conocido; que informa, que instruye. *Ghaṭannapi*: *ghaṭa+t+na+pi*. *Ghaṭa*: mfn. altamente ocupado con (L.). *Bodhisattva*: m. «uno cuya esencia es el conocimiento perfecto», uno que está en el camino de lograr el conocimiento perfecto (i.e., un santo budista cuando solamente tiene que pasar por un nacimiento antes de obtener el estado de un *buddha* supremo y después el *nirvāṇa*); bud. (la doctrina primitiva solo tenía un *bodhisattva*, viz. Maitreya; más tarde reconoció muchos más). *Pi*: *api*: *api* se utiliza a menudo para expresar énfasis, en el sentido de incluso, también, muy. *Caryāyām*: f. pl. L. de *carya*. *Carya*: mfn. ser practicado o realizado; f. andante, errante, que camina o vaga, que visita, que conduce (un carro); (a menudo ifc.) proceder, conducta, comportamiento; el debido cumplimiento de todos los ritos y costumbres; la vida de un mendigo religioso; práctica, realización, ocupación con, que se compromete con (I. o generalmente en comp.). *Adhigam*: alcanzar, acercarse a, superar; implicarse; encontrarse, encontrar, descubrir, obtener; realizar; estudiar, leer.

Debido al mal efecto de las ideas subjetivas, las personas que no son tan excelentes en la consideración están demasiado ocupadas pensando en diversos problemas.
Cuando la práctica del budismo no es práctica, puede ser muy raro que se encuentren verdaderamente con la realidad.

Se dice que la gente que no es verdaderamente inteligente, puesto que siempre tiene en su mente pensamientos sobre diversos problemas, está demasiado ocupada con la consideración. Por tanto, el tipo de inteligencia al que aquí nos referimos no es el mero resultado de un intelecto poderoso. Este pasaje quiere decir que cuando el intelecto es demasiado fuerte, uno puede no tener la verdadera inteligencia. La práctica budista debería ser práctica. Cuando no lo es, asir la realidad puede ser muy improbable.

Verso 33

na ca dharmam adharmaṃ vā kaścij jātu kariṣyati
kim aśūnyasya kartavyaṃ svabhāvaḥ kriyate na hi

Dharma: m. aquello que está establecido o firme, sentencia firme, estatuto, decreto, ley; uso, práctica, cumplimiento habitual o conducta prescrita, deber; derecho, justicia (a menudo como sinónimo de castigo); virtud, moralidad, religión, virtud religiosa, buenas obras. *Adharma*: m. toda maldad, injusticia, irreligión, malicia; demérito, culpa. *Jātu*: ind. en absoluto, nunca; *jātu* expresa censura. *Kariṣyati*: fut. de *kṛ*. *Kartavya*: mfn. (p. pas. fut. de *kṛ*) ser o hecho fabricado o realizado; n. aquello que debería ser hecho, obligación, deber, tarea.

Tanto la ley del universo como aquello que va contra la ley nunca pueden ser producidos por ningún esfuerzo intencional.
La acción que carece del estado equilibrado nunca puede existir en el mundo en absoluto, porque la existencia subjetiva [la cual es pensada en el cerebro] nunca puede ser la acción en sí en absoluto.

Tanto lo que sigue la ley del universo como lo que va contra ella son hechos. De modo que nunca pueden ser producidos por el poder intelectual humano en absoluto. No son simplemente cosas de la imaginación. Es completamente imposible que los seres humanos produzcan tanto la ley del universo como aquello que va contra ella en absoluto. Esto se debe a que, incluso aunque la acción sea desequilibrada e imperfecta, la existencia subjetiva, la cual ha sido producida por el cerebro, nunca puede ser la acción real.

Verso 34

vinā dharmam adharmaṃ ca phalaṃ hi tava vidyate
dharmādharmanimittaṃ ca phalaṃ tava na vidyate

Nimitta: n. un blanco, marca, objetivo; signo, presagio; causa, motivo, fundamento, razón; (en casos oblicuos = debido a, a causa de; mfn. ifc. causado u ocasionado por).

Cuando tanto lo que sigue la ley del universo como lo que va contra la ley no pueden ser encontrados en vuestra mente [la de quienes no confiáis en el budismo], el concepto de resultado emerge sin excepción. En el mundo real, donde lo que sigue la ley del universo y lo que va contra la ley están combinados en uno, puede ser imposible incluso para vosotros [que no confiáis en el budismo] afirmar la idea de resultado [en situaciones reales].

Aquellos que no confían en el budismo no distinguen ni lo que sigue la ley del universo ni lo que va contra ella. Debido a esto, la creencia en la idea de resultado aparece inevitablemente. En el mundo real, aquello que sigue la ley del universo y lo que va contra ella están combinados en uno. Ambos son justamente la acción real. De modo que, en último término, es imposible creer en la idea de un resultado como algo real, puesto que la acción real solamente tiene lugar en el instante presente.

Verso 35

dharmādharmanimittaṃ vā yadi te vidyate phalam
dharmādharmasamutpannam aśūnyaṃ te kathaṃ phalam

Vā: *vā* a veces es intercambiable con *ca* y *api*. *Te*: m. pl. N. de *tad*. *Tad*: m. él, f. ella, n. ello, eso, esto.

Si las situaciones reales tanto de la ley del universo como de lo que va contra la ley se ven separadamente, será posible que lo que se llama resultado sea reconocido tanto en la ley del universo como en lo que va contra la ley.
[Pero] en el mundo, donde la ley del universo y lo que va contra la ley están combinados en uno, es imposible que los fenómenos totales sean el estado desequilibrado o el resultado.

Cuando la ley del universo y lo que va contra ella son pensados como dos cosas separadas, es posible que esas cosas y fenómenos se entiendan equivocadamente como un resultado. Pero cuando la ley del universo y lo que va contra ella se perciben como los fenómenos totales, es completamente imposible que estén desequilibrados. El universo inevitablemente es el estado de equilibrio en sí mismo. Pero cuando intentamos ir contra la ley del universo, nuestra situación se vuelve dolorosa y desagradable. Finalmente, puesto que la noción de resultado es una idea inherentemente desequilibrada, no puede decirse que este exista en verdad.

Verso 36

sarvasaṃvyavahārāṃś ca laukikān pratibādhase
yat pratītyasamutpādaśūnyatāṃ pratibādhase

Saṃvyahāra: m. que hacen asuntos bien juntos, que prospera en los asuntos, asuntos mundanos; trato mutuo, tráfico, que trata con (comp.). *Laukika*:

mf(ī)n. (proveniente de *loka*) mundano, terrestre, que pertenece a la vida diaria o sucede en ella, común, usual, habitual, temporal, no sagrado; (ifc.) que pertenece al mundo de (cf. *brahmalokika*); m. hombres comunes u ordinarios (como op. a «el sabio, iniciado», etcétera); hombres familiarizados con los caminos del mundo, hombres de mundo Uttarar; hombres en general, gente, humanidad; n. cualquier cosa que suceda en el mundo, costumbre general, uso; ocupación diaria de una persona. *Pratibādh*: rechazar, desviar, repeler; controlar, contener; doler, atormentar, fastidiar. *Yat*: mfn. (p. pres. de *i*) que va, que se mueve.

Vosotros [que no confiáis en el budismo] negáis todo el valor del trabajo secular y todo el valor de la vida secular.
Vosotros [que no confiáis en el budismo] no queréis reconocer que los fenómenos totales, los cuales se ven delante de nosotros, son justamente los diversos fenómenos equilibrados en sí mismos.

El Maestro Nāgārjuna declara aquí que aquellos que no confían en el budismo rechazan tanto el valor del trabajo en la sociedad secular como el de la propia sociedad secular en sí. Aunque pueda parecer que los no-budistas estiman las actividades seculares, el valor que ven en ellas no es el verdadero valor. Por ejemplo, un no-budista tiende a creer que el único valor del trabajo secular es la retribución que trae consigo, tal y como la riqueza, la fama y la posición.

En la línea siguiente, el Maestro Nāgārjuna señala el verdadero valor del trabajo y la sociedad secular. Manifiesta que los no-budistas no quieren afirmar que los fenómenos totales, los cuales se ven delante de todos nosotros, son la condición equilibrada y estable. En otras palabras, el verdadero valor del trabajo y la sociedad secular es que son parte de la realidad en sí. De modo que los budistas no solamente valoran lo que se considera sagrado y, por tanto, apartado de la vida cotidiana. Le dan tanto valor o más a la vida diaria.

Verso 37

na kartavyaṃ bhavet kiṃcid anārabdhā bhavet kriyā
kārakaḥ syād akurvāṇaḥ śūnyatāṃ pratibādhataḥ

Kartavya: mfn. (p. pas. fut. de *kṛ*) ser hecho o fabricado o realizado, etcétera; (*am*) n. aquello que debería ser hecho, obligación, deber, tarea. *Anārabdha*: *an+ārabdh*. *Ārabdh*: mfn. empezado, comenzado, emprendido; uno que ha empezado o comenzado, comienzo, empiece. *Kriyā*: f. actuación, desempeño, realización, ocupación en (en comp.), asunto, acto, acción, empresa, actividad, trabajo, labor; acción corporal, ejercicio de las extremidades; (en gr.) acción (como la idea general expresada por cualquier verbo), verbo. *Kāraka*: mf(*ikā*)n. (generalmente ifc.) hecho, acto, actuación, quien o lo que hace o produce o crea; que pretende actuar o hacer; (*am*) n. «instrumental en la producción de la acción denotada por un verbo», la noción de un caso (pero no coextensivo con el caso del término; hay seis de dichas relaciones según Pāṇini, viz., *karman*, *karaṇa*, *kartṛ*, *sampradāna*, *apadāna*, *adhikaraṇa*). *Akurvāṇa*: *a+kurvāṇa*. *Kurvāṇa*: mfn. (p. pres. Ā. de *kṛ*) que hace, que fabrica; que actúa como un sirviente, agente.

Incluso en los casos en los que una acción no se ha realizado, es posible que dicha acción no realizada exista como una idea [abstracta] que nunca puede realizarse en absoluto.
Una intención de practicar la acción puede sugerir que la acción todavía no se ha realizado, y por eso el estado equilibrado puede situarse fuera del campo de visión.

La intención de actuar nunca es igual que la acción real. Las ideas abstractas de la acción nunca pueden ser llevadas a cabo en la realidad, porque la acción real siempre es distinta de estas. Aunque esto pueda parecer obvio, realmente es un punto importante que tendemos a olvidar. En el ámbito de la intención de actuar, según el Maestro Nāgārjuna, el estado equilibrado de la acción real está fuera del campo de visión. Aunque podamos planear nuestra acción cuidadosamente, el estado real de esta es ocultado de la vista hasta que la llevemos a cabo.

Verso 38

ajātam aniruddhaṃ ca kūṭasthaṃ ca bhaviṣyati
vicitrābhir avasthābhiḥ svabhāve rahitaṃ jagat

Ajāta: mfn. no nacido, todavía no nacido, todavía no desarrollado. *Aniruddha*: mfn. no obstruido, ingobernable, obstinado. *Kūṭastha*: mfn. que está en la parte superior, que mantiene la posición más alta; (en fil.) inmóvil, uniforme, inmutable (como el alma, el espíritu, el vacío, el éter, el sonido, etcétera). *Vicitrābhiḥ*: f. pl. I. de *vicitra*. *Vicitra*: mf(*ā*)n. multicolor, de muchos colores, abigarrado, brillante; múltiple, diferente, diverso; extraño, maravilloso, sorprendente; encantador, hermoso. *Rahita*: mfn. dejado, quitado, abandonado, desierto, remoto, solitario; abandonado por, separado o libre de, privado o vacío o desprovisto de (I. o comp.); falto, ausente. *Avasthābhiḥ*: f. pl. I. de *avastha*. *Avastha*: (*ā*) f. comparecencia (en una corte de justicia); «estabilidad, consistencia»; estado, condición, situación (se distinguen cinco en los dramas), circunstancias de la edad o la posición, estadio, grado. *Jagat*: mfn. que se mueve, móvil, locomotor, vivo; m. aire, viento; m. pl. gente, humanidad; n. aquello que se mueve o está vivo, el hombre y los animales, los animales como opuesto a los hombres, hombres; el mundo, esp. este mundo, la tierra.

Aun cuando la habilidad para regularse a uno mismo no haya empezado a funcionar, cualquiera tiene la posibilidad de llegar al estado más elevado en el futuro.
Estando decorado con colores brillantes, el hecho de que todo está completamente en el estado de espléndida estabilidad es justamente la situación real del mundo.

Aunque no tengamos la habilidad de regularnos a nosotros mismos completamente en este momento, no es necesario que neguemos la posibilidad de conseguir ese poder excelente en el futuro, el cual puede equilibrarnos completamente. Según vaya madurando nuestra práctica, esta habilidad se irá manifestando de manera natural. El mundo real está decorado con colores brillantes. Podemos ver esto con nuestros propios ojos cuando queramos. Este hecho es la evidencia de que todo ya existe en el estado supremo y estable. La situación real del mundo ahora mismo es el estado supremo. Que no lo veamos solo depende de nuestra propia confusión.

Verso 39

asaṃprāptasya ca prāptir duḥkhaparyantakarma ca
sarvakleśaprahāṇaṃ ca yady aśūnyaṃ na vidyate

Asaṃprāpta: mfn. que no ha llegado a, que no ha alcanzado el objetivo; no alcanzado u obtenido (un objeto o cualquier cosa deseada). *Prāpti*: f. llegada, suceso; distancia, rango, extensión; alcance, llegada a (comp.); el poder (del viento) de entrar o penetrar en cualquier sitio; el poder de obtener cualquier cosa (una de las ocho facultades sobrehumanas); salvamento, rescate o liberación de (Ab.); consecución de, obtención, encuentro con, hallazgo, adquisición, beneficio; ser conocido o encontrado; descubrimiento, determinación; obtención, validez, mantener vigente (una ley). *Paryanta*: m. recorrido, circunferencia, borde, límite, frontera; lado, flanco, extremidad, extremo. *Karma*: n. (*ā* m. lexicógrafos) acto, acción, desempeño, empresa. *Kleśa*: m. dolor, aflicción, sufrimiento, dolor de enfermedad, angustia; (en la fil. del yoga se nombran cinco *kleśas*, viz., *avidyā*, «ignorancia»; *asmitā*, «egoísmo»; *rāga*, «deseo»; *dveṣa*, «aversión», y *abhiniveśa*, «perseverancia de la existencia mundana»; los budistas consideran diez, a saber, tres del cuerpo [el asesinato, el robo, el adulterio], cuatro del habla [la mentira, la calumnia, el insulto, la conversación improductiva] y tres de la mente [la codicia, la malicia, el escepticismo]); bud. *Prahāṇa*: n. renuncia, abandono, evasión; abstracción, especulación, meditación; esfuerzo, *dharmas*. *Aśūnya*: mf(*ā*)n. no vacío; no en vano o inútil.

El hecho de que no hayamos llegado [a la comprensión del estado supremo] sugiere, sin embargo, que tenemos la posibilidad de llegar al destino en el futuro, y el hecho de que estemos en el ámbito del dolor también es una clase de acción.
Cuando podemos aceptar incluso nuestro dolor intenso como la ley del universo, es completamente imposible que encontremos ninguna clase de situación desequilibrada en ninguna parte en absoluto.

Este verso es directo y claro, de manera que no quiero añadir mucho más. El hecho de que no hayamos logrado la comprensión del estado supremo sugiere, sin embargo, que tenemos la posibilidad de hacerlo en el futuro. Estar en el ámbito del dolor también es una acción real.

Verso 40

yaḥ pratītyasamutpādaṃ paśyatīdaṃ sa paśyati
duḥkhaṃ samudayaṃ caiva nirodhaṃ mārgam eva ca

Samutpāda: m. surgimiento, origen, producción. *Paśyati*: *paś*: ver (con *na*, «estar ciego»), contemplar, mirar, observar, percibir, darse cuenta; ser un espectador, echar un vistazo. *Samudaya*: m. (raramente n.) reunión, unión, confluencia, combinación, colección, conjunto, multitud, agregación, agregado (Ac. con *kṛ*, «juntar o reunir»); (para los budistas) el agregado de los elementos constituyentes o factores de cualquier ser o existencia (posteriormente equivalente a «existencia» en sí), bud.; causa producente. *Caiva*: *ca+eva*.

Una persona que puede contemplar este mundo como el mundo claro de los fenómenos tal y como son es una persona que puede contemplar el mundo directamente.

La filosofía del dolor [idealismo], la filosofía de la acumulación [materialismo], la filosofía del instante presente [filosofía de la acción] y la filosofía de la realidad [la filosofía de la moralidad] también son lo mismo.

Una persona que puede mirar los fenómenos totales visibles también puede contemplar este mundo tal y como es. Una persona que puede contemplar este mundo tal y como es puede asir el verdadero significado de las cuatro filosofías claramente. El verdadero significado de las cuatro filosofías y el del mundo real tal y como es son el mismo.

Capítulo 25

Nirvāṇa parīkṣā

(Estudio del *nirvāṇa*)

Nirvāṇa: mfn. fundido o apagado, extinguido (como una lámpara o el fuego), caído [puesto] (como el sol), calmado, tranquilo, amansado, muerto, fallecido (lit. que tiene apagado el fuego de la vida), perdido, desaparecido; inmerso, hundido; inamovible.

El término sánscrito *nirvāṇa* originalmente significa «extinción», lo cual sugiere la desaparición de la condición emocional. Tal vez la palabra *emoción* sea problemática, pero, después de una cuidadosa consideración, he decidido utilizarla. Es normal y natural que los seres humanos sientan alegría, tristeza, etcétera. Sin embargo, dichos sentimientos pasan rápidamente a menos que nos aferremos a ellos de forma deliberada. Desafortunadamente, la mayoría de la gente tiende a vivir en esas condiciones, produciéndose a sí misma una enorme ansiedad por ellas. Queremos estar siempre alegres y nunca sentirnos tristes, pero una situación tal es imposible. Al aparecer esa ansiedad surge la condición emocional, y nos quedamos atrapados para siempre buscando la alegría y huyendo de la tristeza. Dicha condición es altamente inestable y desagradable.

Después de haber establecido la práctica budista, nuestros pensamientos ansiosos desaparecen, y el deseo físico ya no nos molesta en nuestra vida cotidiana. Si intentáramos explicar la situación en términos psicológicos y fisiológicos, podríamos decir que la ansiedad que hay en nuestros pensamientos se produce cuando el sistema nervioso simpático es demasiado intenso, y que la emoción hipersensible aparece cuando el sistema nervioso parasimpático es demasiado acusado. Cuando estas dos mitades del sistema nervioso alcanzan el equilibrio, la relación entre ellas se iguala. Estamos equilibrados. Dicha ecuanimidad en la condición mental y física es llamada *nirvāṇa*, o el estado libre y sereno.

****

Verso 1

yadi śūnyam idaṃ sarvam udayo nāsti na vyayaḥ
prahāṇād vā nirodhād vā kasya nirvāṇam iṣyate

Udaya: ascenso, elevación; abultamiento; levantamiento, salida (del sol, etcétera), aparición (de una nube); la montaña oriental (detrás de la cual se supone que sale el sol); que sale; que sale a la luz, que se hace visible, surgimiento, desarrollo; producción, creación; conclusión, resultado, consecuencia; aquello que sigue; subida, que se alcanza la meta de uno, elevación; éxito, prosperidad, buena fortuna; beneficio, provecho, ingreso, rédito, interés. *Vyaya*: mfn. que fallece, mutable, sujeto a cambio o deterioro (solamente como op. o conectado con *avyaya*). *Prahāṇa*: n. renuncia, abandono, evasión; abstracción, especulación, meditación; esfuerzo. *Nirvāṇa*: mfn. fundido o apagado, extinguido (como una lámpara o el fuego), caído [puesto] (como el sol), calmado, tranquilo, amansado (cf. *anirvāṇa*), muerto, fallecido (lit. que tiene apagado el fuego de la vida), perdido, desaparecido; inmerso, hundido; inamovible. *Iṣ*: hacer moverse rápido, dejar volar, tirar, lanzar, balancear; enviar o mandar, transmitir, derramar, descargar; dar (un discurso), anunciar, proclamar; impulsar, incitar, animar, promover.

Cuando el estado equilibrado impregna todo el mundo, el estado equilibrado no tiene ninguna característica de aparición o desaparición.
Si negamos la suave actitud de abandonar las cosas y seguir las circunstancias, o si nos apartamos de la autorregulación, la posibilidad

de realizar el estado libre y sereno llamado *nirvāṇa* nunca puede aparecer.

Decimos que cuando hemos establecido el estado equilibrado en nosotros, este impregna todo el mundo, o todo el universo. Ello se debe a que la filosofía budista no hace distinción entre la experiencia y la persona que experimenta. Cuando el estado equilibrado impregna todo el mundo, dicho estado es distinto de las cosas y los fenómenos en sí. No aparece nuevamente en el mundo ni desaparece de él. Puesto que el *nirvāṇa* es justamente un estado en el instante presente, es imposible que aparezca ni desaparezca. La aparición y la desaparición solo pueden suceder en el tiempo lineal. Se dice que algo aparece cuando lo vemos y comparamos nuestra experiencia en el presente con los recuerdos de un momento en el cual aquello no estaba allí. Lo mismo ocurre con la desaparición.

El estado libre y sereno llamado *nirvāṇa* es una condición ambigua, la cual no puede ser descrita claramente en términos intelectuales. A menudo nos negamos a tener una actitud flexible y a abandonar nuestros sentimientos y deseos, o perdemos la habilidad de autorregularnos. En dicha condición es completamente imposible que el estado libre y sereno se realice en absoluto.

Verso 2

yady aśūnyam idaṃ sarvam udayo nāsti na vyayaḥ
prahāṇādvā nirodhādvā kasya nirvāṇamiṣyate

Véanse las notas gramaticales del verso 1.

Aun cuando el estado desequilibrado impregne todo el universo, es imposible que el estado desequilibrado aparezca nuevamente o que el estado desequilibrado desaparezca.
Si una persona rechaza el abandono completamente o se aparta de la autorregulación, es completamente imposible que el estado libre y sereno se realice.

Como hemos dicho en el comentario del verso anterior, según la filosofía budista no hay una diferencia esencial entre nosotros y el mundo en el que vivimos. De modo que cuando no estamos equilibrados podemos argumentar que este mundo tampoco lo está. El estado desequilibrado no es nada más que un estado en el instante presente, así que es imposible que aparezca nuevamente en el mundo. Una vez más, esto se debe a que para describir algo como que aparece o desaparece debemos comparar la condición presente con los recuerdos de otra condición pasada que imaginamos que era distinta. La actitud de abandono es aquella en la cual dejamos nuestra idea del sí mismo. A veces puede parecer demasiado difícil establecer esta actitud (por ejemplo, cuando nos enfrentamos a alguna situación que provoca una abrumadora respuesta emocional). También hay otras ocasiones en las que alguien se aparta completamente del estado de autorregulación. En dichas condiciones, es completamente imposible que el estado libre y sereno se realice en el mundo.

Verso 3

aprahīṇam asaṃprāptam anucchinnam aśāśvatam
aniruddham anutpannam etan nirvāṇam ucyate

Aprahīṇa: *a+prahīṇa*. *Prahīṇa*: mfn. sobrante, restante; que se queda solo, i.e., que no tiene parientes; desechado, desgastado (como una prenda); fallido (I.); cesado, desvanecido. *Asaṃprāpta*: *a+saṃprāpta*. *Saṃprāpta*: mfn. bien alcanzado o logrado, obtenido, ganado, etcétera; uno que ha alcanzado o logrado, llegado a, conocido a, caído en (Ac.). *Ucchinna*: mfn. cortado o recortado; destruido, perdido; abyecto, vil. *Aśāśvata*: mf(*ī*)n. no permanente o eterno, transitorio. *Aniruddha*: mfn. no obstruido, ingobernable, obstinado. *Anutpanna*: mfn. no nacido, no originado; no efectuado, no realizado. *Etan*: *etat*: *etad*: mfn. esto, esta, este, aquí (especialmente señalando lo que está más cerca del hablante). *Uc*: encontrar placer en, deleitarse con, tener cariño a; estar acostumbrado; ser adecuado, ajustarse, encajar.

**[El *nirvāṇa*] no [está] aislado, no es acumulado como lo son las cosas, no es instantáneo, no es eterno.
No está oculto, no ha aparecido: dicho estado es justamente el estado libre y sereno en el cual la gente se deleita.**

El *nirvāṇa*, el cual es llamado el estado libre y sereno, no está aislado como la mente individual. Contiene todas las cosas y los fenómenos y es contenido por ellos. Sin embargo, no es acumulado como lo son las cosas. Es solo uno. No es instantáneo. No aparece en un instante y desaparece al siguiente, pero tampoco es eterno. No dura siempre en términos del tiempo lineal. No está oculto. Es manifiesto en todas las cosas y los fenómenos, pero no ha aparecido simplemente ahora. Esto quiere decir que, aunque no esté oculto, no es algo que aparezca en un instante como si no hubiera estado ahí anteriormente. El *nirvāṇa* es admirado por la gente como el estado libre y sereno.

Verso 4

bhāvas tāvan na nirvāṇaṃ jarāmaraṇalakṣaṇam
prasajyetāsti bhāvo hi na jarāmaraṇam vinā

Tāvat: mf(*atī*)n. tan grande, tan extenso, tanto, hasta el momento, tanto tiempo, tantos; solo un poco; (en álgebra) una cantidad desconocida. *Jara*: mfn. envejecer; (*ā*) f. el acto de hacerse viejo, vejez. *Maraṇa*: n. el acto de morir, muerte; cese (como el de los relámpagos o la lluvia). *Lakṣaṇa*: mfn. que indica, que expresa indirectamente. *Prasajyetāsti*: *prasajya+ita+asti*. *Prasajya*: mfn. estar apegado o conectado con, aplicable. *Ita*: mfn. ifc. ido; regresado; obtenido; recordado.

No es cierto que la existencia sea justamente el estado libre y sereno en sí, pero la característica del estado libre y sereno de aparecer y desaparecer sirve para sugerir su existencia.

Pues si el estado libre y sereno no pudiera aparecer o desaparecer, el hecho de que el estado libre y sereno existe realmente desaparecería de manera natural inmediatamente.

Anteriormente, el Maestro Nāgārjuna dijo con claridad que el estado libre y sereno no aparecía ni desaparecía, y, sin embargo, ahora considera que lo hace. Esto es claramente paradójico, pero dichas contradicciones son comunes en la literatura filosófica budista. En un sentido, el estado libre y sereno no aparece ni desaparece, y en otro, sí. Si miramos nuestras vidas en términos del tiempo lineal, hay veces en las que el estado libre y sereno está presente y otras en las que no. Si el estado libre y sereno no apareciera ni desapareciera, no podríamos diferenciar este estado de nuestra condición desequilibrada habitual, y podríamos asumir que tal estado no existe en absoluto.

Verso 5

bhāvaś ca yadi nirvāṇaṃ nirvāṇaṃ saṃskṛtaṃ bhavet
nāsamskṛto hi vidyate bhāvaḥ kva cana kaś cana

Saṃskṛta: mfn. elaborado, construido, bien o completamente formado, perfeccionado; confeccionado, preparado, completado, acabado; purificado, consagrado, santificado, bendecido, iniciado; refinado, adornado, ornamentado, pulido, altamente elaborado; (*am*) n. disposición, preparación o un lugar preparado, sacrificio. *Nā*: *na*: ind. no, ningún, ni, ninguno, etcétera (también en negación simple como al desear, solicitar y mandar, excepto en una prohibición antes de un imp. o un aor. aumentativo; en frases consecutivas o cláusulas, o simplemente repetido o reforzado por otra partícula, esp. en el segundo lugar de la frase o más adelante, e.g., por *uta*, *api*, *capi*, *vā*). *Asaṃskṛta*: mfn. no preparado; no consagrado; sin adornos; sin pulir, grosero (como lenguaje). *Kva*: ind. L. de *ka* = *kasmin* o *katarasmin*; ¿dónde?, ¿en qué lugar?, ¿adónde? *Cana*: en sánscrito clas. solamente se utiliza después de los interrogativos *ka*, *katara*, *katama*, *katham*, *kad*, *kadā*, *kim*, *kutas*, *kva*, haciéndolos indefinidos.

Cuando la existencia es justamente el *nirvāṇa*, el estado libre y sereno, es posible que el *nirvāṇa* pueda existir como todo el mundo exterior. Puesto que es imposible que reconozcamos ningún mundo diferente del mundo exterior, ciertamente dicho mundo diferente no existe en ninguna parte, y dicha existencia es como nada.

Cuando la existencia se manifiesta como el *nirvāṇa*, es posible que dicho estado libre y sereno exista como todo el mundo exterior. Muchas religiones postulan la existencia de algún reino distinto de aquel en el que estamos viviendo ahora mismo, y nos animan a esforzarnos para llegar a él. Hay incluso religiones espirituales que se llaman a sí mismas budistas, en las cuales la palabra *nirvāṇa* se usa para sugerir dicho reino. Sin embargo, el Maestro Nāgārjuna dice que es completamente imposible que exista otro mundo distinto de aquel en el que estamos viviendo justo ahora. Por tanto, añade, la existencia de un mundo distinto del mundo exterior es como nada.

Verso 6

bhāvaś ca yadi nirvāṇam anupādāya tat katham
nirvāṇaṃ nānupādāya kaścid bhāvo hi vidyate

Anupādāya: *anupādā+ya*. *Anupādā*: conservar, mantener, apreciar; esperar, aguardar.

Si la existencia está justo en el *nirvāṇa*, el estado libre y sereno, ¿qué es este mundo que simplemente continúa su existencia así?
Lo que se llama el estado libre y sereno podría ser diferente de algo que pudiera ser asido por la percepción sensorial, puesto que [si el *nirvāṇa* pudiera ser percibido por los sentidos] dicha existencia sería reconocida por alguna clase de método sin excepción.

Si fuera cierto que toda existencia en sí es justo igual que el estado libre y sereno, ¿cómo podríamos comprender el mundo concreto que se mantiene verdaderamente delante de nosotros? El estado libre y sereno podría ser diferente de lo que normalmente reconocemos como el mundo concreto que existe delante de nosotros. Esto se debe a que lo que normalmente llamamos existencia concreta es aquello que puede ser reconocido por nuestros sentidos de alguna manera. Sin embargo, lo que se llama el estado libre y sereno no puede ser el objeto de la percepción. Por tanto, tenemos que concluir que el estado libre y sereno podría ser diferente de aquello que puede ser percibido por los sentidos. Y, al mismo tiempo, aquello que puede ser percibido también está incluido dentro de dicho estado.

Verso 7

bhāvo yadi na nirvāṇam abhāvaḥ kiṃ bhaviṣyati
nirvāṇaṃ yatra bhāvo na nābhāvas tatra vidyate

Abhāva: m. inexistencia, nulidad, ausencia; aniquilación, muerte. *Yatra*: ind. (proveniente de *ya*, correlativo de *tatra* y a menudo utilizado para el L. del pron. relativo) en o hacia qué lugar, dónde, en dónde, dondequiera que, adónde (*yatra tatra* o *yatra tatrāpi*, «en cualquier lugar que sea» o «en lo que sea»); en qué ocasión, en qué caso, si, cuando, como (*yatra tatra*, «en todas las ocasiones»); con el fin de que.

> **La existencia es diferente del estado libre y sereno; por tanto, es completamente imposible que el estado libre y sereno, el cual es distinto de la existencia, se vuelva existencia en absoluto.**
> **Puesto que el estado libre y sereno no es existencia, es completamente imposible que lo que no es existencia se vuelva el objeto del reconocimiento en absoluto.**

Nuestros conceptos de existencia e inexistencia no se aplican al estado libre y sereno del *nirvāṇa*. Nuestros conceptos siempre son limitados. La existencia solamente es existencia en relación con aquello con lo que se contrasta y concebimos como inexistencia. El estado libre y sereno del *nirvāṇa* no se encuentra limitado de esta forma. Si pensamos que la existencia es el *nirvāṇa*, es imposible que el concepto de existencia sea relevante en absoluto. En el lugar en el que el *nirvāṇa* no existe, no se puede reconocer la existencia de nada en absoluto.

Verso 8

yady abhāvaś ca nirvāṇam anupādāya tat katham
nirvāṇaṃ na hy abhāvo 'sti yo 'nupādāya vidyate

Anupādāya: *an+upādāya*. *Upādāya*: ind. p. que ha recibido o adquirido, etcétera; que recibe, que adquiere, etcétera; que se toma con, junto con; incluido, que incluye; con la ayuda de, por medio de (Ac.) (Capp.).

> **Si pensamos que lo que no existe es justo el estado libre y sereno, ¿qué es realmente el mundo que se ve delante de nosotros?**
> **Puesto que el estado libre y sereno no es existencia, el hecho de que el estado libre y sereno exista realmente podría ser reconocido como algo diferente del mundo que puede ser reconocido por la percepción sensorial.**

Si el *nirvāṇa*, el estado libre y sereno, es distinto de la existencia, el mundo objetivo claramente es diferente del estado libre y sereno en sí. Puesto que el estado libre y sereno es distinto de lo que existe, lo que en verdad existe como el estado libre y sereno es algo diferente del mundo que puede ser percibido por la percepción sensorial. El estado libre y sereno no es el objeto de la percepción sensorial. Sin embargo, es la verdadera base de los objetos de dicha percepción.

Verso 9

ya ājavaṃjavībhāva upādāya pratītya vā
so 'pratītyānupādāya nirvāṇam upadiśyate

Ājava: ā+java. *Ā*: antepuesto a un adj. [raramente a un sus.] implica disminución, «un poco». *Java*: mfn. rápido; m. velocidad, rapidez; pl. impulso (de la mente). *Javī*: N. de *javin*. *Javin*: mfn. rápido, veloz; m. un caballo; un camello. *Vā*: *vā* a veces es intercambiable con *ca* y *api*. *Pratītya*: n. confirmación, experimento; alivio, consuelo. *Upadiś*: señalar a; indicar, especificar, explicar, informar, instruir, enseñar; aconsejar, advertir; mencionar, presentar, hablar de; establecer, prescribir, mandar, ordenar, gobernar; nombrar, llamar.

Las existencias, las cuales son consideradas como lentas o rápidas, son hechos que pueden ser percibidos por los sentidos, y los hechos están muy claros.
[Sin embargo,] lo que no está tan claro, y no puede ser percibido por los sentidos, es aceptado como el *nirvāṇa*, o el estado libre y sereno.

En el mundo que podemos percibir por medio de nuestros sentidos, las cosas pueden calificarse de rápidas o lentas, grandes o pequeñas, etcétera. Tales distinciones están claras. Pero el *nirvāṇa*, el estado libre y sereno, no está tan claro en este sentido, y no puede asirse mediante los sentidos. Es posible decir que se encuentra separado de la consideración mental y de la percepción sensorial al no poder ser concebido ni percibido. Sin embargo, puede asirse mediante la función intuitiva, la cual puede funcionar cuando hemos establecido el equilibrio.

Verso 10

prahāṇam cābravīc chāstā bhavasya vibhavasya ca
tasmān na bhāvo nābhāvo nirvāṇam iti yujyate

Prahāṇa: n. renuncia, abandono, evasión; abstracción, especulación, meditación; esfuerzo, *dharmas*. *Cābravīcchāstā*: *ca+a+bravi+icchā+astā*. *Bravi*: *brū*: hablar, decir, contar (intransitivo; o con Ac. de persona o cosa); o con Ac. de cosa y Ac., D., G. o L. de persona; hablar sobre una persona o cosa; proclamar; responder. *Icchā*: f. querer, deseo, inclinación. *Astā*: f. sg. N. de *asta*. *Asta*: mfn. tirado, lanzado; (solamente en comp.) arrojado, dejado, dejado de lado, abandonado (como el dolor, la ira, una promesa, etcétera); (*ā*) f. proyectil, una flecha. *Bhava*: m. que se origina, nacimiento, producción, origen (= *bhāva*); devenir, transformación en (comp.); ser, estado de ser, existencia, vida. *Vibhava*: mfn. poderoso, rico; m. que está en todas partes, omnipresencia; desarrollo, evolución (para los *vaiṣṇavas* «la evolución del Ser Supremo en formas secundarias»). *Tasmāt*: ind. (Ab. de *ta*) a partir de eso, en vista de ello, por tanto (correlativo de *yad*, *yasmāt*). *Yuj*: uncir, unir, atar o aparejar.

Tenemos muchas experiencias de abandonar cosas o de hablar de cosas sobre las que no tenemos ningún interés. En dichos casos nos apoyamos en la resistencia, [y] tales ocasiones existen casi en cualquier lugar.
Por tanto, las opiniones sobre si el *nirvāṇa*, el estado libre y sereno, debe existir o no existir ciertamente son empeños demasiado apegados a la consideración fija.

En nuestra vida cotidiana a menudo tenemos que aceptar cosas que no queremos. Por ejemplo, pagar impuestos o que nuestros seres queridos se marchen. En otros casos nos vemos obligados a hablar de cosas sobre las que no tenemos ningún interés. Muchos de nuestros trabajos de hoy en día incluyen este tipo de burocracia hablada y escrita, y lo mismo debía de ocurrir en tiempos del Maestro Nāgārjuna. En tales casos nos apoyamos en la resistencia. En japonés tenemos la palabra *gaman*, la cual quiere decir «resistir estoicamente cosas que son necesarias aunque desagradables». La práctica de zazen casi siempre incluye esta clase de actividad. Sin embargo, es la única forma de establecer el estado libre y sereno. Podemos considerar la existencia o la inexistencia del estado libre y sereno, pero esto nunca ayudará a establecer ese estado de ninguna manera. Por ello, el Maestro Nāgārjuna dice que dicha actitud está demasiado influenciada por la consideración intelectual y, por tanto, no es realista.

Verso 11

bhaved abhāvo bhāvaś ca nirvāṇam ubhayaṃ yadi
bhaved abhāvo bhāvaś ca mokṣas tac ca na yujyate

Nirvāṇa: mfn. *Ubhaya*: mf(ī)n. ambos, de ambos tipos, de ambas maneras, de ambos modos. *Yadi*: en la lengua antigua *yadi* puede estar unido con indic., subj. o *leṭ* pot., o fut., estando generalmente la cláusula consecuente de la frase condicional sin ninguna partícula. *Mokṣastacca*: *mokṣaḥ+tat+ca*. *Mokṣa*: m. (ifc. f. *ā*) emancipación, liberación, liberación de (Ab., raramente G. o en comp.); liberación de la existencia mundana o transmigración, emancipación final o eterna; muerte.

Es posible decir tanto que el *nirvāṇa* no existe como que existe; por tanto, el *nirvāṇa* tiene estas dos características.
Puesto que tanto las ideas de la inexistencia como las de la existencia están disponibles, la libertad perfecta en sí, la cual existe sobre la base del *nirvāṇa*, nunca está restringida por nada en absoluto.

En relación con el *nirvāṇa*, que tanto las expresiones *no existir* como *existir* estén disponibles quiere decir que las dos son pertinentes. El *nirvāṇa* incluye ambas posibilidades a la vez debido a que se encuentra más allá de categorizaciones tales como existencia e inexistencia; y, sin embargo, es real. La libertad perfecta que existe en función del *nirvāṇa* nunca puede estar restringida por ningún concepto en absoluto.

Verso 12

bhaved abhāvo bhāvaś ca nirvāṇam ubhayaṃ yadi
nānupādāya nirvāṇam upādāyobhayaṃ hi tat

Véanse las notas gramaticales del verso 11.

Si es posible que las dos expresiones *no existir* y *existir* estén disponibles, tanto *no existir* como *existir* se encuentran incluidos en el *nirvāṇa*. El mundo que puede ser percibido por los sentidos no es el mundo del *nirvāṇa*, puesto que el mundo que puede ser percibido por los sentidos y el mundo que no puede ser percibido por los sentidos están combinados en un mundo, el cual es justamente el mundo real.

Aunque digamos que el *nirvāṇa* está más allá de la percepción sensorial, este no es ningún mundo espiritual imaginario que no pueda ser percibido, sino justamente el mundo real. El mundo que puede ser percibido por los sentidos y el que no puede serlo están combinados en uno, al cual podemos llamar el mundo real. El *nirvāṇa* incluye conjuntamente tanto la existencia como la inexistencia. Esto es importante. Muchas religiones espirituales veneran algún tipo de reino que no puede ser percibido por los sentidos, pero el budismo no es así. El budismo venera el mundo real, el cual incluye tanto lo que puede ser percibido por los sentidos como lo que no.

Verso 13

bhaved abhāvo bhāvaś ca nirvāṇam ubhayaṃ katham
asaṃskṛtaṃ hi nirvāṇaṃ bhāvābhāvau ca saṃskṛtau

Asaṃskṛta: mfn. no preparado; no consagrado; sin adornos; sin pulir, grosero (como lenguaje). *Ca*: ind. y, ambos, también, además, así como; el doble *ca* puede también ser utilizado en sánscrito clas. *Saṃskṛta*: mfn. elaborado, construido, bien o completamente formado, perfeccionado; confeccionado, preparado, completado, acabado; purificado, consagrado, santificado, bendecido, iniciado.

> **Aunque es posible que tanto *existir* como *no existir* sean afirmados, es completamente imposible que el *nirvāṇa* sea tanto existencia como inexistencia.**
> **Puesto que el mundo que es distinto del mundo exterior es el *nirvāṇa*, [el *nirvāṇa*] puede ser el mundo real, el cual puede ser una combinación del mundo que existe verdaderamente y el mundo abstracto que no existe verdaderamente.**

Una vez dicho que tanto *existir* como *no existir* se pueden utilizar para describir el *nirvāṇa*, el Maestro Nāgārjuna hace aquí una clarificación importante: niega la idea de que el *nirvāṇa* sea tanto existencia como inexistencia. La existencia y la inexistencia son situaciones absolutamente contradictorias. Así, podemos pensar que el estado del *nirvāṇa* puede ser el mundo real, el cual es la combinación entre el mundo concretamente existente y el mundo abstracto que no existe en verdad. Esto puede parecer extraño, pero en sus vidas cotidianas ustedes encuentran esta condición todo el tiempo. Por ejemplo, ahora mismo están leyendo un libro. Este libro existe de manera concreta, pero la filosofía contenida en él es abstracta y no puede decirse que tenga una existencia concreta. Sin embargo, esa filosofía sigue siendo algo real.

Verso 14

bhaved abhāvo bhāvaś ca nirvāṇa ubhayaṃ katham
tayor abhāvo hy ekatra prakāśatamasor iva

Tayor: *toyoḥ*: du. G. L. de *ta*. *Ekatra*: ind. en uno, en un mismo; en un sitio, en el mismo lugar, en un solo punto (con la fuerza del L.); por un lado. *Astitva*: n. existencia, realidad. *Āloka*: m. miramiento, vista, contemplación; panorama, aspecto, visión; luz, brillo, esplendor; luz tenue; adulación, elogio, lenguaje de cortesía; panegírico; sección, capítulo. *Tamasor*: *tamasoḥ*: du.

G. L. de *tamas*. *Tamas*: n. oscuridad, penumbra (también pl.); la oscuridad del infierno, el infierno o una división particular del infierno; oscuridad mental, ignorancia, ilusión, error. *Yathā*: ind. de qué forma o manera, conforme a, como, según.

Si categóricamente no hay existencia, ¿cuál es la relación entre la existencia y el *nirvāṇa*?
Cuando tanto la existencia como el *nirvāṇa* no existen y, sin embargo, suceden en un lugar, parece ser igual que la situación en la cual la luz y la oscuridad se combinan en uno.

Si es cierto que nada existe realmente, ¿cuál es el significado de la palabra *existencia* o el de *nirvāṇa*? De nuevo vemos aquí el rechazo del nihilismo por parte del Maestro Nāgārjuna. Puede ser que la relación entre la existencia y el *nirvāṇa* sea similar a la situación en la cual la luz y la oscuridad están combinadas en una. Solamente puede decirse que la luz es luz cuando se contrasta con la oscuridad, y al revés. De manera que, en este sentido, la luz y la oscuridad son realmente una sola cosa. Igualmente, la existencia y el *nirvāṇa* pueden referirse a la misma realidad indiferenciada.

Verso 15

naivābhāvo naiva bhāvo nirvāṇam iti yā 'ñjanā
abhāve caiva bhāve ca sā siddhe sati sidhyati

Yā: f. sg. de *ya*. *Añjanā*: f. sg. N. de *añjana*. *Añjana*: (*ā*) f. nombre de la madre de Hanumat; según una leyenda, Hanumat fue un hijo de Siva; pigmento negro o colirio aplicado a las pestañas o a la capa interna de los párpados; una clase especial de este pigmento, como el negro de humo, el antimonio, el extracto de antimonio, la cúrcuma, etcétera; pintura, especialmente como un cosmético; pomada mágica; tinta. *Siddha*: mfn. realizado, cumplido, efectuado, ganado, adquirido. *Sidh*: ser realizado o completado o efectuado o establecido.

[El *nirvāṇa*] no es ni lo que no existe ni lo que existe en absoluto, y el *nirvāṇa* es una clase de adorno como los cosméticos.
El *nirvāṇa* puede ser expresado diciendo que no existe, pero, al mismo tiempo, puede ser expresado diciendo que existe; por tanto, [podemos decir que] el *nirvāṇa* es la situación real del mundo real.

Nunca se puede decir que el *nirvāṇa* sea existente ni inexistente, al contrario que las cosas y los fenómenos. De manera que ambas expresiones son un tipo de adorno como los cosméticos. La palabra utilizada en el verso para esta comparación hace referencia al pigmento utilizado en los tiempos antiguos para maquillarse la cara, como los cosméticos de hoy en día. Por ello, aunque pueda parecer estar de algún modo fuera del contexto histórico, he traducido el término como «cosméticos».

Que el *nirvāṇa* pueda calificarse tanto de existente como de inexistente quiere decir que este es justamente la situación real del mundo real. Ello se debe a que el mundo real en sí, aunque habitualmente solo nos refiramos a él como existente, está más allá de conceptos tales como existencia e inexistencia, ya que es verdaderamente real y, por tanto, no está limitado por categorizaciones inventadas por el cerebro humano.

Verso 16

naivābhāvo naiva bhāvo nirvāṇaṃ yadi vidyate
naivābhāvo naiva bhāva iti kena tad ajyate

Kena: I. ind. ¿mediante qué?; ¿de dónde?; ¿cómo?, ¿por qué? *Aj*: empujar, impulsar, arrojar, lanzar.

Cuando se aclare que el *nirvāṇa* no es lo que no existe, ni lo que existe, [se aclarará que] la situación del *nirvāṇa*, el cual es diferente de las cosas que existen y no existen, no se desarrolla ni expande en absoluto.

El *nirvāṇa* es la situación en el instante presente, de modo que no puede decirse que exista o que no. Puesto que el *nirvāṇa* no puede tratarse en términos de existencia o inexistencia, no es como las cosas y los fenómenos ordinarios. Podríamos decir que simplemente es un estado de las cosas y los fenómenos, más que las cosas y los fenómenos en sí. El *nirvāṇa* no puede desarrollarse más porque es el estado en el instante presente, y, por tanto, está desconectado tanto del pasado como del futuro.

Verso 17

paraṃ nirodhād bhagavān bhavatīty eva nāhyate
na bhavaty ubhayaṃ ceti nobhayaṃ ceti nāhyate

Para: mf(ī)n. lejano, distante, apartado (en el espacio), contrario, ulterior, más lejos que, más allá, en el lado opuesto o más lejano de, extremo; anterior (en el tiempo), antiguo; ancestral, pasado; posterior, futuro, siguiente; subsiguiente, sucesivo, subsecuente; final, último. *Bhagavān*: sg. N. de *bhagavat*. *Bhagavat*: mfn. que posee fortuna, afortunado, próspero, feliz; glorioso, ilustre, divino, adorable, venerable; sagrado (aplicado a dioses, semidioses y santos para dirigirse a ellos). *Ah*: decir, hablar; (para los lexicógrafos) expresar, significar; llamar (por el nombre, *nāmnā*); llamar, sostener, considerar, considerar como (con dos Ac., para uno de los cuales se puede sustituir una frase con *iti*).

Ni siquiera se ha insistido una vez en que exista otra condición que se haya apartado de la condición autorregulada y merezca ser admirada. Cuando tanto la autorregulación como la condición admirable no existen, nunca es posible admirar en absoluto una situación en la cual no haya autorregulación y, sin embargo, sea una condición admirable.

Incluso en la sociedad secular tenemos un gran respeto por alguien que pueda mantenerse sereno y autorregulado bajo condiciones adversas. De modo que no hay ninguna condición que carezca de autorregulación y, sin embargo, sea admirable. En los casos en los que no hay ninguna autorregulación o ninguna condición admirable diferente de la condición autorregulada, no podemos decir que haya ahí alguna condición autorregulada que sea admirable.

Verso 18

tiṣṭhamāno 'pi bhagavān bhavatīty eva nohyate
na bhavaty ubhayaṃ ceti nobhayaṃ ceti nohyate

Tiṣṭha: *sthā*: mantenerse, mantenerse firme, colocarse, reposar, sostenerse sobre, tener una postura sobre; quedarse, permanecer, continuar en alguna condición o acción; permanecer ocupado o comprometido con, decidirse a, hacer una práctica de, seguir adelante, perseverar en cualquier acto; continuar siendo o existiendo, perdurar, durar. *Māna*: m. opinión, noción, concepción, idea; objetivo, deseo, proyecto; engreimiento, arrogancia, orgullo; (para los budistas uno de los seis malos sentimientos; o uno de los diez grilletes de los que deshacerse). *Api*: o algunas veces *pi*, expresa situación cerca o sobre, unión, anexión, llegada a, proximidad; (como adv. separado) y, también, además, junto a, ciertamente, seguramente. *Api* se utiliza a menudo para expresar énfasis, en el sentido de incluso, también, muy. *Uh*: proporcionar dolor, herir, matar.

> **Nunca debería criticarse que una convicción fuertemente establecida exista justamente como un hecho admirable.**
> **Cuando no existen ni una convicción fuertemente establecida ni lo que es admirable, dicha pobre condición nunca puede volverse el objeto de debate en absoluto.**

Cuando el sistema nervioso autónomo de una persona está equilibrado, esta puede tener algunas convicciones fuertemente establecidas. El estado equilibrado nos muestra el verdadero estado del universo. Por ello, es imposible evitar establecer fuertes convicciones basadas en el estado real.

Adquirimos una convicción absoluta de que la realidad es justamente tal y como es. No hay ninguna necesidad de negar dicha convicción. Esta también es un hecho admirable, y no hay ninguna necesidad de criticarla. Además, cuando no hay una convicción fuertemente establecida ni tampoco ninguna condición admirable, dicho estado no tiene ningún valor en absoluto.

Verso 19

na saṃsārasya nirvāṇāt kiṃcid asti viśeṣaṇam
na nirvāṇasya saṃsārāt kiṃcid asti viśeṣaṇam

Saṃsāra: m. ir o vagar por, experimentar la transmigración; trayecto, pasaje, paso por una sucesión de estados, recorrido de la existencia mundana, transmigración, metempsicosis, el mundo, vida secular, ilusión mundana.
Viśeṣaṇa: mfn. distintivo, discriminativo, específico, calificativo; característico (como una propiedad).

> **Cuando es difícil encontrar el *nirvāṇa* en el vagar de nuestra vida cotidiana, puede haber allí inadecuación.**
> **Si no hay ningún *nirvāṇa* en el vagar de nuestra vida cotidiana, realmente hay algo inadecuado en nuestra vida diaria.**

Si no mantenemos el estado del *nirvāṇa*, nuestras vidas están vagando sin sentido. Esta condición es inevitablemente inadecuada, y nunca puede calificarse de budista. Cuando nuestras vidas cotidianas no se viven en el estado del *nirvāṇa*, esto es en sí mismo una condición inadecuada.

Verso 20

nirvāṇasya ca yā koṭiḥ koṭiḥ saṃsaraṇasya ca
na tayor antaraṃ kiṃcit susūkṣmam api vidyate

Koṭi: f. el extremo curvo de un arco o unas garras, el final o la parte superior de algo, filo o punta (de una espada), cuernos o cúspide (de la luna); el punto más alto, eminencia, excelencia. *Tayor*: *tayoḥ*: du. G. L. de *ta*. *Antara*: mf(*ā*)n. que está en el interior, interior; cercano, próximo, relacionado, íntimo; acostado junto a; distante; distinto de; exterior; (*am*) n. el interior; un agujero, apertura; la parte interior de una cosa, el contenido; alma, corazón, alma suprema; intervalo, espacio o tiempo intermedio; periodo; plazo, oportunidad, ocasión; lugar; distancia, ausencia; diferencia, resto; propiedad, peculiaridad; debilidad, lado débil; representación; fianza, garantía; respeto, consideración. *Susūkṣma*: mf(*ā*)n. minúsculo o pequeño o delicado; muy sutil o perspicaz (como entendimiento); muy difícil de desentrañar o comprender.

Lo que existe en el *nirvāṇa* es justamente el tiempo, y el tiempo también existe en el vagar de la vida cotidiana.
Entre los dos factores [el *nirvāṇa* y el vagar de la vida cotidiana] ni siquiera se puede encontrar la más mínima brecha en absoluto.

Lo que podemos asir cuando nos encontramos en el estado libre y sereno llamado *nirvāṇa* es justamente el tiempo, el cual también existe en nuestras vidas cotidianas. Por supuesto, nos referimos al tiempo real y no al tiempo lineal. El Maestro Dogen habla sobre *uji*, el ser-tiempo o tiempo existente, en el cual el ser y el tiempo están fundidos en uno. Este es el significado del tiempo tal y como se utiliza en este verso. No hay ni la más mínima brecha entre el *nirvāṇa* y el vagar de nuestra vida cotidiana. Ambos son una sola realidad, la cual existe justo en el instante presente.

Verso 21

paraṃ nirodhād antādyāḥ śāśvatādyāś ca dṛṣṭayaḥ
nirvāṇam aparāntaṃ ca pūrvāntaṃ ca samāśritāḥ

Anta: m. fin, límite, frontera, término; final de una textura; fin, conclusión; final de la vida, muerte, destrucción (en estos últimos sentidos a veces n.); sílaba final, terminación; última palabra de un compuesto; pausa, solución, comprobación definitiva, certeza; cantidad completa; frontera, afueras; cercanía, proximidad, presencia. *Ādyāḥ*: f. sg. N. de *ādya*. *Ādya*: mf(*ā*)n. que está al comienzo, primero, primitivo. *Śāśvata*: mf(*ī*)n. eterno, constante, perpetuo, todo. *Dṛṣṭaya*: mfn. visto, mirado, percibido, observado; visible, aparente; considerado, apreciado, tratado, usado; aparecido, manifestado, sucedido, existente, encontrado, real; experimentado, aprendido, conocido, entendido; visto en la mente, ideado, imaginado. *Aparānta*: mfn. que vive en la frontera occidental; m. la extremidad occidental, el país o los habitantes de la frontera occidental; el final o término extremo; «el último final», muerte. *Pūrvānta*: m. (en gr.) el final de una palabra anterior; anticipación. *Samāśrita*: mfn. juntado, agrupado; que va o recurre a, que vive o habita en, fijado o que se queda o está en o sobre, que fluye hacia (Ac., L., o comp.); que sigue o que practica, que se apoya sobre, que se refugia en (Ac.); que descansa o depende de (L.); relativo a, acerca de (comp.); declaración, reafirmación.

Cuando perdemos nuestra autorregulación, la idea del final ha comenzado y la idea de la eternidad ha comenzado.
El *nirvāṇa* es un fin, una vaga suposición y un lugar para la salvación.

Cuando hemos abandonado el estado de autorregulación, tendemos a pensar sobre el final de la vida o sobre la eternidad. Sin embargo, cuando nos encontramos en el estado libre y sereno del *nirvāṇa*, manteniéndonos autorregulados, podemos ver claramente que este es la última meta o fin de nuestra vida. También podemos decir que cuando todavía estamos madurando en nuestra práctica, el *nirvāṇa* puede caracterizarse como una vaga espera de un estado por encontrar en el futuro y como un lugar para la salvación. Aunque esta imagen no sea del todo cierta, existe como parte de la práctica budista, y por ello el Maestro Nāgārjuna la acepta como tal.

Verso 22

śūnyeṣu sarvadharmeṣu kim anantaṃ kim antavat
kim anantam antavac ca nānantaṃ nānatavac ca kim

Sarva: mf(*ā*)n. íntegro, entero, todo, todos (m. sg. «todo el mundo»; pl. «todos»; n. sg. «todo»). *Dharma*: m. (raramente n.) aquello establecido o firme, orden inalterable, decreto, ley, norma; uso, práctica, práctica habitual o conducta prescrita, deber; derecho, justicia (a menudo como sinónimo de castigo); virtud, moralidad, religión, virtud religiosa, buenas obras. *Ananta*: mf(*ā*)n. interminable, ilimitado, eterno, infinito. *Antavat*: mfn. que tiene un fin o término, limitado, perecedero.

En diversos estados equilibrados, o en todas las cosas y los fenómenos del universo, ¿cómo es posible que algo sea eterno, y cómo es posible que algo esté limitado?
¿Cómo puede algo ser interminable, y cómo puede algo tener un fin?
¿Qué es algo no interminable y qué es algo que no tiene un fin?

En diversos estados equilibrados –o en todas las cosas del mundo– ¿dónde está lo que podemos calificar de ilimitado? ¿Qué es lo que se llama limitado o ilimitado? ¿Qué es aquello a lo que se califica como no eterno o no limitado? En el instante presente, ni el concepto de limitación ni el de eternidad tienen sentido alguno.

Verso 23

kiṃ tad eva kim anyat kiṃ śāśvataṃ kim aśāśvatam
aśāśvataṃ śāśvataṃ ca kiṃ vā nobhayam apy ataḥ

Anyat: *anya*: otro, distinto; aparte de, diferente de, opuesto a (Ab. o en comp.); otra persona. *Apyata*: *apya+ta*. *Ataḥ*: *atas*: ind. (Ab. de la base pronom. *a*, equivalente a *asmāt*) de esto, que esto; por tanto; de aquí en adelante, desde ese momento; desde esta o esa causa o razón.

¿Qué es el mundo? ¿Qué es otro mundo distinto de este? ¿Qué es la eternidad? ¿Qué no es eterno?
¿Qué es algo no eterno y qué es algo eterno? Esos dos podrían no ser nada en absoluto.

No está claro qué es el mundo, y no está claro cómo podría existir un mundo distinto de este. Podemos pensar que entendemos el mundo claramente, pero ¿realmente lo hacemos? ¿Qué es aquello a lo que se califica como no eterno o eterno? Estos dos conceptos pueden ser una ilusión, y no algo real.

Verso 24

sarvopalambhopaśamaḥ prapañcopaśamaḥ śivaḥ
na kva cit kasyacit kaścid dharmo buddhena deśitaḥ

Upalambha: m. obtención; distinción, comprobación, reconocimiento. *Upaśama*: m. el tranquilizarse, apaciguamiento, alivio, detención, cesación, relajación, descanso; tranquilidad de la mente, calma, paciencia. *Prapañca*: m. expansión, desarrollo, manifestación; multiplicidad, diversidad; amplificación, prolijidad, difusión, abundancia (de estilo); aparición, fenómeno; (en fil.) la expansión del universo, el mundo visible. *Śiva*: auspicioso, propicio, gentil, favorable, benigno, amable, benevolente, amigable, querido;

feliz, afortunado; m. felicidad, bienestar; liberación, emancipación final. *Kva*: ind. dónde, ¿en qué lugar?, adónde. *Deśita*: mfn. mostrado, dirigido, instruido.

En todos los casos, es agradable y tranquilizador para nosotros conseguir algo, y también es una causa de alegría para nosotros expandir algo.
En ningún lugar, ante ningún problema o sobre ninguna cosa, el Buddha Gautama jamás ha explicado la ley del universo con palabras en absoluto.

El hecho de conseguir algo que queremos puede tranquilizar nuestra mente. Y también podemos estar contentos al expandir más nuestra actividad. Aunque esto sea cierto, la felicidad real aparece al experimentar cada instante tal y como es, tanto si es como queríamos como si no. Esta es la ley del universo, pero el Buddha Gautama sabía bien la imposibilidad de expresarla con palabras. De modo que nunca –en ningún lugar, cuando abordaba algún problema o refiriéndose a alguna cosa– la expresó verbalmente.

Capítulo 26

Dvādaśāṅga parīkṣā

(Estudio de la cadena de los doce eslabones de causa y efecto)

Dvādaśa: por *dvadaśan* en comp. *Dvadaśan*: mf(ī)n. los doce. *Aṅga*: n. un miembro del cuerpo; una extremidad, miembro; el cuerpo; una división o departamento subordinado.

En el presente capítulo, el Maestro Nāgārjuna explica la cadena de los doce eslabones de causa y efecto. Conocida en sánscrito como *pratitya samutpada*, que literalmente significa «surgimiento condicionado (o interdependiente)», es una de las doctrinas budistas más antiguas. Los doce tipos de causa y efecto son *avidyā*, o ignorancia; *saṃskāra*, o actuación real; *vijñāna*, o inteligencia; *nāmarūpa*, o nombre y forma; *ṣaḍāyatana*, o los seis órganos de los sentidos; *sparśa*, o contacto; *vedanā*, o percepción; *tṛṣṇā*, o deseo; *upadāna*, o adquisición; *bhava,* o existencia; *jāti*, o nacimiento, y *jaramāraṇa*, o envejecimiento y muerte. Puesto que a menudo es una fuente de gran confusión, puede resultar útil indicar una vez más que cuando los budistas mencionan los seis sentidos y los seis órganos de los sentidos, el sexto no se refiere a nada paranormal o psíquico tal y como sugiere el concepto de sexto sentido occidental. En términos budistas, el cerebro es un órgano de los sentidos que percibe los fenómenos mentales.

En el budismo explicamos todas las cosas y los fenómenos en términos de relaciones de causa y efecto. Esta actitud es muy parecida a la de la ciencia. Es oportuno decir que el camino medio no entra de ninguna manera en conflicto con las teorías científicas. Podemos examinar toda la filosofía budista sin temor alguno a que contradiga el entendimiento científico.

A veces se piensa que la cadena de doce eslabones de causa y efecto pertenece al llamado antiguo budismo Hīnayāna, pero yo creo que desde que el Buddha Gautama dilucidó dicha teoría, se puede decir que es uno de los principios fundamentales del budismo en general. Asimismo, el Maestro Dogen habló igualmente de una «profunda confianza en causa y efecto», lo cual sugiere que también él estaba convencido de su importancia como una parte fundamental del entendimiento budista teórico.

****

Verso 1

punarbhavāya saṃskārānavidyānivṛtastridhā
abhisaṃskurute yāṃs tair gatiṃ gacchati karmabhiḥ

Punarbhavāya: m. n. sg. D. de *punarbhava*. *Punarbhava*: mfn. nacido de nuevo; m. nuevo nacimiento, transmigración. *Saṃskārānavidyānivṛtastridhā*: *saṃskāra+anavidyā+anivṛtas+tridhā*. *Saṃskāra*: (ifc. f. *ā*) que junta, que forma bien, que hace perfecto, logro, embellecimiento, adorno, ornamentación, purificación, limpieza, confeccionamiento, preparación, aliño (de comida), refinado (de metales), pulido (de gemas), cría [o cultivo] (de animales o plantas); limpieza del cuerpo, baño, atuendo; que forma la mente, entrenamiento, educación. *Avidyā*: mfn. analfabeto, tonto; (*avidyā*) f. ignorancia, ignorancia espiritual; (en la fil. *vedānta*) ilusión (personificada como Māyā); ignorancia junto con inexistencia, bud. *Anivṛtas*: *anivṛtaḥ*: *anivṛta*: mfn. no controlado, no obstaculizado. *Tridhā*: ind. de tres formas, en tres partes, en tres lugares, triplemente. *Abhisaṃskṛ*: modelar, formar; reproducir o hacer uno mismo (*ātmānam*) algo (que se desea, Ac.). *Yāṃstairgatiṃ*: *yāṃs+taiḥ+gatiṃ*. *Yāṃs*: *yān*: m. pl. Ac. de *ya*. *Taiḥ*: m. n. pl. I. de *ta*. *Gatim*: f. Ac. de *gati*. *Gati*: f. ida, andadura, comportamiento, desplazamiento en general; manera o poder de ir; irse; procesión, marcha, paso, procedimiento, progreso, movimiento; que llega a, obtención (con G. L. o ifc.); que actúa en consecuencia, obediencia hacia (L.). *Karmabhiḥ*: pl. I. de *karman*. *Karman*: n. acto, acción, desempeño, empresa.

Después de un nuevo nacimiento, varios actos inclusivos se realizan verdaderamente y un estado de caos [*avidyā*] y una conciencia completamente vacía [*vijñāna*] existen juntos, luego los tres factores están combinados en uno.
Esos tres cambian su forma siguiendo el proceso del mundo, y la conducta llamada práctica sigue realmente adelante en función de la acción.

Cuando nace un niño, este mueve los brazos y las piernas, y realiza otras diversas acciones. Después, aparecen una situación confusa (*avidyā*) y una conciencia completamente vacía (*vijñāna*). Estos tres factores continúan en esta condición más bien caótica. Dichos factores cambian gradualmente su forma, siempre sobre la base de la acción real. En otras palabras, el desarrollo humano no es algo abstracto: es un proceso concreto basado en la acción real.

Verso 2

vijñānaṃ saṃniviśate saṃskārapratyayaṃ gatau
saṃniviṣṭe 'tha vijñāne nāmarūpaṃ niṣicyate

Vijñāna: n. (ifc. f. *ā*) el acto de distinguir o discernir, entender, comprender, reconocer, inteligencia, conocimiento; habilidad, dominio, arte; ciencia, doctrina; conocimiento mundano o profano; la facultad del discernimiento o del buen juicio. *Saṃniviś*: sentarse o establecerse junto a, tener una relación o una conexión íntima con (I.). *Pratyaya*: m. creencia, confianza, firme convicción, fe, garantía o certeza de (G. L. o comp.). *Gatau*: m. du. N. Ac. V. de *gata*. *Gata*: mfn. ido, desaparecido, apartado, apartado del mundo, fallecido, muerto; pasado (como tiempo), transcurrido; venido, salido de (comp. o Ab.). *Saṃniviśate*: Ā. sentarse o establecerse junto a. *Saṃniviṣṭa*:

mfn. sentado junto a, acampado, agrupado; fijado en o sobre, que está puesto o que descansa o está contenido en (L. o comp.); que está en (un camino o sendero, L.); dependiente de (L.); penetrado profundamente en, absorbido o absorto en; contiguo, vecino, presente, a mano. *Atha*: ind. (probablemente proveniente de base pronom. *a*), una partícula favorable e inicial (difícil de expresar), ahora, entonces, además, más bien; ciertamente; pero; de otro modo; ¿qué?, ¿ de qué otra forma?, etcétera. *Nāmarūpa*: n. du. nombre y forma; = ser individual. *Niṣic*: rociar, verter sobre o en, impregnar, inculcar, irrigar; sumergir en.

> **Cuando la función mental se ha vuelto estable, la acción real y los hechos fiables se vuelven dos factores, los cuales están relacionados con el acto de ir.**
> **En esta situación, y en la condición estable de la función mental, las cosas reales y las formas [*nāmarūpa*], las cuales son una combinación de nombre y sustancia, están impregnadas en el universo real.**

Sobre la base del sistema nervioso autónomo equilibrado, cuando la función mental se ha calmado, la acción real y los hechos fiables están combinados en uno. La acción real de ir, utilizando el mismo ejemplo que el Maestro Nāgārjuna, incluye tanto la actividad real como los hechos fiables. Esta acción –o cualquier otra– se produce cuando la acción real y los hechos fiables están fundidos en uno. En esa situación, la condición mental es estable, y las cosas reales y las formas (*nāmarūpa*) –las cuales son una combinación de conceptos abstractos y sustancias materiales– están absolutamente impregnadas en el universo real, y, por tanto, lo penetran por completo.

Verso 3

niṣikte nāmarūpe tu ṣaḍāyatanasaṃbhavaḥ
ṣaḍāyatanam āgamya saṃsparśaḥ saṃpravartate

Niṣikta: mfn. rociado, impregnado, irrigado. *Tu*: (nunca encontrado al comienzo de una frase o verso; métricamente también *tū*) ¡ruega!, suplico, haz, ahora, entonces; pero (también con *eva* o *vai* a continuación); y; a menudo escrito incorrectamente por *nu*; a veces utilizado como un mero expletivo. *Ṣaḍāyatana*: n. las sedes de los seis órganos (o sentidos); mfn. consistente en los seis *āyatanas* (viz., *vijñāna*, tierra, aire, fuego, agua y *rūpa*). *Āyatana*: n. lugar de descanso, apoyo, sede, hogar, casa, morada. *Saṃbhava*: m. (ifc. f. *ā*) que están o van juntos, reunión, unión. *Āgamya*: ind. p. que ha llegado o venido. *Saṃsparśa*: m. (ifc. f. *ā*) contacto cercano o mutuo, toque, conjunción, mezcla; percepción, sentido. *Saṃpravartate*: *saṃpravṛt*: aparecer, surgir, ser producido a partir de (Ab.); comenzar, empezar (dicho de personas y cosas); ponerse a, prepararse para (D., L. o inf.); tener lugar, suceder; actuar, proceder, tratar con (L.).

En esta situación impregnada, y en las cosas y los fenómenos reales [*nāmarūpa*], los cuales son una combinación de nombre y sustancia real, los seis órganos y la existencia inclusiva están combinados en uno y existen.
Y puesto que los seis órganos de los sentidos [*ṣaḍāyatana*] ya han llegado al mundo real, comienza la función del contacto [*sparśa*].

Las cosas y los fenómenos concretos son la combinación de nombre y sustancia material, y son llamados nombre y forma (*nāmarūpa*). Estos, junto con los seis órganos de los sentidos y la existencia inclusiva, existen juntos. Puesto que los seis órganos de los sentidos han empezado su verdadera función, comienza el contacto.

Verso 4

cakṣuḥ pratītya rūpaṃ ca samanvāhāram eva ca
nāmarūpaṃ pratītyaivaṃ vijñānaṃ saṃpravartate

Cakṣu: m. el ojo. *Samanvāhāra*: *sam+anvāhāra*. *Sam*: ind. (conectado con *sa* y *sama*) con, junto a, junto con, junto, en conjunto (utilizado como una preposición o prefijo para verbos y derivados verbales, y expresando «conjunción», «unión», «minuciosidad», «intensidad», «completud»). *Anvāhāra*: *anvāhāraṇa*: n. que constituye, que provee. *Pratītyaivam*: *pratītya+evam*. *Evam*: ind. así, de este modo, de tal manera, tal. *Saṃpravartate*: *saṃpravṛt*: aparecer, surgir, ser producido a partir de (Ab.); (con *manasi*) dar vueltas a la mente o pensar con ella, pensar profundamente sobre; comenzar, empezar (dicho de personas y cosas); ponerse a, prepararse para (D., L. o inf.); tener lugar, suceder; actuar, proceder, tratar con (L.).

> **Cuando los ojos están clarificados para las cosas, la estructura de todas las cosas y los fenómenos está igualmente clarificada.**
> **Cuando la combinación de nombre y forma [*nāmarūpa*, o las cosas y los fenómenos reales] está igualmente clarificada, el reconocimiento inclusivo comienza a funcionar.**

La función de los ojos es ver las cosas y los fenómenos. Cuando dicha función está clarificada, todas las cosas y los fenómenos del mundo también lo están. Al encontrarse nuestros ojos clarificados para las cosas y los fenómenos, comienza la función del reconocimiento inclusivo, el cual comprende al observador y a lo observado como una sola realidad indivisa. Por ello, los ojos y lo que estos ven no se hallan separados.

Verso 5

saṃnipātas trayāṇāṃ yo rūpavijñānacakṣuṣām
sparśaḥ sa tasmāt sparśāc ca vedanā saṃpravartate

Saṃnipāta: m. que cae junto a, derrumbamiento, reunión, encuentro, contacto o colisión con (I.); conjunción, agregación, combinación, mezcla. *Trayānām*: pl. G. de *traya*. *Traya*: mf(*ī*)n. triple, tres veces, que consiste en tres. *Cakṣuṣa*: ifc. «el ojo»; mfn. que tiene ojos, vista. *Sparśa*: mfn. táctil; m. (ifc. f. *ā*) tacto, sentido del tacto, contacto; sentimiento, sensación; sensación placentera; sensación desagradable o insana. *Tasmāt*: m. n. sg. Ab. de *ta*. *Vedana*: mfn. que anuncia, que proclama; n. percepción, que hace conocido, proclamación; (*ā*) f. dolor, tortura, agonía (también personificado como una hija de Anṛta); sentimiento, sensación (para los budistas uno de los cinco *skandhas*).

La situación es una de encuentros y el contacto entre estos [la materia, la conciencia y los ojos].
Por tanto, cuando el contacto trasciende el contacto en sí, la percepción [*vedanā*] tiene lugar.

Se dice aquí que el contacto es la confluencia de tres factores: la materia, la conciencia y los ojos. En otras palabras, primero se producen los encuentros entre ellos, y después a dichos encuentros se los llama contacto (*sparśa*). Al analizarlo de esta manera, el Maestro Nāgārjuna toma la idea abstracta de contacto y la ve como una acción real en el instante presente que envuelve estos tres factores. La percepción se produce cuando el contacto trasciende el propio contacto, o cuando los tres factores se vuelven más que la suma de sus partes.

Verso 6

vedanāpratyayā tṛṣṇā vedanārthaṃ hi tṛṣyate
tṛṣyamāṇa upādānam upādatte caturvidham

Tṛṣṇā: f. sed; deseo, avidez (principalmente ifc.). *Tṛṣ*: estar sediento, sed, sediento de. *Tṛṣyamāyaṇa*: *tṛṣya+māṇa*. *Tṛṣ*: mfn. «anhelo»; f. sed; fuerte deseo. *Māṇa*: *māna*?: m. opinión, noción, concepción, idea; objetivo, deseo, proyecto; (también n.) consideración, atención, respeto, honor. *Upādāna*: n. el acto de tomar para uno mismo, apropiación para uno mismo; percepción, reconocimiento, aprendizaje, adquisición (de conocimiento); aceptación, concesión, inclusión; empleo, utilización. *Upādatte*: *upādā*: recibir, aceptar, ganar, adquirir, apropiarse para uno mismo, quitar, llevarse, robar; llevar con; tomar junto con, incluir, abarcar; tomar como ayuda, usar, emplear, aplicar; apoderarse de, agarrar, reunir, recoger, elaborar; asumir (una forma de significado); aferrarse a; sentir, percibir, experimentar; considerar, observar. *Caturvidha*: mfn. cuatro veces, de cuatro tipos o clases; (*am*) ind. de cuatro formas.

Es una cuestión muy sutil que la percepción en sí no esté incluida entre los hechos fiables, puesto que lo verdaderamente deseable no es la percepción en sí [*vedanā*]: lo más deseable son los objetos de la percepción.
Y la mente del deseo por algo [*tṛṣṇā*] puede ser conseguida en función de los cuatro factores [los órganos de los sentidos, el contacto, los objetos de los sentidos y la percepción].

La percepción no está incluida entre los cuatro hechos fiables. Ello se debe a que en las sociedades humanas lo deseable son los objetos de la percepción –las diversas cosas y fenómenos– y no esta en sí misma. La percepción se logra mediante cuatro factores: 1) el sujeto que percibe, 2) el objeto percibido, 3) el contacto entre los dos y 4) la función de la percepción.

El término *tṛṣṇā* aquí presente es el mismo que utilizó el Buddha Gautama al exponer las Cuatro Nobles Verdades. A menudo se traduce como «deseo». Es la raíz de la palabra inglesa «*thirst*» [«sed»], y considero que también sugiere la filosofía materialista de la acumulación. En las filosofías materialistas, tales como la ciencia, el universo se ve como una acumulación de partes. Cada objeto puede dividirse en moléculas, átomos e incluso partículas más pequeñas. En este verso, el Maestro Nāgārjuna divide la percepción en sus componentes.

Verso 7

upādāne sati bhava upādātuḥ pravartate
syād dhi yady anupādāno mucyeta na bhaved bhavaḥ

Upādātuḥ: *upādā+tuḥ*. *Tu*: también forma unos pocos sustantivos m. y n. (*SGFS*.). *Pravartate*: *pravṛt*: rodar o ir hacia delante (como un carro), ser puesto en movimiento o ir; salir, partir, dirigirse; seguir; emerger, aparecer, originarse, surgir, ser producido, resultar, suceder, ocurrir, tener lugar. *Dhi*: m. receptáculo (solamente ifc.) *Anupādāno*: *an+upādāno*: *an+upādānaḥ*. *Upādāna*: n. el acto de tomar para uno mismo, apropiación para uno mismo; percepción, reconocimiento, aprendizaje, adquisición (de conocimiento); aceptación, concesión, inclusión; empleo, utilización. *Mucyeta*: *muc+ya+ita*. *Muc*: mfn. que se libera o se libra de; que deja marchar o deja caer, que suelta, descargo, disparo, envío; f. liberación. *Ya*: la pasiva toma las terminaciones del *ātmanepada*, con el cual coincide excepto en el presente y el imperfecto (donde forma su base con el sufijo *ya*) (*SGFS*.). *Ita*: mfn. ifc. ido; regresado; obtenido; recordado. *Bhaved*: *bhavet*: opt. 1.ª conj. de *bhū*.

Sobre la base de la percepción [*vedanā*], la existencia se vuelve real y la percepción en sí misma funciona verdaderamente.
Si no permitimos la existencia del mundo, el cual es como un receptáculo, es imposible que reconozcamos ninguna clase de existencia en absoluto.

Podemos reconocer que el mundo existe realmente debido a la función de la percepción, la cual, obviamente, nos resulta muy útil. Si no afirmáramos la idea de que el mundo puede considerarse como un receptáculo que incluye todo, podríamos tener que abandonar cualquier concepto de existencia. Ciertamente, el Maestro Nāgārjuna ha negado con anterioridad la idea de que el mundo sea en verdad como un receptáculo. Sin embargo, es percibido de este modo. Ese puede ser el cometido de lo que llamamos percepción: percibir el mundo como un receptáculo. Y la habilidad que tengamos para calificar algo como existente dependerá de nuestra percepción de ello.

Verso 8

pañca skandhāḥ sa ca bhavo bhavāj jātiḥ pravartate
jarāmaraṇaduḥkhādi śokāḥ saparidevanāḥ

Jāti: f. nacimiento, producción; renacimiento; la forma de existencia (como hombre, animal, etcétera) fijada por el nacimiento; posición asignada por nacimiento, rango, casta, familia, raza, linaje. *Pravartate*: *pravṛt*: Ā. rodar o ir hacia delante (como un carro), ser puesto en movimiento o ir; salir, partir, dirigirse; seguir; emerger, aparecer, originarse, surgir, ser producido, resultar, suceder, ocurrir, tener lugar; comenzar, empezar a (inf.), emprender, participar en, estar decidido u ocupado. *Jarā*: f. vejez. *Maraṇa*: n. el acto de morir, muerte; cese (como el de los relámpagos o la lluvia). *Śoka*: mfn. ardiente, caliente; m. (ifc. f. *ā*) llama, incandescencia, calor; pena, aflicción, angustia, dolor, molestia, duelo por (G. o comp.). *Saparidevana*: *sa+paridevana*. *Sa-*: ind. un prefijo inseparable que expresa «unión», «conjunción», «posesión», «similitud», «igualdad»; y cuando aparece como compuesto con sustantivos para formar adjetivos y adverbios, puede traducirse como «con», «junto o juntamente con», «acompañado por», «añadido a», «que tiene», «que posee», «que contiene», «que tiene lo mismo». *Paridevana*: n. lamentación, lamento, queja.

Los cinco agregados son justamente existencia, y aparte de la existencia se producirá el nacimiento.
El envejecimiento y la muerte [*jarāmaraṇa*] son dolor y son justamente el lamento.

Aunque los cinco agregados existan realmente, el nacimiento se realiza independientemente de si la existencia es real o no. Ello quiere decir que el nacimiento, como concepto, se sostiene por sí mismo –aunque el nacimiento real sea parte del proceso continuo de causa y efecto–. Es imposible que neguemos el dolor del envejecimiento y la muerte, o el de la muerte propiamente dicha. Dicho dolor no es la causa del lamento, sino el lamento en sí. Esto se debe a que en el budismo no se hace una distinción entre el dolor y nuestra reacción a este, ya que ninguno de los dos puede separarse de manera significativa.

Verso 9

daurmanasyam upāyāsā jāter etat pravartate
kevalasyaivam etasya duḥkhaskandhasya saṃbhavaḥ

Daurmanasya: n. abatimiento, melancolía, desesperación. *Upāyāsā*: *upāyā+sā*. *Upāyā*: acercarse o ir hacia, aproximarse; entrar en algún estado o condición, experimentar. *Sā*: (forma débil de *san*) donación, otorgamiento, concesión. *Jāter*: *jāteḥ*: sg. Ab. G. de *jāti*. *Jāti*: f. nacimiento, producción; renacimiento; la forma de existencia (como hombre, animal, etcétera) fijada por el nacimiento; posición asignada por nacimiento, rango, casta, familia, raza, linaje. *Etat*: por *etad* en comp. *Etad*: esto, este, aquí (especialmente señalando lo que está más cerca del hablante); este de aquí, i.e., este mundo de aquí abajo. *Kevala*: mf(*ī* o *ā*)n. exclusivamente uno mismo (no común a otros); solamente, solo, mero, único, uno, que excluye a otros; no conectado con nada más, aislado, abstracto, absoluto; simple, puro, no compuesto, no mezclado; entero, completo, todo; egoísta, envidioso; (*am*) ind. solo, simplemente, solamente. *Ivam*: *evam*: ind. (probablemente conectado con *eva*) así, de este modo, de tal manera, tal (no se encuentra en los himnos más antiguos de los Vedas, donde es sustituido por *eva*, pero aparece en himnos posteriores y en los Brāhmaṇas, especialmente en conexión con *vid*, «saber», y sus derivados). *Etasya*: m. n. sg. G. de *etad*.

En función de nuestra resistencia de las condiciones indeseables, el mundo real manifiesta su situación real directamente, y el mundo real comienza su función.
Y en dicha situación, el mundo al completo existe en situaciones concretas individuales en el mundo real y en la situación en la cual el dolor y los agregados están combinados en uno.

Aunque la vida humana no siempre sea feliz, si resistimos diligentemente dichas condiciones desagradables, el mundo real se manifestará tal y como es. Eso puede hacernos ver lo que habitualmente consideramos desagradable como la realidad en sí misma. Paradójicamente, este punto de vista nos permite ser felices incluso en medio de la desdicha. Algunos filósofos postulan la existencia de un tipo de totalidad del universo que subsiste fuera de nuestra experiencia cotidiana inmediata. Pero aquí el Maestro Nāgārjuna considera que el universo al completo existe en la situación concreta de nuestra vida real en el instante presente, en el cual lo que llamamos dolor y lo que llamamos los cinco agregados están combinados en uno. Aunque el universo sea ilimitado, esta infinitud, sin embargo, se manifiesta en nuestra simple acción en el instante presente.

Verso 10

saṃsāramūlāṃ saṃskārān avidvān saṃskaroty ataḥ
avidvān kārakas tasmān na vidvāṃs tattvadarśanāt

Saṃsāra: m. ir o vagar por, experimentar la transmigración; trayecto, pasaje, paso por una sucesión de estados, recorrido de la existencia mundana, transmigración, metempsicosis, el mundo, vida secular, ilusión mundana.

Mūla: n. (o m.; ifc. f. *ā* o *ī*) «fijado firmemente», una raíz (de cualquier planta o árbol); pero también fig. el pie o parte más baja o fondo de algo; base, cimiento, causa, origen, comienzo, empiece. *Saṃskāra*: m. (ifc. f. *ā*) que junta, que forma bien, que hace perfecto, logro, embellecimiento, adorno, ornamentación, purificación, limpieza, confeccionamiento, preparación, aliño (de comida), refinado (de metales). *Avidvān*: m. sg. N. de *avidvas*. *Avidvas*: mfn. (p. pf.) que no conoce, ignorante. *Saṃskaroty*: *saṃskṛ*: juntar, formar bien, unir, componer; acumular; preparar, disponer, aliñar, cocinar (comida); formar u organizar según el precepto sagrado, consagrar, santificar (de varias formas). *Ataḥ*: *atas*: ind. (Ab. de la base pronom. *a*, equivalente a *asmāt*) de esto, que esto; por tanto; de aquí en adelante, desde ese momento; desde esta o esa causa o razón. *Kārakas*: *kārakaḥ*: sg. N. de *kāraka*. *Kāraka*: mf(*ikā*)n. (generalmente ifc.) hecho, acto, actuación, quien o lo que hace o produce o crea; que pretende actuar o hacer. *Tasmāt*: sg. m. n. Ab. de *ta*. *Vidvāṃs*: *vidvān*: m. n. sg. N. de *vidvas*. *Vidvas*: mf(*uṣi*)n. uno que sabe, que conoce, que comprende, docto, inteligente, sabio, consciente de, familiarizado con, experto en (Ac. L., o comp.); m. un hombre sabio, sabio, profeta. *Tattva*: n. estado verdadero o real, verdad, realidad. *Darśana*: mf(*ī*)n. presentación; ifc. visión, mirada hacia; «conocimiento»; manifestación, enseñanza; n. visión, captación, miramiento, reconocimiento, observación, percepción; percepción ocular; la visión; inspección, examinación.

En función de esas situaciones, los principios fundamentales del vagar de nuestras vidas cotidianas preparan varios actos reales y preparan varios casos de ignorancia.
No es que la acción produzca la ignorancia, sino que cuando la realidad se aparta de su actitud de observación, la inteligencia se manifiesta.

Debido a nuestra resistencia de las condiciones indeseables, el mundo real se manifiesta. Cuando los principios fundamentales de nuestra vida cotidiana son verdaderos mantenemos una actitud realista, y cuando no lo son, establecemos la ignorancia.

La parte de la segunda línea que habla de la realidad apartándose de su actitud observadora se refiere al estado de equilibrio. En dicho estado ya no observamos conscientemente, sino que nos basamos en la intuición. Es decir, no es que la acción produzca la ignorancia, sino que cuando nos volvemos más equilibrados, y, por tanto, más en sintonía con nuestras habilidades intuitivas, podemos empezar a ver el mundo real tal y como es, y la ignorancia se desvanece de manera natural.

Verso 11

avidyāyāṃ niruddhāyāṃ saṃskārāṇām asaṃbhavaḥ
avidyāyā nirodhas tu jñānenāsyaiva bhāvanāt

Avidyāyām: f. sg. L. de *avidya*. *Avidya*: mfn. analfabeto, tonto; (*avidyā*) f. ignorancia, ignorancia espiritual; (en la fil. *vedānta*) ilusión (personificada como Māyā); ignorancia junto con inexistencia, bud. *Niruddhāyām*: f. sg. L. de *niruddha*. *Niruddha*: mfn. detenido, retenido, sujetado, parado, cerrado, confinado, refrenado, controlado, mantenido al margen, eliminado, suprimido. *Saṃskārāṇām*: m. n. pl. G. de *samskāra*. *Asaṃbhava*: *as*, m. «inexistencia», destrucción; no suceder, cesación, interrupción, ausencia de, falta; incorrección, inconsistencia, imposibilidad; (mfn.) «no suceso», inconsistente, imposible. *Avidyāyā*: *avidyāyāḥ*: f. sg. Ab. G. de *avidyā*. *Nirodha*: m. confinamiento, encerramiento, encarcelamiento; cerco, asedio; encerramiento, encubrimiento; restricción, verificación, control, supresión, destrucción; (para la bud.) supresión o aniquilación del dolor. *Tu*: (nunca encontrado al comienzo de una frase o verso; métricamente también *tū*) ¡ruega!, suplico, haz, ahora, entonces; pero (también con *eva* o *vai* a continuación). *Jñāna*: n. conocimiento, que está familiarizado con, erudición, (esp.) el más alto conocimiento (derivado de la meditación sobre el único Espíritu Universal); «conocimiento sobre cualquier cosa, cognición»; consciencia. *Asya*: *a+sya*. *A*: la base de algunos pronombres y formas pronominales, en *asya*, *atra*, etcétera. *Sya*: base pronom. de la 3.ª pers (= *sa*; solamente en N. m. *syas*, *sya*, f. *sya*). *Eva*: ind. así, justamente así, exactamente así (en el sentido del subsiguiente *evam*); en efecto, verdaderamente, realmente (a menudo al comienzo de un verso en conjunción con otras partículas, como *id*, *hi*); (en su uso más frecuente como refuerzo de una idea expresada por alguna palabra, *eva* debe ser traducido de diversas maneras por adverbios [o locuciones adverbiales] tales como) justamente, exactamente, muy, de la misma forma, solamente, incluso, solo, meramente, inmediatamente después de, todavía, ya, etcétera. *Bhāvana*: mf(ī)n. que hace que sea, que efectúa, que produce, que muestra, que manifiesta; que promueve o efectúa el bienestar de alguien (G. o comp.); que cree, que se imagina; que enseña.

En diversos casos de ignorancia o en diversas condiciones restringidas, no es cierto que los actos reales existan verdaderamente.
Las restricciones, las cuales nacen de la ignorancia, en el caso de seguir al conocimiento o en caso de buscar cosas concretas siempre están separadas y muy lejos de la existencia real.

En nuestros casos reales de ignorancia y en las restricciones que experimentamos, es imposible que la acción real, la cual es diferente del pensamiento y de los estímulos sensoriales, exista verdaderamente. Esto se debe a que tanto la ignorancia como las restricciones son conceptos. Por ejemplo, nos sentimos restringidos porque en nuestra mente imaginamos que podríamos hacer algo distinto de lo que hacemos en verdad. Pero en la realidad únicamente podemos ser lo que somos y hacer lo que hacemos. En cuanto a la ignorancia, aunque pueda hablarse de una ignorancia verdadera, nuestro entendimiento real es tal y como es. Llamarlo «ignorancia» o «inteligencia» simplemente es clasificarlo con un concepto. Sin embargo, las restricciones se deben a la ignorancia real de la verdadera situación del universo tal y como es. No hay restricciones reales puesto que las cosas son exactamente tal y como son. Imaginarse restricciones es imaginarse algo que no es real.

Verso 12

tasya tasya nirodhena tat tan nābhipravartate
duḥkhaskandhaḥ kevalo 'yam evaṃ samyag nirudhyate

Abhipravṛt: avanzar hacia (Ac.); desembocar en (Ac.); ir adelante, avanzar. *Ayam*: este. *Samyag*: por *samyañc* en comp. *Samyañc*: mfn. ir junto a o junto con, volver juntos o en una dirección, combinado, unido, entero, total, completo, todo. *Nirudh*: detener, parar, obstaculizar, callar, refrenar, limitar, controlar, suprimir, destruir; mantener lejos, alejar, retirar; rodear o sitiar; cerrar; capturar o alcanzar.

No es que porque cada cosa o fenómeno concreto esté restringido cada cosa o fenómeno concreto comience su funcionamiento.
El dolor y los cinco agregados son agregados individuales independientes entre sí, y debido a dicha independencia, el mundo está autorregulado y establecido así.

Nuestra comprensión convencional del universo es que está formado por cosas individuales independientes, y que estas actúan entre sí. Pero aquí, el Maestro Nāgārjuna dice exactamente lo contrario. Niega la idea de que, debido a que cada cosa del mundo se encuentre restringida como una cosa o fenómeno individual, esas cosas y fenómenos puedan actuar. Aunque el dolor y los cinco agregados sean individualmente independientes, dado que son cosas y fenómenos individuales separados existen como la unicidad de la totalidad. Esto puede parecer extraño, pero en la filosofía budista no se elige entre la unicidad y la individualidad. Ambas visiones son ciertas aunque limitadas. La realidad incluye al mismo tiempo tanto la unicidad como la individualidad, sin que haya contradicción alguna.

Capítulo 27

Dṛṣṭi parīkṣā

(Estudio de las doctrinas)

Dṛṣṭi: f. que ve, que observa, que contempla (también con el ojo mental); vista, la facultad de ver; el ojo de la mente, sabiduría, inteligencia; atención, consideración; visión, noción; (para los budistas) una visión equivocada; teoría, doctrina, sistema.

El budismo es una filosofía del Dharma, o la realidad en sí. Como tal, es diferente de las enseñanzas convencionales que tratan tanto doctrinas subjetivas (por ejemplo, la religión y la filosofía idealista) como aquellas relacionadas con los fenómenos objetivos que utilizan conceptos abstractos (por ejemplo, la ciencia y la filosofía materialista). A veces se dice que el budismo no puede describirse con palabras. El Maestro Nāgārjuna abordará esa cuestión comparándolo con las doctrinas religiosas que fueron populares y poderosas en su época.

Las doctrinas que el Maestro Nāgārjuna contrasta aquí con el budismo son *abhūm*, *atītam*, *adhvānam* y *nābhūvam*. Estas representan cuatro grupos religiosos o filosóficos populares que había en la India en los siglos II y III. Según las breves descripciones del diccionario sánscrito-inglés de Monier-Williams, las principales características de dichos grupos son:

Abhūm: creían en el dios eterno Viṣṇu. En definitiva, la suya era una creencia espiritual idealista. Puesto que el significado original de *abhūm* es «aquello que no ha nacido», a este grupo le daré el nombre de Secta del Futuro, queriendo decir que su doctrina se basaba en lo que suponían que podía traerles el porvenir.

Atītam: veneraban al dios Śaiva. Pensaban que todas las cosas y los fenómenos ya habían sido predeterminados en el pasado por este dios. De modo que su filosofía era una especie de determinismo. El término *atītam* significa «pasado», y por ello me referiré a este grupo como la Secta del Pasado.

Adhvānam: eran conocidos por haber revisado una parte de los Vedas, los textos sagrados de la antigua India. Tenían una actitud un tanto progresista, casi secular, ya que no veneraban la sacralidad de estos antiguos libros. Por eso, a este grupo lo llamaré la Secta Secular.

Nābhūvam: no hay ningún comentario sobre ellos en el diccionario sánscrito-inglés de Monier-Williams. De hecho, el propio Maestro Nāgārjuna no le presta demasiada atención a este grupo. Por tanto, infiero que, aunque no diga nada específicamente sobre el budismo, Nāgārjuna se refiere a él con el nombre de *nābhūvam*. Además, su opinión sobre esta secta parece ser positiva, lo cual da más credibilidad a dicha deducción. *Nābhūvam* representa la negación de la idea de «no nacer», y por ello creo que sugiere «el no futuro» y «el no pasado», es decir, el presente. Así pues, he elegido la expresión Secta de la Realidad como traducción para *nābhūvam*.

****

Verso 1

abhūm atītam adhvānaṃ nābhūvam iti dṛṣṭayaḥ
yās tāḥ śāśvatalokādyāḥ pūrvāntaṃ samupāśritāḥ

Abhūm: sg. Ac. de *abhū*. *Abhū*: m. «no nacido», nombre de Viṣṇu. Viṣṇu: m. (prob. proveniente de *viṣ*, «el que todo lo llena» o «trabajador») nombre de una de las principales deidades hindúes (en la mitología posterior referido como «el conservador», y junto con Brahmā, «el creador», y Śiva, «el destructor», constituidor del muy conocido *tri-mūrti* o tríada; aunque Viṣṇu aparece como segundo en la tríada, es identificado como la deidad suprema por sus adoradores). *Atīta*: (*as*) m. nombre de una secta Śaiva particular; (*am*) el pasado. Śaiva: mf(*ī*)n. (proveniente de *śiva*) relacionado con o perteneciente al o sagrado para el dios Śiva; los śaivas identifican a Śiva –más que a Brahmā y a Viṣṇu– con el Ser Supremo, y se dedican exclusivamente a su adoración, refiriéndose a él como la fuente y esencia del universo, así como su desintegrador y destructor. *Adhvāna*: pl. N. de *adhvan*. *Adhvan*: ā, m. un camino, sendero, órbita; un viaje, trayecto; distancia; tiempo, bud. y jainista; medio, método, recurso; el Zodíaco (?), cielo, aire; un lugar; recensión de los Vedas y la escuela que los defiende. *Nābhūva*: *na+abhū+va*. *Dṛṣṭayaḥ*: m. f. pl. N. V. de *dṛṣṭi*. *Śāśvata*: mf(*ū*)n. eterno, constante, perpetuo, todo; a punto de suceder, futuro; m. nombre de Śiva, continuidad, eternidad; cielo, éter. *Lokādyāḥ*: f. sg. Ab. G. de *lokādi*. *Lokādi*: m. el comienzo del mundo, i.e., el creador del mundo. *Pūrvānta*: (en gr.) el final de una palabra anterior; anticipación (= *pūrvakoti*). *Pūrvakoṭi*: f. anticipación; el comienzo de una discusión, la primera declaración. *Samupāśrita*: mfn. que se apoya sobre, apoyado por, que descansa en (Ac.); que ha recurrido a, uno que tiene recursos para (Ac.); ocupado por (I.); visitado o afligido por (I.).

La Secta del Futuro, la Secta del Pasado, la Secta Secular y la Secta de la Realidad son las doctrinas.
Entre ellas, la Secta del Futuro cree en la eternidad [basándose en el dios Viṣṇu], la Secta del Pasado cree en el determinismo [basándose en el dios Śaiva y] la Secta Secular afirma la moral secular; pero la Secta de la Realidad se basa en la realidad en sí misma.

La Secta del Futuro, que creía en la eternidad del dios Viṣṇu; la Secta del Pasado, que apoyaba el determinismo (representado por el dios Śaiva); la Secta Secular, que afirmaba la moral secular en cierta medida, y la Secta de la Realidad, que se basaba en la realidad en sí misma, eran ejemplos de grupos religiosos activos en la India en tiempos del Maestro Nāgārjuna. Aquí este parece afirmar la Secta de la Realidad –aunque, en general, no dijo mucho sobre ella– y criticar las tres primeras.

Verso 2

dṛṣṭayo na bhaviṣyāmi kim anyo 'nāgate 'dhvani
bhaviṣyāmīti cāntādyā aparāntaṃ samāśritāḥ

Dṛṣṭayo: *dṛṣṭayaḥ*: m. f. pl. N. V. de *dṛṣṭi*. *Bhavisyāmi*: *bhavisya+āmi*. *Bhaviṣya*: mfn. estar a punto de ser o llegar a pasar, futuro, inminente, próximo; n. el futuro. *Āmi*: n. sg. N. Ac. de *amis*. *Āmis*: n. carne cruda, carne; un cuerpo muerto. *Anāgate*: L. de *anāgata*. *Anāgata*: mfn. no venido, no llegado; futuro; no logrado, no aprendido; desconocido; (*am*) n. el futuro. *Adhvani*: L. de *adhvan*. *Adhvan*: *ā*, m. un camino, sendero, órbita; un viaje, trayecto; distancia; tiempo, bud. y jainista; medio, método, recurso. *Anta*: *as*, m. fin, límite, frontera, término; final de una textura; fin, conclusión; final de la vida, muerte, destrucción (en estos últimos sentidos a veces n.); sílaba final, terminación; última palabra de un compuesto. *Ādya*: mf(*ā*)n. que está al comienzo, primero, primitivo; inmediatamente anterior, previo, más viejo; que está a la cabeza, incomparable, sin precedentes, excelente. *Aparānta*: mfn. que vive en la frontera occidental; (*as*) m. la extremidad occidental, el país o los habitantes de la frontera occidental; el final o término extremo; «el último final», muerte. *Samāśrita*: mfn. juntado, agrupado; que va o recurre a, que vive o habita en, fijado o que se queda o está en o sobre, que fluye hacia (Ac., L., o comp.); que sigue o que practica, que se apoya sobre, que se refugia en (Ac.); que descansa o depende de.

Sería mejor si no hubiera doctrinas, y sería mejor que tampoco viniera algo distinto de las doctrinas.
Es demasiado precipitado pensar sobre los problemas de la existencia, puesto que la gente tiene demasiada prisa por llegar a una conclusión y hay demasiada preocupación por refugiarse en la Tierra Pura.

Puesto que el Maestro Nāgārjuna piensa que todas las doctrinas son simples manifestaciones de la función de la mente, las niega como entidades. Por ello, dice, sería mejor que no existieran. Al mismo tiempo, sin embargo, cree que es más conveniente que lo que no es una doctrina tampoco exista, lo cual significa que incluso aunque podamos concebir esto último como lo opuesto a una doctrina, sigue siendo un tipo de construcción mental. Afirma eso porque, según él, la gente generalmente tiene demasiada prisa por llegar a alguna conclusión. Esta urgencia es similar a lo que ocurre con la esperanza de ir a la Tierra Pura. La Tierra Pura es una noción idealista similar a la del cielo en el cristianismo. Así, tener prisa por llegar a una conclusión es una actitud idealista que, aunque pueda ser un hermoso sueño, no se basa en la realidad.

Verso 3

abhūm atītam adhvānam ity etan nopapadyate
yo hi janmasu pūrveṣu sa eva na bhavaty ayaṃ

Adhvānam: m. sg. Ac. de *adhvan*. *Janmasu*: pl. L. de *janman*. *Janman*: n. nacimiento, producción, origen; existencia, vida. *Pūrveśu*: pl. L. de *pūrva*. *Pūrva*: mf(*ā*)n. (conectado con *purā*, *puras*, *pra*, y declinado como un pron. cuando implica una posición relativa tanto en el espacio como en el tiempo, pero no necesariamente en Ab. L. sg. m. n. y N. pl. m.) que está ante o delante de, anterior, primero; antiguo, previo, precedente, anterior a, antes de (Ac. o comp.). *Ayam*: este.

> **[Las doctrinas llamadas] Secta del Futuro, Secta del Pasado y Secta Secular no son entidades reales.**
> **Esto se debe a que lo que no ha llegado al mundo concretamente nunca puede llegar a ser una entidad real en absoluto.**

Las doctrinas llamadas Secta del Futuro, Secta del Pasado y Secta Secular originalmente son solo ideas, y por eso no pueden existir como cosas concretas. Esto se debe a que es completamente imposible que lo que no haya nacido en el mundo –como, por ejemplo, cualquiera de nuestras ideas– exista en él.

Verso 4

sa evātmeti tu bhaved upādānaṃ viśiṣyate
upādānavinirmukta ātmā te katamaḥ punaḥ

Eva: ind. así, justamente así, exactamente así (en el sentido del subsiguiente *evam*); en efecto, verdaderamente, realmente (a menudo al comienzo de un verso en conjunción con otras partículas, como *id*, *hi*); (en su uso más frecuente como refuerzo de una idea expresada por alguna palabra, *eva* debe ser traducido de diversas maneras por adverbios [o locuciones adverbiales] tales como) justamente, exactamente, muy, de la misma forma, solamente, incluso, solo, meramente, inmediatamente después de, todavía, ya, etcétera. *Ātmeti*: *ātma+iti*. *Upādāna*: n. el acto de tomar para uno mismo, apropiación para uno mismo; percepción, reconocimiento, aprendizaje, adquisición (de conocimiento); aceptación, concesión, inclusión, empleo, utilización; material de cualquier clase. *Viśiṣyate*: pas. de *viśiṣ*: ser distinguido o particularizado por (I.), diferir de (Ab. I.); destacar, sobresalir, ser mejor que (Ab. o I.) o el mejor entre (G. o L.). *Vinirmukta*: mfn. liberado, escapado, libre o exento de (I. o comp.). *Ātmā*: sg. I. de *atman*.

Si lo que se llama alma [*atman*] puede existir como una cosa concreta,
aquello que se ha percibido debería estar mucho más claro.
Si la percepción está liberada, ¿qué es lo que se llama alma?

La Secta del Futuro creía en la existencia real del alma, al igual que lo hacen la mayoría de las religiones espirituales de hoy en día. Pero si lo que se llama alma existiera realmente, sería natural asumir que esta se percibiría de una manera mucho más clara. Si los contenidos del alma están tan poco claros, es muy cuestionable que lo que se llama alma exista realmente. La idea de la percepción estando liberada se refiere al estado en el cual nuestras percepciones se encuentran emancipadas de nuestras ideas sobre ellas. El budismo admite que percibimos algo que parece ser el alma o el sí mismo, pero cuestiona que debamos llamarlo «alma» o «sí mismo».

Verso 5

upādānavinirmukto nāsty ātmeti kṛte sati
syād upādānam evātmā nāsti cātmeti vaḥ punaḥ

Kṛte: sg. L. de *kṛta*. *Kṛta*: mfn. hecho, fabricado, logrado, realizado; preparado, listo; obtenido, ganado, adquirido, colocado a mano; bien hecho, apropiado, bueno. *Sati*: *sāti*: 1) f. ganancia, obtención, adquisición, ganancia de un botín o bienes; un regalo, ofrenda. 2) f. fin, destrucción; dolor violento. *Va*: m. aire, viento; el brazo; abordar; reverencia; conciliación; buenos augurios.

El hecho de que los contenidos que hemos percibido sean ambiguos sugiere que el alma no es la existencia real en absoluto.
Lo que hemos percibido puede ser algo similar a lo que se llama alma, pero puede no ser el alma en sí.

El hecho de que lo que percibamos no esté tan claro sugiere que lo que ha sido percibido de manera poco clara puede ser parecido al alma, pero no el alma en sí. Por tanto, es posible que aquello a lo que se llama alma solamente sea algo que la gente piensa como tal, aunque la verdadera situación sea diferente. Cuando utilizamos expresiones como *alma* o *sí mismo*, estamos añadiendo a la entidad real que percibimos y experimentamos una vasta cantidad de conceptos que hemos relacionado con esas palabras.

Verso 6

na copādānam evātmā vyeti tat samudeti ca
kathaṃ hi nāmopādānam upādātā bhaviṣyati

Vy: por *vi* en comp. antes de vocales. *Vi*: ind. (prob. por un *dvi* original, que significa «en dos partes», y op. a *sam*) aparte, separado, en distintas direcciones, de un lado a otro, sobre, lejos de, apartado, sin. Se utiliza especialmente como prefijo para verbos o nombres, y otras partes del discurso derivadas de verbos, para expresar «división», «distinción», «distribución», «disposición», «orden», «oposición» o «deliberación». *E*: P. *eti*, acercarse o ir hacia, ir cerca, aproximarse; (con y sin *punar*) regresar, ir otra vez a; alcanzar, lograr, penetrar, entrar en (un estado o posición); entregar, tocar [en el sentido de ser destinado para poseer]: Ā. intens. apresurarse cerca de; solicitar. *Tat*: por *tad* en comp. *Tad*: n. sg. N. Ac. de *ta*. *Samudeti*: *samud+eti*. *Samud*: mfn. alegre, agradecido. *Samud*: adj. gozoso (Mac.). *Upādātā*: *upādā+tā*. *Upādā*: recibir, aceptar, ganar, adquirir, apropiarse para uno mismo, quitar, llevarse, robar; llevar con; tomar junto con, incluir, abarcar; tomar como ayuda, usar, emplear. *Tā*: f. sufijo nominal secundario que forma sustantivos abstractos con el sentido del sufijo inglés *-ness* [«condición o estado de» en español] (*SGFS*.).

Aquello que ha sido percibido y el alma nunca son lo mismo en absoluto; y una cosa concreta siempre tiene una superficie, la cual cubre la cosa en sí, pero, al mismo tiempo, los contenidos sustanciales impregnan por completo la cosa.
¿Cómo es posible que los contenidos que han sido percibidos sean solamente teóricos? Lo que se ha percibido continuará constantemente en el futuro.

El alma –que es una construcción mental de nuestro cerebro– y aquello que percibimos mediante nuestros órganos de los sentidos nunca son lo mismo. Por tanto, no podemos decir que cualquier idea que tengamos sobre el alma sea real. Cada una de las cosas concretas del mundo tiene algún tipo de superficie externa, y sus contenidos sustanciales impregnan todo su cuerpo. Esto hace referencia a la doctrina budista de que todas las cosas y los fenómenos tienen un lado material y otro espiritual. Para evitar la dudosa palabra «espiritual» podríamos decir que tienen un aspecto de significado. La sustancia significativa de una cosa real nunca es meramente teórica. En otras palabras, la sustancia real de cualquier entidad existe verdaderamente, mientras que los nombres que le damos a esa sustancia simplemente son nombres. Los nombres son designaciones inventadas por el pensamiento humano, y no cosas reales. El Maestro Nāgārjuna enfatiza aquí que el significado es algo real y no simplemente un nombre. En la línea final señala que aunque pueda decirse que las cosas y los fenómenos cambian en el tiempo lineal, la verdadera realidad subyacente del universo continúa eternamente.

Verso 7

anyaḥ punar upādānād ātmā naivopapadyate
gṛhyeta hy anupādāno yady anyo na ca gṛhyate

Gṛhyeta: *gṛhya+ita*. *Gṛhya*: mfn. ser asido o tomado; perceptible; «ser tomado junto con» (en comp.), que se adhiere al grupo de, que está en estrecha relación con (como el loto con la luna); ser reconocido o admitido; aprobarse o confiarse o contarse con. *Ita*: mfn. ifc. ido; regresado; obtenido; recordado; (*am*) n. vía. *Anupādāna*: *an+upādāna*. *Gṛhyate*: sg. L. de *gṛhya+ta*. *Ta*: está conectado a la raíz con o sin la vocal de conexión *i*. Además de formar normalmente participios pasados pasivos, aparece, en un sentido más general, como sufijo de unos pocos adjetivos y sustantivos (*SGFS*.).

En otro caso, el alma nunca se manifiesta aparte de la función de la percepción.
Puesto que si se da un ejemplo en el cual lo que se ha asido es distinto de lo que se ha percibido a través de los órganos de los sentidos, la diferencia nunca puede ser comprendida en absoluto.

Es completamente imposible que aquello a lo que se llama alma se manifieste sin basarse en los órganos de los sentidos. Si lo que se llama alma se manifestase sin tener relación alguna con la función de los sentidos, nunca podría ser comprendida. Una vez más, la filosofía budista sostiene que todas las cosas tienen un aspecto material y otro espiritual, o de significado. Sin embargo, habitualmente se piensa en el alma como una entidad puramente espiritual que no tiene forma material. Si aceptáramos que aquello a lo que llamamos alma es real, esto debería ser algo que pudiéramos percibir verdaderamente con nuestros sentidos, y no una mera construcción de nuestras mentes.

Verso 8

evaṃ nānya upādānān na copādānam eva saḥ
ātmā nāsty anupādāno nāpi nāsty eṣa niścayaḥ

Evam: ind. (proveniente de la base pronom. *e*; probablemente conectado con *eva*) así, de este modo, de tal manera, tal. *Eṣa*: m. N. de *etad*. *Etad*: mfn. esto, esta, este, aquí (especialmente señalando lo que está más cerca del hablante); este mundo de aquí abajo. *Niścaya*: m. investigación, comprobación, opinión fija, convicción, certeza, positividad.

Ningún hecho real puede existir apartándose de las funciones de los sentidos, e igualmente aquello que es percibido y las condiciones reales nunca son completamente lo mismo.
Aquello que no tiene relación con las funciones sensoriales nunca puede existir realmente en función de lo que se llama alma, pero es imposible que las cosas y los fenómenos concretos del mundo no existan realmente.

Nada real existe sin poder ser percibido de alguna manera por los sentidos. Incluso en los casos de aquello que no puede percibirse directamente, como, por ejemplo, la luz ultravioleta, podemos desarrollar mecanismos y técnicas que hagan su existencia perceptible para nuestros sentidos. Sin embargo, aunque toda la realidad esté disponible para nuestros sentidos, esta y nuestras percepciones sensoriales de ella nunca son lo mismo. Tampoco es posible que las cosas imperceptibles existan debido a la influencia del alma. El Maestro Nāgārjuna rechaza aquí la idea de que haya fuerzas místicas más allá del ámbito de la percepción que estén activas en nuestras vidas aquí y ahora. Finalmente, dice, es imposible que las cosas concretas de este mundo no existan. Esta última afirmación puede parecer una obviedad, pero en tiempos del Maestro Nāgārjuna había ciertas filosofías idealistas, al igual que las hay ahora, que sostenían que las cosas concretas del mundo no existían realmente. Desafortunadamente, el budismo a veces era incluido entre dichas filosofías.

Verso 9

nābhūm atītam adhvānam ity etan nopapadyate
yo hi janmasu pūrveṣu tato 'nyo na bhavaty ayaṃ

Adhvānam: sg. Ac. de *adhvan*. *Etan*: por *etad* mediante *saṃdhi*. *Etad*: mfn. esto, esta, este, aquí (especialmente señalando lo que está más cerca del hablante); este de aquí, i.e., este mundo de aquí abajo. *Janmasu*: pl. I. de *janman*. *Janman*: n. nacimiento, producción, origen; existencia, vida, natividad. *Pūrvaṣu*: m. n. pl. L. de *pūrva*. *Pūrva*: mf(*ā*)n. que está ante o delante de, delantero, primero. *Tato*: *tataḥ*: m. sg. de *tata*. *Tata*: mfn. extendido, alargado, esparcido, difuminado, expandido; difusión, esparcimiento; recubierto de (I. o en comp.); prolongado. *Ayam*: este.

Aquello que es llamado futuro, aquello que es llamado pasado y aquello que es llamado secular nunca aparecen como hechos reales en absoluto.
[Esto es] porque esos conceptos no existen concretamente como una expansión de otras cosas antes de que hayan nacido.

La mayoría de la gente cree en conceptos como el futuro, el pasado o aquello que es secular, pero, como tales, estos nunca existen en el mundo real. Aunque utilicemos la palabra *futuro* para describir el desconocido tiempo que viene, el futuro real no existe aquí y ahora. Con el término *pasado* ocurre lo mismo. En relación con la palabra *secular*, aunque podamos dividir las cosas del mundo en categorías como secular y espiritual, o profano y sagrado, estas solamente son interpretaciones de hechos reales, y no los hechos reales en sí. Cuando el Maestro Nāgārjuna señala que estos conceptos no existen concretamente antes de que hayan nacido, quiere decir que no hay nada abstracto llamado secularismo que exista fuera de las actitudes reales que definimos como seculares. Lo mismo sucede con todos nuestros conceptos, aunque tendamos a asumir de todas formas su existencia independiente.

Verso 10

yadi hy ayaṃ bhaved anyaḥ pratyākhyāyāpitaṃ bhavet
tathaiva ca sa saṃtiṣṭhet tatra jāyeta cāmṛtaḥ

Bhaved: *bhavet*: tal vez, aceptado, admitido. *Pratyākhyāya*: m. n. sg. D. de *pratyākhya*. *Pratyākhya*: m. sg. I. de *pratyākhyāyin*. *Pratyākhyāyin*: que rechaza, que refuta. *Tathaiva*: ind. exactamente así, de la misma manera. *Saṃtiṣṭhet*: *sam+tiṣṭhet*. *Sam*: ind. con, junto a, junto con, junto, en conjunto (utilizado como una preposición o prefijo para verbos y derivados verbales). *Tiṣṭhet*: P. opt. sg. 3.ª pers. 1.ª conj. de *sthā*. *Sthā*: mantenerse, mantenerse firme, colocarse, reposar, sostenerse sobre, tener una postura sobre; quedarse, permanecer, continuar en alguna condición o acción. *Jāyeta*: *jāyā+ita*. *Jāyā*: f. «que crea», una esposa. *Vāmṛta*: *vā+mṛta*. *Vā*: ind. o (excluido, como el lat. *ve*, del primer lugar de una frase, y generalmente siguiendo de inmediato, rara y solamente precediendo m.c., al término al que se refiere). *Mṛta*: mfn. muerto, fallecido, cadavérico, aletargado, rígido; difunto, desaparecido (como conciencia); vano, inútil; calcinado, reducido (dicho de los metales); n. muerte.

> **Si es posible que el mundo exista como algo distinto de lo que ahora se muestra, puede ser posible negar el mundo real.**
> **Pero la realidad se ha establecido verdaderamente, y la situación del nacimiento y la situación de la muerte pueden estar combinadas en una [llamada realidad].**

Si el mundo real fuera distinto de aquel que hay delante de nosotros, y si pudiéramos cambiar este mundo por otro a nuestro gusto, sería posible negar el mundo en el que ahora vivimos. Sin embargo, no podemos hacer eso. La simple Verdad es que los hechos reales existen ciertamente delante de nosotros. Por tanto, la situación del nacimiento y la situación de la muerte pueden ser la misma. Esto quiere decir que ambas son iguales como hechos en el mundo real en el instante presente. En el capítulo «Genjo Koan» del *Shobogenzo*, el Maestro Dogen expresa esta misma idea cuando escribe: «La vida es una situación momentánea, y la muerte es también una situación momentánea. Es lo mismo, por ejemplo, con el invierno y la primavera. No pensamos que el invierno se convierte en primavera, y no decimos que la primavera se convierte en verano». En otras palabras, el instante de la muerte es el instante de la muerte, y en ese momento solamente existe la muerte. En este momento, para aquellos que leen estas palabras, solo existe la vida.

Verso 11

ucchedaḥ karmaṇāṃ nāśaḥ kṛtam anyena karma ca
pratisaṃvedayed anya evam ādi prasajyate

Uccheda: m. corte o recorte; extirpación, destrucción; acortamiento, que se pone fin a; escisión. *Karmaṇām*: f. sg. L. de *karmaṇi*. *Karmaṇi*: mfn. conectado con o que está en la acción. *Aśas*: mfn. que no aprueba o desea lo mejor, que maldice, que odia. *Kṛta*: mfn. hecho, fabricado, logrado, realizado. *Evamādi*: *evam+ādi*. *Prasajyate*: pas. apegarse, aferrarse a, dedicarse a, tener la intención de o estar ocupado con (L.).

El instante transitorio en la acción no siempre es indeseable, y lo que es distinto del resultado de la acción es justamente la acción en el instante presente.
El deseo de tener a otros reconociendo un mundo distinto de este también es una idea demasiado fija desde su punto de partida.

El instante presente es el escenario de nuestra acción. El hecho de que sea transitorio no siempre es indeseable, puesto que en función de dicha situación tenemos la oportunidad de ser completamente libres de actuar. Solo debido a dichos instantes transitorios tenemos esa perfecta libertad. Al mismo tiempo, la idea de un resultado producido por nuestra acción es completamente distinta de la acción real en el instante presente.

La segunda línea critica a aquellos que siguen las religiones espirituales, esforzándose a menudo para que otros reconozcan la existencia de un mundo distinto de este. El Maestro Nāgārjuna dice que parecen estar demasiado apegados a sus propios pensamientos.

Verso 12

nāpy abhūtvā samudbhūto doṣo hy atra prasajyate
kṛtako vā bhaved ātmā saṃbhūto vāpy ahetukaḥ

Abhūtvā: *abhū+tvā*. *Abhū*: m. «no nacido», nombre de Viṣṇu. *Tvā*: el sf. usado para formar esta partícula del verbo simple es *tvā* (un singular instrumental antiguo de una base en *tu*). Se adhiere con mayor facilidad a la raíz al ser sustituido por el *ta* de la partícula pasiva; e.g., *kṛta*, «hecho»; *kṛtvā*, «habiendo hecho»; *gata*, «ido»; *gatvā*, «habiendo ido». *Samudbhūta*: mfn. surgido, alzado, nacido, producido, derivado; existente; v.l. o l.e. de *samuddhūta* o *samuddhata*. *Doṣa*: m. (raramente n.) falta, vicio, deficiencia, carencia, inconveniencia, desventaja; maldad, perversidad, pecaminosidad; ofensa, transgresión, culpa, crimen. *Atra*: ind. (proveniente de la base pronominal *a*; a menudo utilizado en el sentido del L. *asmin*) de este modo, a este respecto; en este lugar, aquí; en este momento; ahí; en ese momento. *Prasajyate*: pas. de *prasañj*: apegarse, aferrarse a, dedicarse a, tener la intención de o estar ocupado con (L.). *Rkṛtaka*: *kṛta+ka*. *Ka*: un afijo *taddhita* (muy utilizado para formar adjetivos; también puede añadirse a sustantivos para expresar disminución, deterioro, o similitud, e.g., *putraka*, un hijo pequeño; *aśvaka*, un mal caballo o como un caballo). *Taddhita*: m. un afijo que forma sustantivos de otros sustantivos, nombre derivado. *Saṃbhūta*: mfn. que están o van juntos, unido o combinado con; convertido, nacido, producido o surgido o procedente de, hecho o compuesto de (Ab. o comp.); (epc.) uno en quien ha surgido algo, etcétera, i.e., provisto de, en posesión de, etcétera; convertido en o cambiado a algo (N.); capaz, adecuado, igual.

Nunca es cierto que el futuro ya exista. [Si el futuro existe] incluso los vicios están fijos en su sitio.
Si un acto que se ha practicado ya existe en función de lo que se ha llamado alma, incluso las diversas cosas y fenómenos se volverán incongruentes con la razón.

El futuro simplemente es una suposición del tiempo venidero. Nunca puede existir en el instante presente. Esto se dice para contradecir la idea de que todos los eventos están predeterminados. El determinismo piensa que el futuro ya existe en el instante presente. Si esto fuera así, incluso los vicios y la acción equivocada se combinarían con el futuro, y sería imposible que pudiéramos evitar su mala influencia. Pero, tal y como hemos visto en el verso anterior, tenemos una completa libertad en el instante presente para actuar según la ley del universo y trascender nuestra errónea acción pasada.

En la línea siguiente, el Maestro Nāgārjuna añade que si los resultados de las acciones ya producidas estuvieran influidos por un alma, todo el universo le pertenecería y estaría influido por ella. Como hemos visto, el Maestro Nāgārjuna ve la idea del alma como una invención de la confusa mente humana. Si el universo estuviera influido por un alma, sería un lugar muy ilógico donde la razón no funcionaría en absoluto. No siendo este el caso, podemos decir que el universo no está influido por un alma.

Verso 13

evaṃ dṛṣṭir atīte yā nābhūm aham abhūm aham
ubhayaṃ nobhayaṃ ceti naiṣā samupapadyate

Evam: ind. así, de este modo, de tal manera, tal. *Dṛṣṭir*: *dṛṣṭiḥ*: sg. N. de *dṛṣṭi*. *Dṛṣṭi*: f. que ve, que observa, que contempla (también con el ojo mental); vista, la facultad de ver; el ojo de la mente, sabiduría, inteligencia; atención, consideración; visión, noción; (para los budistas) una visión equivocada; teoría, doctrina, sistema. *Atīte*: sg. L. de *atīta*. *Atīta*: mfn. ido, pasado, fallecido, muerto; uno que ha atravesado o superado o ido más allá, uno que ha pasado de largo o se ha descuidado; negligente; pasado, dejado atrás; excesivo; (*as*) nombre de una secta Śaiva particular; (*am*) n. el pasado. *Yā*: f. pl. N. de *ya*. *Abhū*: m. «no nacido», nombre de Viṣṇu. *Aham*: N. sg. «yo». *Naiṣā*: *na+eṣa*. *Eṣa*: m. N. de *etad*. *Etad*: mfn. esto, esta, este, aquí (especialmente señalando lo que está más cerca del hablante). *Samupapadyate*: *samupapad*: cumplirse, cumplido o logrado; encontrarse con (Ac.), experiencia.

Las personas cuya mente pertenece por completo al pasado son propensas a pensar que el futuro no tiene ninguna relación con ellas, y en el caso opuesto piensan que solo el futuro está relacionado con ellas. [Pero] el hecho de que unas veces no tengan relación con el pasado y otras veces tengan una actitud familiar con el pasado sugiere que el mundo no se manifiesta para ellas de una manera tan regulada.

«Las personas cuya mente pertenece al pasado» se refiere fundamentalmente a los materialistas, y las de la visión opuesta, a los idealistas. Así, las primeras suelen ver como irrelevante cualquier cosa que parezca espiritual o se base en el ámbito de las ideas y las cosas inmateriales, mientras que las segundas tienden a quitarle toda importancia al mundo material. Sin embargo, el hecho real es que en nuestras vidas unas veces estamos más estrechamente relacionados con el pasado –cuando las circunstancias materiales son más relevantes para nosotros– y otras no tanto –cuando las cuestiones idealistas nos importan más–. Por consiguiente, ninguna de las visiones extremas del materialismo o el idealismo es verdaderamente fiable.

Verso 14

adhvany anāgate kiṃ nu bhaviṣyāmīti darśanam
na bhaviṣyāmi cety etad atītenādhvanā samam

Adhvany: *adhvani*: m. *adhvan* sg. L. *Adhvan*: *ā*, m. un camino, sendero, órbita; un viaje, trayecto; distancia; tiempo, bud. y jainista. *Bhaviṣyāmi*: 1.ª pers. sg. fu. de *bhū*. *Darśana*: mfn. presentación; ifc. visión, mirada hacia; «conocimiento», véase *dharma-*; manifestación, enseñanza; n. visión, captación, miramiento, reconocimiento, observación, percepción. *Cetyetad*: *ca+iti+etad*. *Etad*: mfn. esto, esta, este, aquí (especialmente señalando lo que está más cerca del hablante); este de aquí, i.e., este mundo de aquí abajo; ind. de esta forma, así, así que aquí, en este momento, ahora. *Adhvanā*: m. sg. I. de *adhvan*. *Sama*: mf(*ā*)n. uniforme, llano, liso, plano, nivelado, paralelo; el mismo, igual, similar, equivalente, parecido, idéntico u homogéneo con (I., e.g., *mayā sama*, «como conmigo»).

No es que el viajero no haya llegado todavía a su destino, pero la idea de que llegará en el futuro está muy clara.
Que todavía no haya llegado es la situación real en el instante presente, y de este modo el hecho de que todavía no haya llegado y el hecho de que esté viajando son la cara y la cruz de un hecho.

Puesto que nuestra vida siempre es un simple hecho en el instante presente, el suceso presente lo es todo. Por ello, no es necesario que sintamos ningún arrepentimiento en ningún momento. Para ilustrar esto el Maestro Nāgārjuna utiliza la imagen de alguien viajando. Aunque el viajero no haya llegado todavía a su destino, sigue estando «aquí», dondequiera que eso sea. En otras palabras, aun cuando su meta todavía no se haya cumplido, él todavía existe en el instante presente tal y como es. Su no-llegada y el hecho de que ahora esté viajando son la cara y la cruz de un solo hecho. Evidentemente, esta metáfora es relevante para la práctica budista. Podemos concebir algún destino llamado iluminación y anhelar ir allí, pero antes de que lleguemos a ese lugar ya estamos viviendo en el mundo real. Conocer el hecho de dónde estamos en este instante puede ser el verdadero significado de la iluminación.

Verso 15

sa devaḥ sa manuṣyaś ced evaṃ bhavati śāśvatam
anutpannaś ca devaḥ syāj jāyate na hi śāśvatam

Deva: mf(*ī*)n. celestial, divino (también dicho de las cosas terrestres de una excelencia elevada); m. una deidad, dios; (raramente aplicado a) demonios malignos. *Manuṣya*: mf(*ā*)n. humano, varonil, útil o favorable para el hombre; m. un hombre, ser humano. *Ced*: ind. (nunca encontrado al comienzo de una frase o verso) = *ca*, «y»; «cuando» (estando el verbo acentuado); «si» (estando el verbo acentuado). *Evam*: ind. así, de este modo, de tal manera, tal. *Śāśvata*: mf(*ī*)n. eterno, constante, perpetuo, todo; a punto de suceder. *Anutpanna*: mfn. no nacido, no originado; no efectuado, no realizado. *Na hi* o *nahi*: «pues no», «de ningún modo».

> **Cuando el Dios real existe en la humanidad real, se da la posibilidad de que algo eterno exista verdaderamente.**
> **Puesto que lo que no es visto verdaderamente es Dios, la eternidad podría ser algo que no aparece.**

En la primera línea, el Maestro Nāgārjuna utiliza el término *devaḥ*, derivado de la raíz *deva*, la cual quiere decir «una deidad o dios». Evidentemente, no se está refiriendo a la idea del Dios judío, cristiano o islámico, la cual era desconocida para él. Sin embargo, en su época había en la India un concepto parecido de Dios al cual creo que está haciendo referencia. Por tanto, parece apropiado utilizar la palabra *Dios* para esta sección de la presente traducción del *MMK*.

El Maestro Nāgārjuna declara que cuando consideramos lo que es Dios en términos de los hechos reales, es posible que este sea visto algunas veces en la actividad humana concreta. En ese sentido, podemos hablar razonablemente de su existencia. Sin embargo, en la línea siguiente, el Maestro Nāgārjuna señala que si Dios es considerado como un tipo de entidad espiritual abstracta, podríamos decir que no aparece en el mundo. Así, lo que se ha llamado eternidad –con la forma de Dios– tampoco tiene ninguna posibilidad de aparecer en el mundo de ninguna manera. A algunas de las personas de la Secta del Pasado –materialistas o deterministas– les gusta comentar el destino que, según dicen, es eterno y ha sido dado –tal vez por Dios o por las circunstancias materiales–. Pero en realidad la vida humana es justamente la acción instante-a-instante en el presente sin ningún añadido.

Verso 16

devād anyo manuṣyaś ced aśāśvatam ato bhavet
devād anyo manuṣyaś cet saṃtatir nopapadyate

Aśāśvata: mf(ī)n. no permanente o eterno, transitorio. *Samtati*: estiramiento o extensión a lo largo de, expansión, continuidad, ininterrupción; conexión causal (de las cosas); una serie o línea continua de flujo, montón, masa, multitud; destino, intensidad (de oscuridad); sucesión ininterrumpida, linaje, raza, progenie, descendencia; meditación continuada.

> **Lo que es diferente de Dios es la humanidad, y por eso es posible que tengamos la idea de lo que es diferente de la eternidad.**
> **Lo que es diferente de Dios es la humanidad; por tanto, es completamente imposible que lo que se llama destino exista en absoluto.**

Una manera de definir a Dios es como aquello que es distinto de la humanidad. Puesto que se lo ve de esta manera, podemos imaginar que lo que no es eterno –por ejemplo, los seres humanos que son distintos de Dios– puede existir en el mundo humano.

En la línea siguiente, el Maestro Nāgārjuna sugiere que aquello que se llama destino no puede existir. Tanto si creemos en el determinismo como si no, todos tendemos a ver ciertas cosas como destinadas o predeterminadas de alguna manera. Aunque en el budismo aceptemos completamente la regla de causa y efecto, en el ámbito de la acción instante-a-instante somos totalmente libres, y no puede decirse que algo esté predeterminado en absoluto.

Verso 17

divyo yady ekadeśaḥ syād ekadeśaś ca mānuṣaḥ
aśāśvataṃ śāśvataṃ ca bhavet tac ca na yujyate

Divya: mfn. divino, paradisíaco, celestial; sobrenatural, maravilloso, mágico; encantador, hermoso, agradable. *Ekadeśa*: m. un sitio o lugar, un pasaje, cierto sitio o pasaje, algún lugar; una parte, porción o división de la totalidad; un mismo lugar. *Mānuṣa*: mf(*ī*)n. (proveniente de *manus*) que pertenece a la humanidad, humano; favorable o propicio para el hombre, humanitario; m. (ifc. f. *ā*) un hombre, ser humano (pl. las razas de hombres, cinco en total). *Tac*: *tat*: *tad*: m. él, f. ella, n. ello, eso, esto; (*tad*) n. este mundo.

> **Incluso el paraíso podría ser un lugar concreto, y de este modo también podría ser igual que las sociedades humanas comunes.**
> **Es posible que tanto lo que es eterno como lo que no es eterno existan juntos; por tanto, el mundo nunca se aferra a nada en absoluto.**

Si imagináramos que el paraíso, donde se piensa que vive Dios, no es un mundo fantástico sino un lugar concreto real, sería inevitable creer que este es igual que el mundo donde viven los seres humanos. Esta, evidentemente, es una concepción muy común del cielo o el paraíso en todo el mundo.

En la línea siguiente, el Maestro Nāgārjuna dice que el mundo real es un lugar donde lo que es eterno y lo que no lo es están combinados en uno sin distinción alguna. El mundo real es justamente la coexistencia de la eternidad y aquello que no es eterno. En este caso, puede interpretarse que la eternidad representa el lado idealista o espiritual, y la no-eternidad, el aspecto material del universo real.

Verso 18

aśāśvataṃ śāśvataṃ ca prasiddham ubhayaṃ yadi
siddhe na śāśvataṃ kāmaṃ naivāśāśvatam ity api

Prasiddha: mfn. producido, realizado; organizado, ornamentado (como el cabello); muy conocido, notorio, célebre. *Pra*: ind. antes, adelante, enfrente, en adelante (en su mayoría en conexión con un verbo, esp. con un verbo en movimiento que a menudo hay que proveer). *Ubhaya*: mf(*ī*)n. ambos, de ambos tipos, de ambas maneras, de ambos modos. *Siddha*: mfn. realizado, cumplido, efectuado, ganado, adquirido; uno que ha logrado su objetivo, exitoso; uno que ha logrado el objetivo más alto, completamente especializado o versado en (D. o comp.); perfeccionado, hecho perfecto, beatificado, dotado con facultades sobrenaturales; sagrado, santo, divino. *Kāma*: querer, deseo, anhelo; deseo por, anhelo de (G., D. o L.), amor, afecto, objeto del deseo o del amor o del placer; placer, disfrute. *Iti*: ind. de este modo, así (en su significado original *iti* se refiere a algo que ha sido dicho o pensado, o destaca lo que precede). *Api*: *api* se utiliza a menudo para expresar énfasis, en el sentido de incluso, también, muy.

Cuando tanto lo que es eterno como lo que no es eterno existen juntos como un hecho real,
ni lo que es eterno ni lo que no es eterno se manifiestan como esperamos, y por ello son completamente lo mismo.

El mundo real no se mueve según nuestra voluntad. Lo eterno representa el punto de vista materialista y determinista, y lo no-eterno, la idea del libre albedrío. En el sentido de que ninguna de estas dos perspectivas aparece de la manera que esperamos que lo haga, son exactamente lo mismo. Nuestros sueños sobre ellas solamente son sueños, y su realidad es justamente tal y como es. La postura realista es que ninguna de estas dos opciones es aceptable por sí sola. Cada una representa una visión parcial. Puesto que la realidad no puede ser contenida por ninguna de ellas, lo que concebimos como eterno y como no-eterno –las cosas reales y los fenómenos del mundo real– existen juntos como un hecho real.

Verso 19

kutaścid āgataḥ kaścit kiṃcid gacchet punaḥ kva cit
yadi tasmād anādis tu saṃsāraḥ syān na cāsti saḥ

Kutaś: *kutas*: ind. ¿desde dónde?, ¿de dónde?; ¿adónde?, ¿en qué dirección?; ¿dónde? *Āgata*: mfn. venido, llegado; llegado a o entrado en (Ac. o L. o en comp.); originado, nacido; que viene de (Ab.) *Ka*: pron. interrogativo, ¿quién?, ¿cuál?, ¿qué? *Kim*: ind. (proveniente de *ki*, originalmente N. y Ac. sg. n. de *ka*) ¿qué?, ¿cómo?, ¿de dónde?, ¿por qué? *Kva*: ind. (proveniente de *ku*) L. de *ki* = *kasmin* o *katarasmin*; ¿dónde?, ¿en qué lugar?, ¿adónde? *Yadi*: ind. si, en el caso de que. *Tasmāt*: sg. m. n. Ab. de *ta*. *Anādis*: *anādiḥ*: sg. N. de *anādi*. *Anādi*: mfn. que no tiene comienzo, que existe desde la eternidad. *Tu*: (nunca encontrado al comienzo de una frase o verso; métricamente también *tū*) ¡ruega!, suplico, haz, ahora, entonces; pero; y; a menudo escrito incorrectamente por *nu*. *Saṃsāra*: m. ir o vagar por, experimentar la transmigración; trayecto, pasaje, paso por una sucesión de estados, recorrido de la existencia mundana, transmigración, metempsicosis, el mundo, vida secular, ilusión mundana.

Lo inefable ha venido de algún lugar desconocido, y lo inefable se ha ido a algún lugar desconocido.
Si la existencia, la cual ha venido del ilimitado pasado ancestral, es justamente el vagar de nuestra vida cotidiana hoy, puede ser imposible que las cosas y los fenómenos constantes existan en absoluto.

El mundo real es imposible de describir o concebir con palabras o imágenes. En ese sentido es inefable. Este algo inefable ha venido de algún sitio que no conocemos o comprendemos. Existe ahora delante de nosotros y se irá pronto a otro lugar que tampoco conocemos o comprendemos. Por ello, el pensamiento de que las cosas y los fenómenos concretos existen realmente y permanecen iguales de instante a instante puede ser un grave malentendido. Nuestra existencia ha venido del ilimitado pasado ancestral. Sin embargo, es nuestra vida diaria aquí y ahora. El Maestro Nāgārjuna describe esta existencia utilizando el término sánscrito *saṃsāra*. Este a veces se malinterpreta como si hiciera referencia a la existencia terrenal mundana, la cual supuestamente debe ser trascendida para alcanzar un reino celestial o plano superior llamado *nirvāṇa*. Pero, para los budistas, *saṃsāra* y *nirvāṇa* son lo mismo.

Verso 20

nāsti cec chāśvataḥ kaścit ko bhaviṣyaty aśāśvataḥ
śāśvato 'śāśvataś cāpi dvābhyām ābhyāṃ tiraskṛtaḥ

Cecchāśvataḥ: *cet+śāśvataḥ*. *Api*: expresa situación cerca o sobre, que se une a, que se anexiona, que llega a, proximidad, etcétera, (como adv. separable) y, también, además, junto a, ciertamente, seguramente; *cāpi*, además. *Dvābhyām*: du. I. D. Ab. de *dva*. *Dva*: base original de *dvi* (N. Ac. du. m. *dvāor dvau*, f. n. *dve*; I. D. Ab. *dvābhyām*, G. L. *dvayos*) dos; ambos (con *api*); L. *dvayos* en dos géneros (m. y f.) o en dos números (sg. y pl.). *Ābhyām*: du. I. D. Ab. de *ā*. *Ā*: (como un adv. después de palabras que expresan un número o grado) completamente, realmente, verdaderamente. *Tiraskṛta*: mfn. oculto; eclipsado; excedido; censurado, denostado, despreciado.

Si lo que es eterno no existe, ¿cómo es posible que exista lo que no es eterno?
Tanto lo que es eterno como lo que no es eterno están ocultos, de modo que son imposibles de ver.

Si lo que es eterno no existe realmente, también es imposible que lo que no es eterno exista. Lo eterno solamente existe en contraste con lo que no lo es, y al revés. En el mundo real, donde vivimos justamente ahora, tanto lo que es eterno como lo que no lo es están ocultos. En otras palabras, no podemos esperar comprenderlos con el intelecto ni percibirlos con nuestros sentidos.

Verso 21

antavān yadi lokaḥ syāt paralokaḥ kathaṃ bhavet
athāpy anantavāl lokaḥ paralokaḥ kathaṃ bhavet

Antavān: m. sg. N. de *antavat*. *Antavat*: mfn. que tiene un fin o término, limitado, perecedero; que contiene una palabra, la cual tiene el significado de *anta*. *Antavāllokaḥ*: *antavān+lokaḥ*. *Loka*: m. espacio libre o abierto, sitio, lugar, extensión, movimiento libre; un tramo, región, distrito, país, provisión; el amplio espacio o el mundo («el mundo o cualquier división de él», esp. «el cielo [físico o religioso]»). *Paraloka*: m. el otro mundo o el mundo futuro. *Athā*: ind. una partícula favorable e inicial (difícil de expresar), ahora; entonces; además; más bien; ciertamente; pero; de otro modo; ¿qué?, ¿de qué otra forma? *Ananta*: mf(*ā*)n. interminable, ilimitado, eterno, infinito; (*as*) m. nombre de Viṣṇu. *Vāṃl*: *vān*.

El mundo que tiene un fin puede ser este mundo, de modo que ¿cómo puede imaginarse la existencia de otro mundo?
En el mundo que tiene un fin, es imposible que reconozcamos la existencia de otro mundo.

La gente de la Secta Secular dice que el mundo real es el único que existe verdaderamente delante de nosotros. Esto puede ser cierto. Sin embargo, la gente secular tiende a limitar lo que llama el mundo real a aquello que se puede comprender intelectualmente y percibir con los sentidos. En cualquier caso, el Maestro Nāgārjuna está convencido de que es completamente imposible aceptar la existencia de un mundo distinto de este.

Verso 22

skandhānām eṣa saṃtāno yasmād dīpārciṣām iva
tasmān nānantavattvaṃ ca nāntavattvaṃ ca yujyate

Skandhānām: m. pl. G. de *skandha*. *Eṣa*: (m. N. de *etad*) esto, este, aquí (especialmente señalando lo que está más cerca del hablante); *etad*, este de aquí, i.e., este mundo de aquí abajo. *Saṃtāna*: m. (ifc. f. *ā*) sucesión continua, continuidad, continuación; una serie ininterrumpida, flujo continuo; ramificación. *Yasmāt*: m. n. sg. Ab. de *ya*. *Dīpārciṣām*: *dīpa+arc+iṣām*. *Dīpa*: m. una candela, lámpara, linterna. *Arc*: m(I. *arcā*)fn. radiante, brillante. *Iṣām*: f. sg. Ac. de *iṣa*. *Iṣa*: mfn. búsqueda. *Pravartate*: *pravṛt*: rodar o ir hacia delante (como un carro), ser puesto en movimiento o ir; salir, partir, dirigirse; seguir; emerger, aparecer, originarse, surgir, ser producido, resultar, suceder, ocurrir, tener lugar. *Nāntānanta*: *na+anta+ananta*. *Vat*: *vat*: un afijo (técnicamente denominado *vati*) que se añade a palabras para insinuar semejanza o parecido, y generalmente es traducido como «parecido», «como». *Tva*: mfn. (*tvad*) uno, varios.

Las cosas y los fenómenos que constituyen los cinco agregados fluyen sin ninguna interrupción, y fervorosamente esperan ser iluminados por la luz.
Aquello que puede ser visto como que no tiene un fin y aquello que puede ser visto como que tiene un fin son ocasionados por el apego.

Todo el universo está constituido por cinco agregados –la materia, la percepción sensorial, la consideración, la acción real y la conciencia– (véase el capítulo 4 para una explicación más detallada). Dichos agregados son un flujo que nunca puede detenerse. Este hecho sugiere que todo el universo se encuentra en la situación real de ser sinceramente iluminado por la luz. Es decir, existe una claridad real del universo tal y como es, independientemente de si somos conscientes de ella o no. Por tanto, puede asegurarse tanto que las situaciones reales del universo tienen un fin como que no lo tienen. Intentar tomar una de estas dos opciones como la única y verdadera explicación es el resultado de nuestro apego a las visiones parciales.

Verso 23

pūrve yadi ca bhajyerann utpadyeran na cāpyamī
skandhāḥ skandhān pratītyemān atha loko 'ntavān bhavet

Bhajyerann: *bhajya+irann*. *Bhajya*: *bhajanīya*: mfn. ser amado o venerado o esperado, venerable. *Iran*: 3.ª pers. pl. impf. de *ir*. *Ir*: ir. *Utpadya*: *utpad+ya*. *Utpad*: surgir, alzarse, originarse, nacer o ser producido; ir adelante, hacerse visible, aparecer; estar preparado; tener lugar, comenzar. *Cāpyamī*: *ca+āpyami+ī*. *Āpyami*: 1.ª pers. sg. pas. de *āp*. *Āp*: pas. *āpyate*, ser alcanzado o encontrado u obtenido o encontrarse con; llegar a la meta o al fin de uno, llenarse. *Ī*: ind. una interjección de dolor o ira; una partícula que implica conciencia o percepción, consideración, compasión. *Pratītyemān*: *pratītya+imān*. *Pratītya*: n. confirmación, experimento; alivio, consuelo (otros «mfn. por reconocerse o admitirse»). *Imān*: m. pl. Ac. de *ayam*. *Ayam*: este.

Aun cuando lo que sea preferible siga adelante, no es que siempre se nos aparezca la buena suerte de manera natural.
Que los cinco agregados producen los mismos cinco agregados está claro, y el mundo real existe como algo similar a un fin.

Aunque consigamos lo que queramos, eso no siempre puede considerarse buena suerte, ya que nuestros deseos a menudo están equivocados. A veces experimentamos la miseria más absoluta cuando precisamente obtenemos aquello que deseamos.

La segunda línea dice que la sustancia del universo –los cinco agregados– produce los cinco agregados en sí mismos. De esta forma, el universo real es su propio fin, su propia meta.

Verso 24

pūrve yadi na bhajyerann utpadyeran na cāpy amī
skandhāḥ skandhān pratītyemāl loko 'nanto bhaved atha

Imān: m. pl. Ac. de *ayam*. *Loka*: m. espacio libre o abierto, sitio, lugar, extensión, movimiento libre. *Atha*: ind. ahora; entonces, además, más bien; ciertamente; pero; de otro modo; ¿qué?, ¿de qué otra forma?

Cuando lo que es preferible no sigue adelante, no siempre estamos seguros de encontrarnos con la buena suerte.
Los agregados se basan en los propios agregados, y las diversas cosas y fenómenos existen, de modo que es posible que el mundo sea asido como justamente el instante presente, el cual no tiene un fin.

Cuando no nos encontramos con las circunstancias que consideramos preferibles, difícilmente podemos decir que tengamos buena suerte. Esto puede parecer obvio, pero en la antigua India había mucha gente religiosa que creía que la iluminación real había que encontrarla en el dolor y el sufrimiento, el cual se esforzaban por experimentar. Sin embargo, incluso en ese caso, los agregados se basan en los propios agregados para producir las cosas y los fenómenos de este mundo. Cuando reconocemos esto por nosotros mismos, nos damos cuenta de que todo el universo existe justo en el instante presente. Además, podemos ver que el instante presente no tiene un fin.

Verso 25

antavān ekadeśāś ced ekadeśas tv anantavān
syād antavān anantaś ca lokas tac ca na yujyate

Ekadeśā: m. un sitio o lugar, un pasaje, cierto sitio o pasaje, algún lugar; una parte, porción o división de la totalidad; un mismo lugar; (mfn.) que está en el mismo lugar. *Tv*: *tu*: (nunca encontrado al comienzo de una frase o verso)

¡ruega!, suplico, haz, ahora, entonces; pero (también con *eva* o *vai* a continuación); y. *Lokastacca*: *lokaḥ+tat+ca*.

Si la posibilidad de finalizar solamente se limita al instante [presente] real, el instante presente puede ser el único lugar donde sea imposible que exista el fin.
La idea de la posibilidad de finalizar puede sugerir la posibilidad de que [el instante presente] no tenga un fin, lo cual sugiere que el mundo nunca ha estado restringido en absoluto.

En términos budistas, lo que llamamos el instante presente es tan breve que trasciende el tiempo conceptual por completo. Este instante presente es el único tiempo real, ya que solamente aquí sucede la acción. Si imaginamos que este tiene un fin, solo en el propio instante presente es donde ese fin debe tener lugar. El fin que imaginamos debe ser ahora. Sin embargo, esta idea también sugiere la infinitud del instante presente. Ello se debe a que si este instante –ahora mismo– se concibe como su propio fin, nos hemos metido en un callejón sin salida. La misma idea de que un fin sea posible, en otras palabras, la misma idea de que podamos tener una idea –el hecho de que seamos seres vivos capaces de tener ideas–, sugiere que el instante presente no tiene un fin y que el mundo en el que vivimos ahora está completamente sin restricciones. No tener en absoluto ninguna restricción en nuestras ideas implica que todas nuestras acciones son igualmente libres, pero solo en este instante –ni en el pasado ni en el futuro–.

Verso 26

kathaṃ tāvad upādātur ekadeśo vinaṅkṣyate
na naṅkṣyate caikadeśa evaṃ caitan na yujyate

Tāvad: *tāvat*: mf(*atī*)n. tan grande, tan extenso, tanto, hasta el momento, tanto tiempo, tantos (correlativo de *yāvat*); solo un poco; (en álgebra) una cantidad desconocida. *Upādātur*: *upādātuḥ*: *upādā+tuḥ*. *Upādā*: recibir, aceptar, ganar, adquirir, apropiarse para uno mismo, quitar, llevarse, robar; sentir, percibir, experimentar. *Tu*: principalmente forma la base de los infinitivos en *tum*; e.g., *gatum*, ir; también unos pocos sustantivos m. y n.; *tantu*, m. «hilo», *hetu*, m. «causa» (*SGFS*.). *Vi*: ind. (prob. por un *dvi* original, que significa «en dos partes», y op. a *sam*) aparte, separado, en distintas direcciones, de un lado a otro, sobre, lejos de, apartado, sin. Se utiliza especialmente como prefijo para verbos o nombres, y otras partes del discurso derivadas de verbos, para expresar «división», «distinción», «distribución», «disposición», «orden», «oposición» o «deliberación». *Naṅkṣ*: *nakṣ*: acercarse, aproximarse, llegar a, conseguir, lograr. *Caitanna*: *ca+etat+na*. *Etat*: *etad*: mfn. esto, esta, este, aquí, este mundo.

No es un hecho que en función de nuestra aproximación al mundo real, la situación real –la cual ha sido limitada a la única situación concreta del instante presente– se acerque al lugar del instante presente aún más.

La idea de que los hechos reales –los cuales se limitan solamente a la posición del instante presente– nunca pueden acercarse a nada en absoluto puede que no sea una interpretación apegada.

La gente de la Secta Secular piensa que, sobre la base de nuestro acercamiento a la realidad, es posible que esta, la cual es solamente una posición del instante presente, se aproxime a nosotros. En otras palabras, tienden a creer que de alguna manera se puede conocer la realidad sin experimentarla. Pero la situación real no es así. Para realizar tal cosa, es necesario incluir el tiempo lineal. Como ya hemos visto, el budismo considera que este concepto es una ficción conveniente y algunas veces útil, pero no una verdadera descripción de la situación real. El mundo real, el lugar en el que la acción sucede, solamente se limita a un lugar y a un tiempo. Por tanto, no hay ningún sitio donde el tiempo lineal pueda existir. Puesto que el tiempo lineal siempre es necesario para cualquier tipo de aproximación conceptual a la realidad, dichas aproximaciones son en última instancia imperfectas e inciertas.

Verso 27

upādānaikadeśaś ca kathaṃ nāma vinaṅkṣyate
na naṅkṣyate caikadeśo naitad apy upapadyate

Upādāna: n. el acto de tomar para uno mismo, apropiación para uno mismo; percepción, reconocimiento, aprendizaje, adquisición (de conocimiento); aceptación, concesión, inclusión; empleo, utilización. *Nāma*: ind. (Ac. de *nāman*) por nombre, i.e., denominado, llamado; de hecho, ciertamente, realmente, por supuesto; casi, solamente en apariencia; sin embargo, no obstante.

Cuando la función de la percepción está funcionando justamente en un lugar [el instante presente], incluso en el sentido habitual es completamente imposible que las cosas concretas e individuales se aproximen entre sí [utilizando el tiempo lineal].
Al mismo tiempo, puesto que no hay situaciones en las que [las cosas y los fenómenos] se aproximen a un hecho, también es completamente imposible que el mundo se manifieste nuevamente [en función del tiempo lineal].

Incluso la percepción sensorial únicamente funciona en un lugar real y en un instante real. Por tanto, incluso en el sentido habitual, no hay ninguna situación en la cual las diversas cosas separadas puedan aproximarse entre sí y se junten gradualmente. Dicha actividad tiene lugar solo cuando introducimos el concepto del tiempo lineal. En este instante concreto, incluso ese movimiento de las cosas entre sí simplemente es una suposición y no la realidad. La unicidad del universo no es una cuestión de existencias individuales juntándose, sino un hecho real ahora mismo. Por ello, resulta imposible que el mundo se manifieste nuevamente. Es decir, el mundo real en este instante concreto es tal y como es, y no se volverá algo nuevo en el futuro. El futuro sencillamente es otra suposición.

Verso 28

antavac cāpy anantaṃ ca prasiddham ubhayaṃ yadi
siddhe naivāntavat kāmaṃ naivānantavad ity api

Antavat: mfn. que tiene un fin o término, limitado, perecedero; que contiene una palabra, la cual tiene el significado de *anta*; ind. como el final, como el final de una palabra. *Prasiddha*: mfn. producido, realizado; organizado, ornamentado (como el cabello). *Ubhaya*: mf(ī) n. (solamente sg. y pl.; según Hara-datta, también du.) ambos, de ambos tipos, de ambas maneras, de ambos modos. *Siddha*: mfn. realizado, cumplido, efectuado, ganado, adquirido; uno que ha logrado el objetivo más alto, completamente especializado o versado en (D. o comp.); perfeccionado, hecho perfecto, beatificado, dotado con facultades sobrenaturales. *Kāmam*: ind. (Ac. de *kāma*) según la voluntad o el deseo, según la tendencia, agradable al deseo, a voluntad, libremente, voluntariamente; con placer, de buena gana, con alegría; (como una partícula de asentimiento) bien, muy bien, garantizado, constatado que, de hecho, realmente, con seguridad. *Anantavat*: mfn. eterno, infinito.

Si las dos situaciones [tener un fin y no tener un fin] son hechos reales, no hay ninguna posibilidad de que tener un fin se realice siguiendo preferencias personales, o que no tener un fin se realice siguiendo preferencias personales.

Si tanto tener un fin como no tenerlo son hechos reales, es imposible escoger el que prefiramos. El mundo real es tal y como es. No podemos hacer que sea de la manera que nos gustaría. El Maestro Nāgārjuna nos insta aquí a ser realistas.

Verso 29

atha vā sarvabhāvānāṃ śūnyatvāc chāśvatādayaḥ
kva kasya katamāḥ kasmāt saṃbhaviṣyanti dṛṣṭayaḥ

Atha: ind. ahora, entonces. *Vā*: ind. o; semejante, como (= *iva*); justamente, incluso, de hecho, muy (= *eva*, enfatizando la palabra anterior). *Sarvabhāvānām*: pl. G. de *sarvabhava*. *Sarvabhāva*: m. (ifc. f. *ā*) todo el ser o la naturaleza; todo el corazón o la mente; satisfacción completa; pl. todos los objetivos. *Aya*: m. salida (solamente ifc.); un movimiento hacia la derecha en el ajedrez; en ved. un dado, el número «cuatro», buena suerte, fortuna favorable. *Katamā*: mfn. (superlativo de *ka*) ¿quién o cuál de los muchos? *Kasmāt*: m. n. sg. Ab. de *ka*. *Dṛṣṭayaḥ*: f. pl. N. de *dṛṣṭi*. *Dṛṣṭi*: f. que ve, que observa, que contempla (también con el ojo mental). *Dṛṣṭa*: mfn. visto, mirado, contemplado, percibido, observado; visible, aparente; considerado, apreciado, tratado, usado; aparecido, manifestado, que sucede, existente, encontrado, real.

En dicha situación, en relación con todas las cosas y los fenómenos, el hecho real es que las cosas y los fenómenos suceden trascendiendo el estado equilibrado y trascendiendo la eternidad.
Lo que se llaman doctrinas, en cualquier parte, en cualquier cosa, en cualquier clase de valor o partiendo de cualquier cosa, nunca puede existir en el mundo real en absoluto.

Cuando contemplamos la situación real del mundo, dejando a un lado el concepto abstracto del estado equilibrado y el de la eternidad, las cosas reales y los fenómenos simplemente se están moviendo. En las sociedades en las que vivimos existen incontables doctrinas, pero ninguna de ellas, en ningún lugar, en ninguna cosa, en ningún sentido de lo que es valioso o partiendo de cualquier cosa, puede existir en absoluto. Podemos asumir que el Maestro Nāgārjuna incluye aquí sus propias palabras en el caso de que sean tomadas como una de tales doctrinas, pero parece haber quedado claro que intenta comunicar algo más verdadero que cualquiera de ellas: el mundo real. Depende solo de nosotros buscar lo que ha señalado.

Verso 30

sarvadṛṣṭiprahāṇāya yaḥ saddharmam adeśayat
anukampām upādāya taṃ namasyāmi gautamaṃ

Prahāṇāya: sg. D. de *prahāṇa*. *Prahāṇa*: n. renuncia, abandono, evasión; abstracción, especulación, meditación; esfuerzo, *dharmas*. *Saddharma*: m. la buena ley, verdadera justicia; (para los budistas y jainistas) denominación de las doctrinas budistas o jainistas, bud. *Adeśa*: m. un sitio equivocado, un lugar inapropiado. *Yat*: mfn. (p. pres. de *i*) que va, que se mueve. *Anukampām*: pl. Ac. de *anukampa*. *Anukampā*: f. lamentable. *Upādāya*: ind. que ha recibido o adquirido, etcétera; que recibe, que adquiere, etcétera; que se toma con, junto con; incluido, que incluye; con la ayuda de, por medio de (Ac.). *Namasyāmi*: 1.ª pers. sg. de *namasya*. *Namasya*: nom. P. rendir homenaje, adorar, ser humilde o respetuoso. *Gautama*: mf(*ī*)n. relacionado con Gotama; m. patr. de Gotama.

Todas las doctrinas pertenecen al mundo de la consideración y colocan la ley del universo en una posición equivocada.
Yo venero al Buddha Gautama como una persona que percibió las diversas doctrinas como lamentables.

Todas las doctrinas, sin excepción, pertenecen al mundo de la consideración. De modo que podemos decir que cada una de ellas ha dirigido la originalmente real ley del universo hacia el lugar equivocado. La ley del universo nunca puede ser una cuestión de consideración. Y yo, al igual que hizo el Maestro Nāgārjuna, también continúo venerando al Buddha Gautama incondicionalmente como una persona que pensó que todas las doctrinas eran lamentables.

Evidentemente, la ley del universo no puede alterarse. Es nuestra mente discriminatoria la que hace parecer que se encuentra en otra parte. Sin embargo, siempre está aquí, justo donde estamos. De hecho, nosotros mismos somos una manifestación de ella.

Epílogo de Brad Warner

Aquí lo tienen. Espero que hayan disfrutado de este libro, ya que nunca tuve que trabajar tanto en ningún escrito. El ritmo de trabajo fue extremadamente lento. Al principio, lo máximo que podía hacer era corregir uno o dos versos al día. Y eso sucedía incluso en los días en los que no tenía que escribir otro libro o entregar algún artículo para *Suicide Girls*, o en los que no sucedía nada en mi trabajo cotidiano en la empresa cinematográfica en la cual estuve contratado durante la mayoría del tiempo en el que trabajé en este texto. Después de la primera vuelta, las cosas fueron un poco mejor, pero no mucho. Aún hasta el final, a lo sumo pude revisar cinco versos al día. Después de aquello quedé totalmente exhausto, y lo último que quería era escribir o leer algo que tuviera que ver con el budismo.

También tuve que emplear mucho tiempo rascándome la cabeza e intentando averiguar simplemente qué intentaba transmitir Nishijima Roshi. Aunque le escribí y llamé durante este proceso, principalmente trabajé solo, basándome en la experiencia de ser su estudiante durante más de una década. Leía lo que él había escrito e intentaba dejar que hiciera su efecto. Trataba de recordar las cosas que decía durante los cientos de charlas que le escuché. En ocasiones, me sentaba a hacer zazen e intentaba olvidar todo acerca del pasaje en cuestión, esperando que pudiera surgir algo. Unas veces esto funcionaba, y otras no. De este modo, después de mucho tiempo, pude vislumbrar algo del material que me envió.

Después de terminar de reescribirlo, le envié todo. Para mi gran sorpresa lo aprobó casi inmediatamente sin una sola corrección. Creo que lo leyó porque era un proyecto increíblemente importante para él. Debió de confiar en mi criterio. Me pregunto si hizo bien en hacerlo.

Nishijima Roshi se acercó a la obra de Nāgārjuna como un practicante y no como un erudito. Su aproximación al *MMK* no estuvo formada por décadas de estudio e investigación intelectual, sino por décadas de práctica física y exploración mental de la condición humana mediante la práctica de zazen. Lo que él entresacó del texto proviene de esa práctica. Creo que es una manera tan legítima de entender esta obra como su estudio textual.

En muchos aspectos, desearía que este hubiera podido ser un libro mejor. Ojalá Nishijima Roshi hubiera podido encontrar a un colaborador que dominara el sánscrito y hubiera hecho más poético el texto conservando su autenticidad respecto al idioma original, tal y como Mike Cross hizo con la traducción del *Shobogenzo* en el que él y Nishijima colaboraron. Pero no soy Mike Cross, y por ello las traducciones en sánscrito permanecen casi tan toscas y extrañas como lo estaban cuando Nishijima me las entregó. Las arreglé un poco de aquí y de allá, pero no quise arriesgarme a alterar el significado demasiado, de modo que en su mayoría las dejé como estaban. Habría estado bien si hubiera podido sentarme al lado de Nishijima día tras día importunándolo con cuestiones específicas sobre el texto, pero las circunstancias lo hicieron imposible.

A pesar de todas estas consideraciones, estoy bastante contento con el libro. Es honesto. Es único. Dice cosas que no he visto antes en un texto budista. Por ello, creo sinceramente que será de gran ayuda, así como un valioso aliado, para aquellos practicantes que consideren que puede contribuir a proporcionar un marco para entender algo de las sorprendentes cosas que a menudo surgen en la diligente práctica de zazen.

¡Gracias por leerlo!